中华国学
义理经典导读

ZHONGHUA GUOXUE
YILI JINGDIAN DAODU

郭淑新 等◆编著

安徽师范大学出版社
·芜湖·

内容提要

本书以中华国学“义理”经典——儒家的《大学》、《论语》、《孟子》、《中庸》，道家的《老子》、《庄子》，佛家的《坛经》等经典文本为主要内容，以深入浅出的“导读”形式，坚持理论与实践相结合、传统与现代相融通、学术性与可读性相统一的原则，对中华国学义理经典的精髓和要义进行发掘，对其蕴含的深刻义理进行解析，并对其影响与价值进行现代诠释。以期为大学生和研究生学习与研究“义理之学”（哲学）提供教材；为国学研究者和爱好者提供阅读文本。期冀读者在掌握国学知识的同时，能够提升境界、“转识成智”。

本书在每篇“导读”的后面都附有以权威版本为底本的经典文本的“正文”，有助于广大读者借助于《导读》，学习和研究经典本身，以感悟义理经典的永久魅力。

图书在版编目(CIP)数据

中华国学义理经典导读 / 郭淑新等编著. -- 芜湖 :安徽师范大学出版社, 2016.8
ISBN 978-7-5676-2595-2

Ⅰ. ①中… Ⅱ. ①郭… Ⅲ. ①国学－高等学校－教材Ⅳ. ①Z126

中国版本图书馆CIP数据核字(2016)第191834号

中华国学义理经典导读

郭淑新　等编著

出版发行：安徽师范大学出版社
芜湖市九华南路189号安徽师范大学花津校区　邮政编码：241002
网　　址：http://www.ahnupress.com/
发 行 部：0553-3883578　5910327　5910310（传真）E-mail：asdcbsfxb@126.com
印　　刷：浙江新华数码印务有限公司
版　　次：2016年8月第1版
印　　次：2016年8月第1次印刷
规　　格：700mm×1000mm　1/16　印　张：18.375　字　数：340千
书　　号：ISBN 978-7-5676-2595-2
定　　价：38.00元

目　录

第一篇　《大学》导读 …… 1

一、《大学》其书 …… 1
二、《大学》义理解析 …… 3
三、《大学》价值之当代诠释 …… 11
附：《大学》正文 …… 13

第二篇　《论语》导读 …… 16

一、《论语》其书 …… 16
二、《论语》义理解析 …… 19
三、《论语》的影响及其价值 …… 24
附：《论语》正文 …… 25

第三篇　《孟子》导读 …… 57

一、孟子其人其书 …… 57
二、《孟子》义理解析 …… 59
三、《孟子》的影响和时代价值 …… 66
附：《孟子》正文 …… 68

第四篇　《中庸》导读 …… 113

一、《中庸》其书 …… 113
二、《中庸》的篇章结构和主要义理解析 …… 113
三、《中庸》的时代价值 …… 126
附：《中庸》正文 …… 127

第五篇　《老子》导读 …… 132

一、老子其人其书 …… 132

二、《老子》义理解析 …… 134
三、《老子》价值之当代诠释 …… 141
附:《老子》正文 …… 145

第六篇 《庄子》导读 …… 155

一、庄子其人其书 …… 155
二、《庄子》义理解析 …… 156
三、《庄子》价值之现代诠释 …… 164
附:《庄子》正文 …… 167

第七篇 《坛经》导读 …… 258

一、《坛经》其书 …… 258
二、《坛经》义理解析 …… 263
三、《坛经》价值之当代诠释 …… 273
附:《坛经》正文 …… 274

后记 …… 289

第一篇 《大学》导读

一、《大学》其书

《大学》原为《小戴礼记》中的一篇（第四十二篇），北宋程颢、程颐二兄弟将其从《礼记》中抽出，编次章句作《大学》定本一卷。南宋朱熹将《大学》、《论语》、《孟子》、《中庸》合编为“四书”并加以注释，称为《四书章句集注》，从此，《大学》成为儒家经典。

二程视《大学》为“孔氏之遗书，而初学入德之门也”（《大学章句》）。并认为：“修身，当学《大学》之序。《大学》，圣人之完书也，其间先后失序者，已正之矣。”（《二程集·河南程氏遗书卷第二十四》朱熹言：“天运循环，无往不复；宋德隆盛，治教休明。于是河南程氏两夫子出，而有以接乎孟氏之传，实始尊信此篇而表章之，既又为之次其简编，发其归趣，然后古者大学教人之法，圣经贤传之指，粲然复明于世。”（《大学章句序》）

（一）《大学》书名

“大学”是相对于“小学”而言的。“小学”注重的是“详训诂，明句读”，而“大学”则注重是儒家的“内圣外王之道”：内圣的大纲是修身明德，其细目是格致诚正；外王的大纲是仁民爱物，其细目是修齐治平。朱熹曰：“大学者，大人之学也”。（《大学章句》）“古之大学所以教人之法也。……人生八岁，则自王公以下，至于庶人之子弟，皆入小学，而教之以洒扫应对进退之节，礼、乐、射、御、书、数之文；及其十有五年，则自天子之元子众子，以至公卿大夫元士之适子，与凡民之俊秀，皆入大学，而教之以穷理正心修己治人之道，此又学校之教，大小之节，所以分也。”（《大学章句序》）《易传》曰：“大人者，与天地合其德，与日月合其明，与四时合其序，与鬼神合其吉凶。……知进退存亡，而不失其正者，其唯圣人乎！”

王阳明言：“大人者，以天地万物为一体者也：其视天下犹一家，中国犹一人焉。”（《大学问》）在此，“大人”指的是一种境界，即“以天地万物为一体”的境界。

《大学》可视为儒学义理之初阶。由《大学》而至《论语》、《孟子》、《中庸》是一种不同层次之升进，亦是由外转内之递进。对此，朱熹认为：“学问须以《大学》为先，次《论语》，次《孟子》，次《中庸》。”并主张：“某要人先读《大学》，以定其规模；次读《论语》，以立其根本；次读《孟子》，以观其发越；次读《中庸》，以求古人之微妙处。《大学》一篇有等级次第，总作一处，易晓，宜先看。”（《朱子语类》卷第十四）显然，朱熹重视《大学》的理由与二程一样，同样是视《大学》为“初学入德之门”。

（二）《大学》作者

关于《大学》的作者，学界大致有五种观点：

（1）程颢、程颐认为：“《大学》乃孔氏遗书。”（《二程集·河南程氏遗书卷第二上》

（2）朱熹把《大学》重新编排整理，分为“经”一章，“传”十章。认为，“经一章，盖孔子之言，而曾子述之。其传十章，则曾子之意，而门人记之也。”（《大学章句》）

（3）近现代一部分学者认为《大学》是秦汉之际儒家的作品。

（4）现通行教科书有的认为《大学》相传为曾子所作。

（5）中国社科院研究员郭沂在《子思书再探讨——兼论〈大学〉作于子思》一文中认为：《大学》的作者是子思（孔子之孙），《大学》为子思书的佚篇。子思作《大学》之说，自汉至宋明时期已有之。

（三）《大学》版本

现行《大学》版本主要有两个：“今本”与“古本”。

（1）“今本”是指经朱熹校订过的本子，即《四书章句集注》本中的由朱熹编排整理，划分为经、传的《大学章句》本。

（2）“古本”则是指未经程朱校订过的《小戴礼记》本。郑玄注《小戴礼记》第四十二篇全文，王守仁尊之为“《大学》古本”。

（四）《大学》篇章结构及内容概要

1. 篇章结构

以朱熹《大学章句》本为例：《大学》分为经一章、传十章。

2. 内容概要

“经一章”提出了三纲领与八条目。

三纲领："大学之道，在明明德，在亲民，在止于至善"。

八条目：格物、致知、诚意、正心、修身、齐家、治国、平天下。

"传十章"分别阐释三纲领与八条目。

"传之首章。释明明德"；"传之二章。释新民"；"传之三章。释止于至善"；"传之四章。释本末"；"传之五章，盖释格物致知之义，而今亡矣。间尝窃取程子之意，以补之"（亦即"格物补传"）；"传之六章。释诚意"；"传之七章。释正心修身"；"传之八章。释修身齐家"；"传之九章。释齐家治国"；"传之十章。释治国平天下"。

《大学》其章节主要围绕"三纲八目"展开，言简意赅（两千余字），内涵丰厚。着重论述了先秦儒家关于道德修养与治国平天下的关系。"三纲领"是《大学》的纲领旨趣，也是儒学"垂世立教"之目标所在。"八条目"既是为"三纲"而设计的条目，是实现三纲领的途径，也是儒学为人们展示的人生进修之阶梯。在八个条目中，"自天子以至于庶人，壹是皆以修身为本"。

二、《大学》义理解析

（一）关于"明明德"问题之争论

"大学之道，在明明德，在亲民，在止于至善"。作为《大学》的三纲领，历代学者对其理解是不同的。"明明德"中的第一个"明"作为动词，是明白、彰显、弘扬的意思。第二个"明"是形容词，有明亮的、崇高的、高迈的意思。至于"德"或者"明德"到底是指"德性"还是"德行"，抑或德性与德行，学界有争论。下面介绍几种主要观点。

1. 宋明理学家朱熹、王阳明都把"明德"理解为"虚灵不昧"的心体，认为"明明德"即是发明此本有之心性——德性

朱熹与王阳明都将"明德"视为既具超越性又具内在性的道德本体。朱熹曰："明德者，人之所得乎天，而虚灵不昧，以具众理而应万事者也。"（《大学章句》）王阳明言："是乃根于天命之性，而自然灵昭不昧者也，是故谓之'明德'。"（《大学问》）朱熹所说的"人之所得乎天"与王阳明讲的"根于天命之性"都在于强调"明德"的超越性和内在性。朱熹认为："明德，谓得之于已，至明而不昧者也。""明德是自家心中具许多道理在这里。"（《朱子语类》卷十四）这与王阳明以"天命之性"称"明德"是相吻合的，都倾向于以孟子的仁、义、礼、智四端来规定"明德"，把"明德"视为人之本有的内在的德性。唯一不同的只是朱熹习惯于把"明德"称之为理或天理，而王阳明虽然也曾明言："天理即是'明德'，穷理即是'明明德'。"（《传习录》上）但他却更喜欢用良知来称谓"明德"。

朱熹和王阳明都承认"明德"是本明的。朱熹曰："明德是自家心中具许多道理在这里。本是个明底物事，初无暗昧，人得之则为德。"（《朱子语类》卷十四）王阳明言："良知本来自明"，"性无不善，故知无不良，良知即是未发之中，即是廓然大公，寂然不动之本体，人人之所同具者也。"（《传习录》中）既然"明德"是本明的，又何须明之呢？在朱、王看来，虽然"明德"本明，但却易于被各种欲望蒙蔽，朱熹认为："人本来皆具此明德，德内便有此仁义礼智四者。只被外物汩没了不明，便都坏了。所以《大学》之道，必先明此明德。"（《朱子语类》卷十四）王阳明主张："性无不善 …… 但不能不昏蔽于物欲，故须学以去其昏蔽，然于良知之本体，初不能有加损于毫末也。"（《传习录》中）正因为在以上问题上，朱熹与王阳明具有一致性，所以他们都主张"存天理，灭人欲"。

朱熹与王阳明之间的分歧在于如何"存天理，灭人欲"，即如何"明明德"的功夫上。朱熹把"明明德"中的第一个"明"字视为一个使动词，"明，明之也"（《大学章句》）。于是，在"明明德"的功夫上，朱熹就特别强调外力的作用，把"格物穷理"视为"明明德"之功。王阳明则十分重视"省察克治"之功。这种功夫是内向性的，而非试图通过外在性的手段来达到净化内在本体的目的。晚年的王阳明提出"致良知"学说，更强调修身过程中道德本体的自我能动作用，在一定意义上，把本体与功夫统一了起来。在王阳明那里，明德亦"良知"，"致良知"实际上就是"明明德"。虽然"良知，不假外求"（《传习录上》），然而由于现实世界中的人往往遮蔽了自己的明德，所以就需要通过"修身"以重新"明其明德"。

2. 徐复观、牟宗三认为《大学》此处的明德，指的是德行

徐复观认为："《大学》此处的明德，大概也只能作明智的行为解释，而不是指的是心；明明德，是推明自己明智的行为，而不是推明自己的心。"[①] 可见，徐复观是将"明德"理解为"明智的行为"，亦即"德行"。

牟宗三认为理学家的观点未必符合《大学》本义。因为从思想史的角度来看，"明德"的观念产生较早——《大学》引"《尧典》、《康诰》言'德'或'峻德'皆指德行说，那时似更不能意识到本有之心性也"。[②] 而自人性的角度言"明德"则是相对较晚才出现的。从《大学》全文来看，其言"明德"

---

① 徐复观：《中国人性论史·先秦卷》，上海三联书店 2001 年版，第 248 页。

② 牟宗三：《心体与性体》下册，上海古籍出版社 1999 年版，第 334 页。

尚处在未与人性联系在一起的阶段，更没有将其看作是内在的心性——德性。应将《大学》“义理之本然”与“义理之当然”区别开来，并由此批评《大学》未能将形下与形上加以贯通。

3. 《大学》中的明德既指德行也涵摄德性

《大学》既强调修身为本：“自天子以至于庶人，壹是皆以修身为本”——修为“德行”，亦主张“诚意”、“正心”——涵养“德性”。

从《大学》所处的时代来看，“明德”自然包含“德行”、“明智的行为”。但这并不是《大学》“明德”的重点所在，因为《大学》全文很少提到“德行”、“明智的行为”，相反它反复强调“正心”、“诚意”，并将其视为“明明德”的重要手段。所以，把“明德”仅仅理解为“德行”、“明智的行为”，与《大学》本意是有距离的。《大学》的“明明德”虽然主要是针对“修身”而言的，因为“古之欲明明德于天下者，先治其国，欲治其国者，先齐其家，欲齐其家者，先修其身。”“欲明明德于天下”，也就是使天下之人皆能先修其身。但是，孔颖达释“明明德”为“谓身有明德而更彰显之”，正在于说明“明明德”就是要“彰显”、弘扬人人内心原本具有的高尚的品性——德性（“身有明德”）。

（二）关于“亲民”问题之辨析

在对“亲民”的阐释上，朱熹与王阳明有明显不同。朱熹训“亲”为“新”，把“亲民”解释为“新民”；王阳明则认为“亲”就是“亲”，不需要改为“新”，因为“亲民”有亲近于民之意。

程颐、朱熹主张“亲民”应作“新民”解，程颐作《大学》定本一卷，对《大学》文字作了两处更动，一是将“身有所忿懥，则不得其正”，改为“心有所忿懥，则不得其正”，另一处即是将“亲民”改为“新民”；朱熹也认为“今亲民云者，以文义推之则无理；新民云者，以传文考之则有据”。其所作《大学章句》，便在“亲民”下注曰：“亲，当作新。”

朱熹之所以训“亲”为“新”的主要原因在于，首先，是对二程观点的承继。二程言：“《大学》‘在明明德’，先明此道；‘在新民’者，使人用此道以自新；‘在止于至善’者，见知所止。”（《二程集·河南程氏遗书卷第二上》）二程曾明确把“亲民”之“亲”字改为了“新”字。其次，出于以传解经的目的。朱熹把《大学》分为经和传两个部分，并认为传是对经的解释，因此，从传文中可以找到解经的依据。当朱熹的学生对二程改“亲”为“新”产生疑义的时候，朱熹对他之所以训“亲”为“新”作了说明。弟子问：“程子之改亲为新也，何所据？子之从之，又何所考而必其然耶？且以己意轻改经文，恐非传疑之义，奈何?”朱熹答道：“若无所考而辄改之，则诚若吾子之讥矣。今亲民云者，以文义推之则无理，新民云者，以传文考之则有据，程子于此，其所以处之者亦已审矣。”（《四书或问·大学或问上》）在以上这段引文中，朱熹提供了两个理由，一是按《大学》经文之文义，不改“亲”为“新”于理不通；二是传文中有“汤之《盘铭》曰：‘苟日新，日日新，又日新。’《康诰》曰：‘作新民。’《诗》曰：‘周虽旧邦，其命维新’”之语，以朱子以传解经的理路，这便是对“亲民”的解释，显然《大学》传文亦是以“亲民”为“新民”。于是，朱熹在《大学章句》中对“亲民”作了如下诠释：“新者，革其旧之谓也，言既自明其明德，又当推以及人，使之亦有以去其旧染之污也。”最后，在古代“亲”、“新”二字本可通用。郭店竹简中有“教民有新（亲）也”，（《唐虞之道》）“不戚不新（亲），不新（亲）不爱”（《五行》）等语，其中“亲”皆可写作“新”，说明“亲”、“新”本可通用。

王阳明曾与弟子徐爱辨“宜从旧本作‘亲民’”，列在《传习录》首章，认为“说亲民便是兼教养意，说新民便觉偏了”，王阳明把“亲”解释为“亲近”，既采用了“亲”字的一般用法，也沿用了对《大学》“亲民”的传统解释。孔颖达就曾言：“‘在亲民’者，言大学之道，在于亲爱于民。”（十三经《礼记注疏》卷第六十）这说明二程之前的解释者，没有把“亲民”解释为“新民”者，二程训“亲”为“新”是一种革新。与朱熹从传文中找到训“亲”为“新”的证据一样，王阳明也同样从传文中找到反对朱熹的证据。在《传习录》中，王阳明与弟子徐爱曾有过一个关于此问题的对话，其言：“爱问‘在亲民’，朱子谓当作‘新民’，后章‘作新民’之文似亦有据；先生以为宜从旧本作‘亲民’，亦有所据否？先生曰：‘作新民’之‘新’是自新之民，与‘在新民’之‘新’不同，此岂足为据？‘作’字却与‘亲’字相对，然非‘亲’字义。下面‘治国平天下’处，皆于‘新’字无发明，如云：‘君子贤其贤而亲其亲，小人乐其乐而利其利，如保赤子；民之所好好之，民之所恶恶之，此之谓民之父母’之类，皆是‘亲’字意。‘亲民’犹孟子‘亲亲仁民’之谓，亲之即仁之也。”（《传习录》上）可见，王阳明避开了《大学》传文中有关“新”的论述，而是严格地区分了“作新民”与“在亲民”，并用孟子的“亲亲而仁民”来解释“亲民”。

在“亲”字解释上的分歧，直接影响到了朱熹与王阳明对“亲民”的解释。由于朱熹训“亲”为“新”，那么，“亲民”便成了“使民新”之意，这在一定意义上具有忽略“民”自新的可能与必要之嫌，从而强调百姓道德上的革新需依赖于他人（圣人）之救助。这样一来，朱熹的“新民“说，虽然难免与孔子“我欲仁，斯仁至矣。”（《论语·述而》）“为仁由己，而由人乎哉?”(《论语·颜渊》)的儒家思想有了间隙，但却与孟子“天之生此民也，使先知觉后知，使先觉觉后觉”(《孟子·万章上》)的观点相融通。

当王阳明的弟子以《大学》中的“物有本末”来质疑王阳明对“亲民”的解释时，王阳明借机对朱子之说进行了批评：“以新民为亲民，而曰明德为本，亲民为末，其说亦未为不可，但不当分本末为两物耳。夫木之干，谓之本，木之梢，谓之末，惟其一物也，是以谓之本末。若曰两物，则既为两物矣，又何可以言本末乎？新民之意，既与亲民不同，则明德之功，自与新民为二。若知明明德以亲其民，而亲民以明其明德，则民德亲民焉可析而为两乎？先儒之说，是盖不知明德亲民之本为一事，而认以为两事，是以虽知本末之当为一物，而亦不得不分为两物也。”(《大学问》)

在王阳明看来，《大学》的义理精髓无非是儒家的“内圣外王”之道。自孔子讲“修己以安人”、“修己以安百姓”始，儒家就把“内圣与外王”合二为一了。“修己”即是“安人”，“修己”即是“安百姓”，不是先修养好了自身再去安人、安百姓，而是安人与安百姓是修养好自身的必要前提。与朱熹把百姓道德的提升归功于圣人的救助不同，王阳明更强调每一个道德个体内在良知的主导作用。在王阳明看来，人人皆具有良知，而且“知无不良”，只要善于推扩本心之良知，就可以达到“万物一体之仁”的圣人境界。王阳明把“明德”与“亲民”之间的关系视为体用与本末关系，“明德”是体、是本，“亲民”则为“明德”之发用，在良知明德的发用流行中，不仅家国天下，而且天地万物，皆可以融于“一体之仁”。

朱熹与王阳明对“亲民”的如上阐释，实际上仍然与他们对“明德”的规定相关，正是因为朱熹之“明德”是“只存有不活动”的本体，故它不能自我实现，只能依靠外在力量的援助；同样也正是因为王阳明之“明德”是“即存有即活动”的本体，才可以通过自身的发用流行，以达到治国平天下、仁爱天地万物之目的。

(三) 关于“止于至善”问题之理解

关于“止”，朱熹言：“止，居也。言物各有所当止之处也。”“止者，必至于是而不迁之意。”(《大学章句》)《大学》曰：“诗云：邦畿千里，维民所止。诗云：缗蛮黄鸟，止于丘隅。子曰：於止，知其所止，可以人而不如鸟乎？诗云：穆穆文王，於缉熙敬止。为人君，止于仁；为人臣，止于敬；为人子，止于孝；为人父，止于慈；与国人交，止于信。”都是对“止”的解释。

“至”的含义主要是：最；极。

“至善”是指人生应追求并达到的最高、最完美之境界。朱熹言：“则事理当然之极也。”（《大学章句》）王阳明言：“至善者，明德、亲民之极则也”。（《传习录》上）注意到了“至善”与“明德”、“亲民”之间的关系。

“止于至善”是指修身的最终结果“明明德于天下”。朱熹曰：“圣人之止，无非至善”。昭示的是一种对完美境界孜孜追求的精神。人世间对“至善”境界的执着追求，不懈努力，是一种震慑人心、穿透时空的力量。为学、为道之根本，不仅在于修明自身，而且要“明明德于天下”，即将自己本有之明德推至极致——将自身的明德投向人间，走入社会，亲近人民而为之服务，最终达至人生最完美之境界。

（四）关于“三纲领”与“八条目”之关系

朱熹将《大学》思想概括为“三纲领”和“八条目”。《大学》内容主要围绕着“三纲八目”而展开，着重论述先秦儒家关于道德修养与治国平天下的关系。

“三纲领”与“八条目”是一个有机的整体。“三纲领”是《大学》的纲领旨趣，也是儒学“垂世立教”之目标所在。“八条目”既是为“三纲”而设计的条目，是实现三纲领的途径，也是儒学为人们展示的人生进修之阶梯。在八个条目中，“自天子以至于庶人，壹是皆以修身为本”。

“三纲领”与“八条目”作为一个有机整体，后者是对前者的补充、发挥，并非在三纲领之外另有一个八条目，也并非在八条目之上还有一个三纲领，二者都是对儒家的内圣外王之道的阐发。

总之，三纲领是“大学之道”，八条目是实现大学之道、培养理想人格、践行絜矩之道的“为学次第”。

（五）朱熹格物补传之意义

朱熹在对《大学》文本整体结构及其思想内容深入考察的基础上，认为《大学》古本“别有阙文”（缺少“释”“格物致知”的内容）。为了能够对《大学》文本进行补阙，朱熹创造性地（机智地）将之分为“经”与“传”两个部分。由于“经”是神圣不可更改的，所以朱熹认为阙文部分属于“传”。于是，朱熹以理学思想增补《大学》传文，即增加被称为“格物补传”（134 字）的第五章，以之作为其格物致知论的纲领。对此，王守仁认为，朱熹格物补传犹如画蛇添足，反而偏离了经典：“格物本于诚意，原无缺传”，“补之以传而益离”。[①] 清人皮锡瑞则认为朱熹随意增补经文，既无必要，亦不

---

① 《王阳明全集》（上下册）卷七，上海古籍出版社 1992 年版。

可取："宋人不信注疏，驯至疑经。疑经不已，遂至改经、删经、移易经文以就己说，此不可为训者也。……朱子……于《大学》，移其文，又补其传；……未免宋人习气。"[①] 尽管思想史上对朱熹"格物补传"的理解和看法见智见仁，但在笔者看来，朱熹对《大学》的理解有其深刻性和创造性，其格物补传非常必要且意义深远。

1. 在形式上完善了《大学》古本的篇章结构

中国思想史上对《大学》古本是否有错简或阙文的争论一直没有停止过。对于郑玄注、孔颖达疏的《大学》古本，宋代儒者有这样两个疑问：一是《大学》中的八条目，不应该只是"诚意"以下六目有释义，而"格物""致知"二目没有释义；二是《大学》中的"三纲"即"明明德"、"亲民"、"止于至善"比八条目更为重要，不应没有释义。这两点疑问，使后代学者怀疑古本《大学》是有错简或阙文的。有错简则必须调整文章的结构，有阙文则要补其缺漏。宋儒自二程开始就对《大学》古本做出修正，主张移古本中"诚意"章往后，而将"《康诰》曰：克明德……与国人交，止于信"作为三纲释义，并将古本中的"子曰：'听讼吾犹人也'……此为知之至也"与"此谓知本，此谓知之至也"结合，作为对"格致"的解释。朱熹继承二程的看法，对《大学》作了"移其文，补其传"的工作。从而在一定意义上完善了《大学》这一经典的篇章结构。

2. 在思想上继承和发展了儒家自孔子开创、荀子接续的知识论传统

儒家的知识论路向是由其创始人孔子开辟的，《论语》彰显了孔子对知识的重视。子曰："好仁不好学，其蔽也愚；好知不好学，其蔽也荡；好信不好学，其蔽也贼；好直不好学，其蔽也绞；好勇不好学，其蔽也乱；好刚不好学，其蔽也狂。"（《论语·阳货》，以下只注篇名）在孔子看来，不学习就会造成愚昧、放荡、贼害他人、暴乱、狂妄等毛病。孔子认为他的知识之所以比别人丰富，就在于"丘也好学"（《公冶长》），"学而时习之，不亦说乎?"（《学而》）好学不仅表现为读书，而且还体现在"每事问"（《八佾》）、"多闻"、"多见"（《述而》）。"敏而好学，不耻下问"（《公冶长》）。虽然"学"的对象在孔子那里主要是以伦理道德为内容，但也表现出"撒开心胸去理会"外物的知识论倾向，为后学在此一路向上的发展奠定了基础。孔子在强调知识来源于感性经验的同时，也强调理性思维对人们获得知识的重要性。他说："学而不思则罔，思而不学则殆。"（《为政》）荀子继承和发展了这一知识论路向，他一方面承认后天学习的重要性："我欲贱而贵，愚而智，贫而富，可乎?

---

① 皮锡瑞：《经学历史》，中华书局2004年版，第189－190页。

曰：其唯学乎！”（《荀子·儒效》）另一方面，又否定了孟子所倡扬的天赋的良知良能，认为人作为认识主体，虽具有“所以知”、“所以能”的认识能力和活动能力，但只有当它们和客观事物接触，才可以叫做才能：“所以知之在人者谓之知，知有所合谓之智。所以能之在人者谓之能，能有所合谓之能。”（《荀子·正名》）荀子还将学习视为一个不断积累的过程：“学不可以已。青，取之于蓝，而青于蓝；冰，水为之，而寒于水。”（《荀子·劝学》）

然而，由孔子开创的这一路向，在荀子之后的以孟子的心性论为其路向的儒家后学那里，却将向内求理、不假外物的思想予以强调，而向外求理的知识论则少有人论及，因此此一知识论传统在儒学发展过程中长期受到忽视。《大学》虽然提出了以格物致知为修齐治平的基础，但却没有对格物和致知给出明确的阐释。朱熹补格物传，在内容上接续、发展了《大学》乃至儒家的格物致知思想，因而延展并活化了儒家的知识论传统。

3. 在理论上力图解决下学与上达、形上与形下如何贯通的问题

隋唐哲学的演变，是儒、释、道相互作用而趋于合流的过程。到了宋代，儒学主要以理学的形式得到复兴，并逐步取得了独尊的地位，但由于儒学仍然深受佛老之影响，因而表现出空谈心性、脱离实践的倾向。朱熹正是在这种历史条件下，通过补格物传澄明儒学之本以作回应。朱熹试图通过格物致知论来划清佛学与儒学之界线，在朱熹看来，格物就是儒学与佛老的分界线，同时，也是重正儒学之本的关键。因为《大学》极力主张：“物格而后知至，知至而后意诚，意诚而后心正……”格物实乃儒学之起点，是达于性与天道的入手处，如果离开格物谈致知、谈心性，便偏离了儒学的正道。

朱熹以其理学思想释格物致知，批判了当时流行的不重下学，空言“天道”的观念，一方面注重下学的积累功夫，另一方面又努力使其得到上达，为形而上与形而下之贯通做出了有益的探索。认为，“学者即凡天下之物，莫不因已知之理而益穷之，以求至乎其极”方可达到“至于用力之久，而一旦豁然贯通焉，则众物之表里精粗无不到，而吾心之全体大用无不明”（《大学章句》）的境界，这亦是下学而上达的过程。在此，朱熹试图解决分殊向理一、格物向致知过渡的难题，从而为形而下与形而上、下学与上达的贯通提供可能。

4. 在方法论上为中国哲学思维方式的更新注入了新元素

中国哲学在方法论上有重体验、轻逻辑，重综合、轻分析的传统，这既是中国哲学的特色也是其缺撼。朱熹补格物致知传所彰显的理学思想，是对此思维方式的一种摇撼，在一定意义上为中国哲学的思维方式的更新注入了新鲜血液。哲学作为人类对宇宙和人生关系的总体把握，“无论在提出问题时或在谋求获得这些问题的逻辑结论时，都必须分辨明白”。[①] 分析的、逻辑的因素对哲学无疑是非常重要的。冯友兰先生曾以逻辑分析的“正”方法来补充内心体验的“负”方法，其目的也是为了中国哲学在方法论上的发展和完善。

胡适在《先秦名学史》中对朱熹的努力予以充分的肯定：“哲学是受它的方法制约的……宋代（960－1279）的哲学家……要振兴孔子的哲学，曾发现一篇篇幅不多的名叫《大学》的小书（是上千年留下来的《礼记》这本集子里四十多篇中的一篇，约有一千七百五十字，作者不明）。他们把它从《礼记》中抽出来，后来便成为儒家经典《四书》中的一部。这桩有趣的事情的产生，在于这些哲学家是很着意于找寻方法论。他们在这小书中找到了那提供他们认为可行的逻辑方法的儒家唯一著作。”[②]

朱熹主张：“学问须严密理会，铢分毫析”（《朱子语类》卷八）。精密的分析方法应贯穿于格物过程之始终。格物是手段，致知才是目的。“致知”是在“格物”基础上，运用“推类以通之”的方法，由有限之知扩展为无限之知、由万理上升到一理、由认识的知性阶段上升到理性阶段。朱熹的“推类以通之”方法是归纳与演绎、个别与一般的统一。由此可见，朱熹补格物传体现出的认识论思想，具有严密的逻辑分析（条分缕析、铢分毫析）的特征，从而为中国哲学在今后的发展过程中重视逻辑分析方法奠定了基础，虽然这一方法在陆九渊与王守仁那里仍然予以拒斥，但毕竟使得时人即后人有了自觉的方法论问题意识。

三、《大学》价值的当代诠释

《大学》作为儒家的经典，文约义丰，影响深远。经典之所以是“经典”，就在于它能够“召唤”时人及后人不断地去对其内涵与意义加以发掘和诠释，而其自身又永远使阐释者无法穷尽其深层意蕴。

传统通过经典向现代延展，文明通过经典得以传承，思想通过文本向世界敞开，人类通过理解展现自身。对“经典”价值的当代诠释，是对经典文本“意义”的延伸性阐释。理解与诠释的过程既是经典文本之意义不断生成的过程，亦是思想不断创新的过程。我们今天重新学习《大学》、解读《大学》，将会发掘出其重要的当代价值。

---

① 文德尔班：《哲学史教程》上卷，北京：商务印书馆1987年版，第20－21页。

② 胡适：《先秦名学史》，见姜义华主编《胡适学术文集·中国哲学史》下，北京：中华书局1991年版，第770－771页。

（一）有助于重新审视“大学”意义，重新熔铸“大学”精神

“大学”的意义，古今都在追问。朱熹曰：“大学者，大人之学也。”清华大学原校长梅贻琦先生言：“大学者，非大楼之谓也，乃大师之谓也。”并认为，“今日之大学教育，骤视之，若与明明德、新民之义不甚相干，然若加深察，则可知今日大学教育之种种措施，始终未能超越此二义范围，所患者，在体认尚未尽而实践尚有不力耳”。现代大学理想和古代大学理想有着内在相通之处。古代“大学”理想的内圣外王之道，在今天已演化成为现代“大学”精神的源头。五千年的文明史是现代大学深厚的根基，中国传统文化中的“士志于道”、“明道济世”的理想，亦是现代大学的立足之本。在此根基上，我们将重新熔铸当代大学精神，使大学真正成为锻铸“天下之公器”之熔炉。

（二）有利于理想人格的培育和社会责任的担当

《大学》之道推崇“明明德”基础上的“亲民”，追求“明明德于天下”、“止于至善”的理想境界。《大学》倡导发自内心的“扪心自问”，主张进行心灵醒悟的“致良知”，对国人的影响至深至远。其格、致、诚、正、修、齐、治、平的内圣外王的理想，是对国人文化心理结构的一种造塑。《大学》之道，同样有利于当代社会理想人格的培育和社会责任的担当。“自强不息，厚德载物”的精神，“士当先天下之忧而忧，后天下之乐而乐”的理想，将勉励当代学子进德修业，发愤图强，知难而进，投入到世代炎黄子孙前赴后继、治国安邦的历史洪流之中，为把祖国建设得更加繁荣富强而贡献力量。

（三）有助于修身养性，坚守絜矩之道

《大学》曰：“是以君子有‘絜矩之道’也。”“所恶于上，毋以使下；所恶于下，毋以事上；所恶于前，毋以先后；所恶于后，毋以从前；所恶于右，毋以交于左；所恶于左，毋以交于右。此之谓‘絜矩之道’。”絜矩之道即合乎规矩之道、推己及人之道。在某种意义上说，《大学》对于今人修身养性、提升精神境界、坚守“絜矩之道”，抵制极端功利主义、拜金主义、享乐主义、个人主义对人类精神的腐蚀，有着不可低估的价值。

（四）有益于贯彻仁政重民的施政原则，构建和谐社会

《大学》主张施政者应该做到“民之所好好之”，“民之所恶恶之”，“此之谓民之父母”。因为“得众则得国，失众则失国”。施政者只有想百姓之所想，忧百姓之所忧，才能得到民众的拥护和支持，才能构建一个人民能够安居

乐业的和谐社会。《大学》作为中国人文世界的精神土壤，在当代仍然有其不容低估的人文价值，她对于执政党进一步贯彻仁政重民的施政原则，构建和谐社会，具有十分重要的现实意义。

附：《大学》古本正文①

大学之道，在明明德，在亲民，在止于至善。知止而后能定，定而后能静，静而后能安，安而后能虑，虑而后能得。物有本末，事有终始，知所先后，则近道矣。古之欲明明德于天下者，先治其国。欲治其国者，先齐其家；欲齐其家者，先修其身；欲修其身者，先正其心。欲正其心者，先诚其意；欲诚其意者，先致其知。致知在格物。物格而后知至，知至而后意诚，意诚而后心正，心正而后身修，身修而后家齐，家齐而后国治，国治而后天下平。自天子以至于庶人，一是皆以修身为本。其本乱而末治者否矣。其所厚者薄，而其所薄者厚，未之有也。此谓知本，此谓知之至也。所谓诚其意者，毋自欺也。如恶恶臭，如好好色，此之谓自谦，故君子必慎其独也。小人闲居为不善，无所不至，见君子而后厌然，揜其不善，而著其善，人之视己，如见其肺肝然，则何益矣？此谓诚于中，形于外，故君子必慎其独也。曾子曰：十目所视，十手所指，其严乎！富润屋，德润身，心广体胖，故君子必诚其意。诗云：瞻彼淇澳，绿竹猗猗。有斐君子，如切如磋，如琢如磨。瑟兮僩（xiàn）兮，赫兮喧兮。有斐君子，终不可喧兮。如切如磋者，道学也；如琢如磨者，自修也；瑟兮僩兮者，恂栗（xún lì）也。赫兮喧兮者，威仪也；有斐君子，终不可喧兮者，道盛德至善，民之不能忘也。诗云：於戏！前王不忘。君子贤其贤而亲其亲，小人乐其乐而利其利，此以没世不忘也。康诰曰：克明德。太甲曰：顾諟天之明命。帝典曰：克明峻德。皆自明也。汤之盘铭曰：苟日新，日日新，又日新。康诰曰：作新民。诗曰：周虽旧邦，其命惟新。是故君子无所不用其极。诗云：邦畿千里，惟民所止。诗云：缗蛮（mín mán）黄鸟，止于丘隅。子曰：於止，知其所止，可以人而不如鸟乎？诗云：穆穆文王，於缉熙敬止。为人君，止于仁；为人臣，止于敬；为人子，止于孝；为人父，止于慈；与国人交，止于信。子曰：听讼，吾犹人也。必也使无讼乎？无情者不得尽其辞，大畏民志，此谓知本。所谓修身在正其心者，身有所忿懥（fèn zhì），则不得其正；有所恐惧，则不得其正；有所好乐，则不得其正；有所忧患，则不得其正。心不在焉，视而不见，听而不闻，食而不知其味。此谓修身在正其心。所

① 参见朱熹《四书集注》，岳麓书社1985年版，第20－24页。

谓齐其家在修其身者，人之其所亲爱而辟焉，之其所贱恶而辟焉，之其所畏敬而辟焉，之其所哀矜而辟焉，之其所敖惰而辟焉。故好而知其恶，恶而知其美者，天下鲜矣！故谚有之曰：人莫知其子之恶，莫知其苗之硕。此谓身不修，不可以齐其家。所谓治国必先齐其家者，其家不可教，而能教人者，无之。故君子不出家而成教于国。孝者，所以事君也；弟者，所以事长也；慈者，所以使众也。康诰曰：如保赤子。心诚求之，虽不中，不远矣。未有学养子而后嫁者也。一家仁，一国兴仁；一家让，一国兴让；一人贪戾，一国作乱。其机如此。此谓一言偾（fèn）事，一人定国。尧、舜帅天下以仁，而民从之；桀、纣帅天下以暴，而民从之。其所令反其所好，而民不从。是故君子有诸己而后求诸人，无诸己而后非诸人。所藏乎身不恕，而能喻诸人者，未之有也。故治国在齐其家。诗云：桃之夭夭，其叶蓁蓁（zhēn）。之子于归，宜其家人。宜其家人，而后可以教国人。诗云：宜兄宜弟。宜兄宜弟，而后可以教国人。诗云：其仪不忒，正是四国。其为父子兄弟足法，而后民法之也。此谓治国，在齐其家。所谓平天下在治其国者，上老老，而民兴孝；上长长，而民兴弟；上恤孤，而民不倍；是以君子有絜矩之道也。所恶于上，毋以使下；所恶于下，毋以事上；所恶于前，毋以先后；所恶于后，毋以从前；所恶于右，毋以交于左；所恶于左，毋以交于右：此之谓絜矩之道。诗云：乐只君子，民之父母。民之所好好之，民之所恶恶之，此之谓民之父母。诗云：节彼南山，维石岩岩。赫赫师尹，民具尔瞻。有国者不可以不慎：辟，则为天下僇（lù）矣。诗云：殷之未丧师，克配上帝。仪鉴于殷，峻命不易。道得众则得国，失众则失国。是故君子先慎乎德。有德此有人，有人此有土，有土此有财，有财此有用。德者本也，财者末也。外本内末，争民施夺。是故财聚则民散，财散则民聚。是故言悖而出者，亦悖而入；货悖而入者，亦悖而出。康诰曰：惟命不于常。道善则得之，不善则失之矣。楚书曰：楚国无以为宝，惟善以为宝。舅犯曰：亡人无以为宝，仁亲以为宝。秦誓曰：若有一个臣，断断兮，无他技，其心休休焉，其如有容焉。人之有技，若己有之；人之彦圣，其心好之；不啻（chì）若自其口出，寔能容之，以能保我子孙黎民，尚亦有利哉！人之有技，娼（mào）嫉以恶之；人之彦圣，而违之俾不通；寔不能容，以不能保我子孙黎民，亦曰殆哉！唯仁人，放流之，迸诸四夷，不与同中国，此谓唯仁人为能爱人，能恶人。见贤而不能举，举而不能先，命也；见不善而不能退，退而不能远，过也。好人之所恶，恶人之所好，是谓拂人之性，灾必逮夫身。是故君子有大道，必忠信以得之，骄泰以失之。生财有大道，生之者众，食之者寡，为之者疾，用之者舒，则财恒足矣。仁者以财发身，不仁者以身发财。未有上好仁，而下不好义者也；未有好义，其事不终者也；未有府库财，非其财者也。孟献子曰：畜马乘，不察于鸡豚；伐冰之家，不畜牛羊；百乘之家，不畜聚敛之臣。与其有聚敛之臣，宁有盗臣。此谓国不以利为利，以义为利也。长国家而务财用者，必自小人矣。彼为善之。小人之使为国家，灾害并至，虽有善者，亦无如之何矣。此谓国不以利为利，以义为利也。

第二篇 《论语》导读

一、《论语》其书

《论语》是儒家学派最主要的经典著作之一，由孔子的弟子及其再传弟子编撰而成。它以语录体和对话文体为主要形式，记录了孔子及其弟子的言行，集中体现了孔子的政治主张、伦理思想、道德观念、教育原则和哲学思想。《论语》与《大学》、《孟子》、《中庸》并称“四书”。

（一）《论语》书名

杨伯峻先生在《论语译注》中认为：“论语是这样一部书，它记载着孔子的言语行事，也记载着孔子的若干学生的言语行事。”并援引班固《汉书·艺文志》中的话作为论据：“论语者，孔子应答弟子、时人及弟子相与言而接闻于夫子之语也。当时弟子各有所记，夫子既卒，门人相与辑而论纂，故谓之论语。”可见，《论语》的“论”，是“论纂”的意思，《论语》的“语”，是“语言”的意思。“论语”就是将“接闻于夫子之语”“论纂”起来。《论语》之书名是当时就有的，而非后人添加的。①

（二）《论语》作者

《论语》的作者不是孔子本人。这不仅由于《论语》中有关于“少孔子四十六岁”的孔门弟子曾参去世时的记载，而且还因为在先秦，先生与学生讨论问题，并且亲自参与将这些言论集结成书，这部书常常以这位先生的姓氏命名，比如《孟子》、《荀子》、《韩非子》等等。

《论语》是诸多篇章的集合体，其排列顺序有人认为不具有内在的逻辑联系，但也有人认为《论语》篇序与《周易》卦序妙合，是经过精心编排的。无论是否经过精心编排，但有一点是肯定的，那就是这些篇章绝非出自一个人

① 参见杨伯峻《论语译注》，中华书局1980年版，第25页。

的手笔。因为《论语》一书出现了多次重复的章节，其中有字句完全相同的，如“巧言令色鲜矣仁”一句，先见于“学而篇第一”，又重现于“阳货篇第十七”。“博学于文”一句，先见于“雍也篇第六”，又重现于“颜渊篇第十二”；还有基本上是重复只是详略不同的，如“君子不重”的论述等等，不一而足。

既然《论语》成于多人之手，那么，最后的编订者是谁呢？关于《论语》之最后编订者，唐代的柳宗元认为：“曾参最少，少孔子四十六岁；曾子老而死；是书记曾子之死，则去孔子也远矣。曾子之死，孔子弟子略无存者矣。吾意曾子弟子之为也。”（《柳河东集》卷四）自此以后，学者大多都以为《论语》的编订者是曾参的学生。其依据是：首先，《论语》不但对曾参皆称“子”，而且对其言行的记载与孔子其它弟子相比为最多。其次，孔子弟子中，不但曾参最为年轻，而且有一章专门记载曾参将死之前对孟敬子的一段话。如果根据“曾子年七十而卒”推论，则孟敬子之死更在其后，那么，此事之记叙者一定是在孟敬子死后才着笔的。《论语》中所记叙的人物和事迹，再没有比这更晚的了。所以说，《论语》的编订者是曾参之弟子，其编撰年代当开始于春秋末期，而编辑成书则在战国初期。日本学者山下寅次著有《论语编纂年代考》，认为《论语》编纂年代为纪元前479年（孔子卒年）至400年（子思卒年）之间。这与杨伯峻的《论语译注》中考证的年代基本上是一致的。

历史上关于《论语》的作者，主要有三种观点：一是东汉郑玄认为《论语》是孔子弟子仲弓、子游、子夏等人所撰。二是唐代柳宗元认为《论语》是曾子弟子所撰。三是宋代程颐、朱熹认为《论语》是曾子、有子的门人所记。

（三）《论语》版本

与诸多先秦古籍一样，《论语》经过秦火和战乱曾一度失传，至汉代复出现若干个传本，最著名的有三种版本。

（1）《鲁论语》二十篇。汉代的龚奋，夏厚生，夏后建，萧望之，韦贤，宣城，扶卿等人传授之。由于主要在鲁地的学者中传习，故谓之《鲁论语》，汉时还有《论语解》十九篇，均已亡佚。

（2）《齐论语》二十二篇。主要在齐地的学者中传习，故谓之《齐论语》。其中二十篇的章句多和《鲁论语》相同，只是多出《问王》和《知道》两篇。

（3）《古文论语》二十一篇，没有《问王》和《知道》两篇，但却将《尧曰篇》的“子张问”另分为一篇，于是有了两个《子张篇》。篇次也与《鲁论语》、《齐论语》不同，文字不同约达四百处。

《鲁论语》和《齐论语》最初各有师传，到西汉末年，安昌侯张禹将《鲁论语》和《齐论语》两个本子融合为一，但是篇目仍以《鲁论语》为根据予以编撰，称为《张侯论》。

《古文论语》是在汉景帝时由鲁恭王刘余在孔子旧宅中发现的，因其字为蝌蚪文，故谓之《古文论语》。

东汉末年，郑玄以《鲁论语》为基础，参考《齐论语》,《古文论语》，编校成一个新本子《论语注》（简称：郑玄本）。然而，郑玄本在唐代以后就不传了，有敦煌遗书本残卷。在残存的《论语注》中，人们还可依稀窥见三种论语本子的异同。我们今天所用的本子，基本上是《张侯论》。

（四）略论古今《论语》“注释”本

古今中外注释《论语》的著作，可谓“汗牛充栋”。仅日本学者林泰辅博士在论语年谱中所著录的便达三千种之多。对此我们仅介绍几种影响力颇大的本子作为参考：

（1）东汉末年，郑玄（127—200）以《鲁论语》为底本，参考《齐论语》、《古文论语》，编校的《论语注》现存有敦煌遗书本残卷。

（2）魏国时，何晏（190—249）等五人著《论语集解》，十卷，此为汉以来《论语》的集大成著作，为现传最古的《论语》完整注本。

（3）南朝时，梁代皇侃（488—545）编纂《论语义疏》，十卷，它是在《论语集解》基础上作疏，也是南北朝义疏之作完整流传至今的惟一的一部，对于研究义疏体著作有重要意义。

（4）南宋朱熹（1130—1200）编纂的《论语集注》本。《论语集注》共十卷，是宋代《论语》注释的集大成。现传最早的《论语集注》刻本是马光祖刊印的《四书集注》本，后又有与《孟子集注》合刻本，而通行的多为《四书章句集注》本。

（5）清代毛奇龄（1627—1713）针对朱熹四书注中的错误著有《四书改错》本。

（6）清代刘宝楠（1791—1855）著《论语正义》，二十四卷，堪称《论语》整理研究的经典之作。

（7）杨树达（1855—1956）编纂的《论语疏证》二十卷。其强调以《论语》证《论语》的方法颇为新颖。

（8）杨伯峻（1909—1990）著述的《论语译注》。在《论语》新注中，此书有开创之功，作者作了大量考证性的简明注释，而且对全书做了今译，书后并附有《论语词典》。此书对《论语》的研究和普及作用甚大。

(9) 钱穆 (1895 - 1990) 著述的《论语新解》。前十篇为上编、后十篇为下编。有重要参考价值。

(10) 1973 年河北定县八角廊四十四号汉墓中出土的竹简中也发现有《论语》残简，不过篇幅不到今本《论语》的一半，今人整理后得《定州汉墓竹简论语释文》，其底本是汉代《论语》的隶书抄本（残本），具有重要参考价值。

（五）《论语》篇目及内容概要

《论语》共计二十篇。《学而》讲立身之本；《为政》讲以德从政；《八佾》讲礼乐之事；《里仁》讲居必择仁、居仁为美；《公冶长》论古今人物之贤否得失；《雍也》讲为人应仁而不佞；《述而》记载孔子谦己诲人之言；《泰伯》讲泰伯的美德；《子罕》讲治学不可始勤终怠；《乡党》记载孔子在乡时的言行；《先进》记孔子评价弟子贤否之言；《颜渊》记孔子论仁及君子修养等，《子路》记孔子回答子路有关为政等问题；《宪问》记孔子谈论仁以及如何成为君子；《卫灵公》记孔子论君子之德；《季氏》记孔子论仁政与君子之德；《阳货》记孔子有关仁等言论；《微子》记古代圣贤的仕与隐等事；《子张》记孔子弟子的言论；《尧曰》记孔子有关为政的言论。

《论语》的篇章结构、写作方式是典型的“凤头、猪肚、豹尾”。即开篇精彩亮丽，中间充实丰富，结尾刚健有力。

《学而篇第一》作为《论语》的开篇，提出学习对于提升自己、影响他人、利于时代的重大意义，以及学习所涵摄的知言、知礼、知天命等主要内容。其提纲挈领、引人入胜。

《论语》接下来用十八个篇章，具体阐述孔子构建的儒家的“仁学”体系。其内涵丰厚、说理充分。

《论语》最后以《尧曰篇第二十》作为总结，揭示了为道、为学、为人、为政之要义。其气势磅礴、耐人寻味。

二、《论语》义理解析

（一）《论语》与孔子

《论语》的作者虽然不是孔子，但其内容体现的是孔子的思想。

据《史记·孔子世家》记载，孔子的祖先本是殷商后裔。周灭商后，周武王封商纣王的庶兄，商朝忠正的名臣微子启于宋。微子启死后，其弟微仲即位，微仲即为孔子的先祖。自孔子的六世祖孔父嘉之后，后代子孙开始以孔为姓，其曾祖父孔防叔为了逃避宋国内乱，从宋国逃到了鲁国。孔子的父亲叔梁纥（叔梁为字，纥为名）是鲁国著名的勇士，叔梁纥先娶施氏曜（yào）英，生九女而无一子，其妾生一子孟皮，但有足疾。由于当时女子和残疾的儿子都不宜继嗣。叔梁纥晚年与年轻的颜征在生下孔子。由于孔子的母亲曾去尼丘山祈祷，然后怀下孔子，又因孔子刚出生时头顶的中间凹下，像尼丘山，故起名为丘，字仲尼（仲为第二的意思，叔梁纥的长子为孟皮，孟为第一的意思）。

孔子（公元前551—前479年），春秋末期鲁国人，儒家学派创始人，世界最著名的文化名人之一。他一生周游列国，宣传自己的政治主张，他张扬仁义，主张以德服人，反对残暴统治，贬斥武力征伐，同情人民疾苦，具有大爱无疆的胸襟和开明的政治态度。

孔子作为伟大的教育家，首开私人讲学之风，主张有教无类，因材施教，培养出了一大批有才干的学生。相传有弟子三千，贤人七十二。孔子晚年先后删《诗》、《书》，订《礼》、《乐》，修《春秋》，对中国古代文献进行了全面整理。老而喜《易》，曾达到“韦编三绝”的程度。

孔子作为伟大的思想家、哲学家，提出了一整套仁学理论，创立了中国思想史上第一个富有人文特色的哲学体系，从而在很大程度上确立了儒学的总体面貌，影响了中国人的价值观念和思维方式。

《论语》不仅是孔子本人对社会历史认知和生命体验结果的智慧升华，也是其弟子诸多思想综合创新的结果。《论语》经历了历代读书人的集解、集注、正义、别裁、疏证，逐渐成为一套庞大的知识体系。在这一体系中，人们或以“六经注我”的方式，以孔子言辞作为自己理论的依据，或以“我注六经”的态度，专注于言辞考辨，力求达于孔子原意。在注解《论语》的两千余年历史上，留下很多有代表性的著作。对同一句话、同一个问题，不同朝代的人乃至同一朝代不同的人往往会做出不同的诠释。将这些诠释的差异和诠释者的语言背景联系起来，往往可以折射出那个时代的思想特征。因此，研究某个时代对《论语》的不同解释，其实就是研究这个时代的思想状况，可从中管窥中国古代思想在历代演进之脉络。一部《论语》的历代解释史，构成了中国思想史的重要组成部分。

《论语》作为儒家学派的经典，对中国的历史文化产生了深远影响。

（二）《论语》与“仁学”

“仁”这一概念在孔子以前已经出现，但以“仁”来说明其学说并以此统属其整个思想体系，却是由孔子开始的。孔子在《论语》中构建了儒家的

"仁学"体系。"仁"是孔子哲学思想的核心范畴。《论语》中有诸多讲述"仁"的篇章。

在《论语》中，作为形式与内容相统一的"礼"与"仁"，构成了孔子仁学体系的主要内容。孔子是中国思想史上第一位以"仁"释"礼"、将仁学与礼学加以贯通的思想家。通过孔子的努力，传统的那种重在形式的"礼"开始具有了一种内在精神方向的开启——"人而不仁如礼何?""非礼勿视，非礼勿言，非礼勿动"，"克己复礼为仁"，既是对二者关系的发见，也是对礼的内在精神方向的揭橥。①

孔子"仁学"体系的出发点、内涵和归宿都是"人"或"爱人"。"仁"即为人之道，从善之心。"子不语乱，力，怪，神"（《论语·述而》）。季路问事鬼神，子曰："未能事人，焉能事鬼?""敢问死?"曰："未知生，焉知死?"（《论语·先进》）孔子教导学生，"务民之义，敬鬼神而远之，可谓智矣!"（《论语·雍也》）自西周"人本"意识觉醒以来，孔子毅然决然、毫不含糊地把人和人事推到思想观照，政治理想和道德实践的中心位置。在神和人之间选择人作为构建仁学体系的出发点，成就了孔子仁者爱人的圣哲胸襟。孔子将仁确定为最基本的社会关系准则，并围绕"爱人"的内涵，构造了仁学的思想体系。这一体系的产生，在理论上是对旧时非人性的宗法等级秩序的合理性否定。"道千乘之国，敬事而信，节用而爱人，使民以时"。（《论语·学而》）为仁者爱人奠定了人道基础。

"仁"在孔子那里作为一种道德义务，强调的是人内在的德性涵养。"为仁由己"，重在弘扬主体意识和道德自律。"己欲立而立人，己欲达而达人"（《论语·雍也》）；"己所不欲，勿施于人"（《论语·颜渊》），既是出于彼此相爱的人格互相尊重的需要，又是一种"为仁由己"的道德自律，关注的不是权益和报偿，而是追求个体人格的完善。

孔子是在"天命"论的背景下阐发其仁学思想的，从其所说"畏天命"以及"子罕言利，与命，与仁"、"不知命，无以为君子"等等论述看，孔子对"天"与"仁"之间的关联已有所意识，并已较为"含蓄"地对二者之间的关联予以论证。在某种意义上说，孔子关于"天生德于予"的感叹，也就是《中庸》所表达的"天命之谓性"之高妙哲理的先声，从而将仁学予以形上提升，使得"仁学"具有了终极价值系统的支撑，为仁学奠定了哲学基础。也许孔子重在解决"何谓道德的生活"以及"人的道德生活何以必须"等问题，而对"道德的生活何以可能"的关注，则成为孟子心性说展开的起点。

---

① 参见刘学智《"仁学"及其现代开展何以可能》，中国社会科学院院报 2006-12-28。

由上分析可见，孔子在《论语》中开创、建构的“仁学”，已经形成了一个较为完整的体系，既具有超越性根据，也拥有道德内涵与修养功夫。其形上根据是至高无上的“天”；其道德内涵是“爱人”；其修养功夫是“礼”。如果没有超越性根据，仁学的道德内容就失去了根基，如果没有修养工夫论，仁学就无法真正落实到人的现实行为——德行之中。

（三）《论语》与“儒学”

孔子创立了儒家，儒家建构着儒学。《论语》作为儒家的代表作，影响着、规范着儒学的演进。

儒家顺应着时代潮流，应对着不同时代的生活方式当中的问题，建构着儒学在不同历史时期各具形态的理论体系。在此意义上说，儒学总是“日新”的、“革命”的。这种不同的学说之所以同属于儒家，即是因为这些学说的建构总是以现实生活为源头活水、以儒家原典《论语》开创的仁学体系为理论根基。

孟子之所以将“恻隐之心”——仁，视为“火之始然（燃）、泉之始达”的本根，并在此基础上构建自己的“仁—义—礼—智”的仁学体系，就因为他的学说是儒家的；尽管他的儒学建构是顺应着他所身处其中的社会现实、生存际遇，但“亲亲，仁也”（《孟子·告子下》）、“亲亲而仁民，仁民而爱物”（《孟子·尽心上》）、“施由亲始”（《孟子·滕文公上》）等道德原则的确立，却始终沿着《论语》开辟的仁学理路演进着，并应对着当时的宗法社会发展的现实具有其鲜明的时代性。

汉儒面临着如何进行制度建设和思想建设，以维护汉朝大一统的政治局面的问题。汉代儒学的经学化即是当时社会的产物。董仲舒从伦理治国的角度讲仁：“以仁治人”。把仁主要视为处理更为广泛的人际关系的概念，以服从于治国的需要。他通过“天人感应”论及阴阳五行系统的建构，给儒家“仁学”寻找着终极的价值支撑。

宋儒在建构仁学体系时面对的是佛老的泛滥和儒学的空疏，探寻新的形而上学方法以建构天人合一的新仁学，是其时代任务。周敦颐援道入儒，张载融通《易经》、《孟子》、《中庸》之宇宙论和心性论，二程提出“仁者以天地万物为一体”，本体之仁的观念逐渐明晰。朱熹进而从天理高度阐发“仁体”，以“仁者，天地生物之心”，建立起天人合一的仁学宇宙观。

明儒王阳明以“良知”说拓展了仁学，仁即“天地万物一体之仁”。王阳明把道德基础从外在的“天理”内化为人的“本心”，凸现道德实践过程中的主体性、自觉性和能动性。“良知说”把道德规范和主体意识在本原上统一起来，“天理”是良知的扩充和流行发用，道德的行为不再是主体被动地遵循的外在原则，而是主体的内在要求，道德行为是主体意愿由内而外的自然的表达，是以实现自我道德本质充分发展的过程，是使社会理想融贯于主体意识，并转化为内在人格的过程。良知说是在更高层面上向先秦儒家仁学的回归。

（四）孔子思想的核心

《论语》作为儒家思想的代表作，反映的是孔子的思想，孔子博大精深的思想之核心是什么呢？学界对于此问题的理解是见智见仁的。

（1）匡亚明先生认为“仁”是孔子思想的核心。他说：“在《论语》中仁字出现109次，礼字出现75次，可见仁在孔子学说中的重要”；“孔子的仁包含哪几层意义？最通常的意思仍然是爱人……樊迟问仁。子曰：‘爱人’”；“仁的另一层意思是修身，是对道德准则的遵从……颜渊问仁。子曰：‘克己复礼为仁’”；“孔子说：‘仁者人也’……孟子说：‘仁也者人也’……这是仁的第三层意思，是作为孔子人本哲学核心概念的仁的涵义”；“在《国语》中仁凡二十四见，基本意义是爱人，《左传》中仁凡三十三见，除爱人之外，其他几种德行也被称作仁，然而这些材料中反映的有关仁的思想，都是零散的，无系统的，思想内涵也是比较肤浅的，孔子在形成自己的思想时，抓住当时在意识形态中已经出现的仁的观念，明确它，充实它，提高它，使它升华为具有人道主义博大精深的人本哲学。”①

（2）蔡尚思先生认为“礼”是孔子思想的核心。其主要根据是：“孔子生长于鲁国，‘周礼在鲁’。孔子从少好礼，入周公庙问礼，而成为名闻天下的礼教家”；孔子还常说：“夏礼，吾能言之，杞不足征也；殷礼，吾能言之，宋不足征也”；“殷因于夏礼，所损益可知也；周因于殷礼，所损益可知也”等；“孔子主张以礼治国，如说：‘礼让为国’，‘齐之以礼’”；“教育宗旨最重礼”，“强调‘不学礼，无以立’”；“以为礼的根本一直相因不变，礼的枝叶可以有所损益，周礼虽到百世也不会变革”；孔子经常批评别人不守礼，并主张“克己复礼”等；许多后儒如司马迁、柳宗元、张载、朱熹、顾炎武、王船山、颜元、阮元、章学诚、陈沣、张謇等，“都看出礼是孔子的中心思想”。②

（3）冯友兰先生认为“礼、仁”结合是孔子思想的核心。冯先生将“礼”作为孔子的政治纲领，将“仁”作为其最高道德原则。

---

① 参见《孔子评传》，齐鲁书社1985年版，第181－183页。

② 参见《孔子一生都尚礼》一文，见蔡尚思《中国古代学术思想史论》，广东人民出版社1990年版。

（4）梁启超、易白沙、陈独秀诸先生认为孔子思想的核心是“忠君”。这种观点在“五四”时期较为盛行。

（5）钱穆先生和李石岑先生认为“孝”或“仁孝”是孔子思想的核心。

三、《论语》的影响及其价值

作为记录孔子及其弟子言行的儒家经典《论语》，在我国历史上产生了深远影响。相传，宋朝名相赵普死后，人们在他的书橱里发现只有半部《论语》，因而世有“半部《论语》治天下”之说。今天的人们也在走近孔子，研读《论语》，为的是聆听先哲的教诲、感悟圣贤的智慧，发掘《论语》的当代价值。

（一）《论语》为人们安身立命提供终极价值支撑

《论语》不仅是读的，更是做的。《论语》的学理性与实践性息息相关。仅仅坐而论道，玄思辩难，绝非研读《论语》之正途。对此，宋代程颐曾有高论：“读《论语》，未读时是此等人，读了后又只是此等人，便是不曾读。”程颐的意思就是强调，读《论语》一定要将《论语》的思想、精神化为具体的行动，落实在现实的社会实践中。《论语》的思想无不与具体人生境遇紧密相关，是人们为道、为学、为人、为政的根据，为人们安身立命提供终极价值支撑。

（二）《论语》倡扬的仁学思想为人类大同理想奠定基石

“仁”即为人之道，从善之心。钱穆先生在《论语新解》一书中揭示了仁学之要义：仁即人群相处之大道，然人道必本于人心，本于此心而有此道。此心修养成德，所指极深极广。人与人间的温情、善意，发于仁心，本于仁道。而培养仁心当自孝悌始。孝悌之道，则贵能推广而成为通行于人群之大道，亦即人类大同之道。《论语》之仁学将有助于人类迈入和平、友爱、繁荣、进步的人类大同的新时代。

（三）《论语》为当今社会化解各种矛盾提供智慧的启迪

在历史的长河中，儒学既保持着其仁爱、和谐的精神特质，又带有不同时代的文化烙印，它以开放的姿态生发扩展，为世界文明形态的延续做出了重要贡献。毋庸讳言，当今社会出现了种种问题，生态危机、精神危机、道德危机和价值危机正深刻影响人类社会的健康发展，人类的命运、地球的命运受到严峻的挑战。儒家仁学思想资源以及孔子所设立的道德原则和进行的不懈努力，无疑为解决这些问题提供了智慧的启迪。

（四）《论语》为现代中国学术发展提供源头活水

人们今天通过对《论语》的研读，正在构建着中华民族的新思想和新学术。牟钟鉴先生提出将“爱”、“生”、“通”三大原则综合起来，再加上“诚”的原则，来建立新的仁学体系。蒙培元先生提出了“带着时代的问题意识”，进行“创造性的阐释”以建立新仁学的方法论问题。郭沂先生主张儒学新的形上学的建立应该返本开新，返本即回归“先秦儒家形上学”，开新即把儒家哲学“改建”为本体界、性体界、心体界、现象界四个层面。以上见解虽然还有待于完善，但无疑是颇有洞见的。现代中国学术之演进包括仁学的新开展，无疑应从《论语》那里获取源头活水，撷取遗传基因。

张岱年先生曾经说过：盲目的批判孔子的时代过去了，盲目的尊崇孔子的时代也过去了，科学的研究孔子的时代到来了。孔子、《论语》是中国的，亦是世界的。我们在研究西方先进文化的同时，以《论语》为代表的儒家文化也将进一步走向世界，并为世界上越来越多的人们所认识、了解、接受。

附：《论语》正文①

学而篇第一
（共十六章）

1·1 子曰：“学而时习之，不亦说（yuè）乎？有朋自远方来，不亦乐乎？人不知而不愠，不亦君子乎？”

1·2 有子曰：“其为人也孝弟，而好犯上者，鲜矣；不好犯上，而好作乱者，未之有也。君子务本，本立而道生。孝弟也者，其为仁之本与！”

1·3 子曰：“巧言令色，鲜矣仁！”

1·4 曾子曰：“吾日三省吾身——为人谋而不忠乎？与朋友交而不信乎？传不习乎？”

1·5 子曰：“道千乘（shèng）之国，敬事而信，节用而爱人，使民以时。”

1·6 子曰：“弟子，入则孝，出则悌，谨而信，泛爱众，而亲仁。行有余力，则以学文。”

1·7 子夏曰：“贤贤易色；事父母，能竭其力；事君，能致其身；与朋

---

① 参见杨伯峻《论语译注》，中华书局1980年12月第2版。

友交，言而有信。虽曰未学，吾必谓之学矣。”

1·8 子曰：“君子不重，则不威；学则不固。主忠信。无友不如己者。过，则勿惮（dàn）改。”

1·9 曾子曰：“慎终，追远，民德归厚矣。”

1·10 子禽问于子贡曰：“夫子至于是邦也，必闻其政，求之与？抑与之与？”子贡曰：“夫子温、良、恭、俭、让以得之。夫子之求之也，其诸异乎人之求之与？”

1·11 子曰：“父在，观其志；父没，观其行；三年无改于父之道，可谓孝矣。”

1·12 有子曰：“礼之用，和为贵。先王之道，斯为美；小大由之。有所不行，知和而和，不以礼节之，亦不可行也。”

1·13 有子曰：“信近于义，言可复也。恭近于礼，远耻辱也。因不失其亲，亦可宗也。”

1·14 子曰：“君子食无求饱，居无求安，敏于事而慎于言，就有道而正焉，可谓好学也已。”

1·15 子贡曰：“贫而无谄，富而无骄，何如？”子曰：“可也；未若贫而乐，富而好礼者也。”

子贡曰：“诗云：‘如切如磋，如琢如磨’，其斯之谓与？”子曰：“赐也，始可与言诗已矣，告诸往而知来者。”

1·16 子曰：“不患人之不己知，患不知人也。”

政篇第二

（共二十四章）

2·1 子曰：“为政以德，譬如北辰居其所而众星共之。”

2·2 子曰：“诗三百，一言以蔽之，曰：‘思无邪’。”

2·3 子曰：“道之以政，齐之以刑，民免而无耻；道之以德，齐之以礼，有耻且格。”

2·4 子曰：“吾十有五而志于学，三十而立，四十而不惑，五十而知天命，六十而耳顺，七十而从心所欲，不踰矩。”

2·5 孟懿子问孝。子曰：“无违。”

樊迟御，子告之曰：“孟孙问孝于我，我对曰，无违。”樊迟曰：“何谓也？”子曰：“生，事之以礼；死，葬之以礼，祭之以礼。”

2·6 孟武伯问孝。子曰：“父母唯其疾之忧。”

2·7 子游问孝。子曰：“今之孝者，是谓能养。至于犬马，皆能有养；

不敬，何以别乎?”

2·8　子夏问孝。子曰：“色难。有事，弟子服其劳；有酒食，先生馔(zhuàn)，曾（céng）是以为孝乎?”

2·9　子曰：“吾与回言终日，不违，如愚。退而省其私，亦足以发，回也不愚。”

2·10　子曰：“视其所以，观其所由，察其所安。人焉廋（sōu）哉？人焉廋哉?”

2·11　子曰：“温故而知新，可以为师矣。”

2·12　子曰：“君子不器。”

2·13　子贡问君子。子曰：“先行其言而后从之。”

2·14　子曰：“君子周而不比，小人比而不周。”

2·15　子曰：“学而不思则罔，思而不学则殆。”

2·16　子曰：“攻乎异端，斯害也已。”

2·17　子曰：“由！诲女知之乎！知之为知之，不知为不知，是知也。

2·18　子张学干禄。子曰：“多闻阙疑，慎言其余，则寡尤；多见阙殆，慎行其余，则寡悔。言寡尤，行寡悔，禄在其中矣。”

2·19　哀公问曰：“何为则民服?”孔子对曰：“举直错诸枉，则民服；举枉错诸直，则民不服。”

2·20　季康子问：“使民敬、忠以劝，如之何?”子曰：“临之以庄，则敬；孝慈，则忠；举善而教不能，则劝。”

2·21　或谓孔子曰：“子奚不为政?”子曰：“书云：‘孝乎惟孝，友于兄弟，施于有政。’是亦为政，奚其为为政?”

2·22　子曰：“人而无信，不知其可也。大车无輗（ní），小车无軏(yuè)，其何以行之哉?”

2·23　子张问：“十世可知也?”子曰：“殷因于夏礼，所损益，可知也；周因于殷礼，所损益，可知也。其或继周者，虽百世，可知也。”

2·24　子曰：“非其鬼而祭之，谄也。见义不为，无勇也。”

八佾篇第三
（共二十六章）

3·1　孔子谓季氏，“八佾舞于庭，是可忍也，孰不可忍也?”

3·2　三家者以雍彻。子曰：“‘相维辟公，天子穆穆’，奚取于三家之堂?”

3·3　子曰：“人而不仁，如礼何？人而不仁，如乐何?”

3·4　林放问礼之本。子曰：“大哉问！礼，与其奢也，宁俭；丧，与其易也，宁戚。”

3·5 子曰：“夷狄之有君，不如诸夏之亡也。”

3·6 季氏旅于泰山。子谓冉有曰：“女弗能救与？”对曰：“不能。”子曰：“呜呼！曾谓泰山不如林放乎？”

3·7 子曰：“君子无所争。必也射乎！揖让而升，下而饮。其争也君子。”

3·8 子夏问曰：“‘巧笑倩兮，美目盼兮，素以为绚（xuàn）兮。’何谓也？”子曰：“绘事后素。”

曰：“礼后乎？”子曰：“起予者商也！始可与言诗已矣。”

3·9 子曰：“夏礼，吾能言之，杞不足征也。殷礼，吾能言之，宋不足征也。文献不足故也。足，则吾能征之矣。”

3·10 子曰：“禘自既灌而往者，吾不欲观之矣。”

3·11 或问禘之说。子曰：“不知也；知其说者之于天下也，其如示诸斯乎！”指其掌。

3·12 祭如在，祭神如神在。子曰：“吾不与祭，如不祭。”

3·13 王孙贾问曰：“与其媚于奥，宁媚于灶，何谓也？”子曰：“不然；获罪于天，无所祷也。”

3·14 子曰：“周监于二代，郁郁乎文哉！吾从周。”

3·15 子入太庙，每事问。或曰：“孰谓鄹人之子知礼乎？入太庙，每事问。”子闻之，曰：“是礼也。”

3·16 子曰：“射不主皮，为力不同科，古之道也。”

3·17 子贡欲去告朔之饩（xì）羊。子曰：“赐也！尔爱其羊，我爱其礼。”

3·18 子曰：“事君尽礼，人以为谄也。”

3·19 定公问：“君使臣，臣事君，如之何？”孔子对曰：“君使臣以礼，臣事君以忠。”

3·20 子曰：“关雎，乐而不淫，哀而不伤。”

3·21 哀公问社于宰我。宰我对曰：“夏后氏以松，殷人以柏，周人以栗，曰，使民战栗。”子闻之，曰：“成事不说，遂事不谏，既往不咎。”

3·22 子曰：“管仲之器小哉！”

或曰：“管仲俭乎？”曰：“管氏有三归，官事不摄，焉得俭？”

“然则管仲知礼乎？”曰：“邦君树塞门，管氏亦树塞门。邦君为两君之好，有反坫（diàn），管氏亦有反坫。管氏而知礼，孰不知礼？”

3·23 子语（yù）鲁大（tài）师乐，曰：“乐其可知也：始作，翕（xì）如也；从（zòng）之，纯如也，皦（jiǎo）如也，绎如也，以成。”

3·24 仪封人请见，曰：“君子之至于斯也，吾未尝不得见也。”从者见之。出曰："二三子何患于丧乎？天下之无道也久矣，天将以夫子为木铎。"

3·25 子谓韶，"尽美矣，又尽善也。"谓武，"尽美矣，未尽善也。"

3·26 子曰："居上不宽，为礼不敬，临丧不哀，吾何以观之哉？"

里仁篇第四
（共二十六章）

4·1 子曰："里仁为美。择不处仁，焉得知？"

4·2 子曰："不仁者不可以久处约，不可以长处乐。仁者安仁，知者利仁。"

4·3 子曰："唯仁者能好人，能恶人。"

4·4 子曰："苟志于仁矣，无恶也。"

4·5 子曰："富与贵，是人之所欲也；不以其道得之，不处也。贫与贱，是人之所恶也；不以其道得之，不去也。君子去仁，恶乎成名？君子无终食之间违仁，造次必于是，颠沛必于是。"

4·6 子曰："我未见好仁者，恶不仁者。好仁者，无以尚之；恶不仁者，其为仁矣，不使不仁者加乎其身。有能一日用其力于仁矣乎？我未见力不足者。盖有之矣，我未之见也。"

4·7 子曰："人之过也，各于其党。观过，斯知仁矣。"

4·8 子曰："朝闻道，夕死可矣。"

4·9 子曰："士志于道，而耻恶衣恶食者，未足与议也。"

4·10 子曰："君子之于天下也，无适也，无莫也，义之与比。"

4·11 子曰："君子怀德，小人怀土；君子怀刑，小人怀惠。"

4·12 子曰："放于利而行，多怨。"

4·13 子曰："能以礼让为国乎？何有？不能以礼让为国，如礼何？"

4·14 子曰："不患无位，患所以立。不患莫己知，求为可知也。"

4·15 子曰："参乎！吾道一以贯之。"曾子曰："唯。"

子出，门人问曰："何谓也？"曾子曰："夫子之道，忠恕而已矣。"

4·16 子曰："君子喻于义，小人喻于利。"

4·17 子曰："见贤思齐焉，见不贤而内自省也。"

4·18 子曰："事父母几谏，见志不从，又敬不违，劳而不怨。"

4·19 子曰："父母在，不远游，游必有方。"

4·20 子曰："三年无改于父之道，可谓孝矣。"

4·21 子曰："父母之年，不可不知也。一则以喜，一则以惧。"

4·22 子曰："古者言之不出，耻躬之不逮也。"

4·23 子曰："以约失之者鲜矣。"

4·24 子曰:“君子欲讷于言而敏于行。”

4·25 子曰:“德不孤,必有邻。”

4·26 子游曰:“事君数(shuò),斯辱矣;朋友数,斯疏矣。”

公治长篇第五

(共二十八章)

5·1 子谓公冶长,“可妻也。虽在缧绁(léi xiè)之中,非其罪也。”以其子妻之。

5·2 子谓南容,“邦有道,不废;邦无道,免于刑戮。”以其兄之子妻之。

5·3 子谓子贱,“君子哉若人!鲁无君子者,斯焉取斯?”

5·4 子贡问曰:“赐也何如?”子曰:“女,器也。”曰:“何器也?”曰:“瑚琏也。”

5·5 或曰:“雍也仁而不佞。”子曰:“焉用佞?御人以口给,屡憎于人。不知其仁,焉用佞?”

5·6 子使漆雕开仕。对曰:“吾斯之未能信。”子说。

5·7 子曰:“道不行,乘桴浮于海。从我者,其由与?”子路闻之喜。子曰:“由也好勇过我,无所取材。”

5·8 孟武伯问子路仁乎?子曰:“不知也。”又问。子曰:“由也,千乘之国,可使治其赋也。不知其仁也。”

“求也何如?”子曰:“求也,千室之邑,百乘之家,可使为之宰也,不知其仁也。”

“赤也何如?”子曰:“赤也,束带立于朝,可使与宾客言也,不知其仁也。”

5·9 子谓子贡曰:“女与回也孰愈?”对曰:“赐也何敢望回?回也闻一以知十,赐也闻一以知二。”子曰:“弗如也;吾与女弗如也。”

5·10 宰予昼寝。子曰:“朽木不可雕也,粪土之墙不可杇(wū)也;于予与何诛?”子曰:“始吾于人也,听其言而信其行;今吾于人也,听其言而观其行。于予与改是。”

5·11 子曰:“吾未见刚者。”或对曰:“申枨(chéng)。”子曰:“枨也欲,焉得刚?”

5·12 子贡曰:“我不欲人之加诸我也,吾亦欲无加诸人。”子曰:“赐也,非尔所及也。”

5·13 子贡曰:“夫子之文章,可得而闻也;夫子之言性与天道,不可得而闻也。”

4·14 子路有闻,未之能行,唯恐有闻。

5·15　子贡问曰："孔文子何以谓之'文'也？"子曰："敏而好学，不耻下问，是以谓之'文'也。"

5·16　子谓子产，"有君子之道四焉：其行己也恭，其事上也敬，其养民也惠，其使民也义。"

5·17　子曰："晏平仲善与人交，久而敬之。"

5·18　子曰："臧文仲居蔡，山节藻棁（zhuō），何如其知也？"

5·19　子张问曰："令尹子文三仕为令尹，无喜色；三已之，无愠色。旧令尹之政，必以告新令尹。何如？"子曰："忠矣。"曰："仁矣乎？"子曰："未知；——焉得仁？"

"崔子弑齐君，陈文子有马十乘，弃而违之。至于他邦，则曰：'犹吾大夫崔子也。'违之。之一邦，则又曰：'犹吾大夫崔子也。'违之。何如？"子曰："清矣。"曰："仁矣乎？"曰："未知；——焉得仁？"

5·20　季文子三思而后行。子闻之，曰："再，斯可矣。"

5·21　子曰："宁（nìng）武子，邦有道，则知；邦无道，则愚。其知可及也，其愚不可及也。"

5·22　子在陈，曰："归与！归与！吾党之小子狂简，斐然成章，不知所以裁之。"

5·23　子曰："伯夷、叔齐不念旧恶，怨是用希。"

5·24　子曰："孰谓微生高直？或乞醯（xī）焉，乞诸其邻而与之。"

5·25　子曰："巧言、令色、足恭，左丘明耻之，丘亦耻之。匿怨而友其人，左丘明耻之，丘亦耻之。"

5·26　颜渊季路侍。子曰："盍各言尔志？"

子路曰："愿车马衣轻裘与朋友共敝之而无憾。"

颜渊曰："愿无伐善，无施劳。"

子路曰："愿闻子之志。"

子曰："老者安之，朋友信之，少者怀之。"

5·27　子曰："已矣乎，吾未见能见其过而内自讼者也。"

5·28　子曰："十室之邑，必有忠信如丘者焉，不如丘之好学也。"

雍也篇第六

（共三十章）

6·1　子曰："雍也可使南面。"

6·2　仲弓问子桑伯子。子曰："可也简。"

仲弓曰："居敬而行简，以临其民，不亦可乎？居简而行简，无乃大简乎?”子曰:“雍之言然。”

6·3 哀公问:“弟子孰为好学?”孔子对曰:“有颜回者好学,不迁怒,不贰过,不幸短命死矣!今也则亡,未闻好学者也。”

6·4 子华使于齐,冉子为其母请粟。子曰:“与之釜。”

请益。曰:“与之庾(yǔ)。”

冉子与之粟五秉。

子曰:“赤之适齐也,乘肥马,衣轻裘。吾闻之也:君子周急不继富。”

6·5 原思为之宰,与之粟九百,辞。子曰:“毋!以与尔邻里乡党乎!”

6·6 子谓仲弓,曰:“犁牛之子骍且角,虽欲勿用,山川其舍诸?”

6·7 子曰:“回也,其心三月不违仁,其余则日月至焉而已矣。”

6·8 季康子问:“仲由可使从政也与?”子曰:“由也果,于从政乎何有?”

曰:“赐也可使从政也与?”曰:“赐也达,于从政乎何有?”

曰:“求也可使从政也与?”曰:“求也艺,于从政乎何有?”

6·9 季氏使闵子骞为费宰。闵子骞曰:“善为我辞焉!如有复我者,则吾必在汶上矣。”

6·10 伯牛有疾,子问之,至牖执其手,曰:“亡之,命矣夫!斯人也而有斯疾也!斯人也而有斯疾也!”

6·11 子曰:“贤哉,回也!一箪食,一瓢饮,在陋巷,人不堪其忧,回也不改其乐。贤哉,回也!”

6·12 冉求曰:“非不说子之道,力不足也。”子曰:“力不足者,中道而废。今女画。”

6·13 子谓子夏曰:“女为君子儒!无为小人儒。”

6·14 子游为武城宰。子曰:“女得人焉耳乎?”曰:“有澹(tán)台灭明者,行不由径,非公事,未尝至于偃之室也。”

6·15 子曰:“孟之反不伐,奔而殿,将入门,策其马,曰:‘非敢后也,马不进也。’”

6·16 子曰:“不有祝鮀(tuó)之佞,而有宋朝之美,难乎免于今之世矣。”

6·17 子曰:“谁能出不由户?何莫由斯道也?”

6·18 子曰:“质胜文则野,文胜质则史。文质彬彬,然后君子。”

6·19 子曰:“人之生也直,罔之生也幸而免。”

6·20 子曰:“知之者不如好之者,好之者不如乐之者。”

6·21 子曰:“中人以上,可以语上也;中人以下,不可以语上也。”

6·22 樊迟问知。子曰:“务民之义,敬鬼神而远之,可谓知矣。”

问仁。曰:“仁者先难而后获,可谓仁矣。”

6·23 子曰："知者乐水，仁者乐山。知者动，仁者静。知者乐，仁者寿。"

6·24 子曰："齐一变，至于鲁；鲁一变，至于道。"

6·25 子曰："觚（gū）不觚，觚哉！觚哉！"

6·26 宰我问曰："仁者，虽告之曰，'井有仁焉。'其从之也？"子曰："何为其然也？君子可逝也，不可陷也；可欺也，不可罔也。"

6·27 子曰："君子博学于文，约之以礼，亦可以弗畔矣夫！"

6·28 子见南子，子路不说。夫子矢之曰："予所否者，天厌之！天厌之！"

6·29 子曰："中庸之为德也，其至矣乎！民鲜久矣。"

6·30 子贡曰："如有博施于民而能济众，何如？可谓仁乎？"子曰："何事于仁！必也圣乎！尧舜其犹病诸！夫仁者，己欲立而立人，己欲达而达人。能近取譬，可谓仁之方也已。"

述而篇第七

（共三十八章）

7·1 子曰："述而不作，信而好古，窃比于我老彭。"

7·2 子曰："默而识之，学而不厌，诲人不倦，何有于我哉？"

7·3 子曰："德之不修，学之不讲，闻义不能徙，不善不能改，是吾忧也。"

7·4 子之燕居，申申如也，夭夭如也。

7·5 子曰："甚矣吾衰也！久矣吾不复梦见周公！"

7·6 子曰："志于道，据于德，依于仁，游于艺。"

7·7 子曰："自行束修以上，吾未尝无诲焉。"

7·8 子曰："不愤不启，不悱（fěi）不发。举一隅不以三隅反，则不复也。"

7·9 子食于有丧者之侧，未尝饱也。

7·10 子于是日哭，则不歌。

7·11 子谓颜渊曰："用之则行，舍之则藏，惟我与尔有是夫！"

子路曰："子行三军，则谁与？"

子曰："暴虎冯（píng）河，死而无悔者，吾不与也。必也临事而惧，好谋而成者也。"

7·12 子曰："富而可求也，虽执鞭之士，吾亦为之。如不可求，从吾所好。"

7·13 子之所慎：齐，战，疾。

7·14 子在齐闻韶，三月不知肉味，曰："不图为乐之至于斯也。"

7·15 冉有曰："夫子为卫君乎？"子贡曰："诺；吾将问之。"

入，曰："伯夷、叔齐何人也？"曰："古之贤人也。"曰："怨乎？"曰："求仁而得仁，又何怨？"

出，曰："夫子不为也。"

7·16 子曰："饭疏食饮水，曲肱（gōng）而枕之，乐亦在其中矣。不义而富且贵，于我如浮云。"

7·17 子曰："加我数年，五十以学易，可以无大过矣。"

7·18 子所雅言，诗、书、执礼，皆雅言也。

7·19 叶公问孔子于子路，子路不对。子曰："女奚不曰，其为人也，发愤忘食，乐以忘忧，不知老之将至云尔。"

7·20 子曰："我非生而知之者，好古，敏以求之者也。"

7·21 子不语怪，力，乱，神。

7·22 子曰："三人行，必有我师焉：择其善者而从之，其不善者而改之。"

7·23 子曰："天生德于予，桓魋（tuí）其如予何？"

7·24 子曰："二三子以我为隐乎？吾无隐乎尔。吾无行而不与二三子者，是丘也。"

7·25 子以四教：文，行，忠，信。

7·26 子曰："圣人，吾不得而见之矣；得见君子者，斯可矣。"

子曰："善人，吾不得而见之矣；得见有恒者，斯可矣。亡而为有，虚而为盈，约而为泰，难乎有恒矣。"

7·27 子钓而不纲，弋不射宿。

7·28 子曰："盖有不知而作之者，我无是也。多闻，择其善者而从之；多见而识之；知之次也。"

7·29 互乡难与言，童子见，门人惑。子曰："与其进也，不与其退也，唯何甚？人洁已以进，与其洁也，不保其往也。"

7·30 子曰："仁远乎哉？我欲仁，斯仁至矣。"

7·31 陈司败问昭公知礼乎，孔子曰："知礼。"

孔子退，揖巫马期而进之，曰："吾闻君子不党，君子亦党乎？君取于吴，为同姓，谓之吴孟子。君而知礼，孰不知礼？"

巫马期以告。子曰："丘也幸，苟有过，人必知之。"

7·32 子与人歌而善，必使反之，而后和之。

7·33 子曰："文，莫吾犹人也。躬行君子，则吾未之有得。"

7·34 子曰："若圣与仁，则吾岂敢？抑为之不厌，诲人不倦，则可谓云尔已矣。"公西华曰："正唯弟子不能学也。"

7·35 子疾病，子路请祷。子曰："有诸？"子路对曰："有之；诔（lèi）曰：'祷尔于上下神祇（qí）。'"子曰："丘之祷久矣。"

7·36 子曰："奢则不孙，俭则固。与其不孙也，宁固。"

7·37 子曰："君子坦荡荡，小人长戚戚。"

7·38 子温而厉，威而不猛，恭而安。

泰伯篇第八
（共二十一章）

8·1 子曰："泰伯，其可谓至德也已矣。三以天下让，民无得而称焉。"

8·2 子曰："恭而无礼则劳，慎而无礼则葸（xí），勇而无礼则乱，直而无礼则绞。君子笃于亲，则民兴于仁；故旧不遗，则民不偷。"

8·3 曾子有疾，召门弟子曰："启予足！启予手！诗云，'战战兢兢，如临深渊，如履薄冰。'而今而后，吾知免夫！小子！"

8·4 曾子有疾，孟敬子问之。曾子言曰："鸟之将死，其鸣也哀；人之将死，其言也善。君子所贵乎道者三：动容貌，斯远暴慢矣；正颜色，斯近信矣；出辞气，斯远鄙倍矣。笾（biān）豆之事，则有司存。"

8·5 曾子曰："以能问于不能，以多问于寡；有若无，实若虚，犯而不校——昔者吾友尝从事于斯矣。"

8·6 曾子曰："可以托六尺之孤，可以寄百里之命，临大节而不可夺也——君子人与？君子人也。"

8·7 曾子曰："士不可以不弘毅，任重而道远。仁以为己任，不亦重乎？死而后已，不亦远乎？"

8·8 子曰："兴于诗，立于礼，成于乐。"

8·9 子曰："民可使由之，不可使知之。"

8·10 子曰："好勇疾贫，乱也。人而不仁，疾之已甚，乱也。"

8·11 子曰："如有周公之才之美，使骄且吝，其余不足观也已。"

8·12 子曰："三年学，不至于谷，不易得也。"

8·13 子曰："笃信好学，守死善道。危邦不入，乱邦不居。天下有道则见，无道则隐。邦有道，贫且贱焉，耻也；邦无道，富且贵焉，耻也。"

8·14 子曰："不在其位，不谋其政。"

8·15 子曰："师挚之始，关雎之乱，洋洋乎盈耳哉！"

8·16 子曰："狂而不直，侗而不愿，悾悾而不信，吾不知之矣。"

8·17 子曰："学如不及，犹恐失之。"

8·18 子曰："巍巍乎，舜禹之有天下也而不与焉！"

8·19 子曰："大哉尧之为君也！巍巍乎！唯天为大，唯尧则之。荡荡乎，民无能名焉。巍巍乎其有成功也，焕乎其有文章！"

8·20 舜有臣五人而天下治。武王曰："予有乱臣十人。"孔子曰："才难，不其然乎？唐虞之际，于斯为盛。有妇人焉，九人而已。三分天下有其二，以服事殷。周之德，其可谓至德也已矣。”

8·21　子曰：“禹，吾无间然矣。菲饮食而致孝乎鬼神，恶衣服而致美乎黻冕（fú miǎn），卑宫室而尽力乎沟洫。禹，吾无间然矣。”

子罕篇第九
（共三十一章）

9·1　子罕言利与命与仁。

9·2　达巷党人曰：“大哉孔子！博学而无所成名。”子闻之，谓门弟子曰：“吾何执？执御乎？执射乎？吾执御矣。”

9·3　子曰：“麻冕，礼也；今也纯，俭，吾从众。拜下，礼也；今拜乎上，泰也。虽违众，吾从下。”

9·4　子绝四——毋意，毋必，毋固，毋我。

9·5　子畏于匡，曰：“文王既没，文不在兹乎？天之将丧斯文也，后死者不得与于斯文也；天之未丧斯文也，匡人其如予何？”

9·6　太宰问于子贡曰：“夫子圣者与？何其多能也？”子贡曰：“固天纵之将圣，又多能也。”

子闻之，曰：“太宰知我乎！吾少也贱，故多能鄙事。君子多乎哉？不多也。”

9·7　牢曰：“子云：‘吾不试，故艺。’”

9·8　子曰：“吾有知乎哉？无知也。有鄙夫问于我，空空如也。我叩其两端而竭焉。”

9·9　子曰：“凤鸟不至，河不出图，吾已矣夫！”

9·10　子见齐衰（zī cuī）者、冕衣裳者与瞽者，见之，虽少，必作；过之，必趋。

9·11　颜渊喟然叹曰：“仰之弥高，钻之弥坚。瞻之在前，忽焉在后。夫子循循然善诱人，博我以文，约我以礼，欲罢不能。既竭吾才，如有所立卓尔。虽欲从之，末由也已。”

9·12　子疾病，子路使门人为臣。病间，曰：“久矣哉，由之行诈也！无臣而为有臣。吾谁欺？欺天乎！且予与其死于臣之手也，无宁死于二三子之手乎！且予纵不得大葬，予死于道路乎？”

9·13　子贡曰：“有美玉于斯，韫椟（yùn dú）而藏诸？求善贾而沽诸？”子曰：“沽之哉！沽之哉！我待贾者也。”

9·14　子欲居九夷。或曰：“陋，如之何？”子曰：“君子居之，何陋之有？”

9·15　子曰：“吾自卫反鲁，然后乐正，雅颂各得其所。”

9·16 子曰："出则事公卿，入则事父兄，丧事不敢不勉，不为酒困，何有于我哉？"

9·17 子在川上，曰："逝者如斯夫！不舍昼夜。"

9·18 子曰："吾未见好德如好色者也。"

9·19 子曰："譬如为山，未成一篑，止，吾止也。譬如平地，虽覆一篑，进，吾往也。"

9·20 子曰："语之而不惰者，其回也与！"

9·21 子谓颜渊，曰："惜乎！吾见其进也，未见其止也。"

9·22 子曰："苗而不秀者有矣夫！秀而不实者有矣夫！"

9·23 子曰："后生可畏，焉知来者之不如今也？四十、五十而无闻焉，斯亦不足畏也已。"

9·24 子曰："法语之言，能无从乎？改之为贵。巽与之言，能无说乎？绎之为贵。说而不绎，从而不改，吾末如之何也已矣。"

9·25 子曰："主忠信，毋友不如己者，过则勿惮改。"

9·26 子曰："三军可夺帅也，匹夫不可夺志也。"

9·27 子曰："衣敝缊（yùn）袍，与衣狐貉者立，而不耻者，其由也与？'不忮（zhì）不求，何用不臧？'"子路终身诵之。子曰："是道也，何足以臧？"

9·28 子曰："岁寒，然后知松柏之后彫（同"凋"）也。"

9·29 子曰："知者不惑，仁者不忧，勇者不惧。"

9·30 子曰："可与共学，未可与适道；可与适道，未可与立；可与立，未可与权。"

9·31 "唐棣之华，偏其反而。岂不尔思？室是远而。"子曰："未之思也，夫何远之有？"

乡党篇第十

（本是一章，今分为二十七节）

10·1 孔子于乡党，恂（xún）恂如也，似不能言者。

其在宗庙朝廷，便（pián）便言，唯谨尔。

10·2 朝，与下大夫言，侃侃如也；与上大夫言，訚（yín）訚如也。君在，踧踖（cù jí）如也，与与如也。

10·3 君召使摈，色勃如也，足躩（jué）如也。揖所与立，左右手，衣前后，襜（chān）如也。趋进，翼如也。宾退，必复命曰："宾不顾矣。"

10·4 入公门，鞠躬如也，如不容。

立不中门，行不履阈。

过位，色勃如也，足躩如也，其言似不足者。

摄齐升堂，鞠躬如也，屏气似不息者。

出，降一等，逞颜色，怡怡如也。

没阶，趋进，翼如也。

复其位，踧踖如也。

10·5 执圭，鞠躬如也，如不胜。上如揖，下如授。勃如战色，足蹜蹜（sù）如有循。

享礼，有容色。

私觌（dí），愉愉如也。

10·6 君子不以绀緅（gàn zōu）饰，红紫不以为亵服。

当暑，袗（zhěn）絺（chī）绤（xì），必表而出之。

缁衣，羔裘；素衣，麑（ní）裘；黄衣，狐裘。

亵裘长，短右袂（mèi）。

必有寝衣，长一身有半。

狐貉（hé）之厚以居。

去丧，无所不佩。

非帷裳，必杀之。

羔裘玄冠不以吊。

吉月，必朝服而朝。

10·7 齐，必有明衣，布。

齐必变食，居必迁坐。

10·8 食不厌精，脍不厌细。

食饐（yì）而餲（aì），鱼馁而肉败，不食。色恶，不食。臭恶，不食。失饪，不食。不时，不食。割不正，不食。不得其酱，不食。

肉虽多，不使胜食气。

惟酒无量，不及乱。

沽酒市脯不食。

不撤姜食，不多食。

10·9 祭于公，不宿肉。祭肉不出三日。出三日，不食之矣。

10·10 食不语，寝不言。

10·11 虽疏食菜羹，瓜祭，必齐如也。

10·12 席不正，不坐。

10·13 乡人饮酒，杖者出，斯出矣。

10·14 乡人傩，朝服而立于阼阶。

10·15 问人于他邦，再拜而送之。

10·16 康子馈药，拜而受之。曰："丘未达，不敢尝。"

10·17 厩焚。子退朝，曰："伤人乎?"不问马。

10·18 君赐食，必正席先尝之。君赐腥，必熟而荐之。君赐生，必畜之。侍食于君，君祭，先饭。

10·19 疾，君视之，东首，加朝服，拖绅。

10·20 君命召，不俟驾行矣。

10·21 入太庙，每事问。(见《八佾》篇)

10·22 朋友死，无所归，曰："于我殡。"

10·23 朋友之馈，虽车马，非祭肉，不拜。

10·24 寝不尸，居不客。

10·25 见齐衰者，虽狎，必变。见冕者与瞽者，虽亵，必以貌。

凶服者式之。式负版者。

有盛馔，必变色而作。

迅雷风烈必变。

10·26 升车，必正立，执绥。

车中，不内顾，不疾言，不亲指。

10·27 色斯举矣，翔而后集。曰："山梁雌雉，时哉时哉!"子路共之，三嗅（jù）而作。

先进篇第十一

（共二十六章（《朱熹集注》把第二、第三两章合并为一章）

11·1 子曰："先进于礼乐，野人也；后进于礼乐，君子也。如用之，则吾从先进。"

11·2 子曰："从我于陈、蔡者，皆不及门也。"

11·3 德行：颜渊，闵子骞，冉伯牛，仲弓。言语：宰我，子贡。政事：冉有，季路。文学：子游，子夏。

11·4 子曰："回也非助我者也，于吾言无所不说。"

11·5 子曰："孝哉闵子骞！人不间于其父母昆弟之言。"

11·6 南容三复白圭，孔子以其兄之子妻之。

11·7 季康子问："弟子孰为好学?"孔子对曰："有颜回者好学，不幸短命死矣，今也则亡。"

11·8 颜渊死，颜路请子之车以为之椁。子曰："才不才，亦各言其子也。

鲤也死，有棺而无椁。吾不徒行以为之椁。以吾从大夫之后，不可徒行也。”

11·9　颜渊死，子曰：“噫！天丧予！天丧予！”

11·10　颜渊死，子哭之恸。从者曰：“子恸矣。”曰：“有恸乎？非夫人之为恸而谁为？”

11·11　颜渊死，门人欲厚葬之。子曰：“不可。”

门人厚葬之。子曰：“回也视予犹父也，予不得视犹子也。非我也，夫二三子也。”

11·12　季路问事鬼神。子曰：“未能事人，焉能事鬼？”

曰：“敢问死。”曰：“未知生，焉知死？”

11·13　闵子侍侧，訚訚如也；子路，行（hàng）行如也；冉有、子贡，侃侃如也。子乐。“若由也，不得其死然。”

11·14　鲁人为长府，闵子骞曰：“仍旧贯，如之何？何必改作？”子曰：“夫人不言，言必有中。”

11·15　子曰：“由之瑟奚为于丘之门？”门人不敬子路。子曰：“由也升堂矣，未入于室也。”

11·16　子贡问：“师与商也孰贤？”子曰：“师也过，商也不及。”

曰：“然则师愈与？”子曰：“过犹不及。”

11·17　季氏富于周公，而求也为之聚敛而附益之。子曰：“非吾徒也。小子鸣鼓而攻之，可也。”

11·18　柴也愚，参也鲁，师也辟，由也喭（yàn）。

11·19　子曰：“回也其庶乎，屡空。赐不受命，而货殖焉，亿则屡中。”

11·20　子张问善人之道。子曰：“不践迹，亦不入于室。”

11·21　子曰：“论笃是与，君子者乎？色庄者乎？”

11·22　子路问：“闻斯行诸？”子曰：“有父兄在，如之何其闻斯行之？”

冉有问：“闻斯行诸？”子曰：“闻斯行之。”

公西华曰：“由也问闻斯行诸，子曰‘有父兄在’；求也问闻斯行诸，子曰，‘闻斯行之’。赤也惑，敢问。”子曰：“求也退，故进之；由也兼人，故退之。”

11·23　子畏于匡，颜渊后。子曰：“吾以女为死矣。”曰：“子在，回何敢死？”

11·24　季子然问：“仲由、冉求可谓大臣与？”子曰：“吾以子为异之问，曾由与求之问。所谓大臣者，以道事君，不可则止。今由与求也，可谓具臣矣。”

曰：“然则从之者与？”子曰：“弑父与君，亦不从也。”

11·25　子路使子羔为费宰。子曰："贼夫人之子。"

子路曰："有民人焉，有社稷焉，何必读书，然后为学？"

子曰："是故恶夫佞者。"

11·26　子路、曾皙、冉有、公西华侍坐。

子曰："以吾一日长乎尔，毋吾以也。居则曰：'不吾知也！'如或知尔，则何以哉？"

子路率尔而对曰："千乘之国，摄乎大国之间，加之以师旅，因之以饥馑；由也为之，比及三年，可使有勇，且知方也。"

夫子哂之。

"求，尔何如？"

对曰："方六七十，如五六十，求也为之，比及三年，可使足民。如其礼乐，以俟君子。"

"赤，尔何如？"

对曰："非曰能之，愿学焉。宗庙之事，如会同，端章甫，愿为小相焉。"

"点！尔何如？"

鼓瑟希，铿尔，舍瑟而作，对曰："异乎三子者之撰。"

子曰："何伤乎？亦各言其志也。"

曰："莫春者，春服既成，冠者五六人，童子六七人，浴乎沂，风乎舞雩，咏而归。"

夫子喟然叹曰："吾与点也！"

三子者出，曾皙后。曾皙曰："夫三子者之言何如？"

子曰："亦各言其志也已矣。"

曰："夫子何哂由也？"

曰："为国以礼。其言不让，是故哂之。"

"唯求则非邦也与？"

"安见方六七十如五六十而非邦也者？"

"唯赤则非邦也与？"

"宗庙会同，非诸侯而何？赤也为之小，孰能为之大？"

颜渊篇第十二
（共二十四章）

12·1　颜渊问仁。子曰："克己复礼为仁。一日克己复礼，天下归仁焉。为仁由己，而由人乎哉？"

颜渊曰："请问其目。"子曰："非礼勿视，非礼勿听，非礼勿言，非礼勿动。"

颜渊曰："回虽不敏，请事斯语矣。"

12·2　仲弓问仁。子曰："出门如见大宾，使民如承大祭。己所不欲，勿施于人。在邦无怨，在家无怨。"

仲弓曰："雍虽不敏，请事斯语矣。"

12·3　司马牛问仁。子曰："仁者，其言也讱。"

曰："其言也讱，斯谓之仁已乎？"子曰："为之难，言之得无讱乎？"

12·4　司马牛问君子。子曰："君子不忧不惧。"

曰："不忧不惧，斯谓之君子已乎？"子曰："内省不疚，夫何忧何惧？"

12·5　司马牛忧曰："人皆有兄弟，我独亡。"子夏曰："商闻之矣：死生有命，富贵在天。君子敬而无失，与人恭而有礼。四海之内，皆兄弟也——君子何患乎无兄弟也？"

12·6　子张问明。子曰："浸润之谮（zèn），肤受之愬（shuò），不行焉，可谓明也已矣。浸润之谮，肤受之愬，不行焉，可谓远也已矣。"

12·7　子贡问政。子曰："足食，足兵，民信之矣。"

子贡曰："必不得已而去，于斯三者何先？"曰："去兵。"

子贡曰："必不得已而去，于斯二者何先？"曰："去食。自古皆有死，民无信不立。"

12·8　棘子成曰："君子质而已矣，何以文为？"子贡曰："惜乎，夫子之说君子也！驷不及舌。文犹质也，质犹文也。虎豹之鞟（kuò）犹犬羊之鞟。"

12·9　哀公问与有若曰："年饥，用不足，如之何？"

有若对曰："盍彻乎？"

曰："二，吾犹不足，如之何其彻也？"

对曰："百姓足，君孰与不足？百姓不足，君孰与足？"

12·10　子张问崇德辨惑。子曰："主忠信，徙义，崇德也。爱之欲其生，恶之欲其死。既欲其生，又欲其死，是惑也。'诚不以富，以祇以异。'"

12·11　齐景公问政于孔子。孔子对曰："君君，臣臣，父父，子子。"公曰："善哉！信如君不君，臣不臣，父不父，子不子，虽有粟，吾得而食诸？"

12·12　子曰："片言可以折狱者，其由也与？"

子路无宿诺。

12·13　子曰："听讼，吾犹人也。必也使无讼乎！"

12·14　子张问政。子曰："居之无倦，行之以忠。"

12·15　子曰："博学于文，约之以礼，亦可以弗畔矣夫。"

12·16　子曰："君子成人之美，不成人之恶。小人反是。"

12·17　季康子问政于孔子。孔子对曰："政者，正也。子帅以正，孰敢不正。”

12·18 季康子患盗，问与孔子。孔子对曰：“苟子之不欲，虽赏之不窃。”

12·19 季康子问政于孔子曰：“如杀无道，以就有道，何如？”孔子对曰：“子为政，焉用杀？子欲善而民善矣。君子之德风，小人之德草。草上之风，必偃。”

12·20 子张问：“士何如斯可谓之达矣？”子曰：“何哉，尔所谓达者？”子张对曰：“在邦必闻，在家必闻。”子曰：“是闻也，非达也。夫达也者，质直而好义，察言而观色，虑以下人。在邦必达，在家必达。夫闻也者，色取仁而行违，居之不疑。在邦必闻，在家必闻。”

12·21 樊迟从游于舞雩之下，曰：“敢问崇德，修慝（tè），辨惑。”子曰：“善哉问！先事后得，非崇德与？攻其恶，无攻人之恶，非修慝与？一朝之忿，忘其身，以及其亲，非惑与？

12·22 樊迟问仁。子曰：“爱人。”问知。子曰：“知人。”

樊迟未达。子曰：“举直错诸枉，能使枉者直。”

樊迟退，见子夏曰：“乡也吾见于夫子而问知，子曰，‘举直错诸枉，能使枉者直’，何谓也？”

子夏曰：“富哉言乎！舜有天下，选于众，举皋陶（gāo yáo），不仁者远矣。汤有天下，选于众，举伊尹，不仁者远矣。”

12·23 子贡问友。子曰：“忠告而善道之，不可则止，毋自辱焉。”

12·24 曾子曰：“君子以文会友，以友辅仁。”

子路篇第十三
（共三十章）

13·1 子路问政。子曰：“先之劳之。”请益。曰：“无倦。”

13·2 仲弓为季氏宰，问政。子曰：“先有司，赦小过，举贤才。”

曰：“焉知贤才而举之？”子曰：“举尔所知；尔所不知，人其舍诸？”

13·3 子路曰：“卫君待子而为政，子将奚先？”

子曰：“必也正名乎！”

子路曰：“有是哉，子之迂也！奚其正？”

子曰：“野哉，由也！君子于其所不知，盖阙如也。名不正，则言不顺；言不顺，则事不成；事不成，则礼乐不兴；礼乐不兴，则刑罚不中；刑罚不中，则民无所错（同“措”）手足。故君子名之必可言也，言之必可行也。君子于其言，无所苟而已矣。”

13·4 樊迟请学稼。子曰：“吾不如老农。”请学为圃。曰：“吾不如老圃。”

樊迟出。子曰："小人哉，樊须也！上好礼，则民莫敢不敬；上好义，则民莫敢不服；上好信，则民莫敢不用情。夫如是，则四方之民襁负其子而至矣，焉用稼？"

13·5　子曰："诵诗三百，授之以政，不达；使于四方，不能专对；虽多，亦奚以为？"

13·6　子曰："其身正，不令而行；其身不正，虽令不从。"

13·7　子曰："鲁卫之政，兄弟也。"

13·8　子谓卫公子荆，"善居室。始有，曰：'苟合矣。'少有，曰：'苟完矣。'富有，曰：'苟美矣。'"

13·9　子适卫，冉有仆。子曰："庶矣哉！"

冉有曰："既庶矣，又何加焉？"曰："富之。"

曰："既富矣，又何加焉？"曰："教之。"

13·10　子曰："苟有用我者，期（jī）月而已可也，三年有成。"

13·11　子曰："'善人为邦百年，亦可以胜残去杀矣。'诚哉是言也！"

13·12　子曰："如有王者，必世（三十年为一世）而后仁。"

13·13　子曰："苟正其身矣，于从政乎何有？不能正其身，如正人何？"

13·14　冉子退朝。子曰："何晏也？"对曰："有政。"子曰："其事也。如有政，虽不吾以，吾其与闻之。"

13·15　定公问："一言而可以兴邦，有诸？"

孔子对曰："言不可以若是其几也。人之言曰：'为君难，为臣不易。'如知为君之难也，不几乎一言而兴邦乎？"

曰："一言而丧邦，有诸？"

孔子对曰："言不可以若是其几也。人之言曰：'予无乐乎为君，唯其言而莫予违也。'如其善而莫之违也，不亦善乎？如不善而莫之违也，不几乎一言而丧邦乎？"

13·16　叶公问政。子曰："近者悦，远者来。"

13·17　子夏为莒（jǔ）父宰，问政。子曰："无欲速，无见小利。欲速，则不达；见小利，则大事不成。"

13·18　叶公语孔子曰："吾党有直躬者，其父攘羊，而子证之。"孔子曰："吾党之直者异于是：父为子隐，子为父隐。——直在其中矣。"

13·19　樊迟问仁。子曰："居处恭，执事敬，与人忠。虽之夷狄，不可弃也。"

13·20　子贡问曰："何如斯可谓之士矣？"子曰："行己有耻，使于四方，不辱君命，可谓士矣。"

曰："敢问其次。"曰："宗族称孝焉，乡党称弟焉。"

曰："敢问其次。"曰："言必信，行必果，硁硁（kēng）然小人哉！——抑亦可以为次矣。"

曰："今之从政者何如？"子曰："噫！斗筲之人，何足算也？"

13·21 子曰："不得中行而与之，必也狂狷乎！狂者进取，狷者有所不为也。"

13·22 子曰："南人有言曰：'人而无恒，不可以作巫医。'善夫！"

"不恒其德，或承之羞。"子曰："不占而已矣。"

13·23 子曰："君子和而不同，小人同而不和。"

13·24 子贡问曰："乡人皆好之，何如？"子曰："未可也。"

"乡人皆恶之，何如？"子曰："未可也；不如乡人之善者好之，其不善者恶之。"

13·25 子曰："君子易事而难说也。说之不以道，不说也；及其使人也，器之。小人难事而易说也。说之虽不以道，说也；及其使人也，求备焉。"

13·26 子曰："君子泰而不骄，小人骄而不泰。"

13·27 子曰："刚、毅、木、讷近仁。"

13·28 子路问曰："何如斯可谓之士矣？"子曰："切切偲（sī）偲，怡怡如也，可谓士矣。朋友切切偲偲，兄弟怡怡。"

13·29 子曰："善人教民七年，亦可以即戎矣。"

13·30 子曰："以不教民战，是谓弃之。"

宪问篇第十四

（共四十四章）

14·1 宪问耻。子曰："邦有道，谷；邦无道，谷，耻也。"

"克、伐、怨、欲不行焉，可以为仁矣？"子曰："可以为难矣，仁则吾不知也。"

14·2 子曰："士而怀居，不足以为士矣。"

14·3 子曰："邦有道，危言危行；邦无道，危行言孙。"

14·4 子曰："有德者必有言，有言者不必有德。仁者必有勇，勇者不必有仁。"

14·5 南宫适问于孔子曰："羿善射，奡（aò）荡舟，俱不得其死然。禹稷躬稼而有天下。"夫子不答。

南宫适出，子曰："君子哉若人！尚德哉若人！"

14·6 子曰："君子而不仁者有矣夫，未有小人而仁者也。"

14·7 子曰：“爱之，能勿劳乎？忠焉，能勿诲乎？”

14·8 子曰：“为命，裨谌草创之，世叔讨论之，行人子羽修饰之，东里子产润色之。”

14·9 或问子产。子曰：“惠人也。”

问子西。曰：“彼哉！彼哉！”

问管仲。曰：“人也。夺伯氏骈邑三百，饭疏食，没齿无怨言。”

14·10 子曰：“贫而无怨难，富而无骄易。”

14·11 子曰：“孟公绰为赵魏老则优，不可以为滕薛大夫。”

14·12 子路问成人。子曰：“若臧武仲之知，公绰之不欲，卞庄子之勇，冉求之艺，文之以礼乐，亦可以为成人矣。”曰：“今之成人者何必然？见利思义，见危授命，久要不忘平生之言，亦可以为成人矣。”

14·13 子问公叔文子于公明贾曰：“信乎，夫子不言，不笑，不取乎？”

公明贾对曰：“以告者过也。夫子时然后言，人不厌其言；乐然后笑，人不厌其笑；义然后取，人不厌其取。”

子曰：“其然？岂其然乎？”

14·14 子曰：“臧武仲以防求为后于鲁，虽曰不要君，吾不信也。”

14·15 子曰：“晋文公谲（jué）而不正，齐桓公正而不谲。”

14·16 子路曰：“桓公杀公子纠，召忽死之，管仲不死。”曰：“未仁乎？”子曰：“桓公九合诸侯，不以兵车，管仲之力也。如其仁，如其仁。”

14·17 子贡曰：“管仲非仁者与？桓公杀公子纠，不能死，又相之。”子曰：“管仲相桓公，霸诸侯，一匡天下，民到于今受其赐。微管仲，吾其被发左衽矣。岂若匹夫匹妇之为谅也，自经于沟渎而莫之知也？”

14·18 公叔文子之臣大夫僎与文子同升诸公。子闻之，曰：“可以为‘文’矣。”

14·19 子言卫灵公之无道也，康子曰：“夫如是，奚而不丧？”孔子曰：“仲叔圉（yǔ）治宾客，祝鮀（tuó）治宗庙，王孙贾治军旅。夫如是，奚其丧？”

14·20 子曰：“其言之不怍，则为之也难。”

14·21 陈成子弑简公。孔子沐浴而朝，告于哀公曰：“陈恒弑其君，请讨之。”公曰：“告夫三子！”

孔子曰：“以吾从大夫之后，不敢不告也。君曰‘告夫三子’者！”

之三子告，不可。孔子曰：“以吾从大夫之后，不敢不告也。”

14·22 子路问事君，子曰：“勿欺也，而犯之。”

14·23 子曰：“君子上达，小人下达。”

14·24 子曰：“古之学者为己，今之学者为人。”

14·25 蘧（qú）伯玉使人于孔子。孔子与之坐而问焉，曰："夫子何为？"对曰："夫子欲寡其过而未能也。"

使者出，子曰："使乎！使乎！"

14·26 子曰："不在其位，不谋其政。"

曾子曰："君子思不出其位。"

14·27 子曰："君子耻其言而过其行。"

14·28 子曰："君子道者三，我无能焉：仁者不忧，知者不惑，勇者不惧。"子贡曰："夫子自道也。"

14·29 子贡方人。子曰："赐也贤乎哉？夫我则不暇。"

14·30 子曰："不患人之不己知，患其不能也。"

14·31 子曰："不逆诈，不亿不信，抑亦先觉者，是贤乎！"

14·32 微生亩谓孔子曰："丘何为是栖栖者与？无乃为佞乎？"孔子曰："非敢为佞也，疾固也。"

14·33 子曰："骥不称其力，称其德也。"

14·34 或曰："以德报怨，何如？"子曰："何以报德？以直报怨，以德报德。"

14·35 子曰："莫我知也夫！"子贡曰："何为其莫知子也？"子曰："不怨天，不尤人，下学而上达。知我者其天乎！"

14·36 公伯寮愬（sù）子路于季孙。子服景伯以告，曰："夫子固有惑志于公伯寮，吾力犹能肆诸市朝。"

子曰："道之将行也与，命也；道之将废也与，命也。公伯寮其如命何！"

14·37 子曰："贤者辟世，其次辟地，其次辟色，其次辟言。"

子曰："作者七人矣。"

14·38 子路宿于石门。晨门曰："奚自？"子路曰："自孔氏。"曰："是知其不可而为之者与？"

14·39 子击磬于卫，有荷蒉而过孔氏之门者，曰："有心哉，击磬乎！"既而曰："鄙哉，硁硁乎！莫己知也，斯己而已矣。深则厉，浅则揭。"

子曰："果哉，末之难矣。"

14·40 子张曰："书云：'高宗谅阴，三年不言。'何谓也？"子曰："何必高宗，古之人皆然。君薨（hōng），百官总己以听于冢宰三年。"

14·41 子曰："上好礼，则民易使也。"

14·42 子路问君子。子曰："修己以敬。"

曰："如斯而已乎？"曰："修己以安人。"

曰："如斯而已乎？"曰："修己以安百姓。修己以安百姓，尧舜其犹病诸？"

14·43　原壤夷俟。子曰："幼而不孙弟，长而无述焉，老而不死，是为贼。"以杖叩其胫。

14·44　阙党童子将命。或问之曰："益者与？"子曰："吾见其居于位也，见其与先生并行也。非求益者也，欲速成者也。"

卫灵公篇第十五
（共四十二章）

15·1　卫灵公问陈于孔子。孔子对曰："俎豆之事，则尝闻之矣；军旅之事，未之学也。"明日遂行。

15·2　在陈绝粮，从者病，莫能兴。子路愠见曰："君子亦有穷乎？"子曰："君子固穷，小人穷斯滥矣。"

15·3　子曰："赐也，女以予为多学而识之者与？"对曰："然。非与？"曰："非也，予一以贯之。"

15·4　子曰："由！知德者鲜矣。"

15·5　子曰："无为而治者其舜也与？夫何为哉？恭己正南面而已矣。"

15·6　子张问行。子曰："言忠信，行笃敬，虽蛮貊之邦，行矣。言不忠信，行不笃敬，虽州里，行乎哉？立则见其参于前也，在舆则见其倚于衡也，夫然后行。"子张书诸绅。

15·7　子曰："直哉史鱼！邦有道，如矢；邦无道，如矢。君子哉蘧（qú）伯玉！邦有道，则仕；邦无道，则可卷而怀之。"

15·8　子曰："可与言而不与之言，失人；不可与言而与之言，失言。知者不失人，亦不失言。"

15·9　子曰："志士仁人，无求生以害仁，有杀身以成仁。"

15·10　子贡问为仁。子曰："工欲善其事，必先利其器。居是邦也，事其大夫之贤者，友其士之仁者。"

15·11　颜渊问为邦。子曰："行夏之时，乘殷之辂（lù），服周之冕，乐则韶舞。放郑声，远佞人。郑声淫，佞人殆。"

15·12　子曰："人无远虑，必有近忧。"

15·13　子曰："已矣乎！吾未见好德如好色者也。"

15·14　子曰："臧文仲其窃位者与！知柳下惠之贤而不与立也。"

15·15　子曰："躬自厚而薄责于人，则远怨矣。"

15·16　子曰："不曰'如之何，如之何'者，吾末如之何也已矣。"

15·17　子曰："群居终日，言不及义，好行小慧，难矣哉！"

15·18　子曰："君子义以为质，礼以行之，孙以出之，信以成之。君子哉！"

15·19 子曰："君子病无能焉，不病人之不己知也。"

15·20 子曰："君子疾没世而名不称焉。"

15·21 子曰："君子求诸己，小人求诸人。"

15·22 子曰："君子矜而不争，群而不党。"

15·23 子曰："君子不以言举人，不以人废言。"

15·24 子贡问曰："有一言而可以终身行之者乎?"子曰："其恕乎！己所不欲，勿施于人。"

15·25 子曰："吾之于人也，谁毁谁誉？如有所誉者，其有所试矣。斯民也，三代之所以直道而行也。"

15·26 子曰："吾犹及史之阙文也。有马者借人乘之，今亡矣夫!"

15·27 子曰："巧言乱德。小不忍，则乱大谋。"

15·28 子曰："众恶之，必察焉；众好之，必察焉。"

15·29 子曰："人能弘道，非道弘人。"

15·30 子曰："过而不改，是谓过矣。"

15·31 子曰："吾尝终日不食，终夜不寝，以思，无益，不如学也。"

15·32 子曰："君子谋道不谋食。耕者，馁在其中矣；学也，禄在其中矣。君子忧道不忧贫。"

15·33 子曰："知及之，仁不能守之；虽得之，必失之。知及之，仁能守之。不庄以涖之，则民不敬。知及之，仁能守之，庄以涖之，动之不以礼，未善也。"

15·34 子曰："君子不可小知而可大受也，小人不可大受而可小知也。"

15·35 子曰："民之于仁也，甚于水火。水火，吾见蹈而死者矣，未见蹈仁而死者也。"

15·36 子曰："当仁，不让于师。"

15·37 子曰："君子贞而不谅。"

15·38 子曰："事君，敬其事而后其食。"

15·39 子曰："有教无类。"

15·40 子曰："道不同，不相为谋。"

15·41 子曰："辞达而已矣。"

15·42 师冕见，及阶，子曰："阶也。"及席，子曰："席也。"皆坐，子告之曰："某在斯，某在斯。"

师冕出。子张问曰："与师言之道与?"子曰："然。固相师之道也。"

季氏篇第十六
（共十四章）

16·1　季氏将伐颛臾（zhuān·yú）。冉有、季路见于孔子曰：“季氏将有事于颛臾。”

孔子曰：“求！无乃尔是过与？夫颛臾，昔者先王以为东蒙主，且在邦域之中矣，是社稷之臣也。何以伐为？”

冉有曰：“夫子欲之，吾二臣者皆不欲也。”

孔子曰：“求！周任有言曰：‘陈力就列，不能者止。’危而不持，颠而不扶，则将焉用彼相矣？且尔言过矣。虎兕（sì）出于柙（xiá），龟玉毁于椟中，是谁之过与？”

冉有曰：“今夫颛臾，固而近于费（bèi）。今不取，后世必为子孙忧。”

孔子曰：“求！君子疾夫舍曰欲之而必为之辞。丘也闻有国有家者，不患寡而患不均，不患贫而患不安。盖均无贫，和无寡，安无倾。夫如是，故远人不服，则修文德以来之。既来之，则安之。今由与求也，相夫子，远人不服，而不能来也；邦分崩离析，而不能守也；而谋动干戈于邦内。吾恐季孙之忧，不在颛臾，而在萧墙之内也。”

16·2　孔子曰：“天下有道，则礼乐征伐自天子出；天下无道，则礼乐征伐自诸侯出。自诸侯出，盖十世希不失矣；自大夫出，五世希不失矣；陪臣执国命，三世希不失矣。天下有道，则政不在大夫。天下有道，则庶人不议。”

16·3　孔子曰：“禄之去公室五世矣，政逮于大夫四世矣，故夫三桓之子孙微矣。”

16·4　孔子曰：“益者三友，损者三友。友直，友谅，友多闻，益矣。友便辟，友善柔，友便佞，损矣。”

16·5　孔子曰：“益者三乐，损者三乐。乐节礼乐，乐道人之善，乐多贤友，益矣。乐骄乐，乐佚游，乐宴乐，损矣。”

16·6　孔子曰：“侍于君子有三愆：言未及之而言谓之躁，言及之而不言谓之隐，未见颜色而言谓之瞽。”

16·7　孔子曰：“君子有三戒：少之时，血气未定，戒之在色；及其壮也，血气方刚，戒之在斗；及其老也，血气既衰，戒之在得。”

16·8　孔子曰：“君子有三畏：畏天命，畏大人，畏圣人之言。小人不知天命而不畏也，狎大人，侮圣人之言。”

16·9　孔子曰：“生而知之者上也，学而知之者次也；困而学之，又其次也；困而不学，民斯为下矣。”

16·10 孔子曰："君子有九思：视思明，听思聪，色思温，貌思恭，言思忠，事思敬，疑思问，忿思难，见得思义。"

16·11 孔子曰："见善如不及，见不善如探汤。吾见其人矣，吾闻其语矣。隐居以求其志，行义以达其道。吾闻其语矣，吾未见其人也。"

16·12 齐景公有马千驷，死之日，民无德而称焉。伯夷叔齐饿于首阳之下，民到于今称之。其斯之谓与？

16·13 陈亢（gāng 陈子禽）问于伯鱼曰："子亦有异闻乎？"

对曰："未也。尝独立，鲤趋而过庭。曰：'学诗乎？'对曰：'未也。''不学诗，无以言。'鲤退而学诗。他日，又独立，鲤趋而过庭。曰：'学礼乎？'对曰：'未也。''不学礼，无以立。'鲤退而学礼。闻斯二者。"

陈亢退而喜曰："问一得三，闻诗，闻礼，又闻君子之远其子也。"

16·14 邦君之妻，君称之曰夫人，夫人自称曰小童；邦人称之曰君夫人，称诸异邦曰寡小君；异邦人称之亦曰君夫人。

阳货篇第十七

（共二十六章）

17·1 阳货欲见孔子，孔子不见，归孔子豚。

孔子时其亡也，而往拜之。

遇诸途。

谓孔子曰："来！予与尔言。"曰："怀其宝而迷其邦，可谓仁乎？"曰："不可。——好从事而亟（qì）失时，可谓知乎？"曰："不可。——日月逝矣，岁不我与。"

孔子曰："诺；吾将仕矣。"

17·2 子曰："性相近也，习相远也。"

17·3 子曰："唯上知与下愚不移。"

17·4 子之武城，闻弦歌之声。夫子莞尔而笑，曰："割鸡焉用牛刀？"

子游对曰："昔者偃也闻诸夫子曰：'君子学道则爱人，小人学道则易使也。'"

子曰："二三子！偃之言是也。前言戏之耳。"

17·5 公山弗扰以费（bì）畔，召，子欲往。

子路不说，曰："末之也，已，何必公山氏之之也？"

子曰："夫召我者，而岂徒哉？如有用我者，吾其为东周乎？"

17·6 子张问仁于孔子。孔子曰："能行五者于天下为仁矣。"

"请问之。"曰："恭，宽，信，敏，惠。恭则不侮，宽则得众，信则人任焉，敏则有功，惠则足以使人。"

17·7 佛肸（xī）召，子欲往。

子路曰："昔者由也闻诸夫子曰：'亲于其身为不善者，君子不入也。'佛肸以中牟畔，子之往也，如之何？"

子曰："然，有是言也。不曰坚乎，磨而不磷；不曰白乎，涅而不缁。吾其匏（páo）瓜也哉？焉能系而不食？"

17·8 子曰："由也！女闻六言六蔽矣乎？"对曰："未也。"

"居！吾语女。好仁不好学，其蔽也愚；好知不好学，其蔽也荡；好信不好学，其蔽也贼；好直不好学，其蔽也绞；好勇不好学，其蔽也乱；好刚不好学，其蔽也狂。"

17·9 子曰："小子何莫学夫诗？诗，可以兴，可以观，可以群，可以怨。迩之事父，远之事君；多识于鸟兽草木之名。"

17·10 子谓伯鱼曰："女为周南、召南矣乎？人而不为周南、召南，其犹正墙面而立也与？"

17·11 子曰："礼云礼云，玉帛云乎哉？乐云乐云，钟鼓云乎哉？"

17·12 子曰："色厉而内荏，譬诸小人，其犹穿窬（yú）之盗也与？"

17·13 子曰："乡愿，德之贼也。"

17·14 子曰："道听而涂说，德之弃也。"

17·15 子曰："鄙夫可与事君也与哉？其未得之也，患得之。既得之，患失之。苟患失之，无所不至矣。"

17·16 子曰："古者民有三疾，今也或是之亡也。古之狂也肆，今之狂也荡；古之矜也廉，今之矜也忿戾；古之愚也直，今之愚也诈而已矣。"

17·17 子曰："巧言令色，鲜矣仁。"（见《学而》篇）

17·18 子曰："恶紫之夺朱也，恶郑声之乱雅乐也，恶利口之覆邦家者。"

17·19 子曰："予欲无言。"子贡曰："子如不言，则小子何述焉？"子曰："天何言哉？四时行焉，百物生焉。天何言哉？"

17·20 孺悲欲见孔子，孔子辞以疾。将命者出户，取瑟而歌，使之闻之。

17·21 宰我问："三年之丧，期已久矣。君子三年不为礼，礼必坏；三年不为乐，乐必崩。旧谷既没，新谷既升，钻燧改火，期可已矣。"

子曰："食夫稻，衣夫锦，于女安乎？"

曰："安。"

"女安，则为之！夫君子之居丧，食旨不甘，闻乐不乐，居处不安，故不为也。今女安，则为之！"

宰我出。子曰："予之不仁也！子生三年，然后免于父母之怀。夫三年之丧，天下之通丧也，予也有三年之爱于其父母乎！"

17·22 子曰："饱食终日，无所用心，难矣哉！不有博弈者乎？为之，犹贤乎已。"

17·23 子路曰："君子尚勇乎？"子曰："君子义以为上，君子有勇而无义为乱，小人有勇而无义为盗。"

17·24 子贡曰："君子亦有恶乎？"子曰："有恶：恶称人之恶者，恶居下流而讪上者，恶勇而无礼者，恶果敢而窒者。"

曰："赐也亦有恶乎？""恶徼（jiǎo）以为知者，恶不孙以为勇者，恶讦（jié）以为直者。"

17·25 子曰："唯女子与小人为难养也，近之则不孙，远之则怨。"

17·26 子曰："年四十而见恶焉，其终也已。"

微子篇第十八
（共十一章）

18·1 微子去之，箕子为之奴，比干谏而死。孔子曰："殷有三仁焉。"

18·2 柳下惠为士师，三黜。人曰："子未可以去乎？"曰："直道而事人，焉往而不三黜？枉道而事人，何必去父母之邦？"

18·3 齐景公待孔子，曰："若季氏，则吾不能；以季孟之间待之。"曰："吾老矣，不能用也。"孔子行。

18·4 齐人归女乐，季桓子受之，三日不朝，孔子行。

18·5 楚狂接舆歌而过孔子曰："凤兮凤兮！何德之衰？往者不可谏，来者犹可追。已而，已而！今之从政者殆而！"

孔子下，欲与之言。趋而辟之，不得与之言。

18·6 长沮、桀溺耦而耕，孔子过之，使子路问津焉。

长沮曰："夫执舆者为谁？"

子路曰："为孔丘。"

曰："是鲁孔丘与？"

曰："是也。"

曰："是知津矣。"

问于桀溺。

桀溺曰："子为谁？"

曰："为仲由。"

曰："是鲁孔丘之徒与？"

对曰："然。"

曰："滔滔者天下皆是也，而谁以易之？且而与其从辟人之士也，岂若从辟世之士哉?”耰（yōu）而不辍。

子路行以告。

夫子怃（wǔ）然曰：“鸟兽不可与同群，吾非斯人之徒与而谁与？天下有道，丘不与易也。”

18·7 子路从而后，遇丈人，以杖荷蓧（diào）。

子路问曰：“子见夫子乎?”

丈人曰：“四体不勤，五谷不分。孰为夫子?”植其杖而芸。

子路拱而立。

止子路宿，杀鸡为黍而食之，见其二子焉。

明日，子路行以告。

子曰：“隐者也。”使子路反见之。至，则行矣。

子路曰：“不仕无义。长幼之节，不可废也；君臣之义，如之何其废之？欲洁其身，而乱大伦。君子之仕也，行其义也。道之不行，已知之矣。”

18·8 逸民：伯夷、叔齐、虞仲、夷逸、朱张、柳下惠、少连。子曰：“不降其志，不辱其身，伯夷、叔齐与!”谓“柳下惠、少连，降志辱身矣，言中伦，行中虑，其斯而已矣。”谓“虞仲、夷逸，隐居放言，身中清，废中权。我则异于是，无可无不可。”

18·9 大师挚适齐，亚饭干适楚，三饭缭适蔡，四饭缺适秦，鼓方叔入于河，播鼗（táo）武入于汉，少师阳、击磬襄入于海。

18·10 周公谓鲁公曰：“君子不施其亲，不使大臣怨乎不以。故旧无大故，则不弃也。无求备于一人!”

18·11 周有八士：伯达、伯适、仲突、仲忽、叔夜、叔夏、季随、季騧（guā）。

子张篇第十九
（共二十五章）

19·1 子张曰：“士见危致命，见得思义，祭思敬，丧思哀，其可已矣。”

19·2 子张曰：“执德不弘，信道不笃，焉能为有？焉能为亡?”

19·3 子夏之门人问交于子张。子张曰：“子夏云何?”

对曰：“子夏曰：‘可者与之，其不可者拒之。’”

子张曰：“异乎吾所闻：君子尊贤而容众，嘉善而矜不能。我之大贤与，于人何所不容？我之不贤与，人将拒我，如之何其拒人也?”

19·4 子夏曰：“虽小道，必有可观者焉；致远恐泥，是以君子不为也。”

19·5 子夏曰：“日知其所亡，月无忘其所能，可谓好学也已矣。”

19·6 子夏曰："博学而笃志，切问而近思，仁在其中矣。"

19·7 子夏曰："百工居肆以成其事，君子学以致其道。"

19·8 子夏曰："小人之过也必文。"

19·9 子夏曰："君子有三变：望之俨然，即之也温，听其言也厉。"

19·10 子夏曰："君子信而后劳其民；未信，则以为厉己也。信而后谏；未信，则以为谤己也。"

19·11 子夏曰："大德不踰闲（界限），小德出入可也。"

19·12 子游曰："子夏之门人小子，当洒扫应对进退，则可矣，抑末也。本之则无，如之何？"

子夏闻之，曰："噫！言游过矣！君子之道，孰先传焉？孰后倦焉？譬诸草木，区以别矣。君子之道，焉可诬也？有始有卒者，其惟圣人乎！"

19·13 子夏曰："仕而优则学，学而优则仕。"

19·14 子游曰："丧致乎哀而止。"

19·15 子游曰："吾友张也为难能也，然而未仁。"

19·16 曾子曰："堂堂乎张也，难与并为仁矣。"

19·17 曾子曰："吾闻诸夫子：人未有自致者也，必也亲丧乎！"

19·18 曾子曰："吾闻诸夫子：孟庄子之孝也，其他可能也；其不改父之臣与父之政，是难能也。"

19·19 孟氏使阳肤为士师，问与曾子。曾子曰："上失其道，民散久矣。如得其情，则哀矜而勿喜。"

19·20 子贡曰："纣之不善，不如是之甚也。是以君子恶居下流，天下之恶皆归焉。"

19·21 子贡曰："君子之过也，如日月之食焉：过也，人皆见之；更也，人皆仰之。"

19·22 卫公孙朝问于子贡曰："仲尼焉学？"子贡曰："文武之道，未坠于地，在人。贤者识其大者，不贤者识其小者。莫不有文武之道焉。夫子焉不学？而亦何常师之有？"

19·23 叔孙武叔语大夫于朝曰："子贡贤于仲尼。"

子服景伯以告子贡。

子贡曰："譬之宫墙，赐之墙也及肩，窥见室家之好。夫子之墙数仞，不得其门而入，不见宗庙之美，百官（"官"字的本义是房舍）之富。得其门者或寡矣。夫子之云，不亦宜乎！"

19·24 叔孙武叔毁仲尼。子贡曰："无以为也！仲尼不可毁也。他人之贤者，丘陵也，犹可踰也；仲尼，日月也，无得而踰焉。人虽欲自绝，其何伤于日月乎？多见其不知量也。”

19·25　陈子禽谓子贡曰：“子为恭也，仲尼岂贤于子乎？”

子贡曰：“君子一言以为知，一言以为不知，言不可不慎也。夫子之不可及也，犹天之不可阶而升也。夫子之得邦家者，所谓立之斯立，道之斯行，绥之斯来，动之斯和。其生也荣，其死也哀，如之何其可及也？”

尧曰篇第二十
（共三章）

20·1　尧曰：“咨！尔舜！天之历数在尔躬，允执其中。四海困穷，天禄永终。”

舜亦以命禹。

曰：“予小子履敢用玄牡，敢昭告于皇皇后帝：有罪不敢赦。帝臣不蔽，简在帝心。朕躬有罪，无以万方；万方有罪，罪在朕躬。”

周有大赉（lài）善人是富。“虽有周亲，不如仁人。百姓有过，在予一人。”

谨权量，审法度，修废官，四方之政行焉。兴灭国，继绝世，举逸民，天下之民归心焉。

所重：民、食、丧、祭。

宽则得众，信则民任焉，敏则有功，公则说。

20·2　子张问于孔子曰：“何如斯可以从政矣？”

子曰：“尊五美，屏四恶，斯可以从政矣。”

子张曰：“何谓五美？”

子曰：“君子惠而不费，劳而不怨，欲而不贪，泰而不骄，威而不猛。”

子张曰：“何谓惠而不费？”

子曰：“因民之所利而利之，斯不亦惠而不费乎？择可劳而劳之，又谁怨？欲仁而得仁，又焉贪？君子无众寡，无小大，无敢慢，斯不亦泰而不骄乎？君子正其衣冠，尊其瞻视，俨然人望而畏之，斯不亦威而不猛乎？”

子张曰：“何谓四恶？”

子曰：“不教而杀谓之虐；不戒视成谓之暴；慢令致期谓之贼；犹之与人也，出纳之吝谓之有司。”

20·3　子曰：“不知命，无以为君子也；不知礼，无以立也；不知言，无以知人也。”

第三篇 《孟子》导读

一、孟子其人其书

（一）孟子其人

孟子（约前372—前289），名柯。《史记·孟子荀卿列传》记载“孟柯，邹人也。受业子思之门人。道既通，游事齐宣王，宣王不能用。适梁，梁惠王不果所言，则见以为迂远而阔于事情。当是之时，秦用商君，富国强兵；楚、魏用吴起，战胜弱敌；齐威王、宣王用孙子、田忌之徒，而诸侯东面朝齐。天下方务于合纵连衡，以攻伐为贤，而孟柯乃述唐、虞、三代之德，是以所如者不合。退而与万章之徒序《诗》《书》，述仲尼之意，作《孟子》七篇。其后有邹子之属。”根据《史记》的记载，我们可以初步对孟子一生进行初步的描述。

孟子大约出生于公元前372年左右。据传其父去世较早，孟子主要是由其母亲抚养成人的。从韩婴编纂的《韩诗外传》和刘向编著的《列女传》中都记载有孟母教子的故事。《三字经》开篇就说：“人之初，性本善。性相近，习相远。苟不教，性乃迁。教之道，贵以专。昔孟母，择邻处。子不学，断机杼。”就是对孟子思想和生平的概述。中国民间广泛流传的孟母三迁的故事就是描述孟母如何教育培养孟子的。

良好的教育使得孟子打下了学习的基础，《史记》说孟子是子思学生的学生。孟子的思想传承与子思大体是一致的，所以荀子将思孟并列，称之为“思孟学派”。从上个世纪湖北荆门出土的郭店楚墓竹简当中发现了大量了关于思孟学派的作品，反映了从孔子到孟子之间的思想变化历程。

孟子一生大体和孔子一样，经历了短暂的出仕、聚徒讲学、游历诸国、最后年老而归故国，与生徒讲学著述、整理古籍，为中国古代文化的发展做出了巨大贡献。

孟子游历的国家主要有齐国、滕国、魏国等，所到之处，孟子总是宣扬自己的性善理论和仁政学说。在战火纷飞、弱肉强食的战国时代，孟子的理论没有得到国君们的赏识，也很难有人接受他的观点，甚至被讥讽为“愚远而阔于事情”。孟子晚年再次游齐，无法得志之后，以七十多岁的高龄回到了邹国，与自己的弟子万章、公孙丑等人潜心于文献整理和著述活动。孟子大约公元前289年去世，享年84岁。

(二)《孟子》其书

传世的《孟子》一书共有七篇，东汉赵岐将每篇分成上下卷，遂有今天的十四卷。在东汉时期，根据《汉书·艺文志》的说法，《孟子》尚有外书四篇，与内书七篇加在一起共有十一篇。赵岐注《孟子》时发现外书是后人所托，与孟子思想不合，就没有为之作注，因此这四篇就逐渐亡佚了。

(三)《孟子》篇章结构及内容概要

《孟子》七篇包括：《梁惠王》、《公孙丑》、《滕文公》、《离娄》、《万章》、《告子》、《尽心》。前四篇主要论述仁政理论，后三篇论述性善论。以下我们分别对这七篇的主要内容做一个简要的概说。

(1)《梁惠王》通篇通过记录孟子与梁惠王、梁襄王、齐宣王、邹穆公、滕文公、鲁平公的交往、言谈，论述表达了治理天下、国家的仁术，其中“齐宣王问齐桓、晋文之事”章可以看作是本篇的中心所在，其余部分都可视作是为此章的铺陈和细说。

(2)《公孙丑》篇重点论述了身心关系问题，提出了身心一体的理论，以此为基础，孟子创造性地阐发了自己的养气学说。孟子的身心一体论，是为其仁政主张寻找理论基础，所以孟子本篇提出的以德服人、祸福自求、天吏之行、人皆有不忍人之心、仁者反求诸己、与人为善、君子恭而不隘、得道多助失道寡助等命题都是对此问题的进一步阐释。

(3)《滕文公》篇承前两篇之旨，通过记叙孟子与国君和弟子两个层次对象的对话、交流，阐述了“孟子道性善，言必称尧舜”的深层历史原因。本篇孟子阐述了恒产恒心论和一本论，恒产恒心论说明人性善的社会根源和基础，一本论则借助社会分工的思想推出仁政理论的必然性。

(4)《离娄》篇与前几篇以对话方式来阐明观点的方式不同，本篇则主要以孟子一人之口发明其主张，重点说明了践行仁道的方法。其中如何在具体的的仁道行为中践行仁义是本篇的要旨，这就是孟子提出的经权理论。

(5)《万章》篇开始进入到性善理论的铺陈，上篇通过孟子与万章等弟子对尧、舜、禹等圣贤之事的辩问、叙述，在德化的层次上，具体阐述了孟子的天命观，为性善论准备前提。下篇围绕着交友、交际、士当如何行为等几个问题，孟子提出了居仁由义的思想，就是说人只有在仁义、礼德范围内，才能真正成就自身的德性，完善自我。

(6)《告子》篇全面阐述了孟子的性善理论，其立论的根据主要是以人性为基础，一方面以仁义内在证性善论，提出了良心在人性发展过程中的作用，另一方面，论证人性善还是为了说明仁政论的可行。本篇可以看做是《孟子》七篇的核心之篇，是阐发《孟子》义理的枢纽。

(7)《尽心》篇立足于《告子》篇，对良心如何发动，良心展开的动力集中进行了阐发。为此孟子提出了尽心论和良知良能论，这是《孟子》一书功夫论的落脚点。尽心知性知天，存心养性事天是人性展开的功夫，也是人成就德性的过程，良知良能是功夫下落的基点。这两个方面的统一为性善论做了最后的保证，也使《孟子》整篇画上了一个圆满的句号。

通观《孟子》七篇，可以发现，孟子始终是围绕着仁政论、性善论来展开其理论体系的。仁政论是其理论目的，性善论是其理论基础和核心。在仁政论中，包括有恒产恒心论、身心一体论、养气说、一本论、道权论、教化论；在性善论中则有仁义内在论、良心论、求放心论、尽心论、性命论、良知良能论。这是《孟子》七篇理论演进的全貌，也是其篇章结构的展现。

综观全文，可以发现孟子在作其七篇的过程中，始终围绕着其理论主张，泼墨致思，使其仁政论和性善论一步一步完善起来，为其一生的追求留下了最好的注脚。可以说不仅《孟子》七篇是一个完整的理论体系，不容分割，就是孟子本人的生活同其理论也是不可分割的，发展孟子的理论也必须从其理论本身出发，而不能断章取义，妄加揣测。刘熙载在《艺概·文概》中指出："孟子之文，至简至易，如舟师执舵，中流自在，而推移费力者不觉自屈，龟山杨氏论《孟子》'千变万化，只说从心上来'，可谓探本之言。"

二、《孟子》义理解析

为了全面展示《孟子》一书的义理结构，我们就《孟子》本文所阐释的理论进行重点分析。根据仁政论和性善论的不同理论要点，我们选择讨论最为广泛的义理命题进行概要性的解释。

(一) 性善论解析

前人对孟子性善论所含义理分析甚多，但多因概念间的误解导致解释的不确，出现相互矛盾的情况，特别以对"性"的解释为突出。汉代经学家郑玄认为："性谓人受血气以生，有贤愚。"① 将性看作是由自然血气所产生的，因而有贤愚的差别，后儒多从其说。沿此解释方向，朱熹也认为"性者人所禀于天以生之理也，浑然至善，未尝有恶。"② 朱子以理释性，秉承了程子"性即理"之说，虽不同于郑玄之血气说，但其理路则是一致的。所以王夫之批评程子将性分作两截说，有天命之性、有气禀之性，违背了孟子本意，"孟子说性，是天性。程子说性，是己性，故气禀亦得谓之性。"③ 王夫之的解释非常精当，但他又走向性不可说的极端。王夫之认为"其实性之善也，则非可从言语上比拟度量底。孟子之言性善，除孟子胸中自然了得如此，更不可寻影响推测。"④ 至戴震，因其反理学的立场，其解性基本又回到了郑玄的立场，说："性者，分于阴阳五行以为血气、心知、品物，区以别焉。举凡既生以后所有之事，所具之能，所主之张，咸以是为其本，故《易》曰：'成之者性也'。"⑤ 这段话的解释有不同郑玄之处，即肯定了性中不仅具血气，尚有心知、品物等功能，应该说比郑注有所前进，但仍非孟子本意。

现代人尽管已经脱离了古人注经的传统，而且有了西方思想的借鉴，但在对古人思想的解释上仍有穿凿之嫌。在如何解释孟子性善的理论中代表性的观点包括：徐复观以心善言性善⑥，把性的功能化约到心的意念欲望之上，认为性善是通过心善来表现的，对此赞成者甚多；杨泽波认为性善论并不是"性本善论"、"性善完成论"，而是"心有善端可以为善论"⑦，尽管表达有所不同，但性善即为心善的立场则基本与徐氏一致；一般哲学史的教科书则认为性善论是一种先验的理论体系，人性之善不是后天养成的，而是人性内在的一种先验能力，因而带有神秘的色彩，为此，孟子的性善论被指责为替统治阶级辩护。

从《孟子》本文出发，我们可以发现，在孟子那里人性的内容已不是外在赋予的，人性作为万物之性的一种，其内容及其存在的合理性是同天命内在一致的。这就是孟子的性命一致论所揭示的内容。孟子指出：口之于味也，目之于色也，耳之于声也，鼻之于嗅也，四肢之于安佚也，性也，有命也，君子不谓性也；仁之于父子也，义之于君臣也，礼之于宾主也，知之于贤者也，圣人之于天道也，命也，有性也，君子不谓命也。从这段论述可以看出，孟子所

---

① 刘宝楠：《论语正义》，北京：中华书局 1990 年版，第 185 页。
② 朱熹：《四书章句集注》，北京：中华书局 1983 年版，第 251 页。
③ 王夫之：《船山全书》第 6 册，长沙：岳麓书社 1991 年版，第 959 页。
④ 王夫之：《船山全书》第 6 册，长沙：岳麓书社 1991 年版，第 958 页。
⑤ 戴震：《孟子字义疏证》，北京：中华书局 1961 年版，第 25 页。
⑥ 徐复观：《中国人性论史》，台湾：商务印书馆 1988 年版，第 165 页。
⑦ 杨泽波：《孟子性善论研究》，北京：中国社会科学出版社 1995 年版，第 44 页。

论的性命根源相同，均来自于天道，天道的本根原则和创生原则就是性命所赖的基础。当人身与外物相接时，包括眼耳口鼻所获得的感性体认等是直接源自于人性的，但物之得不得不在人之本性，这种人的自然生命的情欲本能不能构成为人的本性，真正构成人的本性的是仁、义、礼、智、圣诸种德性。尽管在成就这些德性的过程中，会有天命外在条件的限制，但只要人能尽其德性所致，充分发挥，那么也就不能称之为天命所限了。

由此可见，在孟子的论述中，人性作为一种本然实存的状态，在其最原初的始发阶段，是谈不上善恶的，但随着人类历史的发展，人类自身追求价值实现的活动不断对主体自身造成影响，使这种对包括人类自身价值在内的整体价值肯定逐渐内化为一种稳定的结构，从而使理性健全的主体逐渐获得了一种性善之质。而当历史发展到文明状态之后，对这种性善之质的肯定和正面揭示就摆在人类面前，孟子论性命一致的出发点就内含着这种前提性的理论基础。在此基础上，我们可以总结认为孟子的性善之本意是指内在于人的德性品质所组成的具有道德功能的一种心性状态。单纯地以心善解孟子性善，是没有理解孟子心性结构的层次、状态所致。性善是本然的生成的状态，是本质层，心善则是在性善的规定下，应该体现为一种活动层，不能在同一层次上对二者加以辨析。

孟子除了以性命一致界定性善，还以仁义内在证明性善。这是《告子》上篇所讨论的，其中第一到第六章是核心。从孟子与告子等人的论辩当中我们可以看出，仁义等性善品质是本然的事实存在，其根据是天道的实然存在。孟子指出“乃若其情，则可以为善矣，乃所谓善也。若夫为不善，非才之罪也。”此处“情”作“情实”解，即实际的存在状态，存在的情实状态作为一种本然的状态是现实存在的，无可怀疑的。在这种现实情态中，仁义礼智诸性善品质以其恻隐、羞恶、恭敬（辞让）、是非之心显现于人性的本然结构之中，这种非由外铄的仁义礼智外显时是通过心的活动之势来完成的，其最终依归之途径仍是人性的本然之善情。与此同时，人性的本然之善情有其产生和存在的根据，性之善则与性之质同在，都是由天道创生的，即“民之秉彝也，故好是懿德。”民之顺常性常情，则无不好此懿德。

孟子所论之天不是一种外在的自然之天，而是人的生命情态所源自的本然之天，正是在天之教化流行的过程中，人一面体证着其性善之质，一面又朝着对本然之天的体识前进着。人类自身的历史进程也正表明，自然的人化和人化的自然是相统一的双向过程，自然的人化得自于人的“则天”活动以及创造活动，人化的自然则体证着人的创造力量的外化，是“好是懿德”的过程。

由此可以看出，孟子的性善论不是简单地以心善论性善，也不是强调性善是一种先验的人性结构，而是在人的生命流行中论证人的性善本质。这一理论的意义不仅在于肯定了人性有积极向上肯认价值的功能，而且还为人类自身的整体价值取向提供了永不衰竭的动力之源。同时还从正面积极地范导、激励主体的向善意识，将在长期历史发展过程中，人类追求自身正面价值的实现而积淀在主体内在心性结构中的为善之质，充分发挥出来，否弃了以性恶论所可能导出的为恶倾向。用孟子的话说就是“言人之不善，当如后患何?”

当然孟子性善论也存在缺陷，即性善作为一普遍的道德原则，其成立的前提是性命一致、仁义内在，但所有这些普遍性原则必须化为个别行为主体的道德心性结构，才能保证社会生活的有效运作。即使退后一步，可以认为德性品质作为主体的心性结构的功能内在于每个主体之中，那么，这种内在的德性品质在与其他主体交往时，还能保证其有施行的必然吗？孟子没有作出正面的回答，这是需要我们不断反思的问题。

（二）仁政论解析

孟子仁政论体系的内在结构并不是以自觉的理论方式表现出来的，也就是说，在《孟子》一书中并没有完整地交待其仁政理论的全部内容。但是我们可以通过分析孟子提出的恒产恒心论、身心一体论、一本论等来阐释其仁政思想的内涵和意义。

总的来看仁政不完全是儒家的社会理想，而是一种处理、安排社会秩序的方式。仁政实施过程中所具体指向的民作为社会存在，首先要有存在的物质前提。为此孟子提出：无恒产而有恒心者，惟士为能。若民，则无恒产，因无恒心。苟无恒心，放辟邪侈无不为已。这就是说普通人在社会生活中首先要有物质生活的前提，只有在此基础上，普通人才能够学会自觉地践行仁义，仁政的目的才能够达到。恒产恒心论揭示了物质前提是生命存在活动的保障，在物质匮乏的时代，生命本身的存在都难以为继，相互之间的冲突自然难免，所以文明也只是等到人类社会物质财富积累到一定程度时才出现的。

仁政之说必依仁政之心，心之有仁义，且能行仁义，必靠身心一体来证明，《公孙丑上》之“知言养气”章对“不动心”的论说，从“心、知、气、言”一体和“知言、集义、养气”统一的两重维度揭示了身心一体的必然性。身心一体从行仁政的角度说就是行不忍人之心，孟子指出：人皆有不忍人之心。先王有不忍人之心，斯有不忍人之政矣。以不忍人之心，行不忍人之政，治天下可运之掌上。不忍人之心是不忍害人之心，是恻隐仁爱之心。只有将这种恻隐仁爱之心推广到天下，并且依靠君主的身体力行，才能够真正实现仁政。

恒产恒心说论证了物质生产是社会发展的前提，而论身心一体和不忍人之心则具体说明了社会主体应具的德性素质。在对待恒产和恒心的态度上，孟子又区分了“有恒产而有恒心”与“无恒产而有恒心”的两种情况，这就是孟子所说的“劳心”与“劳力”者的分别。《滕文公上》详细记录了孟子与农家许行关于社会分工的论辩，通过辩论孟子得出结论说：“有大人之事，有小人之事。且一人之身，而百工之所为备。如必自为而后用之，是率天下而路也。故曰：或劳心，或劳力；劳心者治人，劳力者治于人；治于人者食人，治人者食于人：天下之通义也。”孟子此处所表达的分工理论从社会发展史的角度看，是有其合理性的，为其恒产恒心论提供了历史的说明。分析地看，孟子将劳心、劳力与治人、治于人相等同，反映了其理论的不彻底性。治人与治于人是社会历史发展到一定阶段的产物，但却不是社会分工的目的，社会分工的最终目的不应是治人与治于人的消极对立，反而是要达到社会主体各自才能的最大程度的发挥，为人的全面自由发展提供历史的空间和舞台。夸大社会分工一定阶段的事实，将之作为“天下之通义”，势必给仁政论本身的实现带来困难。社会分工在现代社会呈现越来越细的趋势，人的全面发展在这种分工的趋势下似乎成为不可能。但人的全面发展并不只是才能的无限发挥，而是个性人格不断完善的过程。人的才能的发挥必然随着分工所引起的交往的扩大逐渐得到实现，分工与人的全面发展的悖论在社会历史进步的过程中也不断得到解决。这是后人对孟子仁政理论诟病的所在。

由此可见，恒产恒心论为仁政论提供了基本的理论前提，分工论与不忍人之心论则从社会发展史与自然发生史的两重角度阐明了仁政的可能性，性善论的证立为仁政论确立了人性的根据，说明了行仁政的必然性，从而建立了一个较为完整的理论结构。这个理论结构的特点是以社会主体的内在要求为核心，没有从一种预设的理想状态出发，紧扣历史本身发展的规律，从现实性与可能性、可行性与必然性、自然史与社会史统一的多重维度阐述了仁政论的合理性，体现了德性伦理的特点。

（三）其他重要观点阐释

1. 气　论

在《孟子》学的研究中，关于气的理论是大家一直关注的重点，如何理解孟子提出的“养浩然之气”、“存夜气”等历来被视为一大难点，因而所造成的理解也纷纭歧出，众说不一。流行的看法主要分为两类，一类观点认为孟子的气论思想是神秘的，带有极大的主观色彩，因而需要进行批判；另一类观点则将孟子所论的气归结为以血气为基础的生命自然之气，有自己的物质基础，对此可以加以继承。

根据孟子文本，特别是《公孙丑》上第二章的论述，我们可以对孟子气论所包含的义理做出以下解释。

“气”在《孟子》中一共出现十九次，其表达包括“夜气”、“平旦之气”、“浩然之气”等。我们对这些气细加分析，可以发现主要包含了两类含义，一类是描述人达到一定德性境界时的精神和气质状态，是精神性的气的存在，“浩然之气”属于这类气；另一类是指能够充溢于人的四肢百体并为心志所控制的情志之气，以及与此有关的勇气、气概之类的气，“夜气”、“平旦之气”就是这类气。对孟子气论理解的分歧就是没有考虑这两类气的区别和不同。

孟子论气是与心、志、言等其他范畴一道进行讨论的。《说文解字》卷十说：“心，人心土藏，在身之中。象形。”在先秦时期，人们就已认为心是思想活动的中心，可以指导人的思想和行为。《孟子》中的“心”也不例外，是指主宰人的生命活动的东西，具有多种功能，如“不动心”的“心”，“心之官则思”的“心”等；《孟子》中的“志”与今语“意志”大体相同，所不同的是，孟子规定“夫志，气之帅也”，“志至气次”，主要是强调志的选择、引导作用，这种志的作用是心的其他活动的根据和前提，是决定性的；《孟子》中所说的“言”，不是一般的语言，而是具有伦理倾向的道德判断的言辞，这种言辞是在人的具体道德活动中表达出来的，孟子说的知言就是知人。

根据以上分析，我们就可以认为“心”是主宰，“气”是人心之所发出的具有道德情感特征的气，并受“心”的志向的控制和指导，“言”是主体表达的道德言辞。“心、志、气”三者是本于一心，“言”则是贯穿于心的活动过程之中，包括主体间的对话和独语。在人的性善品质规定下，心的活动作为性善本质的显现层，总是通过“言”的方式不断地展现出性善的本质，“言”是与人的各种活动相关的，甚至是统一的，尤其在人的道德实践活动中。

由于心、志、气、言是统一生命过程的不同表达，所以知言、集义、养气就统一于人的道德实践活动中。能知言就能集义，能集义则能养气，此所谓善养也。不知言则不能集义，不能集义，则只会暴其气。而所有的知言、集义、养气，都是以人的德性品质为基础，在心的恻隐之情感发下，依靠心智的智虑反思作用，加上意志的选择、引导功能，一体而发，推动着人不断地践行仁义，达到不动心的境地。这种养气的理论是孟子性善论的归宿。

2. 良心论

孟子的良心论是对其性善论的进一步展开。孟子认为人的性善本质要依靠良心活动来实现，在现实的为善去恶活动中，良心是一种现实的保证，是德性向德行转化的动力。“良心”一词在《孟子》中首见，在《告子上》第八章中孟子借用牛山之木来比喻人的良心。山林的树木是保持山林之美的基础，如果不加限制地放牧牛羊，再以刀斧不断的砍伐，山林之木很快就会消失。人心也是如此，良心就是生长在人心之上的丰美林木，不加保护，任意糟蹋，很快就会良心丧失，人心便就同于禽兽，弃离仁义，难以成就道德的行为。

由此可见，良心的存养是与养气一致的。对林木的培养是保证山林的水土不再流失，造就美丽的风景，对良心的长养则是对仁义之心的培育，造就有德行的君子，这个过程就是存气、养气。

良心在英语中是共同之知之意，强调的是主体的理性自觉能力，没有兼顾到其实践理性能力的一面。孟子所言的良心是实存的仁义之心，“良”就是善，就是最好的。良心即善心，善心即仁义之心。孟子所言良心作为人性的活动层，体现的正是人在性善本质的基础上，积极有为的一种心性状态，是实践理性能力和理论理性能力相统一的人的本质。具体地说就是孟子提出的良知良能。良知是人的理性自觉能力，是对人性本善和道德法则的体认，良能则是在道德实践的过程中运用人的主观努力践行仁义之道。良心之“操存舍亡”的工夫即为良能之发用流行，是实践理性之功能的实现，良心能识“心之所同然”乃属良知的功能，扩充此良知，则能够大行于天下。将良知良能统一在人的才质之中，通过良心的活动，将理论和实践、知和行、实践理性和理论理性统一起来。

良知良能是良心活动展开的基础，良心存养则是靠养气来实现的。孟子的良心论体现了儒家德性理论的重要特点，即自觉性、实践性和理想性。这种儒家道德理论不断激发中国人自觉向善、践行道德的理论创造，对后人产生了深远的影响。明代王阳明的致良知说就是在孟子良心理论基础上又一次创造，是心学能够对抗理学的重要理论武器。

3. 经权之辨

在孟子所阐述的道德规范体系中，人们总是会提出这样的问题，即在具体境遇当中人们如何做到仁。尤其是《离娄上》的一段文字常常被后人所曲解，即：淳于髡曰：“男女授受不亲，礼与?”孟子曰：“礼也。”曰：“嫂溺，则援之以手乎?”曰：“嫂溺不援，是豺狼也。男女授受不亲，礼也；嫂溺，援之以手者，权也。”后人往往只关注“男女授受不亲”的道德法则，却忽视孟子要人们做到经权统一的根本要求。

以遵礼为前提，在具体的境遇之中，可以因情况的不同而采取合乎“权”的行为，这种权的行为是以尊重人的自身价值为基础的。所以《离娄下》孟子曰：“可以取，可以无取，取伤廉；可以与，可以无与，与伤惠；可以死，

可以无死，死伤勇。”任何一个具体的行为都是以遵从一定的道德规范为前提，但在特定的境遇中，对道德规范的遵从又是可以变通的

孟子在强调权变的同时，并未忽视权变的前提，孟子曰：“大匠诲人，必以规矩，学者亦必以规矩。”（《告子上》）“君子反经而已矣。经正，则庶民兴；庶民兴，斯无邪慝矣。”（《尽心下》）“规矩”、“经”都是一种常道，反映了一定历史时期人们所应遵从的稳定不变的道德规范，对这些规范的遵从表现为对一定人伦之道的认可。孟子在处理经权关系时是把经所依据的“道”作为一切行为的根本。而原始儒家一直强调道的“仁”的本质特点，所以在此仁道原则的规约下，一切经权之论都可以获得现实仁道的指导，道、经、权在具体境遇中的作用是不同的，道是根本，对经的权衡是依道而行的，在此，孟子反对“枉尺以直寻”“枉道以直人”的立场是非常正确的。但当孟子把道局限于先王、圣贤之道时，说：“我非尧舜之道，不敢以陈王前”（《公孙丑下》）时，则削减了道的丰富的仁道内容，使权威主义价值观获得了滋生的土壤，从以后儒家一直寻求独尊的历史过程来看，孟子此举的影响是可见的。《孟子正义》曰：“权者，变而通之之谓也。变而通之，所谓反复其道也。……权外无道，道外无权，圣贤之道，即圣贤之权也。”[①] 把“圣贤之道”作为“圣贤之权”的代名词，将仁道原则化约为对权威的价值原则的尊奉，显然已经背离了仁道原则本身的要求，而走向其理论的反面。

三、《孟子》的影响和时代价值

（一）影　响

《孟子》一书自成书流传以来，对中国文化产生了巨大的影响。在宋代以前，《孟子》没有被列为官方的经典，唐代的韩愈为了对抗佛学理论的扩张，开始大力阐发《孟子》的思想，并将孟子列入尧、舜、禹、汤、文、武、周公、孔子的道统序列当中，认为孟子是“醇乎醇者也”。

宋代理学昌盛，虽然理学派别纷呈，但是尊孟的立场是一致的。王安石当政的宋神宗熙宁四年（1071 年），《孟子》正式取得经书资格，并被规定为科举考试内容。宋神宗元丰六年（1083 年），孟子被封为邹国公，第二年孟子神位被移至学庙，配享孔子。南宋理学大师朱熹把《礼记》中的《大学》、《中庸》两篇抽出，与《论语》、《孟子》并列，并称《四书》。朱熹认为《四书》

① 刘宝楠：《孟子正义》，北京：中华书局 1990 年版，第 522 页。

是儒家学说的正统和精髓，并以《四书》为基础，对之进行毕生注释，阐发理学主张，写成了《四书章句集注》。这部书影响极大，后世科举考试皆依之为标准。

元、明、清三代，孟子和《孟子》一书始终得到尊崇，地位也不断隆升。著名的注疏作品包括：焦循的《孟子正义》、戴震的《孟子字义疏证》、康有为的《孟子微》等。

近代以来，随着新文化运动和文革时期对传统文化的批判和否定，《孟子》一书也遭到了极大的误解。随着现代中国社会的发展，人们开始认识到传统文化的意义和价值，对《孟子》的重新认识正在起步。

（二）时代价值

《孟子》一书不仅是对孔子所创立的儒家理论的深化和拓展，而且对儒家理论的不断发展提供了不竭的理论资源。《孟子》所阐发的义理宏富，影响深远，其不灭的时代价值体现在以下方面。

（1）作为中国传统文化的主干儒家文化的主要经典，《孟子》承继和创发了孔子的理论，并通过自身的理论构建，从形而上的角度确立了儒家学说的心性论基础，这是其历史价值所在。自从进入《四书》体系之后，《孟子》作为中国传统文化的经典，就一直发挥着引领中国人精神生活的作用。《孟子》中提倡的“浩然之气”，“大丈夫”人格，“民贵君轻”的思想激励了一代一代的仁人志士，构筑起中华民族前进的脊梁。这些精神对于一个正在崛起的东方大国是一笔巨大的精神财富，中华民族的复兴不仅仅是物质力量的增长，更需要的是精神力量的强大。以《孟子》为代表的儒家刚健精神是当前中国人走向复兴之路的精神源泉。

（2）在儒家与佛道理论的互动中，《孟子》一书提供了极其丰富的理论资源，为后代的儒学发展指明了方向，从而为构筑中国人的精神空间提供了支撑。宋代理学的兴盛在某种程度上就是沿着《孟子》创发的儒家之道前进的，因为有了《孟子》对孔子思想的极富创造力的构建，宋明儒者才也可能和会儒道佛，在一个更高的层次上汲取、吸收儒家以外的优秀思想，是中华民族在中世纪复兴的理论基础，保证了中华民族学术命脉的悠远流长。在当今全球文化相互碰撞、融合的格局当中，中国人的文化创造需要秉承这一传统，融汇古今中西，开拓进取，实现中华文化的再造和更新。

（3）随着新世纪中华民族复兴道路的展现，只要我们自觉地将《孟子》包含的儒家理论与西方优秀文化进行积极的对话，就会为现代中国人的精神生活提供积极的支撑。当今时代，经济全球化、世界多极化、文化多元化，人类进入到了一个文化创造异常活跃的时期，中华民族的精神创造需要重新回到起点，寻找原创的动力，原始儒家的思想是不能绕过的，《孟子》也不例外。《孟子》所独标的心性理论传统有助于改变当前人类的精神异化局面，有助于反思工业社会带来的人类心灵紧张，有助于为当今人类寻求安身立命之道提供智性资源。程子说，《孟子》句句是事实，《孟子》揭示的人类心性事实状态永远是人类自我发展的一面镜鉴。

附：《孟子》正文[①]

卷一 梁惠王上[②]

孟子见梁惠王。王曰："叟不远千里而来，亦将有以利吾国乎？"

孟子对曰："王何必曰利？亦有仁义而已矣。王曰：'何以利吾国？'大夫曰：'何以利吾家？'士庶人曰：'何以利吾身？'上下交征利而国危矣。万乘之国，弑（shì）其君者，必千乘之家；千乘之国，弑其君者，必百乘之家。万取千焉，千取百焉，不为不多矣。苟为后义而先利，不夺不餍（yàn）。未有仁而遗其亲者也，未有义而后其君者也。王亦曰仁义而已矣，何必曰利？"

孟子见梁惠王。王立于沼上，顾鸿雁麋鹿，曰："贤者亦乐此乎？"孟子对曰："贤者而后乐此，不贤者虽有此，不乐也。《诗》云：'经始灵台，经之营之，庶民攻之，不日成之。经始勿亟，庶民子来。王在灵囿，麀（yōu）鹿攸伏，麀鹿濯濯，白鸟鹤鹤。王在灵沼，于物鱼跃。'文王以民力为台为沼，而民欢乐之，谓其台曰灵台，谓其沼曰灵沼，乐其有麋鹿鱼鳖。古之人与民偕乐，故能乐也。《汤誓》曰：'时日害丧，予及女皆亡。'民欲与之偕亡，虽有台池鸟兽，岂能独乐哉？"

梁惠王曰："寡人之于国也，尽心焉耳矣。河内凶，则移其民于河东，移其粟于河内。河东凶亦然。察邻国之政，无如寡人之用心者。邻国之民不加少，寡人之民不加多，何也？"孟子对曰："王好战，请以战喻。填然鼓之，兵刃既接，弃甲曳兵而走。或百步而后止，或五十步而后止。以五十步笑百步，则何如？"曰："不可；直不百步耳，是亦走也。"曰："王如知此，则无望民之多于邻国也。不违农时，谷不可胜食也；数罟（gǔ）不入洿（wū）池，鱼鳖不可胜食也；斧斤以时入山林，材木不可胜用也。谷与鱼鳖不可胜食，林

① 据新编诸子集成《四书章句集注》本，朱熹撰，中华书局1983年版。

② 《孟子》本七篇，东汉赵歧将每篇分成上下卷，本书沿用赵歧体例，分成十四卷。

木不可胜用，是使民养生丧死无憾也。养生丧死无憾，王道之始也。五亩之宅，树之以桑，五十者可以衣帛矣。鸡豚狗彘之畜，无失其时，七十者可以食肉矣。百亩之田，勿夺其时，数口之家可以无饥矣。谨庠序之教，申之以孝悌之义，颁白者不负戴于道路矣。七十者衣帛食肉，黎民不饥不寒，然而不王者，未之有也。狗彘食人食而不知检，涂有饿莩（piǎo）而不知发；人死，则曰：'非我也，岁也。'是何异于刺人而杀之，曰：'非我也，兵也。'王无罪岁，斯天下之民至焉。"

梁惠王曰："寡人愿安承教。"孟子对曰："杀人以梃与刃，有以异乎？"曰："无以异也。""以刃与政，有以异乎？"曰："无以异也。"曰："庖有肥肉，厩（jìu）有肥马，民有饥色，野有饿莩，此率兽而食人也。兽相食，且人恶之；为民父母，行政，不免于率兽而食人。恶在其为民父母也？仲尼曰：'始作俑者，其无后乎！'为其象人而用之也。如之何其使斯民饥而死也？"

梁惠王曰："晋国，天下莫强焉，叟之所知也。及寡人之身，东败于齐，长子死焉；西丧地于秦七百里；南辱于楚。寡人耻之，愿比死者壹洒之，如之何则可？"孟子对曰："地方百里而可以王。王如施仁政于民，省刑罚，薄税敛，深耕易耨（nòu）；壮者以暇日修其孝悌忠信，入以事其父兄，出以事其长上，可使制梃以挞（tà）秦楚之坚甲利兵矣。彼夺其民时，使不得耕耨以养其父母。父母冻饿，兄弟妻子离散。彼陷溺其民，王往而征之，夫谁与王敌？故曰：'仁者无敌。'王请勿疑！"

孟子见梁襄王，出，语人曰："望之不似人君，就之而不见所畏焉。卒然问曰：'天下恶乎定？'吾对曰：'定于一。''孰能一之？'对曰：'不嗜杀人者能一之。''孰能与之？'对曰：'天下莫不与也。王知夫苗乎？七八月之间旱，则苗槁矣。天油然作云，沛然下雨，则苗浡然兴之矣。其如是，孰能御之？今夫天下之人牧，未有不嗜杀人者也。如有不嗜杀人者，则天下之民皆引领而望之矣。诚如是也，民归之，由水之就下，沛然谁能御之？'"

齐宣王问曰："齐桓、晋文之事可得闻乎？"孟子对曰："仲尼之徒无道桓、文之事者，是以后世无传焉，臣未之闻也。无以则王乎？"曰："德何如，则可以王矣？"曰："保民而王，莫之能御也。"曰："若寡人者，可以保民乎哉？"曰："可。"曰："何由知吾可也？"曰："臣闻之胡龁（hé）曰，王坐于堂上，有牵牛而过堂下者，王见之，曰：'牛何之？'对曰：'将以衅钟。'王曰：'舍之！吾不忍其觳（hú）觫（sù），若无罪而就死地。'对曰：'然则废衅钟与？'曰：'何可废也？以羊易之！'不识有诸？"曰："有之。"曰："是心足以王矣。百姓皆以王为爱也。臣固知王之不忍也。"王曰："然，诚有百姓者。齐国虽褊小，吾何爱一牛？即不忍其觳觫，若无罪而就死地，故以羊易之也。”曰：“王无异于百姓之以王为爱也。以小易大，彼恶知之？王若隐其无罪而就死地，则牛羊何择焉？”王笑曰：“是诚何心哉？我非爱其财而易之以羊也。宜乎百姓之谓我爱也。”曰：“无伤也，是乃仁术也，见牛未见羊也。君子之于禽兽也，见其生，不忍见其死；闻其声，不忍食其肉。是以君子远庖厨也。”王说曰：“《诗》云：‘他人有心，予忖度之。’夫子之谓也。夫我乃行之，反而求之，不得吾心。夫子言之，于我心有戚戚焉。此心之所以合于王者，何也？”曰：“有复于王者曰：‘吾力足以举百钧，而不足以举一羽；明足以察秋毫之末，而不见舆薪。’则王许之乎？”曰：“否。”“今恩足以及禽兽，而功不至于百姓者，独何与？然则一羽之不举，为不用力焉；舆薪之不见，为不用明焉；百姓之不见保，为不用恩焉。故王之不王，不为也，非不能也。”曰：“不为者与不能者之形何以异？”曰：“挟太山以超北海，语人曰，‘我不能。’是诚不能也。为长者折枝，语人曰，‘我不能。’是不为也，非不能也。故王之不王，非挟太山以超北海之类也；王之不王，是折枝之类也。老吾老，以及人之老；幼吾幼，以及人之幼，天下可运于掌。《诗》云：‘刑于寡妻，至于兄弟，以御于家邦。’言举斯心加诸彼而已。故推恩足以保四海，不推恩无以保妻子。古之人所以大过人者，无他焉，善推其所为而已矣。今恩足以及禽兽，而功不至于百姓者，独何与？权，然后知轻重；度，然后知长短。物皆然，心为甚。王请度之！”“抑王兴甲兵，危士臣，构怨于诸侯，然后快于心与？”王曰：“否！吾何快于是？将以求吾所大欲也。”曰：“王之所大欲，可得闻与？”王笑而不言。曰：“为肥甘不足于口与？轻暖不足于体与？抑为采色不足视于目与？声音不足听于耳与？便（pián）嬖（bì）不足使令于前与？王之诸臣，皆足以供之，而王岂为是哉？”曰：“否！吾不为是也。”曰：“然则王之所大欲可知已，欲辟土地，朝秦楚，莅中国而抚四夷也。以若所为，求若所欲，犹缘木而求鱼也。”王曰：“若是其甚与？”曰：“殆有甚焉。缘木求鱼，虽不得鱼，无后灾；以若所为，求若所欲，尽心力而为之，后必有灾。”曰：“可得闻与？”曰：“邹人与楚人战，则王以为孰胜？”曰：“楚人胜。”曰：“然则小固不可以敌大，寡固不可以敌众，弱固不可以敌强。海内之地方千里者九，齐集有其一。以一服八，何以异于邹敌楚哉？盖亦反其本矣。今王发政施仁，使天下仕者皆欲立于王之朝，耕者皆欲耕于王之野，商贾皆欲藏于王之市，行旅皆欲出于王之途，天下之欲疾其君者皆欲赴愬（sù）于王。其若是，孰能御之？”王曰：“吾惛（hūn），不能进于是矣。愿夫子辅吾志，明以教我。我虽不敏，请尝试之。”曰：“无恒产而有恒心者，惟士为能。若民，则无恒产，因无恒心。苟无恒心，放辟邪侈无不为已。及陷于罪，然后从而刑之，是罔民也。焉有仁人在位罔民而可为也？是故明君制民之产，必使仰足以事父母，俯足以畜妻子，乐岁终身饱，凶年免于死亡；然后驱而之善，故民之从之也轻。今之制民之产，仰不足以事父母，俯不足以畜妻子；乐岁终身苦，凶年不免于死亡。此惟救死而恐不赡，奚（xī）暇治礼义哉？王欲行之，则盍反其本矣：五亩之宅，树之以桑，五十者可以衣帛矣。鸡豚狗彘之畜，无失其时，七十者可以食肉矣。百亩之田，勿夺其时，八口之家可以无饥矣。谨庠序之教，申之以孝悌之义，颁白者不负戴于道路矣。老者衣帛食肉，黎民不饥不寒，然而不王者，未之有也。”

卷二 梁惠王下

庄暴见孟子，曰：“暴见于王，王语暴以好乐，暴未有以对也。”曰：“好乐何如？”孟子曰：“王之好乐甚，则齐国其庶几乎？”他日，见于王曰：“王尝语庄子以好乐，有诸？”王变乎色，曰：“寡人非能好先王之乐也，直好世俗之乐耳。”曰：“王之好乐甚，则齐其庶几乎，今之乐犹古之乐也。”曰：“可得闻与？”曰：“独乐乐，与人乐乐，孰乐？”曰：“不若与人。”曰：“与少乐乐，与众乐乐，孰乐？”曰：“不若与众。”“臣请为王言乐。今王鼓乐于此，百姓闻王钟鼓之声，管籥（yuè）之音，举疾首蹙（cù）頞而相告曰：‘吾王之好鼓乐，夫何使我至于此极也？父子不相见，兄弟妻子离散。’今王田猎于此，百姓闻王车马之音，见羽旄之美，举疾首蹙頞而相告曰：‘吾王之好田猎，夫何使我至于此极也？父子不相见，兄弟妻子离散。’此无他，不与民同乐也。今王鼓乐于此，百姓闻王钟鼓之声，管籥之音，举欣欣然有喜色而相告曰：‘吾王庶几无疾病与，何以能鼓乐也？’今王田猎于此，百姓闻王车马之音，见羽旄之美，举欣欣然有喜色而相告曰：‘吾王庶几无疾病与，何以能田猎也？’此无他，与民同乐也。今王与百姓同乐，则王矣。”

齐宣王问曰：“文王之囿（yòu）方七十里，有诸？”孟子对曰：“于传有之。”曰：“若是其大乎？”曰：“民犹以为小也。”曰：“寡人之囿方四十里，民犹以为大，何也？”曰：“文王之囿方七十里，刍荛者往焉，雉兔者往焉，与民同之。民以为小，不亦宜乎？臣始至于境，问国之大禁，然后敢入。臣闻郊关之内有囿方四十里，杀其麋鹿者如杀人之罪，则是方四十里为阱于国中。民以为大，不亦宜乎？”

齐宣王问曰：“交邻国有道乎？”孟子对曰：“有。惟仁者为能以大事小，是故汤事葛，文王事昆夷。惟智者为能以小事大，故太王整事獯（xūn）鬻（yù），勾践事吴。以大事小者，乐天者也；以小事大者，畏天者也。乐天者保天下，畏天者保其国。《诗》云：‘畏天之威，于时保之。’”王曰：“大哉言矣！寡人有疾，寡人好勇。”对曰：“王请无好小勇。夫抚剑疾视曰，‘彼恶敢当我哉！’此匹夫之勇，敌一人者也。王请大之！《诗》云：‘王赫斯怒，爰整其旅，以遏徂莒，以笃周祜，以对于天下。’此文王之勇也。文王一怒而安天下之民。《书》曰：‘天降下民，作之君，作之师，惟曰其助上帝，宠之四方。有罪无罪惟我在，天下曷敢有越厥志？’一人衡行于天下，武王耻之。此武王之勇也。而武王亦一怒而安天下之民。今王亦一怒而安天下之民，民惟恐王之不好勇也。”

齐宣王见孟子于雪宫。王曰：“贤者亦有此乐乎？”孟子对曰：“有。人不得，则非其上矣。不得而非其上者，非也；为民上而不与民同乐者，亦非也。乐民之乐者，民亦乐其乐；忧民之忧者，民亦忧其忧。乐以天下，忧以天下，然而不王者，未之有也。昔者齐景公问于晏子曰：‘吾欲观于转附朝儛（wǔ），遵海而南，放于琅邪，吾何修而可以比于先王观也？’晏子对曰：‘善哉问也！天子适诸侯曰巡狩。巡狩者，巡所守也。诸侯朝于天子曰述职。述职者，述所职也。无非事者。春省耕而补不足，秋省敛而助不给。夏谚曰：‘吾王不游，吾何以休？吾王不豫，吾何以助？一游一豫，为诸侯度。’今也不然：师行而粮食，饥者弗食，劳者弗息。睊（juān）睊胥谗，民乃作慝（tè）。方命虐民，饮食若流。流连荒亡，为诸侯忧。从流下而忘反谓之流，从流上而忘反谓之连，从兽无厌谓之荒，乐酒无厌谓之亡。先王无流连之乐，荒亡之行。惟君所行也。’景公说，大戒于国，出舍于郊。于是始兴发补不足。召大师曰：‘为我作君臣相说之乐！’盖徵（zhǐ）招角招是也。其诗曰：‘畜君何尤？’畜君者，好君也。”

齐宣王问曰：“人皆谓我毁明堂，毁诸？已乎？”孟子对曰：“夫明堂者，王者之堂也。王欲行王政，则勿毁之矣。”王曰：“王政可得闻与？”对曰：“昔者文王之治岐也，耕者九一，仕者世禄，关市讥而不征，泽梁无禁，罪人不孥（nú）。老而无妻曰鳏（guān），老而无夫曰寡，老而无子曰独，幼而无父曰孤。此四者，天下之穷民而无告者。文王发政施仁，必先斯四者。《诗》云：‘哿（kě）矣富人，哀此茕（qióng）独。’”王曰：“善哉言乎！”曰：“王如善之，则何为不行？”王曰：“寡人有疾，寡人好货。”对曰：“昔者公刘好货，《诗》云：‘乃积乃仓，乃裹餱（hóu）粮，于橐（tuó）于囊。思戢（jǐ）用光。弓矢斯张，干戈戚扬，爰方启行。’故居者有积仓，行者有裹粮也，然后可以爰方启行。王如好货，与百姓同之，于王何有？”王曰：“寡人有疾，寡人好色。”对曰：“昔者太王好色，爱厥妃。《诗》云：‘古公亶父，来朝走马，率西水浒，至于岐下，爰及姜女，聿来胥宇。’当是时也，内无怨女，外无旷夫。王如好色，与百姓同之，于王何有？”

孟子谓齐宣王曰:“王之臣有托其妻子于其友而之楚游者,比其反也,则冻馁其妻子,则如之何?”王曰:“弃之。”曰:“士师不能治士,则如之何?”王曰:“已之。”曰:“四境之内不治,则如之何?”王顾左右而言他。

孟子见齐宣王,曰:“所谓故国者,非谓有乔木之谓也,有世臣之谓也。王无亲臣矣,昔者所进,今日不知其亡也。”王曰:“吾何以识其不才而舍之?”曰:“国君进贤,如不得已,将使卑逾尊,疏逾戚,可不慎与?左右皆曰贤,未可也;诸大夫皆曰贤,未可也;国人皆曰贤,然后察之;见贤焉,然后用之。左右皆曰不可,勿听;诸大夫皆曰不可,勿听;国人皆曰不可,然后察之;见不可焉,然后去之。左右皆曰可杀,勿听;诸大夫皆曰可杀,勿听;国人皆曰可杀,然后察之,见可杀焉,然后杀之。故曰,国人杀之也。如此,然后可以为民父母。”

齐宣王问曰:“汤放桀,武王伐纣,有诸?”孟子对曰:“于传有之。”曰:“臣弑其君,可乎?”曰:“贼仁者谓之‘贼’,贼义者谓之‘残’。残贼之人谓之‘一夫’。闻诛一夫纣矣,未闻弑君也。”

孟子见齐宣王,曰:“为巨室,则必使工师求大木。工师得大木,则王喜,以为能胜其任也。匠人斫而小之,则王怒,以为不胜其任矣。夫人幼而学之,壮而欲行之,王曰‘姑舍女所学而从我’,则何如?今有璞玉于此,虽万镒(yì),必使玉人雕琢之。至于治国家,则曰‘姑舍女所学而从我’,则何以异于教玉人雕琢玉哉?”

齐人伐燕,胜之。宣王问曰:“或谓寡人勿取,或谓寡人取之。以万乘之国伐万乘之国,五旬而举之,人力不至于此。不取,必有天殃。取之,何如?”孟子对曰:“取之而燕民悦,则取之。古之人有行之者,武王是也。取之而燕民不悦,则勿取,古之人有行之者,文王是也。以万乘之国伐万乘之国,箪(dān)食(sì)壶浆以迎王师,岂有他哉?避水火也。如水益深,如火益热,亦运而已矣。”

齐人伐燕,取之。诸侯将谋救燕。宣王曰:“诸侯多谋伐寡人者,何以待之?”孟子对曰:“臣闻七十里为政于天下者,汤是也。未闻以千里畏人者也。《书》曰:‘汤一征,自葛始。”天下信之,东面而征,西夷怨;南面而征,北狄怨。曰:‘奚为后我?’民望之,若大旱之望云霓也。归市者不止,耕者不变。诛其君而吊其民,若时雨降。民大悦。《书》曰:‘徯我后,后来其苏。’今燕虐其民,王往而征之,民以为将拯己于水火之中也,箪食壶浆以迎王师。若杀其兄父,系累其子弟,毁其宗庙,迁其重器,如之何其可也?天下固畏齐之强也,今又倍地而不行仁政,是动天下之兵也。王速出令,反其旄(máo)倪,止其重器,谋于燕众,置君而后去之,则犹可及止也。”

邹与鲁哄（hòng）。穆公问曰：“吾有司死者三十三人，而民莫之死也。诛之，则不可胜诛；不诛，则疾视其长上之死而不救，如之何则可也？”孟子对曰：“凶年饥岁，君之民老弱转乎沟壑，壮者散而之四方者，几千人矣；而君之仓廪实，府库充，有司莫以告，是上慢而残下也。曾子曰：‘戒之戒之！出乎尔者，反乎尔者也。’夫民今而后得反之也。君无尤焉！君行仁政，斯民亲其上，死其长矣。”

滕文公问曰：“滕，小国也，间于齐、楚。事齐乎？事楚乎？”孟子对曰：“是谋非吾所能及也。无已，则有一焉：凿斯池也，筑斯城也，与民守之，效死而民弗去，则是可为也。”

滕文公问曰：“齐人将筑薛，吾甚恐，如之何则可？”孟子对曰：“昔者大王居邠（bīn），狄人侵之，去之岐山之下居焉。非择而取之，不得已也。苟为善，后世子孙必有王者矣。君子创业垂统，为可继也。若夫成功，则天也。君如彼何哉？强为善而已矣。”

滕文公问曰：“滕，小国也；竭力以事大国，则不得免焉，如之何则可？”孟子对曰：“昔者大王居邠，狄人侵之。事之以皮币，不得免焉；事之以犬马，不得免焉；事之以珠玉，不得免焉。乃属其耆老而告之曰：‘狄人之所欲者，吾土地也。吾闻之也：君子不以其所以养人者害人。二三子何患乎无君？我将去之。’去邠，踰梁山，邑于岐山之下居焉。邠人曰：‘仁人也，不可失也。’从之者如归市。或曰：‘世守也，非身之所能为也。效死勿去。’君请择于斯二者。”

鲁平公将出，嬖（bì）人臧仓者请曰：“他日君出，则必命有司所之。今乘舆已驾矣，有司未知所之，敢请。”公曰：“将见孟子。”曰：“何哉，君所为轻身以先于匹夫者，以为贤乎？礼义由贤者出。而孟子之后丧逾前丧。君无见焉！”公曰：“诺。”乐正子入见，曰：“君奚为不见孟轲也？”曰：“或告寡人曰，‘孟子之后丧逾前丧’，是以不往见也。”曰：“何哉君所谓逾者？前以士，后以大夫；前以三鼎，而后以五鼎与？”曰：“否，谓棺椁衣衾之美也。”曰：“非所谓逾也，贫富不同也。”乐正子见孟子，曰：“克告于君，君为来见也。嬖人有臧仓者沮君，君是以不果来也。”曰：“行，或使之；止，或尼之。行止，非人所能也。吾之不遇鲁侯，天也。臧氏之子焉能使予不遇哉？”

卷三　公孙丑上

公孙丑问曰：“夫子当路于齐，管仲、晏子之功，可复许乎？”孟子曰：“子诚齐人也，知管仲、晏子而已矣。或问乎曾西曰：‘吾子与子路孰贤？’曾西蹴（cù）然曰：‘吾先子之所畏也。’曰：‘然则吾子与管仲孰贤？’曾西艴（fú）然不悦，曰：‘尔何曾比予于管仲！管仲得君如彼其专也，行乎国政如彼其久也，功烈如彼其卑也。尔何曾比予于是？’”曰：“管仲，曾西之所不为也，而子为我愿之乎？”曰：“管仲以其君霸，晏子以其君显。管仲、晏子犹不足为与？”曰：“以齐王，由反手也。”曰：“若是，则弟子之惑滋甚。且以文王之德，百年而后崩，犹未洽于天下；武王、周公继之，然后大行。今言王若易然，则文王不足法与？”曰：“文王何可当也！由汤至于武丁，贤圣之君六七作，天下归殷久矣，久则难变也。武丁朝诸侯，有天下，犹运之掌也。纣之去武丁未久也，其故家遗俗，流风善政，犹有存者；又有微子、微仲、王子比干、箕子、胶鬲（gé）皆贤人也。相与辅相之，故久而后失之也。尺地，莫非其有也；一民，莫非其臣也；然而文王犹方百里起，是以难也。齐人有言曰：‘虽有智慧，不如乘势；虽有鎡（zī）基，不如待时。’今时则易然也。夏后、殷、周之盛，地未有过千里也，而齐有其地矣；鸡鸣狗吠相闻，而达乎四境，而齐有其民矣。地不改辟矣，民不改聚矣，行仁政而王，莫之能御也。且王者之不作，未有疏于此时者也；民之憔悴于虐政，未有甚于此时者也。饥者易为食，渴者易为饮。孔子曰：‘德之流行，速于置邮而传命。’当今之时，万乘之国行仁政，民之悦之，犹解倒悬也。故事半古之人，功必倍之，惟此时为然。”

公孙丑问曰：“夫子加齐之卿相，得行道焉，虽由此霸王，不异矣。如此，则动心否乎？”孟子曰：“否，我四十不动心。”曰：“若是，则夫子过孟贲（bēn）远矣。”曰：“是不难，告子先我不动心。”曰：“不动心有道乎？”曰：“有。北宫黝（yǒu）之养勇也，不肤挠（nào），不目逃，思以一豪挫于人，若挞之于市朝，不受于褐宽博，亦不受于万乘之君。视刺万乘之君，若刺褐夫。无严诸侯。恶声至，必反之。孟施舍之所养勇也，曰：‘视不胜犹胜也。量敌而后进，虑胜而后会，是畏三军者也。舍岂能为必胜哉？能无惧而已矣。’孟施舍似曾子，北宫黝似子夏。夫二子之勇，未知其孰贤，然而孟施舍守约也。昔者曾子谓子襄曰：‘子好勇乎？吾尝闻大勇于夫子矣：自反而不缩，虽褐宽博，吾不惴焉；自反而缩，虽千万人，吾往矣。’孟施舍之守气，又不如曾子之守约也。”曰：“敢问夫子之不动心与告子之不动心，可得闻与？”“告子曰：‘不得于言，勿求于心；不得于心，勿求于气。’不得于心，勿求于气，可；不得于言，勿求于心，不可。夫志，气之帅也；气，体之充也。夫志至焉，气次焉。故曰：‘持其志，无暴其气。’”“既曰‘志至焉，气次焉。’又曰‘持其志，无暴其气。’者，何也？”曰：“志壹则动气，气壹则动志也。今夫蹶者趋者，是气也，而反动其心。”“敢问夫子恶乎长？”曰：“我知言，我善养吾浩然之气。”“敢问何谓浩然之气？”曰：“难言也。其为气也，至大至刚，以直养而无害，则塞于天地之间。其为气也，配义与道；无是，馁也。是集义所生者，非义袭而取之也。行有不慊（qìe）于心，则馁矣。我故曰，告子未尝知义，以其外之也。必有事焉，而勿正，心勿忘，勿助长也。无若宋人然：宋人有闵其苗之不长而揠（yà）之者，芒芒然归，谓其人曰：‘今日病矣！予助苗长矣！’其子趋而往视之，苗则槁矣。天下之不助苗长者寡矣。以为无益而舍之者，不耘苗者也；助之长者，揠苗者也。非徒无益，而又害之。”“何谓知言？”曰：“诐（bì）辞知其所蔽，淫辞知其所陷，邪辞知其所离，遁辞知其所穷。生于其心，害于其政；发于其政，害于其事。圣人复起，必从吾言矣。”“宰我、子贡善为说辞，冉牛、闵子、颜渊善言德行。孔子兼之，曰：‘我于辞命，则不能也。’然则夫子既圣矣乎？”曰：“恶！是何言也？昔者子贡问于孔子曰：‘夫子圣矣乎？’孔子曰：‘圣则吾不能，我学不厌而教不倦也。’子贡曰：‘学不厌，智也；教不倦，仁也。仁且智，夫子既圣矣。’夫圣，孔子不居，是何言也？”“昔者窃闻之：子夏、子游、子张皆有圣人之一体，冉牛、闵子、颜渊则具体而微，敢问所安。”曰：“姑舍是。”曰：“伯夷、伊尹何如？”曰：“不同道。非其君不事，非其民不使；治则进，乱则退，伯夷也。何事非君，何使非民；治亦进，乱亦进，伊尹也。可以仕则仕，可以止则止，可以久则久，可以速则速，孔子也。皆古圣人也。吾未能有行焉；乃所愿，则学孔子也。”“伯夷、伊尹于孔子，若是班乎？”曰：“否；自有生民以来，未有孔子也。”曰：“然则有同与？”曰：“有。得百里之地而君之，皆能以朝诸侯，有天下；行一不义，杀一不辜，而得天下，皆不为也。是则同。”曰：“敢问其所以异。”曰：“宰我、子贡、有若，智足以知圣人，汙（wū）不至阿其所好。宰我曰：‘以予观于夫子，贤于尧舜远矣。’子贡曰：‘见其礼而知其政，闻其乐而知其德，由百世之后，等百世之王，莫之能违也。自生民以来，未有夫子也。’有若曰：‘岂惟民哉？麒麟之于走兽，凤凰之于飞鸟，太山之于丘垤（dié），河海之于行潦（lǎo），类也。圣人之于民，亦类也。出于其类，拔乎其萃，自生民以来，未有盛于孔子也。’”

孟子曰：“以力假仁者霸，霸必有大国；以德行仁者王，王不待大。汤以七十里，文王以百里。以力服人者，非心服也，力不赡也；以德服人者，中心悦而诚服也，如七十子之服孔子也。《诗》云：‘自西自东，自南自北，无思不服。’此之谓也。”

孟子曰：“仁则荣，不仁则辱。今恶辱而居不仁，是犹恶湿而居下也。如恶之，莫如贵德而尊士，贤者在位，能者在职；国家闲暇，及是时，明其政刑。虽大国，必畏之矣。《诗》云：‘迨（dài）天之未阴雨，彻彼桑土（dù），绸缪牖（yǒu）户。今此下民，或敢侮予？’孔子曰：‘为此诗者，其知道乎！能治其国家，谁敢侮之？’今国家闲暇，及是时，般（pán）乐怠敖，是自求祸也。祸福无不自己求之者。《诗》云：‘永言配命，自求多福。’《太甲》曰：‘天作孽，犹可违；自作孽，不可活。’此之谓也。”

孟子曰：“尊贤使能，俊杰在位，则天下之士皆悦，而愿立于其朝矣；市廛（chán）而不征，法而不廛，则天下之商皆悦，而愿藏于其市矣；关，讥而不征，则天下之旅皆悦，而愿出于其路矣；耕者，助而不税，则天下之农皆悦，而愿耕于其野矣；廛，无夫里之布，则天下之民皆悦，而愿为之氓矣。信能行此五者，则邻国之民仰之若父母矣，率其子弟，攻其父母，自生民以来未有能济者也。如此，则无敌于天下。无敌于天下者，天吏也。然而不王者，未之有也。”

孟子曰：“人皆有不忍人之心。先王有不忍人之心，斯有不忍人之政矣。以不忍人之心，行不忍人之政，治天下可运之掌上。所以谓人皆有不忍人之心者，今人乍见孺子将入于井，皆有怵惕恻隐之心。非所以内交于孺子之父母也，非所以要誉于乡党朋友也，非恶其声而然也。由是观之，无恻隐之心，非人也；无羞恶之心，非人也；无辞让之心；非人也；无是非之心，非人也。恻隐之心，仁之端也；羞恶之心，义之端也；辞让之心，礼之端也；是非之心，智之端也。人之有是四端也，犹其有四体也。有是四端而自谓不能者，自贼者也；谓其君不能者，贼其君者也。凡有四端于我者，知皆扩而充之矣，若火之始然，泉之始达。苟能充之，足以保四海；苟不充之，不足以事父母。”

孟子曰：“矢人岂不仁于函人哉？矢人唯恐不伤人，函人唯恐伤人。巫匠亦然。故术不可不慎也。孔子曰：‘里仁为美。择不处仁，焉得智？’夫仁，天之尊爵也，人之安宅也。莫之御而不仁，是不智也。不仁、不智，无礼、无义，人役也。人役而耻为役，由弓人而耻为弓，矢人而耻为矢也。如耻之，莫如为仁。仁者如射，射者正己而后发；发而不中，不怨胜己者，反求诸己而已矣。”

孟子曰：“子路，人告之以有过则喜。禹闻善言则拜。大舜有大焉，善与人同，舍己从人，乐取于人以为善，自耕稼、陶、渔以至为帝，无非取于人者。取诸人以为善，是与人为善者也。故君子莫大乎与人为善。”

孟子曰：“伯夷，非其君不事；非其友不友。不立于恶人之朝，不与恶人言；立于恶人之朝，与恶人言，如以朝衣朝冠坐于涂炭。推恶恶之心，思与乡人立，其冠不正，望望然去之，若将浼（měi）焉。是故诸侯虽有善其辞命而至者，不受也。不受也者，是亦不屑就已。柳下惠不羞汙君，不卑小官；进不隐贤，必以其道；遗佚而不怨，厄穷而不悯。故曰：‘尔为尔，我为我，虽袒

(tǎn) 裼 (xī) 裸裎 (chéng) 于我侧，尔焉能浼我哉?’故由由然与之偕而不自失焉，援而止之而止。援而止之而止者，是亦不屑去已。”孟子曰：“伯夷隘，柳下惠不恭，隘与不恭，君子不由也。”

卷四　公孙丑下

孟子曰：“天时不如地利，地利不如人和。三里之城，七里之郭，环而攻之而不胜。夫环而攻之，必有得天时者矣；然而不胜者，是天时不如地利也。城非不高也，池非不深也，兵革非不坚利也，米粟非不多也，委而去之，是地利不如人和也。故曰：域民不以封疆之界，固国不以山溪之险，威天下不以兵革之利。得道者多助，失道者寡助。寡助之至，亲戚畔之；多助之至，天下顺之。以天下之所顺，攻亲戚之所畔，故君子有不战，战必胜矣。”

孟子将朝王，王使人来曰：“寡人如就见者也，有寒疾，不可以风。朝将视朝，不识可使寡人得见乎?”对曰：“不幸而有疾，不能造朝。”明日，出吊于东郭氏。公孙丑曰：“昔者辞以病，今日吊，或者不可乎?”曰：“昔者疾，今日愈，如之何不吊?”王使人问疾，医来。孟仲子对曰：“昔者有王命，有采薪之忧，不能造朝。今病小愈，趋造于朝，我不识能至否乎?”使数人要于路，曰：“请必无归，而造于朝!”不得已而之景丑氏宿焉。景子曰：“内则父子，外则君臣，人之大伦也。父子主恩，君臣主敬。丑见王之敬子也，未见所以敬王也。”曰：“恶！是何言也！齐人无以仁义与王言者，岂以仁义为不美也？其心曰‘是何足与言仁义也’云尔，则不敬莫大乎是。我非尧舜之道，不敢以陈于王前，故齐人莫如我敬王也。”景子曰：“否，非此之谓也。礼曰：‘父召，无诺；君命召，不俟驾。’固将朝也，闻王命而遂不果，宜与夫礼若不相似然。”曰：“岂谓是与？曾子曰：‘晋楚之富，不可及也；彼以其富，我以吾仁；彼以其爵，我以吾义，吾何慊乎哉?’夫岂不义而曾子言之？是或一道也。天下有达尊三：爵一，齿一，德一。朝廷莫如爵，乡党莫如齿，辅世长民莫如德。恶得有其一，以慢其二哉？故将大有为之君，必有所不召之臣。欲有谋焉，则就之。其尊德乐道，不如是不足以有为也。故汤之于伊尹，学焉而后臣之，故不劳而王；恒公之于管仲，学焉而后臣之，故不劳而霸。今天下地丑德齐，莫能相尚，无他，好臣其所教，而不好臣其所受教。汤之于伊尹，桓公之于管仲，则不敢召。管仲且犹不可召，而况不为管仲者乎?”

陈臻问曰：“前日于齐，王馈兼金一百，而不受；于宋，馈七十镒而受；于薛，馈五十镒而受。前日之不受是，则今日之受非也；今日之受是，则前日之不受非也。夫子必居一于此矣。”孟子曰：“皆是也。当在宋也，予将有远行，行者必以赆（jìn）；辞曰：‘馈赆。’予何为不受？当在薛也，予有戒心；辞曰：‘闻戒，故为兵馈之。’予何为不受？若于齐，则未有处也。无处而馈之，是货之也。焉有君子而可以货取乎？”

孟子之平陆，谓其大夫曰：“子之持戟之士，一日而三失伍，则去之否乎？”曰：“不待三。”“然则子之失伍也亦多矣。凶年饥岁，子之民，老羸转于沟壑，壮者散而之四方者，几千人矣。”曰：“此非距心之所得为也。”曰：“今有受人之牛羊而为之牧之者，则必为之求牧与刍矣。求牧与刍而不得，则反诸其人乎？抑亦立而视其死与？”曰：“此则距心之罪也。”他日，见于王曰：“王之为都者，臣知五人焉。知其罪者，惟孔距心。为王诵之。”王曰：“此则寡人之罪也。”

孟子谓蚳（chí）蛙曰：“子之辞灵丘而请士师，似也，为其可以言也。今既数月矣，未可以言与？”蚳蛙谏于王而不用，致为臣而去。齐人曰：“所以为蚳蛙则善矣；所以自为，则吾不知也。”公都子以告。曰：“吾闻之也：有官守者，不得其职则去；有言责者，不得其言则去。我无官守，我无言责也，则吾进退，岂不绰绰然有余裕哉？”

孟子为卿于齐，出吊于滕，王使盖大夫王驩为辅行。王驩朝暮见，反齐、滕之路，未尝与之言行事也。公孙丑曰：“齐卿之位，不为小矣；齐、滕之路，不为近矣，反之而未尝与言行事，何也？”曰：“夫既或治之，予何言哉？”

孟子自齐葬于鲁，反于齐，止于嬴（yíng）。充虞请曰：“前日不知虞之不肖，使虞敦匠事。严，虞不敢请。今愿窃有请也，木若以美然。”曰：“古者棺椁无度，中古棺七寸，椁称之。自天子达于庶人。非直为观美也，然后尽于人心。不得，不可以为悦；无财，不可以为悦。得之为有财，古之人皆用之，吾何为独不然？且比化者无使土亲肤，于人心独无恔（xiào）乎？吾闻之君子：不以天下俭其亲。”

沈同以其私问曰：“燕可伐与？”孟子曰：“可；子哙不得与人燕，子之不得受燕于子哙。有仕于此，而子悦之，不告于王而私与之吾子之禄爵；夫士也，亦无王命而私受之于子，则可乎？何以异于是？”齐人伐燕。或问曰：“劝齐伐燕，有诸？”曰：“未也；沈同问‘燕可伐与’，吾应之曰，‘可’，彼然而伐之也。彼如曰‘孰可以伐之？’则将应之曰：‘为天吏，则可以伐之。’今有杀人者，或问之曰‘人可杀与’？则将应之曰‘可’。彼如曰‘孰可以杀之？’则将应之曰：‘为士师，则可以杀之。’今以燕伐燕，何为劝之哉？”

燕人畔。王曰：“吾甚惭于孟子。”陈贾曰：“王无患焉。王自以为与周公孰仁且智？”王曰：“恶！是何言也！”曰：“周公使管叔监殷，管叔以殷畔。知而使之，是不仁也；不知而使之，是不智也。仁智，周公未之尽也，而况于王乎？贾请见而解之。”见孟子问曰“周公何人也？”曰：“古圣人也。”曰：“使管叔监殷，管叔以殷畔也，有诸？”曰：“然。”曰：“周公知其将畔而使之与？”曰：“不知也。”“然则圣人且有过与？”曰：“周公，弟也；管叔，兄也。周公之过，不亦宜乎？且古之君子，过则改之；今之君子，过则顺之。古之君子，其过也，如日月之食，民皆见之；及其更也，民皆仰之。今之君子，岂徒顺之，又从为之辞。”

孟子致为臣而归。王就见孟子，曰：“前日愿见而不可得，得侍，同朝甚喜。今又弃寡人而归，不识可以继此而得见乎？”对曰：“不敢请耳，固所愿也。”他日，王谓时子曰：“我欲中国而授孟子室，养弟子以万钟，使诸大夫国人皆有所矜式。子盍为我言之？”时子因陈子而以告孟子，陈子以时子之言告孟子。孟子曰：“然。夫时子恶知其不可也？如使予欲富，辞十万而受万，是为欲富乎？季孙曰：‘异哉子叔疑！使己为政，不用，则亦已矣，又使其子弟为卿。人亦孰不欲富贵？而独于富贵之中，有私龙断焉。’古之为市也，以其所有易其所无者，有司者治之耳。有贱丈夫焉，必求龙断而登之，以左右望而罔市利。人皆以为贱，故从而征之。征商，自此贱丈夫始矣。”

孟子去齐，宿于昼。有欲为王留行者，坐而言。不应，隐几而卧。客不悦曰：“弟子齐宿而后敢言，夫子卧而不听，请勿复敢见矣。”曰：“坐！我明语子。昔者鲁缪公无人乎子思之侧，则不能安子思；泄柳、申详无人乎缪公之侧，则不能安其身。子为长者虑，而不及子思；子绝长者乎？长者绝子乎？”

孟子去齐。尹士语人曰：“不识王之不可以为汤武，则是不明也；识其不可，然且至，则是干泽也。千里而见王，不遇故去。三宿而后出昼，是何濡滞也？士则兹不悦。”高子以告。曰：“夫尹士恶知予哉？千里而见王，是予所欲也；不遇故去，岂予所欲哉？予不得已也。予三宿而出昼，于予心犹以为速，王庶几改之！王如改诸，则必反予。夫出昼而王不予追也，予然后浩然有归志。予虽然，岂舍王哉？王由足用为善。王如用予，则岂徒齐民安，天下之民举安。王庶几改之，予日望之。予岂若是小丈夫然哉？谏于其君而不受，则怒，悻悻然见于其面。去则穷日之力而后宿哉？”尹士闻之曰：“士诚小人也。”

孟子去齐，充虞路问曰：“夫子若有不豫色然。前日虞闻诸夫子曰：‘君子不怨天，不尤人。’”曰：“彼一时，此一时也。五百年必有王者兴，其间必有名世者。由周而来，七百有余岁矣，以其数则过矣；以其时考之则可矣。夫天，未欲平治天下也；如欲平治天下，当今之世，舍我其谁也？吾何为不豫哉？”

孟子去齐，居休。公孙丑问曰：“仕而不受禄，古之道乎？”曰：“非也；

于崇，吾得见王，退而有去志，不欲变，故不受也。继而有师命，不可以请。久于齐，非我志也。”

卷五 滕文公上

滕文公为世子，将之楚，过宋而见孟子。孟子道性善，言必称尧舜。世子自楚反，复见孟子。孟子曰：“世子疑吾言乎？夫道一而已矣。成覸（gàn）谓齐景公曰：‘彼丈夫也；我丈夫也，吾何畏彼哉。’颜渊曰：‘舜何人也？予何人也？有为者亦若是。’公明仪曰：‘文王我师也；周公岂欺我哉？’今滕，绝长补短，将五十里也，犹可以为善国。《书》曰：‘若药不瞑眩，厥疾不瘳（chōu）。’”

滕定公薨（hōng）。世子谓然友曰：“昔者孟子尝与我言于宋，于心终不忘。今也不幸至于大故，吾欲使子问于孟子，然后行事。”然友之邹问于孟子。孟子曰：“不亦善乎！亲丧固所自尽也。曾子曰：‘生，事之以礼；死，葬之以礼，祭之以礼，可谓孝矣。’诸侯之礼，吾未之学也；虽然，吾尝闻之矣。三年之丧，齐（zī）疏之服，飦（zhān）粥之食，自天子达于庶人，三代共之。”然友反命，定为三年之丧。父兄百官皆不欲，曰：“吾宗国鲁先君莫之行，吾先君亦莫之行也，至于子之身而反之，不可。且《志》曰：‘丧祭从先祖。’”曰：“吾有所受之也。”谓然友曰：“吾他日未尝学问，好驰马试剑。今也父兄百官不我足也，恐其不能尽于大事，子为我问孟子。”然友复之邹问孟子。孟子曰：“然。不可以他求者也。孔子曰：‘君薨，听于冢宰，歠（chuò）粥，面深墨。即位而哭，百官有司莫敢不哀，先之也。’上有好者，下必有甚焉者矣。‘君子之德，风也；小人之德，草也。草上之风，必偃。’是在世子。”然友反命。世子曰：“然。是诚在我。”五月居庐，未有命戒。百官族人可，谓曰知。及至葬，四方来观之，颜色之戚，哭泣之哀，吊者大悦。

滕文公问为国。孟子曰：“民事不可缓也。《诗》云：‘昼尔于茅，宵尔索绹；亟其乘屋，其始播百谷。’民之为道也，有恒产者有恒心，无恒产者无恒心。苟无恒心，放僻邪侈，无不为已。及陷乎罪，然后从而刑之，是罔民也。焉有仁人在位，罔民而可为也？是故贤君必恭俭礼下，取于民有制。阳虎曰：‘为富不仁矣，为仁不富矣。’夏后氏五十而贡，殷人七十而助，周人百亩而彻，其实皆什一也。彻者，彻也；助者，藉也。龙子曰：‘治地莫善于助，莫不善于贡。’贡者校数岁之中以为常。乐岁，粒米狼戾（lì），多取之而不为虐，则寡取之；凶年，粪其田而不足，则必取盈焉。为民父母，使民盻（xī）盻然，将终岁勤动，不得以养其父母，又称贷而益之。使老稚转乎沟壑，恶在其为民父母也？夫世禄，滕固行之矣。《诗》云：‘雨我公田，遂及我私。’惟助为有公田。由此观之，虽周亦助也。设为庠序学校以教之。庠者，养也；校者，教也；序者，射也。夏曰校，殷曰序，周曰庠；学则三代共之，皆所以明人伦也。人伦明于上，小民亲于下。有王者起，必来取法，是为王者师也。《诗》云：‘周虽旧邦，其命惟新。’文王之谓也。子力行之，亦以新子之国。”使毕战问井地。孟子曰：“子之君将行仁政，选择而使子，子必勉之！夫仁政，必自经界始。经界不正，井地不钧，谷禄不平，是故暴君汙吏必慢其经界。经界既正，分田制禄可坐而定也。夫滕，壤地褊小，将为君子焉，将为野人焉。无君子莫治野人；无野人莫养君子。请野九一而助，国中什一使自赋。卿以下必有圭田，圭田五十亩；余夫二十五亩。死徙无出乡，乡田同井。出入相友，守望相助，疾病相扶持，则百姓亲睦。方里而井，井九百亩，其中为公田。八家皆私百亩，同养公田。公事毕，然后敢治私事，所以别野人也。此其大略也。若夫润泽之，则在君与子矣。”

有为神农之言者许行，自楚之滕，踵门而告文公曰：“远方之人闻君行仁政，愿受一廛而为氓。”文公与之处。其徒数十人，皆衣褐，捆屦（jù）、织席以为食。陈良之徒陈相与其弟辛，负耒（lěi）耜（sì）而自宋之滕，曰：“闻君行圣人之政，是亦圣人也，愿为圣人氓。”陈相见许行而大悦，尽弃其学而学焉。陈相见孟子，道许行之言曰：“滕君则诚贤君也，虽然，未闻道也。贤者与民并耕而食，饔（yōng）飧（sūn）而治。今也滕有仓廪府库，则是厉民而以自养也，恶得贤？”孟子曰：“许子必种粟而后食乎？”曰：“然。”“许子必织布而后衣乎？”曰：“否。许子衣褐。”“许子冠乎？”曰：“冠。”曰：“奚冠？”曰：“冠素。”曰：“自织之与？”曰：“否。以粟易之。”曰：“许子奚为不自织？”曰：“害于耕。”曰：“许子以釜甑爨（cuàn），以铁耕乎？”曰：“然。”“自为之与？”曰：“否。以粟易之。”“以粟易械器者，不为厉陶冶；陶冶亦以其械器易粟者，岂为厉农夫哉？且许子何不为陶冶，舍皆取诸其宫中而用之？何为纷纷然与百工交易？何许子之不惮烦？”曰：“百工之事固不可耕且为也。”“然则治天下独可耕且为与？有大人之事，有小人之事。且一人之身，而百工之所为备，如必自为而后用之，是率天下而路也。故曰：或劳心，或劳力；劳心者治人，劳力者治于人；治于人者食人，治人者食于人，天下之通义也。当尧之时，天下犹未平，洪水横流，泛滥于天下。草木畅茂，禽兽繁殖，五谷不登，禽兽逼人，兽蹄鸟迹之道交于中国。尧独忧之，举舜而敷治焉。舜使益掌火，益烈山泽而焚之，禽兽逃匿。禹疏九河，瀹（yuè）济漯（tà）而注诸海；决汝汉，排淮泗而注之江，然后中国可得而食也。当是时也，禹八年于外，三过其门而不入，虽欲耕，得乎？后稷教民稼穑。树艺五谷；五谷熟而民人育。人之有道也，饱食、暖衣、逸居而无教，则近于禽兽。圣人有忧之，使契（xuē）为司徒，教以人伦：父子有亲，君臣有义，夫妇有别，长幼有序，朋友有信。放勋曰：‘劳之来之，匡之直之，辅之翼之，使自得之，又从而振德之。’圣人之忧民如此，而暇耕乎？尧以不得舜为己忧，舜以不得禹、皋陶（yáo）为己忧。夫以百亩之不易为己忧者，农夫也。分人以财谓之惠，教人以善谓之忠，为天下得人者谓之仁。是故以天下与人易，为天下得人难。孔子曰：‘大哉尧之为君！惟天为大，惟尧则之，荡荡乎民无能名焉！君哉舜也！巍巍乎有天下而不与焉！’尧舜之治天下，岂无所用其心哉？亦不用于耕耳。吾闻用夏变夷者，未闻变于夷者也。陈良，楚产也，悦周公、仲尼之道，北学于中国。北方之学者，未能或之先也。彼所谓豪杰之士也。子之兄弟事之数十年，师死而遂倍之。昔者孔子没，三年之外，门人治任将归，入揖于子贡，相向而哭，皆失声，然后归。子贡反，筑室于场，独居三年，然后归。他日，子夏、子张、子游以有若似圣人，欲以所事孔子事之，强曾子。曾子曰：‘不可。江汉以濯之，秋阳以暴之，皓皓乎不可尚已。’今也南蛮鴂（jué）舌之人，非先王之道，子倍子之师而学之，亦异于曾子矣。吾闻出于幽谷迁于乔木者，未闻下乔木而入于幽谷者。《鲁颂》曰：‘戎狄是膺，荆舒是惩。’周公方且膺（yīng）之，子是之学，亦为不善变矣。从许子之道，则市贾不贰，国中无伪。虽使五尺之童适市，莫之或欺。布帛长短同，则贾相若；麻缕丝絮轻重同，则贾相若；五谷多寡同，则贾相若；屦大小同，则贾相若。”曰：“夫物之不齐，物之情也；或相倍蓰（xǐ），或相什百，或相千万。子比而同之，是乱天下也。巨屦小屦同贾，人岂为之哉？从许子之道，相率而为伪者也，恶能治国家？”

墨者夷之因徐辟而求见孟子。孟子曰：“吾固愿见，今吾尚病，病愈，我且往见，夷子不来！”他日，又求见孟子。孟子曰：“吾今则可以见矣。不直，则道不见；我且直之。吾闻夷子墨者，墨之治丧也，以薄为其道也；夷子思以易天下，岂以为非是而不贵也？然而夷子葬其亲厚，则是以所贱事亲也。”徐子以告夷子。夷子曰：“儒者之道，古之人‘若保赤子’，此言何谓也？之则以为爱无差等，施由亲始。”徐子以告孟子。孟子曰：“夫夷子，信以为人之亲其兄之子为若亲其邻之赤子乎？彼有取尔也。赤子匍匐将入井，非赤子之罪也。且天之生物也，使之一本，而夷子二本故也。盖上世尝有不葬其亲者，其亲死，则举而委之于壑。他日过之，狐狸食之，蝇蚋（ruì）姑嘬之。其颡（sǎng）有泚（cǐ），睨（nì）而不视。夫泚也，非为人泚，中心达于面目，盖归反蔂（léi）梩（lì）而掩之。掩之诚是也，则孝子仁人之掩其亲，亦必有道矣。”徐子以告夷子。夷子怃（wǔ）然为间曰：“命之矣。”

卷六 滕文公下

陈代曰："不见诸侯，宜若小然；今一见之，大则以王，小则以霸。且《志》曰：'枉尺而直寻'，宜若可为也。"孟子曰："昔齐景公田，招虞人以旌不至，将杀之。志士不忘在沟壑，勇士不忘丧其元。孔子奚取焉？取非其招不往也。如不待其招而往，何哉？且夫枉尺而直寻者，以利言也。如以利，则枉寻直尺而利，亦可为与？昔者赵简子使王良与嬖奚乘，终日而不获一禽。嬖奚反命曰：'天下之贱工也。'或以告王良。良曰：'请复之。'强而后可，一朝而获十禽。嬖奚反命曰：'天下之良工也。'简子曰：'我使掌与女乘。'谓王良。良不可，曰：'吾为之范我弛驱，终日不获一；为之诡遇，一朝而获十。《诗》云："不失其驰，舍矢如破。"我不贯与小人乘，请辞。'御者且羞与射者比。比而得禽兽，虽若丘陵，弗为也。如枉道而从彼，何也？且子过矣；枉己者，未有能直人者也。"

景春曰："公孙衍、张仪岂不诚大丈夫哉？一怒而诸侯惧，安居而天下熄。"孟子曰："是焉得为大丈夫乎？子未学礼乎？丈夫之冠也，父命之；女子之嫁也，母命之，往送之门，戒之曰：'往之女家，必敬必戒，无违夫子！'以顺为正者，妾妇之道也。居天下之广居，立天下之正位，行天下之大道；得志与民由之；不得志独行其道。富贵不能淫，贫贱不能移，威武不能屈，此之谓大丈夫。"

周霄问曰："古之君子仕乎？"孟子曰："仕。《传》曰：'孔子三月无君，则皇皇如也，出疆必载质。'公明仪曰：'古之人三月无君则吊。'""三月无君则吊，不以急乎？"曰："士之失位也，犹诸侯之失国家也。《礼》曰：'诸侯耕助以供粢（zī）盛；夫人蚕缫，以为衣服。牺牲不成，粢盛不洁，衣服不备，不敢以祭。惟士无田，则亦不祭。'牲杀、器皿、衣服不备，不敢以祭，则不敢以宴，亦不足吊乎？""出疆必载质，何也？"曰："士之仕也，犹农夫之耕也；农夫岂为出疆舍其耒耜哉？"曰："晋国亦仕国也，未尝闻仕如此其急。仕如此其急也，君子之难仕，何也？"曰："丈夫生而愿为之有室，女子生而愿为之有家；父母之心，人皆有之。不待父母之命、媒妁之言，钻穴隙相窥，逾墙相从，则父母国人皆贱之。古之人未尝不欲仕也，又恶不由其道。不由其道而往者，与钻穴隙之类也。"

彭更问曰："后车数十乘，从者数百人，以传食于诸侯，不以泰乎？"孟子曰："非其道，则一箪食不可受于人；如其道，则舜受尧之天下，不以为泰，子以为泰乎？"曰："否，士无事而食，不可也。"曰："子不通功易事，以羡补不足，则农有余粟，女有余布；子如通之，则梓匠轮舆皆得食于子。于此有人焉，入则孝，出则悌，守先王之道，以待后之学者，而不得食于子；子何尊梓匠轮舆而轻为仁义者哉？”曰：“梓匠轮舆，其志将以求食也；君子之为道也，其志亦将以求食与？”曰：“子何以其志为哉？其有功于子，可食而食之矣。且子食志乎？食功乎？”曰：“食志。”曰：“有人于此，毁瓦画墁，其志将以求食也，则子食之乎？”曰：“否。”曰：“然则子非食志也，食功也。”

万章问曰：“宋，小国也。今将行王政，齐楚恶而伐之，则如之何？”孟子曰：“汤居亳（bó），与葛为邻，葛伯放而不祀。汤使人问之曰：‘何为不祀？’曰：‘无以供牺牲也。’汤使遗之牛羊。葛伯食之，又不以祀。汤又使人问之曰：‘何为不祀？’曰：‘无以供粢盛也。’汤使亳众往为之耕，老弱馈食。葛伯率其民，要其有酒食黍稻者夺之，不授者杀之。有童子以黍肉饷，杀而夺之。《书》曰：‘葛伯仇饷。’此之谓也。为其杀是童子而征之，四海之内皆曰：‘非富天下也，为匹夫匹妇复仇也。’‘汤始征，自葛载’，十一征而无敌于天下。东面而征，西夷怨；南面而征，北狄怨，曰‘奚为后我？’民之望之，若大旱之望雨也。归市者弗止，芸者不变，诛其君，吊其民，如时雨降。民大悦。《书》曰：‘徯我后，后来其无罚。’‘有攸不惟臣，东征，绥厥士女，匪厥玄黄，绍我周王见休，惟臣附于大邑周。’其君子实玄黄于匪以迎其君子，其小人箪食壶浆以迎其小人，救民于水火之中，取其残而已矣。《太誓》曰：‘我武惟扬，侵于之疆，则取于残，杀伐用张，于汤有光。’不行王政云尔；苟行王政，四海之内皆举首而望之，欲以为君。齐楚虽大，何畏焉？”

孟子谓戴不胜曰：“子欲子之王之善与？我明告子。有楚大夫于此，欲其子之齐语也，则使齐人傅诸。使楚人傅诸？”曰：“使齐人傅之。”曰：“一齐人傅之，众楚人咻（xīu）之，虽日挞而求其齐也，不可得矣；引而置之庄岳之间数年，虽日挞而求其楚，亦不可得矣。子谓薛居州善士也，使之居于王所。在于王所者，长幼卑尊皆薛居州也，王谁与为不善？在王所者，长幼卑尊皆非薛居州也，王谁与为善？一薛居州，独如宋王何？”

公孙丑问曰：“不见诸侯何义？”孟子曰：“古者不为臣不见。段干木逾垣而避之，泄柳闭门而不内，是皆已甚；迫，斯可以见矣。阳货欲见孔子而恶无礼，大夫有赐于士，不得受于其家，则往拜其门。阳货瞰（kàn）孔子之亡也，而馈孔子蒸豚；孔子亦瞰其亡也，而往拜之。当是时，阳货先，岂得不见？曾子曰：‘胁肩谄笑，病于夏畦。’子路曰：‘未同而言，观其色赧（nǎn）赧然，非由之所知也。’由是观之，则君子之所养可知已矣。”

戴盈之曰：“什一，去关市之征，今兹未能。请轻之，以待来年，然后已，何如？”孟子曰：“今有人日攘其邻之鸡者，或告之曰：‘是非君子之道。’曰：

‘请损之，月攘一鸡，以待来年，然后已。’如知其非义，斯速已矣，何待来年？”

公都子曰：“外人皆称夫子好辩，敢问何也？”孟子曰：“予岂好辩哉？予不得已也。天下之生久矣，一治一乱。当尧之时，水逆行，泛滥于中国，蛇龙居之，民无所定。下者为巢，上者为营窟。《书》曰：‘洚水警余。’洚水者，洪水也。使禹治之，禹掘地而注之海，驱蛇龙而放之菹（jū）。水由地中行，江、淮、河、汉是也。险阻既远，鸟兽之害人者消，然后人得平土而居之。尧舜既没，圣人之道衰，暴君代作，坏宫室以为汙池，民无所安息；弃田以为园囿，使民不得衣食。邪说暴行又作，园囿、汙池、沛泽多而禽兽至。及纣之身，天下又大乱。周公相武王，诛纣伐奄，三年讨其君，驱飞廉于海隅而戮之，灭国者五十，驱虎、豹、犀、象而远之，天下大悦。《书》曰：‘丕显哉，文王谟！丕承者，武王烈！佑启我后人，咸以正无缺。’世衰道微，邪说暴行有作，臣弑其君者有之，子弑其父者有之。孔子惧，作《春秋》。《春秋》，天子之事也；是故孔子曰：‘知我者其惟《春秋》乎！罪我者其惟《春秋》乎！’圣王不作，诸侯放恣，处士横议，杨朱、墨翟之言盈天下。天下之言不归杨，则归墨。杨氏为我，是无君也；墨氏兼爱，是无父也。无父无君，是禽兽也。公明仪曰：‘庖有肥肉，厩有肥马；民有饥色，野有饿莩（piǎo），此率兽而食人也。’杨墨之道不息，孔子之道不著，是邪说诬民，充塞仁义也。仁义充塞，则率兽食人，人将相食。吾为此惧，闲先圣之道，距杨墨，放淫辞，邪说者不得作。作于其心，害于其事；作于其事，害于其政。圣人复起，不易吾言矣。昔者禹抑洪水而天下平，周公兼夷狄驱猛兽而百姓宁，孔子成《春秋》而乱臣贼子惧。《诗》云：‘戎狄是膺，荆舒是惩，则莫我敢承。’无父无君，是周公所膺也。我亦欲正人心，息邪说，距詖行，放淫辞，以承三圣者；岂好辩哉？予不得已也。能言距杨墨者，圣人之徒也。”

匡章曰：“陈仲子岂不诚廉士哉？居于陵，三日不食，耳无闻，目无见也。井上有李，螬食实者过半矣，匍匐往，将食之，三咽，然后耳有闻，目有见。”孟子曰：“于齐国之士，吾必以仲子为巨擘（bò）焉。虽然，仲子恶能廉？充仲子之操，则蚓而后可者也。夫蚓，上食槁壤，下饮黄泉。仲子所居之室，伯夷之所筑与？抑亦盗跖之所筑与？所食之粟，伯夷之所树与？抑亦盗跖之所树与？是未可知也。”曰：“是何伤哉？彼身织屦，妻辟纑（lú），以易之也。”曰：“仲子，齐之世家也；兄戴，盖禄万钟，以兄之禄为不义之禄而不食也，以兄之室为不义之室而不居也，辟兄离母，处于於陵。他日归，则有馈其兄生鹅者，已频顣（cù）曰：‘恶用是鶃（yì）鶃者为哉？’他日，其母杀是鹅也，与之食之。其兄自外至，曰：‘是鶃鶃之肉也。’出而哇之。以母则不食，以妻则食之；以兄之室则弗居，以於陵则居之，是尚为能充其类也乎？若仲子者，蚓而后充其操者也。”

卷七　离娄上

孟子曰：“离娄之明、公输子之巧，不以规矩，不能成方圆；师旷之聪，不以六律，不能正五音；尧舜之道，不以仁政，不能平治天下。今有仁心仁闻而民不被其泽，不可法于后世者，不行先王之道也。故曰，徒善不足以为政，徒法不能以自行。《诗》云：‘不愆（qiān）不忘，率由旧章。’遵先王之法而过者，未之有也。圣人既竭目力焉，继之以规矩准绳，以为方员平直，不可胜用也；既竭耳力焉，继之以六律，正五音，不可胜用也；既竭心思焉，继之以不忍人之政，而仁覆天下矣。故曰，为高必因丘陵，为下必因川泽。为政不因先王之道，可谓智乎？是以惟仁者宜在高位。不仁而在高位，是播其恶于众也。上无道揆也，下无法守也，朝不信道，工不信度，君子犯义，小人犯刑，国之所存者幸也。故曰：城郭不完，兵甲不多，非国之灾也；田野不辟，货财不聚，非国之害也。上无礼，下无学，贼民兴，丧无日矣。《诗》曰：‘天之方蹶，无然泄泄。’泄泄犹沓沓也。事君无义，进退无礼，言则非先王之道者，犹沓沓也。故曰：责难于君谓之恭，陈善闭邪谓之敬，吾君不能谓之贼。”

孟子曰：“规矩，方员之至也；圣人，人伦之至也。欲为君尽君道；欲为臣尽臣道，二者皆法尧舜而已矣。不以舜之所以事尧事君，不敬其君者也；不以尧之所以治民治民，贼其民者也。孔子曰：‘道二：仁与不仁而已矣。’暴其民甚，则身弑国亡；不甚，则身危国削。名之曰‘幽’、‘厉’，虽孝子慈孙，百世不能改也。《诗》云：‘殷鉴不远，在夏后之世’，此之谓也。”

孟子曰：“三代之得天下也以仁，其失天下也以不仁。国之所以废兴存亡者亦然。天子不仁，不保四海；诸侯不仁，不保社稷；卿大夫不仁，不保宗庙；士庶人不仁，不保四体。今恶死亡而乐不仁，是犹恶醉而强酒。”

孟子曰：“爱人不亲反其仁；治人不治反其智；礼人不答反其敬。行有不得者，皆反求诸己，其身正而天下归之。《诗》云：‘永言配命，自求多福。’”

孟子曰：“人有恒言，皆曰，‘天下国家。’天下之本在国，国之本在家，家之本在身。”

孟子曰：“为政不难，不得罪于巨室。巨室之所慕，一国慕之；一国之所慕，天下慕之；故沛然德教溢乎四海。”

孟子曰：“天下有道，小德役大德，小贤役大贤；天下无道，小役大，弱役强。斯二者天也，顺天者存，逆天者亡。齐景公曰：‘既不能令，又不受命，是绝物也。’涕出而女于吴。今也小国师大国而耻受命焉，是犹弟子而耻受命于先师也。如耻之，莫若师文王。师文王，大国五年，小国七年，必为政于天下矣。《诗》云：‘商之孙子，其丽不亿。上帝既命，侯于周服。侯服于周，天命靡常。殷士肤敏，祼将于京。’孔子曰：‘仁不可为众也。夫国君好仁，天下无敌。’今也欲无敌于天下而不以仁，是犹执热而不以濯也。《诗》云：‘谁能执热，逝不以濯？’”

孟子曰：“不仁者可与言哉？安其危而利其灾，乐其所以亡者。不仁而可与言，则何亡国败家之有？有孺子歌曰：‘沧浪之水清兮，可以濯我缨；沧浪之水浊兮，可以濯我足。’孔子曰：‘小子听之！清斯濯缨，浊斯濯足矣，自取之也。’夫人必自侮，然后人侮之；家必自毁，而后人毁之；国必自伐，而后人伐之。《太甲》曰：‘天作孽，犹可违；自作孽，不可活。’此之谓也。

孟子曰：“桀纣之失天下也，失其民也；失其民者，失其心也。得天下有道：得其民，斯得天下矣；得其民有道：得其心，斯得民矣；得其心有道：所欲与之聚之，所恶勿施尔也。民之归仁也，犹水之就下、兽之走圹也。故为渊驱鱼者，獭也；为丛驱爵者，鹯（zhān）也；为汤武驱民者，桀与纣也。今天下之君有好仁者，则诸侯皆为之驱矣。虽欲无王，不可得已。今之欲王者，犹七年之病求三年之艾也。苟为不畜，终身不得。苟不志于仁，终身忧辱，以陷于死亡。《诗》云：‘其何能淑，载胥及溺，此之谓也。”

孟子曰：“自暴者，不可与有言也；自弃者，不可与有为也。言非礼义，谓之自暴也；吾身不能居仁由义，谓之自弃也。仁，人之安宅也；义，人之正路也。旷安宅而弗居，舍正路而不由，哀哉！”

孟子曰：“道在迩而求诸远，事在易而求诸难。人人亲其亲，长其长，而天下平。”

孟子曰：“居下位而不获于上，民不可得而治也。获于上有道：不信于友，弗获于上矣；信于友有道：事亲弗悦，弗信于友矣；悦亲有道：反身不诚，不悦于亲矣；诚身有道：不明乎善，不诚其身矣。是故诚者，天之道也；思诚者，人之道也。至诚而不动者，未之有也；不诚，未有能动者也。”

孟子曰：“伯夷辟纣，居北海之滨，闻文王作，兴曰：‘盍归乎来！吾闻西伯善养老者。’太公辟纣，居东海之滨，闻文王作，兴曰：‘盍归乎来！吾闻西伯善养老者。’二老者，天下之大老也，而归之，是天下之父归之也。天下之父归之，其子焉往？诸侯有行文王之政者，七年之内，必为政于天下矣。”

孟子曰：“求也为季氏宰，无能改于其德，而赋粟倍他日。孔子曰：‘求非我徒也，小子鸣鼓而攻之可也。’由此观之，君不行仁政而富之，皆弃于孔子者也，况于为之强战？争地以战，杀人盈野；争城以战，杀人盈城。此所谓率土地而食人肉，罪不容于死。故善战者服上刑，连诸侯者次之，辟草莱、任土地者次之。”

孟子曰：“存乎人者，莫良于眸子。眸子不能掩其恶。胸中正，则眸子瞭焉，胸中不正，则眸子眊（mào）焉。听其言也，观其眸子，人焉廋哉？”

孟子曰：“恭者不侮人，俭者不夺人。侮夺人之君，惟恐不顺焉，恶得为恭俭？恭俭岂可以声音笑貌为哉？”

淳于髡（kūn）曰：“男女授受不亲，礼与？”孟子曰：“礼也。”曰：“嫂溺则援之以手乎？”曰：“嫂溺不援，是豺狼也。男女授受不亲，礼也；嫂溺援之以手者，权也。”曰：“今天下溺矣，夫子之不援，何也？”曰：“天下溺，援之以道；嫂溺，援之以手。子欲手援天下乎？”

公孙丑曰：“君子之不教子，何也？”孟子曰：“势不行也。教者必以正；以正不行，继之以怒。继之以怒，则反夷矣。‘夫子教我以正，夫子未出于正也。’则是父子相夷也。父子相夷，则恶矣。古者易子而教之，父子之间不责善。责善则离，离则不祥莫大焉。”

孟子曰：“事孰为大？事亲为大；守孰为大？守身为大。不失其身而能事其亲者，吾闻之矣；失其身而能事其亲者，吾未之闻也。孰不为事？事亲，事之本也；孰不为守？守身，守之本也。曾子养曾皙，必有酒肉。将彻，必请所与，问有余，必曰‘有’。曾皙死，曾元养曾子，必有酒肉。将彻，不请所与。问有余，曰‘亡矣。’将以复进也，此所谓养口体者也。若曾子，则可谓养志也。事亲若曾子者，可也。”

孟子曰：“人不足以适（zhé）也，政不足间（jiàn）也，唯大人为能格君心之非。君仁莫不仁；君义莫不义；君正莫不正。一正君而国定矣。”

孟子曰：“有不虞之誉，有求全之毁。”

孟子曰：“人之易其言也，无责耳矣。”

孟子曰：“人之患在好为人师。”

乐正子从于子敖之齐。乐正子见孟子。孟子曰：“子亦来见我乎？”曰：“先生何为出此言也？”曰：“子来几日矣？”曰：“昔者。”曰：“昔者，则我出此言也，不亦宜乎？”曰：“舍馆未定。”曰：“子闻之也，舍馆定，然后求见长者乎？”曰：“克有罪。”

孟子谓乐正子曰：“子之从于子敖来，徒餔（bū）啜也。我不意子学古之道，而以餔啜也。”

孟子曰：“不孝有三，无后为大。舜不告而娶，为无后也，君子以为犹告也。”

孟子曰：“仁之实，事亲是也；义之实，从兄是也；智之实，知斯二者弗去是也；礼之实，节文斯二者是也；乐之实，乐斯二者，乐则生矣；生则恶可已也，恶可已，则不知足之蹈之、手之舞之。”

孟子曰：“天下大悦而将归己。视天下悦而归己，犹草芥也，惟舜为然。不得乎亲，不可以为人；不顺乎亲，不可以为子。舜尽事亲之道而瞽（gǔ）瞍（sǒu）厎（zhí）豫，瞽瞍厎豫而天下化，瞽瞍厎豫而天下之为父子者定，此之谓大孝。”

卷八　离娄下

孟子曰：“舜生于诸冯，迁于负夏，卒于鸣条，东夷之人也。文王生于岐周，卒于毕郢，西夷之人也。地之相去也，千有余里；世之相后也，千有余岁。得志行乎中国，若合符节，先圣后圣，其揆一也。”

子产听郑国之政，以其乘舆济人于溱（zhēn）洧（wěi）。孟子曰：“惠而不知为政。岁十一月徒杠成；十二月舆梁成，民未病涉也。君子平其政，行辟人可也，焉得人人而济之？故为政者，每人而悦之，日亦不足矣。”

孟子告齐宣王曰：“君之视臣如手足，则臣视君如腹心；君之视臣如犬马，则臣视君如国人；君之视臣如土芥，则臣视君如寇仇。”王曰：“礼，为旧君有服，何如斯可为服矣？”曰：“谏行言听，膏泽下于民；有故而去，则君使人导之出疆，又先于其所往；去三年不反，然后收其田里。此之谓三有礼焉。如此，则为之服矣。今也为臣，谏则不行，言则不听；膏泽不下于民；有故而去，则君搏执之，又极之于其所往；去之日，遂收其田里。此之谓寇仇。寇仇何服之有？”

孟子曰：“无罪而杀士，则大夫可以去；无罪而戮民，则士可以徙。”

孟子曰：“君仁莫不仁；君义莫不义。”

孟子曰：“非礼之礼，非义之义，大人弗为。”

孟子曰：“中也养不中，才也养不才，故人乐有贤父兄也。如中也弃不中，才也弃不才，则贤不肖之相去，其间不能以寸。”

孟子曰：“人有不为也，而后可以有为。”

孟子曰：“言人之不善，当如后患何？”

孟子曰：“仲尼不为已甚者。”

孟子曰：“大人者，言不必信，行不必果，惟义所在。”

孟子曰：“大人者，不失其赤子之心者也。”

孟子曰：“养生者不足以当大事，惟送死可以当大事。”

孟子曰：“君子深造之以道，欲其自得之也。自得之，则居之安；居之安则资之深；资之深，则取之左右逢其原，故君子欲其自得之也。”

孟子曰：“博学而详说之，将以反说约也。”

孟子曰：“以善服人者，未有能服人者也；以善养人，然后能服天下。天下不心服而王者，未之有也。”

孟子曰：“言无实不祥。不祥之实，蔽贤者当之。”

徐子曰：“仲尼亟称于水，曰：‘水哉，水哉！’何取于水也？”孟子曰：“原泉混混，不舍昼夜，盈科而后进，放乎四海，有本者如是，是之取尔。苟为无本，七八月之间雨集，沟浍皆盈；其涸也，可立而待也。故声闻过情，君子耻之。”

孟子曰：“人之所以异于禽兽者几希，庶民去之，君子存之。舜明于庶物，察于人伦，由仁义行，非行仁义也。”

孟子曰：“禹恶旨酒而好善言。汤执中，立贤无方。文王视民如伤，望道而未之见。武王不泄迩，不忘远。周公思兼三王，以施四事；其有不合者，仰而思之，夜以继日；幸而得之，坐以待旦。”

孟子曰：“王者之迹熄而《诗》亡，《诗》亡然后《春秋》作。晋之《乘》，楚之《梼（tāo）杌（wù）》，鲁之《春秋》，一也。其事则齐桓、晋文，其文则史。孔子曰：‘其义则丘窃取之矣。’”

孟子曰：“君子之泽五世而斩，小人之泽五世而斩。予未得为孔子徒也，予私淑诸人也。”

孟子曰：“可以取，可以无取，取伤廉；可以与，可以无与，与伤惠；可以死，可以无死，死伤勇。”

逄（péng）蒙学射于羿（yì），尽羿之道，思天下惟羿为愈已，于是杀羿。孟子曰：“是亦羿有罪焉。”公明仪曰：“宜若无罪焉。”曰：“薄乎云尔，恶得无罪？郑人使子濯孺子侵卫，卫使庾公之斯追之。子濯孺子曰：‘今日我疾作，不可以执弓，吾死矣夫！’问其仆曰：‘追我者谁也？’其仆曰：‘庾公之斯也。’曰：‘吾生矣。’其仆曰：‘庾公之斯，卫之善射者也，夫子曰吾生，何谓也？’曰‘庾公之斯学射于尹公之他，尹公之他学射于我。夫尹公之他，端人也，其取友必端矣。’庾公之斯至，曰：‘夫子何为不执弓？’曰：‘今日我疾作，不可以执弓。’曰：‘小人学射于尹公之他，尹公之他学射于夫子。我不忍以夫子之道反害夫子。虽然，今日之事，君事也，我不敢废。’抽矢扣轮，去其金，发乘矢而后反。”

孟子曰：“西子蒙不洁，则人皆掩鼻而过之。虽有恶人，齐戒斋浴，则可以祀上帝。”

孟子曰：“天下之言性也，则故而已矣，故者以利为本。所恶于智者，为其凿也。如智者若禹之行水也，则无恶于智矣。禹之行水也，行其所无事也。如智者亦行其所无事，则智亦大矣。天之高也，星辰之远也，苟求其故，千岁之日至，可坐而致也。”

公行子有子之丧，右师往吊，入门，有进而与右师言者，有就右师之位而与右师言者。孟子不与右师言，右师不悦曰：“诸君子皆与驩言，孟子独不与驩言，是简驩也。”孟子闻之，曰：“礼，朝廷不历位而相与言，不逾阶而相揖也。我欲行礼，子敖以我为简，不亦异乎？”

孟子曰：“君子所以异于人者，以其存心也。君子以仁存心，以礼存心。仁者爱人，有礼者敬人。爱人者人恒爱之，敬人者人恒敬之。有人于此，其待我以横逆，则君子必自反也：我必不仁也，必无礼也，此物奚宜至哉？其自反而仁矣，自反而有礼矣，其横逆由是也，君子必自反也：我必不忠。自反而忠矣，其横逆由是也，君子曰：‘此亦妄人也已矣。如此则与禽兽奚择哉？于禽兽又何难焉？’是故君子有终身之忧，无一朝之患也。乃若所忧则有之：舜人也；我亦人也。舜为法于天下，可传于后世，我由未免为乡人也，是则可忧也。忧之如何？如舜而已矣。若夫君子所患则亡矣。非仁无为也，非礼无行也。如有一朝之患，则君子不患矣。”

禹、稷当平世，三过其门而不入，孔子贤之。颜子当乱世，居于陋巷。一箪食，一瓢饮。人不堪其忧，颜子不改其乐，孔子贤之。孟子曰：“禹、稷、颜回同道。禹思天下有溺者，由己溺之也；稷思天下有饥者，由己饥之也，是以如是其急也。禹、稷、颜子易地则皆然。今有同室之人斗者，救之，虽被发缨冠而救之，可也。乡邻有斗者，被发缨冠而往救之，则惑也，虽闭户可也。”

公都子曰：“匡章，通国皆称不孝焉。夫子与之游，又从而礼貌之，敢问何也？”孟子曰：“世俗所谓不孝者五：惰其四支，不顾父母之养，一不孝也；博弈好饮酒，不顾父母之养，二不孝也；好货财，私妻子，不顾父母之养，三不孝也；从耳目之欲，以为父母戮，四不孝也；好勇斗很，以危父母，五不孝也。章子有一于是乎？夫章子，子父责善而不相遇也。责善，朋友之道也；父子责善，贼恩之大者。夫章子，岂不欲有夫妻子母之属哉？为得罪于父，不得近。出妻屏子，终身不养焉。其设心以为不若是，是则罪之大者，是则章子已矣。”

曾子居武城，有越寇。或曰：“寇至，盍去诸？”曰：“无寓人于我室，毁伤其薪木。”寇退，则曰：“修我墙屋，我将反。”寇退，曾子反。左右曰：“待先生，如此其忠且敬也，寇至，则先去以为民望，寇退则反，殆于不可。”沈犹行曰：“是非汝所知也。昔沈犹有负刍之祸，从先生者七十人，未有与焉。”子思居于卫，有齐寇。或曰：“寇至，盍去诸？”子思曰：“如伋去，君谁与守?”孟子曰:“曾子、子思同道。曾子,师也,父兄也;子思,臣也,微也。曾子、子思易地则皆然。”

储子曰:“王使人瞷(jiàn)夫子,果有以异于人乎?”孟子曰:“何以异于人哉?尧舜与人同耳。”

齐人有一妻一妾而处室者,其良人出,则必餍酒肉而后反。其妻问所与饮食者,则尽富贵也。其妻告其妾曰:“良人出,则必餍酒肉而后反;问其与饮食者,尽富贵也,而未尝有显者来,吾将瞷良人之所之也。”蚤起,施(yǐ)从良人之所之,遍国中无与立谈者。卒之东郭墦(fán)间,之祭者,乞其余;不足,又顾而之他,此其为餍足之道也。其妻归,告其妾曰:“良人者,所仰望而终身也,今若此。”与其妾讪其良人,而相泣于中庭。而良人未之知也,施施从外来,骄其妻妾。由君子观之,则人之所以求富贵利达者,其妻妾不羞也,而不相泣者,几希矣。

卷九 万章上

万章问曰:“舜往于田,号泣于旻(mín)天,何为其号泣也?”孟子曰:“怨慕也。”万章曰:“父母爱之,喜而不忘;父母恶之,劳而不怨。然则舜怨乎?”曰:“长息问于公明高曰:‘舜往于田,则吾既得闻命矣;号泣于旻天,于父母,则吾不知也。’公明高曰:‘是非尔所知也。’夫公明高以孝子之心,为不若是恝(jiá),我竭力耕田,共为子职而已矣,父母之不我爱,于我何哉?帝使其子九男二女,百官牛羊仓廪备,以事舜于畎亩之中。天下之士多就之者,帝将胥天下而迁之焉。为不顺于父母,如穷人无所归。天下之士悦之,人之所欲也,而不足以解忧;好色,人之所欲,妻帝之二女,而不足以解忧;富,人之所欲,富有天下,而不足以解忧;贵,人之所欲,贵为天子,而不足以解忧。人悦之、好色、富贵,无足以解忧者,惟顺于父母可以解忧。人少,则慕父母;知好色,则慕少艾;有妻子,则慕妻子;仕则慕君,不得于君则热中。大孝终身慕父母。五十而慕者,予于大舜见之矣。”

万章问曰:“《诗》云:‘娶妻如之何?必告父母。’信斯言也,宜莫如舜。舜之不告而娶,何也?”孟子曰:“告则不得娶。男女居室,人之大伦也。如告,则废人之大伦,以怼(duì)父母,是以不告也?”万章曰:“舜之不告而娶,则吾既得闻命矣;帝之妻舜而不告,何也?”曰:“帝亦知告焉则不得妻也。”万章曰:“父母使舜完廪,捐阶,瞽瞍焚廪。使浚(jùn)井,出,从而揜(yǎn)之。象曰:‘谟盖都君咸我绩,牛羊父母,仓廪父母,干戈朕,琴朕,弤(dǐ)朕,二嫂使治朕栖。’象往入舜宫,舜在床琴。象曰:‘郁陶思君尔。'忸怩。舜曰：'惟兹臣庶，汝其于予治。'不识舜不知象之将杀己与?"曰："奚而不知也？象忧亦忧，象喜亦喜。"曰："然则舜伪喜者与?"曰："否；昔者有馈生鱼于郑子产，子产使校人畜之池。校人烹之，反命曰：'始舍之圉（yǔ）圉焉，少则洋洋焉，攸然而逝。'子产曰：'得其所哉！得其所哉！'校人出，曰：'孰谓子产智？予既烹而食之，曰：得其所哉，得其所哉。'故君子可欺以其方，难罔以非其道。彼以爱兄之道来，故诚信而喜之，奚伪焉?"

万章问曰："象日以杀舜为事，立为天子则放之，何也?"孟子曰："封之也，或曰放焉。"万章曰："舜流共工于幽州，放驩（huān）兜于崇山，杀三苗于三危，殛（jí）鲧于羽山，四罪而天下咸服，诛不仁也。象至不仁，封之有庳（bì）。有庳之人奚罪焉？仁人固如是乎？在他人则诛之，在弟则封之?"曰："仁人之于弟也，不藏怒焉，不宿怨焉，亲爱之而已矣。亲之欲其贵也；爱之欲其富也。封之有庳，富贵之也。身为天子，弟为匹夫，可谓亲爱之乎?""敢问或曰放者，何谓也?"曰："象不得有为于其国，天子使吏治其国而纳其贡税焉，故谓之放。岂得暴彼民哉？虽然，欲常常而见之，故源源而来，'不及贡，以政接于有庳。'此之谓也。"

咸丘蒙问曰："语云，'盛德之士，君不得而臣，父不得而子。'舜南面而立，尧帅诸侯北面而朝之，瞽瞍亦北面而朝之。舜见瞽瞍，其容有蹙。孔子曰：'于斯时也，天下殆哉，岌岌乎！'不识此语诚然乎哉?"孟子曰："否。此非君子之言，齐东野人之语也。尧老而舜摄也。《尧典》曰：'二十有八载，放勋乃徂（cú）落，百姓如丧考妣，三年，四海遏密八音。'孔子曰：'天无二日，民无二王。'舜既为天子矣，又帅天下诸侯以为尧三年丧，是二天子矣。"咸丘蒙曰："舜之不臣尧，则吾既得闻命矣。《诗》云：'普天之下，莫非王土；率土之滨，莫非王臣。'而舜既为天子矣，敢问瞽瞍之非臣，如何?"曰："是诗也，非是之谓也；劳于王事而不得养父母也。曰：'此莫非王事，我独贤劳也。'故说诗者，不以文害辞，不以辞害志。以意逆志，是为得之。如以辞而已矣，《云汉》之诗曰：'周余黎民，靡有孑遗。'信斯言也，是周无遗民也。孝子之至，莫大乎尊亲；尊亲之至，莫大乎以天下养。为天子父，尊之至也；以天下养，养之至也。《诗》曰：'永言孝思，孝思维则。'此之谓也。《书》曰：'祗载见瞽瞍，夔（kuí）夔齐栗，瞽瞍亦允若。'是为父不得而子也?"

万章曰："尧以天下与舜，有诸?"孟子曰："否。天子不能以天下与人。""然则舜有天下也，孰与之?"曰："天与之。""天与之者，谆谆然命之乎?"曰："否。天不言，以行与事示之而已矣。"曰："以行与事示之者如之何?"

曰："天子能荐人于天，不能使天与之天下；诸侯能荐人于天子，不能使天子与之诸侯；大夫能荐人于诸侯，不能使诸侯与之大夫。昔者，尧荐舜于天，而天受之；暴之于民，而民受之；故曰，天不言，以行与事示之而已矣。"曰："敢问荐之于天而天受之；暴之于民而民受之，如何?"曰："使之主祭而百神享之，是天受之；使之主事而事治，百姓安之，是民受之也。天与之，人与之，故曰：天子不能以天下与人。舜相尧二十有八载，非人之所能为也，天也。尧崩，三年之丧毕，舜避尧之子于南河之南，天下诸侯朝觐者，不之尧之子而之舜；讼狱者，不之尧之子而之舜；讴歌者，不讴歌尧之子而讴歌舜，故曰天也。夫然后之中国，践天子位焉。而居尧之宫，逼尧之子，是篡也，非天与也。《太誓》曰：'天视自我民视，天听自我民听'，此之谓也。"

万章问曰："人有言：'至于禹而德衰，不传于贤而传于子。'有诸?"孟子曰："否，不然也。天与贤，则与贤；天与子，则与子。昔者舜荐禹于天，十有七年，舜崩。三年之丧毕，禹避舜之子于阳城。天下之民从之，若尧崩之后，不从尧之子而从舜也。禹荐益于天，七年，禹崩。三年之丧毕，益避禹之子于箕山之阴。朝觐讼狱者不之益而之启，曰：'吾君之子也。'讴歌者不讴歌益而讴歌启，曰：'吾君之子也。'丹朱之不肖，舜之子亦不肖。舜之相尧，禹之相舜也，历年多，施泽于民久。启贤，能敬承继禹之道。益之相禹也，历年少，施泽于民未久。舜、禹、益相去久远，其子之贤不肖，皆天也，非人之所能为也。莫之为而为者，天也；莫之致而至者，命也。匹夫而有天下者，德必若舜禹，而又有天子荐之者，故仲尼不有天下。继世以有天下，天之所废，必若桀纣者也，故益、伊尹、周公不有天下。伊尹相汤以王于天下，汤崩，大丁未立，外丙二年，仲壬四年，太甲颠覆汤之典刑，伊尹放之于桐，三年，太甲悔过，自怨自艾，于桐处仁迁义；三年，以听伊尹之训己也，复归于亳。周公之不有天下，犹益之于夏，伊尹之于殷也。孔子曰：'唐虞禅，夏后、殷、周继，其义一也。'"

万章问曰："人有言'伊尹以割烹要汤'有诸?"孟子曰："否，不然。伊尹耕于有莘之野，而乐尧舜之道焉。非其义也，非其道也，禄之以天下，弗顾也；系马千驷，弗视也。非其义也，非其道也，一介不以与人，一介不以取诸人。汤使人以币聘之，嚣嚣然曰：'我何以汤之聘币为哉?我岂若处畎亩之中，由是以乐尧舜之道哉?'汤三使往聘之，既而幡然改曰：'与我处畎亩之中，由是以乐尧舜之道，吾岂若使是君为尧舜之君哉?吾岂若使是民为尧舜之民哉?吾岂若于吾身亲见之哉?天之生此民也，使先知觉后知，使先觉觉后觉也。予，天民之先觉者也；予将以斯道觉斯民也。非予觉之，而谁也?'思天下之民，匹夫匹妇有不被尧舜之泽者，若己推而内之沟中。其自任以天下之重如此，故就汤而说之以伐夏救民。吾未闻枉己而正人者也，况辱己以正天下者乎？圣人之行不同也，或远或近；或去或不去，归洁其身而已矣。吾闻其以尧舜之道要汤，未闻以割烹也。《伊训》曰：‘天诛造攻自牧宫，朕载自亳。’”

万章问曰：“或谓孔子于卫主痈（yōng）疽（jū），于齐主侍人瘠环，有诸乎？”孟子曰：“否，不然也；好事者为之也。于卫主颜仇由。弥子之妻与子路之妻，兄弟也。弥子谓子路曰：‘孔子主我，卫卿可得也。’子路以告。孔子曰：‘有命。’孔子进以礼，退以义，得之不得曰‘有命’。而主痈疽与侍人瘠环，是无义无命也。孔子不悦于鲁卫，遭宋桓司马将要而杀之，微服而过宋。是时孔子当厄，主司城贞子，为陈侯周臣。吾闻观近臣，以其所为主；观远臣，以其所主。若孔子主痈疽与侍人瘠环，何以为孔子？”

万章问曰：“或曰：‘百里奚自鬻（yù）于秦养牲者，五羊之皮，食牛，以要秦穆公。’信乎？”孟子曰：“否，不然。好事者为之也。百里奚，虞人也。晋人以垂棘之壁与屈产之乘，假道于虞以伐虢（guó）。宫之奇谏，百里奚不谏。知虞公之不可谏而去，之秦，年已七十矣，曾不知以食牛干秦缪公之为汙也，可谓智乎？不可谏而不谏，可谓不智乎？知虞公之将亡而先去之，不可谓不智也。时举于秦，知穆公之可与有行也而相之，可谓不智乎？相秦而显其君于天下，可传于后世，不贤而能之乎？自鬻以成其君，乡党自好者不为，而谓贤者为之乎？”

卷十　万章下

孟子曰：“伯夷，目不视恶色，耳不听恶声。非其君不事；非其民不使。治则进，乱则退。横政之所出，横民之所止，不忍居也。思与乡人处，如以朝衣朝冠坐于涂炭也。当纣之时，居北海之滨，以待天下之清也。故闻伯夷之风者，顽夫廉，懦夫有立志。伊尹曰：‘何事非君？何使非民？’治亦进，乱亦进，曰：‘天之生斯民也，使先知觉后知，使先觉觉后觉。予，天民之先觉者也。予将以此道觉此民也。’思天下之民匹夫匹妇有不与被尧舜之泽者，若己推而内之沟中，其自任以天下之重也。柳下惠，不羞汙君，不辞小官。进不隐贤，必以其道。遗佚而不怨，厄穷而不悯。与乡人处，由由然不忍去也。‘尔为尔，我为我，虽袒裼（xī）裸裎（chéng）于我侧，尔焉能浼我哉？’故闻柳下惠之风者，鄙夫宽，薄夫敦。孔子之去齐，接淅而行；去鲁，曰：‘迟迟吾行也，’去父母国之道也。可以速而速，可以久而久，可以处而处，可以仕而仕，孔子也。”孟子曰：“伯夷，圣之清者也；伊尹，圣之任者也；柳下惠，圣之和者也；孔子，圣之时者也。孔子之谓集大成。集大成也者，金声而玉振之也。金声也者，始条理也；玉振之也者，终条理也。始条理者，智之事也；终条理者，圣之事也。智，譬则巧也；圣，譬则力也。由射于百步之外也，其至，尔力也；其中，非尔力也。”

北宫锜（qí）问曰：“周室班爵禄也，如之何？”孟子曰：“其详不可得闻也，诸侯恶其害己也，而皆去其籍；然而轲也，尝闻其略也。天子一位，公一位，侯一位，伯一位，子、男同一位，凡五等也。君一位，卿一位，大夫一位，上士一位，中士一位，下士一位，凡六等。天子之制，地方千里，公侯皆方百里，伯七十里，子、男五十里，凡四等。不能五十里，不达于天子，附于诸侯，曰附庸。天子之卿受地视侯，大夫受地视伯，元士受地视子、男。大国地方百里，君十卿禄，卿禄四大夫，大夫倍上士，上士倍中士，中士倍下士，下士与庶人在官者同禄，禄足以代其耕也。次国地方七十里，君十卿禄，卿禄三大夫，大夫倍上士，上士倍中士，中士倍下士，下士与庶人在官者同禄，禄足以代其耕也。小国地方五十里，君十卿禄，卿禄二大夫，大夫倍上士，上士倍中士，中士倍下士，下士与庶人在官者同禄，禄足以代其耕也。耕者之所获，一夫百亩。百亩之粪，上农夫食九人，上次食八人，中食七人，中次食六人，下食五人。庶人在官者，其禄以是为差。”

万章问曰：“敢问友。”孟子曰：“不挟长，不挟贵，不挟兄弟而友。友也者，友其德也，不可以有挟也。孟献子，百乘之家也，有友五人焉：乐正裘、牧仲，其三人，则予忘之矣。献子之与此五人者友也，无献子之家者也。此五人者，亦有献子之家，则不与之友矣。非惟百乘之家为然也，虽小国之君亦有之。费惠公曰：‘吾于子思，则师之矣；吾于颜般，则友之矣；王顺、长息则事我者也。’非惟小国之君为然也，虽大国之君亦有之。晋平公之于亥唐也，入云则入，坐云则坐，食云则食。虽蔬食菜羹，未尝不饱，盖不敢不饱也。然终于此而已矣。弗与共天位也，弗与治天职也，弗与食天禄也，士之尊贤者也，非王公之尊贤也。舜尚见帝，帝馆甥于贰室，亦飨舜，迭为宾主，是天子而友匹夫也。用下敬上，谓之贵贵；用上敬下，谓之尊贤。贵贵尊贤，其义一也。”

万章问曰：“敢问交际何心也？”孟子曰：“恭也。”曰：“却之却之为不恭，何哉？”曰：“尊者赐之，曰：‘其所取之者，义乎，不义乎？’而后受之，以是为不恭，故弗却也。”曰：“请无以辞却之，以心却之。曰：‘其取诸民之不义也’；而以他辞无受，不可乎？”曰：“其交也以道，其接也以礼，斯孔子受之矣。”万章曰：“今有御人于国门之外者，其交也以道，其馈也以礼，斯可受御与？”曰：“不可。《康诰》曰：‘杀越人于货，闵不畏死，凡民罔不譈（duì）。’是不待教而诛者也。殷受夏，周受殷，所不辞也；于今为烈，如之何其受之?”曰:“今之诸侯取之于民也,犹御也。苟善其礼际矣,斯君子受之,敢问何说也?”曰:“子以为有王者作,将比今之诸侯而诛之乎?其教之不改而后诛之乎?夫谓非其有而取之者盗也,充类至义之尽也。孔子之仕于鲁也,鲁人猎较,孔子亦猎较。猎较犹可,而况受其赐乎?”曰:“然则孔子之仕也,非事道与?”曰:“事道也。”“事道奚猎较也?”曰:“孔子先簿正祭器,不以四方之食供簿正。”曰:“奚不去也?”曰:“为之兆也。兆足以行矣,而不行,而后去,是以未尝有所终三年淹也。孔子有见行可之仕,有际可之仕,有公养之仕。于季桓子,见行可之仕也;于卫灵公,际可之仕也;于卫孝公,公养之仕也。”

孟子曰:“仕非为贫也,而有时乎为贫;娶妻非为养也,而有时乎为养。为贫者,辞尊居卑,辞富居贫。辞尊居卑,辞富居贫,恶乎宜乎?抱关击柝(tuò),孔子尝为委吏矣,曰‘会计当而已矣。’尝为乘田矣,曰‘牛羊茁壮,长而已矣。’位卑而言高,罪也;立乎人之本朝,而道不行,耻也。”

万章曰:“士之不托诸侯,何也?”孟子曰:’不敢也。诸侯失国,而后托于诸侯,礼也;士之托于诸侯,非礼也。”万章曰:“君馈之粟,则受之乎?”曰:“受之。”“受之何义也?”曰:“君之于氓也,固周之。”曰:“周之则受,赐之则不受,何也?”曰:“不敢也。”曰:“敢问其不敢何也?”曰:“抱关击柝者,皆有常职以食于上。无常职而赐于上者,以为不恭也。”曰:“君馈之,则受之,不识可常继乎?”曰:“缪公之于子思也,亟问,亟馈鼎肉。子思不悦。于卒也,摽(biào)使者出诸大门之外,北面稽首再拜而不受,曰:‘今而后知君之犬马畜伋。’盖自是台无馈也。悦贤不能举,又不能养也,可谓悦贤乎?”曰:“敢问国君欲养君子,如何斯可谓养矣?”曰:“以君命将之,再拜稽首而受。其后廪人继粟,庖人继肉,不以君命将之。子思以为鼎肉,使己仆仆尔亟拜也,非养君子之道也。尧之于舜也,使其子九男事之,二女女焉,百官牛羊仓廪备,以养舜于畎亩之中,后举而加诸上位,故曰:王公之尊贤者也。”

万章曰:“敢问不见诸侯,何义也?”孟子曰:“在国曰市井之臣,在野曰草莽之臣,皆谓庶人。庶人不传质为臣,不敢见于诸侯,礼也。”万章曰:“庶人,召之役,则往役;君欲见之,召之,则不往见之,何也?”曰:“往役,义也;往见,不义也。且君之欲见之也,何为也哉?”曰:“为其多闻也,为其贤也。”曰:“为其多闻也,则天子不召师,而况诸侯乎?为其贤也,则吾未闻欲见贤而召之也。缪公亟见于子思,曰:‘古千乘之国以友士,何如?’子思不悦,曰:‘古之人有言:曰事之云乎,岂曰友之云乎?’子思之不悦也,岂不曰:‘以位,则子,君也;我,臣也。何敢与君友也?以德,则子事我者也，奚可以与我友？'千乘之君求与之友，而不可得也，而况可召与？齐景公田，招虞人以旌，不至，将杀之。志士不忘在沟壑，勇士不忘丧其元。孔子奚取焉？取非其招不往也。"曰："敢问招虞人何以？"曰："以皮冠，庶人以旃（zhān），士以旂（qí），大夫以旌。以大夫之招招虞人，虞人死不敢往。以士之招招庶人，庶人岂敢往哉？况乎以不贤人之招招贤人乎？欲见贤人而不以其道，犹欲其入而闭之门也。夫义，路也；礼，门也。惟君子能由是路，出入是门也。《诗》云：'周道如底，其直如矢；君子所履，小人所视。'"万章曰："孔子，君命召，不俟驾而行。然则孔子非与？"曰："孔子当仕有官职，而以其官召之也。"

孟子谓万章曰："一乡之善士，斯友一乡之善士；一国之善士，斯友一国之善士；天下之善士，斯友天下之善士。以友天下之善士为未足，又尚论古之人。颂其诗，读其书，不知其人，可乎？是以论其世也。是尚友也。"

齐宣王问卿。孟子曰："王何卿之问也？"王曰："卿不同乎？"曰："不同；有贵戚之卿，有异姓之卿。"王曰："请问贵戚之卿。"曰："君有大过则谏，反覆之而不听，则易位。"王勃然变乎色。曰："王勿异也。王问臣，臣不敢不以正对。"王色定，然后请问异性之卿。曰："君有过则谏，反覆之而不听，则去。"

卷十一 告子上

告子曰："性，犹杞柳也；义，犹桮（bēi）棬（quān）也；以人性为仁义，犹以杞柳为桮棬。"孟子曰："子能顺杞柳之性而以为桮棬乎？将戕贼杞柳而后以桮棬也？如将戕贼杞柳而以为桮棬，则亦将戕贼人以为仁义与？率天下之人而祸仁义者，必子之言夫！"

告子曰："性犹湍水也，决诸东方则东流，决诸西方则西流。人性之无分于善不善也，犹水之无分于东西也。"孟子曰："水信无分于东西。无分于上下乎？人性之善也，犹水之就下也。人无有不善，水无有不下。今夫水，搏而跃之，可使过颡；激而行之，可使在山。是岂水之性哉？其势则然也。人之可使为不善，其性亦犹是也。"

告子曰："生之谓性。"孟子曰："生之谓性也，犹白之谓白与？"曰："然。""白羽之白也，犹白雪之白，白雪之白犹白玉之白欤？"曰："然。""然则犬之性，犹牛之性；牛之性，犹人之性与？"

告子曰："食色，性也。仁，内也，非外也；义，外也，非内也。"孟子曰："何以谓仁内义外也？"曰："彼长而我长之，非有长于我也；犹彼白而我白之，从其白于外也，故谓之外也。”曰：“异于白马之白也，无以异于白人之白也；不识长马之长也，无以异于长人之长欤？且谓长者义乎？长之者义乎？”曰：“吾弟则爱之，秦人之弟则不爱也，是以我为悦者也，故谓之内。长楚人之长，亦长吾之长，是以长为悦者也，故谓之外也。”曰：“耆秦人之炙，无以异于耆吾炙，夫物则亦有然者也，然则耆炙亦有外与？”

孟季子问公都子曰：“何以谓义内也？”曰：“行吾敬，故谓之内也。”“乡人长于伯兄一岁，则谁敬？”曰：“敬兄。”“酌则谁先？”曰：“先酌乡人。”“所敬在此，所长在彼，果在外，非由内也。”公都子不能答，以告孟子。孟子曰：“敬叔父乎？敬弟乎？彼将曰‘敬叔父’。曰：‘弟为尸，则谁敬？’彼将曰‘敬弟。’子曰：‘恶在其敬叔父也？’彼将曰‘在位故也。”子亦曰：‘在位故也。庸敬在兄，斯须之敬在乡人。’”季子闻之曰：“敬叔父则敬，敬弟则敬，果在外，非由内也。”公都子曰：“冬日则饮汤，夏日则饮水，然则饮食亦在外也？”

公都子曰：“告子曰：‘性无善无不善也。’或曰：‘性可以为善，可以为不善；是故文武兴，则民好善；幽厉兴，则民好暴。’或曰：‘有性善，有性不善；是故以尧为君而有象；以瞽瞍为父而有舜；以纣为兄之子且以为君，而有微子启、王子比干。’今曰‘性善’，然则彼皆非欤？”孟子曰：“乃若其情，则可以为善矣，乃所谓善也。若夫为不善，非才之罪也。恻隐之心，人皆有之；羞恶之心，人皆有之；恭敬之心，人皆有之；是非之心，人皆有之。恻隐之心，仁也；羞恶之心，义也；恭敬之心，礼也；是非之心，智也。仁义礼智，非由外铄我也，我固有之也，弗思耳矣。故曰：‘求则得之，舍则失之。’或相倍蓰而无算者，不能尽其才者也。《诗》曰：‘天生蒸民，有物有则。民之秉夷，好是懿德。’孔子曰：‘为此诗者，其知道乎！故有物必有则，民之秉夷也，故好是懿德。”

孟子曰：“富岁，子弟多赖；凶岁，子弟多暴，非天之降才尔殊也，其所以陷溺其心者然也。今夫麰（móu）麦，播种而櫌（yōu）之，其地同，树之时又同，浡然而生，至于日至之时，皆孰矣。虽有不同，则地有肥硗（qiāo），雨露之养，人事之不齐也。故凡同类者，举相似也，何独至于人而疑之？圣人与我同类者。故龙子曰：‘不知足而为屦，我知其不为蒉（kuì）也。’屦之相似，天下之足同也。口之于味，有同耆也。易牙先得我口之所耆者也。如使口之于味也，其性与人殊，若犬马之与我不同类也，则天下何耆皆从易牙之于味也？至于味，天下期于易牙，是天下之口相似也。惟耳亦然。至于声，天下期于师旷，是天下之耳相似也。惟目亦然。至于子都，天下莫不知其姣也。不知子都之姣者，无目者也。故曰：口之于味也，有同耆焉；耳之于声也，有同听焉；目之于色也，有同美焉。至于心，独无所同然乎？心之所同然者何也？谓理也，义也。圣人先得我心之所同然耳。故理义之悦我心，犹刍豢之悦我口。”

孟子曰：“牛山之木尝美矣，以其郊于大国也，斧斤伐之，可以为美乎？是其日夜之所息，雨露之所润，非无萌蘖（niè）之生焉，牛羊又从而牧之，是以若彼濯濯也。人见其濯濯也，以为未尝有材焉，此岂山之性也哉？虽存乎人者，岂无仁义之心哉？其所以放其良心者，亦犹斧斤之于木也，旦旦而伐之，可以为美乎？其日夜之所息，平旦之气，其好恶与人相近也者几希，则其旦昼之所为，有梏（gù）亡之矣。梏之反覆，则其夜气不足以存；夜气不足以存，则其违禽兽不远矣。人见其禽兽也，而以为未尝有才焉者，是岂人之情也哉？故苟得其养，无物不长；苟失其养，无物不消。孔子曰：‘操则存，舍则亡；出入无时，莫知其乡。’惟心之谓与？”

孟子曰：“无或乎王之不智也。虽有天下易生之物也，一日暴之，十日寒之，未有能生者也。吾见亦罕矣，吾退而寒之者至矣，吾如有萌焉何哉？今夫弈之为数，小数也；不专心致志，则不得也。弈秋，通国之善弈者也。使弈秋诲二人弈，其一人专心致志，惟弈秋之为听。一人虽听之，一心以为有鸿鹄将至，思援弓缴而射之，虽与之俱学，弗若之矣。为是其智弗若与？曰：非然也。”

孟子曰：“鱼，我所欲也；熊掌，亦我所欲也，二者不可得兼，舍鱼而取熊掌者也。生，亦我所欲也，义，亦我所欲也；二者不可得兼，舍生而取义者也。生亦我所欲，所欲有甚于生者，故不为苟得也；死亦我所恶，所恶有甚于死者，故患有所不辟也。如使人之所欲莫甚于生，则凡可以得生者，何不用也？使人之所恶莫甚于死者，则凡可以辟患者，何不为也？由是则生而有不用也，由是则可以辟患而有不为也，是故所欲有甚于生者，所恶有甚于死者。非独贤者有是心也，人皆有之，贤者能勿丧耳。一箪食，一豆羹，得之则生，弗得则死，嘑（hū）尔而与之，行道之人弗受；蹴尔而与之，乞人不屑也。万钟则不辩礼义而受之。万钟于我何加焉？为宫室之美、妻妾之奉、所识穷乏者得我与？乡为身死而不受，今为宫室之美为之；乡为身死而不受，今为妻妾之奉为之；乡为身死而不受，今为所识穷乏者得我而为之，是亦不可以已乎？此之谓失其本心。”

孟子曰：“仁，人心也；义，人路也。舍其路而弗由，放其心而不知求，哀哉！人有鸡犬放，则知求之；有放心，而不知求。学问之道无他，求其放心而已矣。”

孟子曰：“今有无名之指，屈而不信，非疾痛害事也，如有能信之者，则不远秦楚之路，为指之不若人也。指不若人，则知恶之；心不若人，则不知恶，此之谓不知类也。”

孟子曰：“拱把之桐梓，人苟欲生之，皆知所以养之者。至于身，而不知所以养之者，岂爱身不若桐梓哉？弗思甚也。”

孟子曰：“人之于身也，兼所爱。兼所爱，则兼所养也。无尺寸之肤不爱焉，则无尺寸之肤不养也。所以考其善不善者，岂有他哉？于己取之而已矣。体有贵贱，有小大。无以小害大，无以贱害贵。养其小者为小人，养其大者为大人。今有场师，舍其梧檟（jiǎ），狀其樲（èr）棘，则为贱场师焉。养其一指而失其肩背，而不知也，则为狼疾人也。饮食之人，则人贱之矣，为其养小以失大也。饮食之人无有失也，则口腹岂适为尺寸之肤哉？”

公都子问曰：“钧是人也，或为大人，或为小人，何也？”孟子曰：“从其大体为大人，从其小体为小人。”曰：“钧是人也，或从其大体，或从其小体，何也？”曰：“耳目之官不思，而蔽于物。物交物，则引之而已矣。心之官则思，思则得之，不思则不得也。此天之所与我者。先立乎其大者，则其小者不能夺也。此为大人而已矣。”

孟子曰：“有天爵者，有人爵者。仁义忠信，乐善不倦，此天爵也；公卿大夫，此人爵也。古之人修其天爵，而人爵从之。今之人修其天爵，以要人爵；即得人爵，而弃其天爵，则惑之甚者也，终亦必亡而已矣。”

孟子曰：“欲贵者，人之同心也。人人有贵于己者，弗思耳。人之所贵者，非良贵也。赵孟之所贵，赵孟能贱之。《诗》云：‘既醉以酒，既饱以德。’言饱乎仁义也，所以不愿人之膏粱之味也；令闻广誉施于身，所以不愿人之文绣也。”

孟子曰：“仁之胜不仁也，犹水胜火。今之为仁者，犹以一杯水，救一车薪之火也；不熄，则谓之水不胜火，此又与于不仁之甚者也，亦终必亡而已矣。”

孟子曰：“五谷者，种之美者也；苟为不熟，不如荑（tī）稗（bài）。夫仁，亦在乎熟之而已矣。”

孟子曰：“羿之教人射，必志于彀（gòu）；学者亦必志于彀。大匠诲人必以规矩，学者亦必以规矩。”

卷十二　告子下

任人有问屋庐子曰：“礼与食孰重？”曰：“礼重。”“色与礼孰重？”曰：“礼重。”曰：“以礼食，则饥而死；不以礼食，则得食，必与礼乎？亲迎则不得妻；不亲迎，则得妻，必亲迎乎？”屋庐子不能对，明日之邹以告孟子。孟子曰："于答是也何有？不揣其本而齐其末，方寸之木可使高于岑楼。金重于羽者，岂谓一钩金与一舆羽之谓哉？取食之重者，与礼之轻者而比之，奚翅食重？取色之重者，与礼之轻者而比之，奚翅色重？往应之曰：'紾（zhěn）兄之臂而夺之食，则得食；不紾，则不得食，则将紾之乎？逾东家墙而搂其处子，则得妻；不搂，则不得妻，则将搂之乎？"

曹交问曰："人皆可以为尧舜，有诸？"孟子曰："然。""交闻文王十尺，汤九尺，今交九尺四寸以长，食粟而已，如何则可？"曰："奚有于是？亦为之而已矣。有人于此，力不能胜一匹雏，则为无力人矣；今曰举百钧，则为有力人矣。然则举乌获之任，是亦为乌获而已矣。夫人岂以不胜为患哉？弗为耳。徐行后长者谓之弟，疾行先长者谓之不弟。夫徐行者，岂人所不能哉？所不为也。尧舜之道，孝弟而已矣。子服尧之服，诵尧之言，行尧之行，是尧而已矣；子服桀之服，诵桀之言，行桀之行，是桀而已矣。"曰："交得见于邹君，可以假馆，愿留而受业于门。"曰："夫道若大路然，岂难知哉？人病不求耳。子归而求之，有余师。"

公孙丑问曰："高子曰：'《小弁（pán）》，小人之诗也。'"孟子曰："何以言之？"曰："怨。"曰："固哉，高叟之为诗也！有人于此，越人关弓而射之，则己谈笑而道之；无他，疏之也。其兄关弓而射之，则己垂涕泣而道之；无他，戚之也。《小弁》之怨，亲亲也。亲亲，仁也。固矣夫，高叟之为诗也！"曰："《凯风》，何以不怨？"曰："《凯风》，亲之过小者也；《小弁》，亲之过大者也。亲之过大而不怨，是愈疏也；亲之过小而怨，是不可矶也。愈疏，不孝也；不可矶，亦不孝也。孔子曰：'舜其至孝矣，五十而慕。'"

宋牼（kēng）将之楚，孟子遇于石丘，曰："先生将何之？"曰："吾闻秦楚构兵，我将见楚王说而罢之。楚王不悦，我将见秦王说而罢之。二王我将有所遇焉。"曰："轲也请无问其详，愿闻其指。说之将何如？"曰："我将言其不利也。"曰："先生之志则大矣，先生之号则不可。先生以利说秦楚之王，秦楚之王悦于利，以罢三军之师，是三军之士乐罢而悦于利也。为人臣者怀利以事其君，为人子者怀利以事其父，为人弟者怀利以事其兄。是君臣、父子、兄弟终去仁义，怀利以相接，然而不亡者，未之有也。先生以仁义说秦楚之王，秦楚之王悦于仁义，而罢三军之师，是三军之士乐罢而悦于仁义也。为人臣者怀仁义以事其君，为人子者怀仁义以事其父，为人弟者怀仁义以事其兄，是君臣、父子，兄弟去利，怀仁义以相接也，然而不王者，未之有也。何必曰利？"

孟子居邹，季任为任处守，以币交，受之而不报。处于平陆，储子为相，以币交，受之而不报。他日，由邹之任，见季子；由平陆之齐，不见储子。屋庐子喜曰："连得间矣。"问曰："夫子之任见季子；之齐不见储子，为其为相与?”曰：“非也。《书》曰：‘享多仪，仪不及物曰不享，惟不役志于享。’为其不成享也。”屋庐子悦。或问之。屋庐子曰：“季子不得之邹，储子得之平陆。”

淳于髡曰：“先名实者，为人也；后名实者，自为也。夫子在三卿之中，名实未加于上下而去之，仁者固如此乎?”孟子曰：“居下位，不以贤事不肖者，伯夷也；五就汤，五就桀者，伊尹也；不恶汙君，不辞小官者，柳下惠也。三子者不同道，其趋一也。一者何也？曰：仁也。君子亦仁而已矣，何必同?”曰：“鲁缪公之时，公仪子为政，子柳、子思为臣，鲁之削也滋甚。若是乎贤者之无益于国也!”曰：“虞不用百里奚而亡，秦穆公用之而霸。不用贤则亡，削何可得欤?”曰：“昔者王豹处于淇，而河西善讴；绵驹处于高唐，而齐右善歌；华周、杞梁之妻善哭其夫，而变国俗。有诸内必形诸外。为其事而无其功者，髡未尝睹之也。是故无贤者也，有则髡必识之。”曰：“孔子为鲁司寇，不用，从而祭，燔肉不至，不税冕而行。不知者以为为肉也，其知者以为为无礼也。乃孔子则欲以微罪行，不欲为苟去。君子之所为，众人固不识也。”

孟子曰：“五霸者，三王之罪人也；今之诸侯，五霸之罪人也；今之大夫，今之诸侯之罪人也。天子适诸侯曰巡狩，诸侯朝于天子曰述职。春省耕而补不足，秋省敛而助不给。入其疆，土地辟，田野治，养老尊贤，俊杰在位，则有庆，庆以地。入其疆，土地荒芜，遗老失贤，掊（póu）克在位，则有让。一不朝，则贬其爵；再不朝，则削其地；三不朝，则六师移之。是故天子讨而不伐，诸侯伐而不讨。五霸者，搂诸侯以伐诸侯者也，故曰：五霸者，三王之罪人也。五霸，桓公为盛。葵丘之会诸侯，束牲、载书而不歃（shà）血。初命曰：‘诛不孝，无易树子，无以妾为妻。’再命曰：‘尊贤育才，以彰有德。’三命曰：‘敬老慈幼，无忘宾旅。’四命曰：‘士无世官，官事无摄，取士必得，无专杀大夫。’五命曰：‘无曲防，无遏籴（dí），无有封而不告。’曰：‘凡我同盟之人，既盟之后，言归于好。’今之诸侯皆犯此五禁，故曰：今之诸侯，五霸之罪人也。长君之恶其罪小，逢君之恶其罪大。今之大夫，皆逢君之恶，故曰：今之大夫，今之诸侯之罪人也。”

鲁欲使慎子为将军。孟子曰：“不教民而用之，谓之殃民。殃民者，不容于尧舜之世。一战胜齐，遂有南阳，然且不可。”慎子勃然不悦曰：“此则滑（gǔ）厘所不识也。”曰：“吾明告子。天子之地方千里；不千里，不足以待诸侯。诸侯之地方百里；不百里，不足以守宗庙之典籍。周公之封于鲁，为方百里也；地非不足，而俭于百里。太公之封于齐也，亦为方百里也；地非不足也，而俭于百里。今鲁方百里者五，子以为有王者作，则鲁在所损乎，在所益乎？徒取诸彼以与此，然且仁者不为，况于杀人以求之乎？君子之事君也，务引其君以当道，志于仁而已。”

孟子曰：“今之事君者皆曰：‘我能为君辟土地，充府库。’今之所谓良臣，古之所谓民贼也。君不乡道，不志于仁，而求富之，是富桀也。‘我能为君约与国，战必克。’今之所谓良臣，古之所谓民贼也。君不乡道，不志于仁，而求为之强战，是辅桀也。由今之道，无变今之俗，虽与之天下，不能一朝居也。”

白圭曰：“吾欲二十而取一，何如？”孟子曰：“子之道，貉（mò）道也。万室之国，一人陶，则可乎？”曰：“不可，器不足用也。”曰：“夫貉，五谷不生，惟黍生之。无城郭、宫室、宗庙、祭祀之礼，无诸侯币帛饔飧，无百官有司，故二十取一而足也。今居中国，去人伦，无君子，如之何其可也？陶以寡，且不可以为国，况无君子乎？欲轻之于尧舜之道者，大貉小貉也；欲重之于尧舜之道者，大桀小桀也。”

白圭曰：“丹之治水也愈于禹。”孟子曰：“子过矣。禹之治水，水之道也，是故禹以四海为壑，今吾子以邻国为壑。水逆行，谓之洚（jiàng）水，洚水者，洪水也，仁人之所恶也。吾子过矣。”

孟子曰：“君子不亮，恶乎执？”

鲁欲使乐正子为政。孟子曰：“吾闻之，喜而不寐。”公孙丑曰：“乐正子强乎？”曰：“否。”“有知虑乎？”曰：“否。”“多闻识乎？”曰：“否。”“然则奚为喜而不寐？”曰：“其为人也好善。”“好善足乎？”曰：“好善优于天下，而况鲁国乎？夫苟好善，则四海之内，皆将轻千里而来告之以善。夫苟不好善，则人将曰：‘訑（yí）訑，予既已知之矣。’訑訑之声音颜色，距人于千里之外。士止于千里之外，则谗谄面諛之人至矣。与谗谄面谀之人居，国欲治，可得乎？”

陈子曰：“古之君子何如则仕？”孟子曰：“所就三，所去三。迎之致敬以有礼；言将行其言也，则就之；礼貌未衰，言弗行也，则去之。其次，虽未行其言也，迎之致敬以有礼，则就之；礼貌衰，则去之。其下，朝不食，夕不食，饥饿不能出门户。君闻之曰：‘吾大者不能行其道，又不能从其言也，使饥饿于我土地，吾耻之。’周之，亦可受也，免死而已矣。”

孟子曰：“舜发于畎亩之中，傅说举于版筑之间，胶鬲举于鱼盐之中，管夷吾举于士，孙叔敖举于海，百里奚举于市。故天将降大任于是人也，必先苦其心志，劳其筋骨，饿其体肤，空乏其身，行拂乱其所为，所以动心忍性，曾益其所不能。人恒过，然后能改；困于心，衡于虑，而后作；徵于色，发于声，而后喻。入则无法家拂（bì）士，出则无敌国外患者，国恒亡。然后知生于忧患而死于安乐也。”

孟子曰：“教亦多术矣，予不屑之教诲也者，是亦教诲之而已矣。”

卷十三　尽心上

孟子曰：“尽其心者，知其性也。知其性，则知天矣。存其心，养其性，所以事天也。殀寿不贰，修身以俟之，所以立命也。”

孟子曰：“莫非命也，顺受其正。是故知命者，不立乎岩墙之下。尽其道而死者，正命也。桎梏死者，非正命也。”

孟子曰：“求则得之，舍则失之，是求有益于得也，求在我者也。求之有道，得之有命，是求无益于得也，求在外者也。”

孟子曰：“万物皆备于我矣。反身而诚，乐莫大焉。强恕而行，求仁莫近焉。”

孟子曰：“行之而不著焉，习矣而不察焉，终身由之而不知其道者，众也。”

孟子曰：“人不可以无耻。无耻之耻，无耻矣。”

孟子曰：“耻之于人大矣，为机变之巧者，无所用耻焉。不耻不若人，何若人有？”

孟子曰：“古之贤王好善而忘势，古之贤士何独不然？乐其道而忘人之势，故王公不致敬尽礼，则不得亟见之。见且由不得亟，而况得而臣之乎？”

孟子谓宋句践曰：“子好游乎？吾语子游。人知之，亦嚣嚣；人不知，亦嚣嚣。”曰：“何如斯可以嚣嚣矣？”曰：“尊德乐义，则可以嚣嚣矣。故士穷不失义，达不离道。穷不失义，故士得己焉；达不离道，故民不失望焉。古之人，得志，泽加于民；不得志，修身见于世。穷则独善其身，达则兼善天下。”

孟子曰：“待文王而后兴者，凡民也。若夫豪杰之士，虽无文王犹兴。”

孟子曰：“附之以韩魏之家，如其自视欿（kǎn）然，则过人远矣。”

孟子曰：“以佚道使民，虽劳不怨。以生道杀民，虽死不怨杀者。”

孟子曰：“霸者之民，驩虞如也，王者之民，皞皞如也。杀之而不怨，利之而不庸，民日迁善而不知为之者。夫君子所过者化，所存者神，上下与天地同流，岂曰小补之哉？”

孟子曰：“仁言，不如仁声之入人深也，善政，不如善教之得民也。善政民畏之；善教民爱之；善政得民财，善教得民心。”

孟子曰：“人之所不学而能者，其良能也；所不虑而知者，其良知也。孩提之童，无不知爱其亲者；及其长也，无不知敬其兄也。亲亲，仁也；敬长，义也。无他，达之天下也。”

孟子曰：“舜之居深山之中，与木石居，与鹿豕游，其所以异于深山之野人者几希。及其闻一善言，见一善行，若决江河，沛然莫之能御也。”

孟子曰：“无为其所不为，无欲其所不欲，如此而已矣。”

孟子曰：“人之有德慧术知者，恒存乎疢（chèn）疾。独孤臣孽子，其操心也危，其虑患也深，故达。”

孟子曰：“有事君人者，事是君则为容悦者也；有安社稷臣者，以安社稷为悦者也；有天民者，达可行于天下而后行之者也。有大人者，正己而物正者也。”

孟子曰：“君子有三乐，而王天下不与存焉。父母俱存，兄弟无故，一乐也。仰不愧于天，俯不怍于人，二乐也。得天下英才而教育之，三乐也。君子有三乐，而王天下不与存焉。”

孟子曰：“广土众民，君子欲之，所乐不存焉。中天下而立，定四海之民，君子乐之，所性不存焉。君子所性，虽大行不加焉，虽穷居不损焉，分定故也。君子所性，仁义礼智根于心，其生色也，睟然见于面，盎于背，施于四体，四体不言而喻。”

孟子曰：“伯夷辟纣，居北海之滨，闻文王作兴，曰：‘盍归乎来！吾闻西伯善养老者。’太公辟纣，居东海之滨，闻文王作兴，曰：‘盍归乎来！吾闻西伯善养老者。’天下有善养老，则仁人以为己归矣。五亩之宅，树墙下以桑，匹妇蚕之，则老者足以衣帛矣。五母鸡，二母彘，无失其时，老者足以无失肉矣。百亩之田，匹夫耕之，八口之家足以无饥矣。所谓西伯善养老者，制其田里，教之树畜，导其妻子，使养其老。五十非帛不暖，七十非肉不饱。不暖不饱，谓之冻馁。文王之民，无冻馁之老者，此之谓也。”

孟子曰：“易其田畴，薄其税敛，民可使富也。食之以时，用之以礼，财不可胜用也。民非水火不生活，昏暮叩人之门户，求水火，无弗与者，至足矣。圣人治天下，使有菽粟如水火。菽粟如水火，而民焉有不仁者乎?”

孟子曰：“孔子登东山而小鲁，登泰山而小天下，故观于海者难为水，游于圣人之门者难为言。观水有术，必观其澜。日月有明，容光必照焉。流水之为物也，不盈科不行；君子之志于道也，不成章不达。”

孟子曰：“鸡鸣而起，孳孳为善者，舜之徒也。鸡鸣而起，孳孳为利者，跖之徒也。欲知舜与跖之分，无他，利与善之间也。”

孟子曰：“杨子取为我，拔一毛而利天下，不为也。墨子兼爱，摩顶放踵利天下，为之。子莫执中，执中为近之，执中无权，犹执一也。所恶执一者，为其贼道也，举一而废百也。”

孟子曰：“饥者甘食，渴者甘饮，是未得饮食之正也，饥渴害之也。岂惟口腹有饥渴之害？人心亦皆有害。人能无以饥渴之害为心害，则不及人不为忧矣。”

孟子曰：“柳下惠不以三公易其介。”

孟子曰："有为者辟若掘井，掘井九轫（rèn）而不及泉，犹为弃井也。"

孟子曰："尧舜，性之也；汤武，身之也；五霸，假之也。久假而不归，恶知其非有也。"

公孙丑曰："伊尹曰：'予不狎于不顺。放太甲于桐，民大悦。太甲贤，又反之，民大悦。'贤者之为人臣也，其君不贤，则固可放与？"孟子曰："有伊尹之志，则可；无伊尹之志，则篡也。"

公孙丑曰："《诗》曰：'不素餐兮。'君子之不耕而食，何也？"孟子曰："君子居是国也，其君用之，则安富尊荣；其子弟从之，则孝悌忠信。'不素餐兮'，孰大于是？"

王子垫问曰："士何事？"孟子曰："尚志。"曰："何谓尚志？"曰："仁义而已矣。杀一无罪，非仁也；非其有而取之，非义也。居恶在？仁是也；路恶在？义是也。居仁由义，大人之事备矣。"

孟子曰："仲子，不义与之齐国而弗受，人皆信之，是舍箪食豆羹之义也。人莫大焉亡亲戚、君臣、上下。以其小者信其大者，奚可哉？"

桃应问曰："舜为天子，皋陶为士，瞽瞍杀人，则如之何。"孟子曰："执之而已矣。""然则舜不禁与。"曰："夫舜恶得而禁之？夫有所受之也。""然则舜如之何？"曰："舜视弃天下，犹弃敝蹝（xǐ）也。窃负而逃，遵海滨而处，终身䜣（xīn）然，乐而忘天下。"

孟子自范之齐，望见齐王之子。喟然叹曰："居移气，养移体，大哉居乎！夫非尽人之子与？"孟子曰："王子宫室、车马、衣服多与人同，而王子若彼者，其居使之然也；况居天下之广居者乎？鲁君之宋，呼于垤（dié）泽之门。守者曰：'此非吾君也，何其声之似我君也？'此无他，居相似也。"

孟子曰："食而弗爱，豕交之也；爱而不敬，兽畜之也。恭敬者，币之未将者也。恭敬而无实，君子不可虚拘。"

孟子曰："形色，天性也；惟圣人，然后可以践形。"

齐宣王欲短丧。公孙丑曰："为期之丧，犹愈于已乎？"孟子曰："是犹或紾其兄之臂，子谓之姑徐徐云尔，亦教之孝弟而已矣。"王子有其母死者，其傅为之请数月之丧。公孙丑曰："若此者，何如也？"曰："是欲终之而不可得也。虽加一日愈于已，谓夫莫之禁而弗为者也。"

孟子曰："君子之所以教者五：有如时雨化之者，有成德者，有达财者，有答问者，有私淑艾者。此五者，君子之所以教也。"

公孙丑曰："道则高矣，美矣，宜若登天然，似不可及也。何不使彼为可几及而日孳孳也？"

孟子曰："大匠不为拙工改废绳墨，羿不为拙射变其彀率。君子引而不发，跃如也。中道而立，能者从之。”

孟子曰：“天下有道，以道殉身；天下无道，以身殉道。未闻以道殉乎人者也。”

公都子曰：“滕更之在门也，若在所礼，而不答，何也?”孟子曰：“挟贵而问，挟贤而问，挟长而问，挟有勋劳而问，挟故而问，皆所不答也。滕更有二焉。”

孟子曰：“于不可已而已者，无所不已；于所厚者薄，无所不薄也。其进锐者，其退速。”

孟子曰：“君子之于物也，爱之而弗仁；于民也，仁之而弗亲。亲亲而仁民，仁民而爱物。”

孟子曰：“知者无不知也，当务之为急；仁者无不爱也，急亲贤之为务。尧舜之知而不遍物，急先务也；尧舜之仁不遍爱人，急亲贤也。不能三年之丧，而缌（sī）小功之察；放饭流歠（chuò），而问无齿决，是之谓不知务。”

卷十四 尽心下

孟子曰：“不仁哉，梁惠王也！仁者以其所爱及其所不爱，不仁者以其所不爱及其所爱。”公孙丑曰：“何谓也?”“梁惠王以土地之故，糜烂其民而战之，大败，将复之，恐不能胜，故驱其所爱子弟以殉之，是之谓以其所不爱及其所爱也。”

孟子曰：“春秋无义战。彼善于此，则有之矣。征者上伐下也。敌国不相征也。”

孟子曰：“尽信书，则不如无书。吾于《武成》，取二三策而已矣。仁人无敌于天下，以至仁伐至不仁，而何其血之流杵也?”

孟子曰：“有人曰：‘我善为陈，我善为战。’大罪也。国君好仁，天下无敌焉。南面而征北狄怨；东面而征，西夷怨，曰：‘奚为后我?’武王之伐殷也，革车三百两，虎贲三千人。王曰：‘无畏！宁尔也，非敌百姓也。’若崩厥角稽首。征之为言正也，各欲正己也，焉用战?”

孟子曰：“梓匠轮舆能与人规矩，不能使人巧。”

孟子曰：“舜之饭糗（qiǔ）茹草也，若将终身焉；及其为天子也，被袗（zhěn）衣，鼓琴，二女果，若固有之。”

孟子曰：“吾今而后知杀人亲之重也：杀人之父，人亦杀其父；杀人之兄，人亦杀其兄。然则非自杀之也，一间耳。”

孟子曰：“古之为关也，将以御暴；今之为关也，将以为暴。”

孟子曰：“身不行道，不行于妻子；使人不以道，不能行于妻子。”

孟子曰：“周于利者，凶年不能杀；周于德者，邪世不能乱。”

孟子曰：“好名之人，能让千乘之国；苟非其人，箪食豆羹见于色。”

孟子曰：“不信仁贤，则国空虚；无礼义，则上下乱；无政事，则财用不足。”

孟子曰：“不仁而得国者，有之矣；不仁而得天下者，未之有也。”

孟子曰：“民为贵，社稷次之，君为轻。是故得乎丘民而为天子，得乎天子为诸侯，得乎诸侯为大夫。诸侯危社稷，则变置，牺牲既成，粢盛既絜，祭祀以时，然而旱干水溢，则变置社稷。”

孟子曰：“圣人，百世之师也，伯夷、柳下惠是也。故闻伯夷之风者，顽夫廉，懦夫有立志；闻柳下惠之风者，薄夫敦，鄙夫宽。奋乎百世之上。百世之下，闻者莫不兴起也。非圣人而能若是乎？而况于亲炙之者乎？”

孟子曰：“仁也者，人也。合而言之，道也。”

孟子曰：“孔子之去鲁，曰，‘迟迟吾行也，去父母国之道也。’去齐，接淅而行，去他国之道也。”

孟子曰：“君子之厄于陈、蔡之间，无上下之交也。”

貉稽曰：“稽大不理于口。”孟子曰：“无伤也。士憎兹多口。《诗》云：‘忧心悄悄，愠于群小。’孔子也。‘肆不殄厥愠，亦不殒厥问。’文王也。”

孟子曰：“贤者以其昭昭，使人昭昭，今以其昏昏，使人昭昭。”

孟子谓高子曰：“山径之蹊间，介然用之而成路。为间不用，则茅塞之矣。今茅塞子之心矣。”

高子曰：“禹之声，尚文王之声。”孟子曰：“何以言之？”曰：“以追蠡（lǐ）。”曰：“是奚足哉？城门之轨，两马之力与？”

齐饥。陈臻曰：“国人皆以夫子将复为发棠，殆不可复。”孟子曰：“是为冯妇也。晋人有冯妇者，善搏虎，卒为善士。则之野，有众逐虎。虎负嵎，莫之敢撄。望见冯妇，趋而迎之。冯妇攘臂下车。众皆悦之，其为士者笑之。”

孟子曰：“口之于味也，目之于色也，耳之于声也，鼻之于臭也，四肢之于安佚也，性也，有命焉，君子不谓性也。仁之于父子也，义之于君臣也，礼之于宾主也，知之于贤者也，圣人之于天道也，命也，有性焉，君子不谓命也。”

浩生不害问曰：“乐正子何人也？”孟子曰：“善人也，信人也。”“何谓善？何谓信？”曰：“可欲之谓善，有诸己之谓信，充实之谓美，充实而有光辉之谓大，大而化之之谓圣，圣而不可知之之谓神。乐正子，二之中，四之下也。”

孟子曰：“逃墨必归于杨，逃杨必归于儒。归，斯受之而已矣。今之与杨墨辩者，如追放豚，既入其苙，又从而招之。”

孟子曰：“有布缕之征，粟米之征，力役之征。君子用其一，缓其二。用其二而民有殍，用其三而父子离。”

孟子曰：“诸侯之宝三：土地，人民，政事。宝珠玉者，殃必及身。”

盆成括仕于齐，孟子曰：“死矣盆成括！”盆成括见杀，门人问曰：“夫子何以知其将见杀？”曰：“其为人也小有才，未闻君子之大道也，则足以杀其躯而已矣。”

孟子之滕，馆于上宫。有业屦于牖上，馆人求之弗得。或问之曰：“若是乎从者之廋也？”曰：“子以是为窃屦来与？”曰：“殆非也。夫子之设科也，往者不追，来者不拒。苟以是心至，斯受之而已矣。”

孟子曰：“人皆有所不忍，达之于其所忍，仁也；人皆有所不为，达之于其所为，义也。人能充无欲害人之心，而仁不可胜用也。人能充无穿逾之心，而义不可胜用也；人能充无受尔汝之实，无所往而不为义也。士未可以言而言，是以言餂（tiǎn）之也；可以言而不言，是以不言餂之也，是皆穿逾之类也。”

孟子曰：“言近而指远者，善言也；守约而施博者，善道也。君子之言也，不下带而道存焉。君子之守，修其身而天下平。人病舍其田而芸人之田，所求于人者重，而所以自任者轻。”

孟子曰：“尧舜，性者也；汤武，反之也。动容周旋中礼者，盛德之至也；哭死而哀，非为生者也；经德不回，非以干禄也；言语必信，非以正行也。君子行法，以俟命而已矣。”

孟子曰：“说大人，则藐之，勿视其巍巍然。堂高数仞，榱（cuī）题数尺，我得志弗为也；食前方丈，侍妾数百人，我得志弗为也；般乐饮酒，驱骋田猎，后车千乘，我得志，弗为也。在彼者，皆我所不为也；在我者，皆古之制也。吾何畏彼哉？”

孟子曰：“养心莫善于寡欲。其为人也寡欲，虽有不存焉者，寡矣；其为人也多欲，虽有存焉者，寡矣。”

曾皙嗜羊枣，而曾子不忍食羊枣。公孙丑问曰：“脍炙与羊枣孰美？”孟子曰：“脍炙哉！”公孙丑曰：“然则曾子何为食脍炙而不食羊枣？”曰：“脍炙所同也，羊枣所独也。讳名不讳姓，姓所同也，名所独也。”

万章问曰：“孔子在陈曰：‘盍归乎来！吾党之士狂简，进取，不忘其初。’孔子在陈，何思鲁之狂士？”孟子曰：“孔子‘不得中道而与之，必也狂狷乎！狂者进取，狷者有所不为也。’孔子岂不欲中道哉？不可必得，故思其次也。”“敢问何如斯可谓狂矣？”曰：“如琴张、曾皙、牧皮者，孔子之所谓狂矣。”“何以谓之狂也？”曰：“其志嘐（xiāo）嘐然，曰‘古之人，古之人。’夷考其行，而不掩焉者也。狂者又不可得，欲得不屑不洁之士而与之，是狷也，是又其次也。孔子曰：‘过我门而不入我室，我不憾焉者，其惟乡原乎！乡原，德之贼也。'”曰：“何如斯可谓之乡原矣？”曰：“‘何以是嘐嘐也？言不顾行，行不顾言，则曰：古之人，古之人。行何为踽（jǔ）踽凉凉？生斯世也，为斯世也，善斯可矣。'阉然媚于世也者，是乡原也。”万子曰：“一乡皆称原人焉，无所往而不为原人，孔子以为德之贼，何哉？”曰：“非之无举也，刺之无刺也，同乎流俗，合乎污世，居之似忠信，行之似廉洁，众皆悦之，自以为是，而不可与入尧舜之道，故曰德之贼也。孔子曰：‘恶似而非者：恶莠，恐其乱苗也；恶佞，恐其乱义也；恶利口，恐其乱信也；恶郑声，恐其乱乐也；恶紫，恐其乱朱也；恶乡原，恐其乱德也。君子反经而已矣。经正，则庶民兴；庶民兴，斯无邪慝矣。”

孟子曰：“由尧舜至于汤，五百有余岁，若禹、皋陶，则见而知之；若汤，则闻而知之。由汤至于文王，五百有余岁，若伊尹、莱朱，则见而知之；若文王，则闻而知之。由文王至于孔子，五百有余岁，若太公望、散宜生，则见而知之；若孔子，则闻而知之。由孔子而来至于今，百有余岁，去圣人之世，若此其未远也，近圣人之居，若此其甚也，然而无有乎尔，则亦无有乎尔。”

第四篇 《中庸》导读

一、《中庸》其书

《中庸》是《礼记》中的一篇，一般被认为是战国时期子思的作品。《史记·孔子世家》说，孔子之子伯鱼生伋，“字子思，年六十二，尝困于宋。子思作《中庸》”。朱熹在《中庸章句序》指出：“中庸何为而作也？子思子忧道学之失其传而作也。……子思惧夫愈久而愈失其真也，于是推本尧舜以来相传之意，质以平日所闻父师之言，更互演绎，作为此书，以诏后之学者。盖其忧之也深，故其言之也切；其虑之也远，故其说之也详。”

不过也有学者怀疑《中庸》是子思创作的，如清崔述《洙泗考信录·余录》就认为《中庸》非子思所作，“盖子思之后宗子思者之所为书，故托之于子思，或传之久而误以为子思也。其中名言伟论，盖皆孔子子思相传之言，其或过于高深，及语有可以议者，则其所旁采而私益之者也。”这是借《中庸》思想的高深来怀疑其作者。现代学者冯友兰也认为《中庸》的一些思想带有神秘性色彩，是对孟子哲学的过度发挥，所以可能是后代儒家学者所作，其中对孔子思想进行发挥的部分可能是子思所作。

现在较为通行的说法认为，《中庸》中虽有一些内容确系秦汉之际儒者所增，但其主体部分，则是战国时期思孟学派的作品，是先秦儒家思想进入总结阶段的成果。

本文认为从《中庸》文字和义理的完整性来看，基本可以看做是子思的作品。尤其是20世纪末郭店楚简的出土，其中有些篇目如《性自命出》所阐发的思想与《中庸》义理相近，而这些作品已经被公认为是孔子到孟子之间儒家学者的言论。

二、《中庸》的篇章结构和主要义理解析

由于《中庸》文辞古奥、义理繁复，为了让读者获得准确而清晰的理解，

以下我们根据《中庸》文本做出逐章逐节的解释，力求做到细致深入地把握《中庸》的义理内容。

《中庸》是《礼记》中第三十一篇，与《坊记》、《表记》相连属。《坊记》是记先王以制度坊民之事，《表记》则是记君子之德见于仪表。郑玄认为中庸以记中和之为用也。从《中庸》文本所揭示的义理来看，《中庸》主要是围绕着中庸之道阐发了儒家养性理论。

《中庸》本无分章，根据朱熹的章句，《中庸》被分成三十三章。我们根据《中庸》义理内容的展开和推进将之分为四个大的部分：

第一部分是第一章：总论中庸之道

如果说《大学》的核心是修身，那么《中庸》的主旨就是养性，二者相互呼应，构成了原始儒家倡导的修身养性论的完整体系，是中国人处世立身的方法。《中庸》第一章就是围绕这一主题开启全篇，总论中庸。

这一章的内容可以分成三小节。

开篇所论“天命之谓性，率性之谓道，修道之谓教”是第一节，统领本章，贯穿全篇。

根据儒家对人性的分析，我们可以把《中庸》这三句教理解为人性之本源、人性之流行和人性之养成三层。天命之谓性就是论人性之本源，人性本之于天命，不过儒家所论的天命是与人道相通之天命，非隔于人的外在之天命，这就从根源上保证了人性流行和养成的前提。本然之人性是有来源、有秩序、可以造就的，这是人生在世的基础。率性并非由性而为，三军之统帅，有统军之道，人性莫不如此。人之率性的过程就是人性发用流行，但是人性流行不是没有节制的，而是由天命而发，据率性而为，这是人生在世的自然展现。当然率性自然会因人而别，为此需要修率性之道，这是人性教化的过程。教化人性既是外在于人的，也是内在于人的，二者统一于修道的过程，这是人性养成的实质。人性之存养不仅靠内在的自我养修，也离不开外在的教化。总的来看，《中庸》开篇之三句教揭示了人性养成的前提、根据和过程，将天—命—性—道—教纳于一体，构成一个上下、内外呼应的养性体系。

第二节论“养性修道”之“道”，自“道也者，不可须臾离也，”至“故君子慎其独也”。

总体而言，天命、率性、修道皆有其道，但道归于一；分开来说，天命之道、率性之道、修道之道又各有自己的特点。此节论道还是总体而言的。因为道不离天命、率性而言，不离人而言，所以，君子之存性、养性皆要以道为鹄的，不可须臾离也。道在须臾之间，道在隐见、著微之间，因此君子行事立身皆要戒慎恐惧，唯恐与道相离。此处慎独不仅指君子独处时对自己行为的警戒，也指君子时刻要求自己保持一颗戒慎恐惧的心，方能够保证在率性、修道的过程得以养性。

第三节论中和之道，自“喜怒哀乐之未发”，至结尾。

第一节提出天—命—性—道—教的体系是本然状态的，第二节论慎独之道是应然，第三节则是对人性之实然状态进行分析。从某种角度也可以说本节从描述人性的实然状态入手，探寻人性养成的自然之道，从而回应第一节的主题。换言之，第一节的论述是由上而下，本节则是由下而上。喜怒哀乐未发之际是人性之中，是自然无偏的，发而中节是人性之和，是人性显发的人心状态的和平，因而人性之中是大本，人性之和是达道，是通达于万物的。若人性致中而和，则天地各归其自然之位，万物各得其化育之机。

第一章的阐述由本然至应然最后到实然，一体相承，反之也然。这样一个结构反映了《中庸》作者希望借助儒家的天命论、人性论为现实的人性和人心活动指明方向，提供合理的修养进路，最终建立起儒家的养性理论体系和方法。

朱熹对《中庸》第一章有极高评价，在《章句》中说：“右第一章。子思述所传之意以立言：首明道之本原出于天而不可易，其实体备于己而不可离，次言存养省察之要，终言圣神功化之极。盖欲学者于此反求诸身而自得之，以去夫外诱之私，而充其本然之善。杨氏所谓一篇之体要是也。”

第二部分是第二章至第十九章：论中庸之道之内容以及中庸之道之践行。

这一部分可以分成四节：第二章至第五章论中庸之道不行、不明；第六章至第九章论中庸之道行与不行之原因；第十章至第十六章论中庸之道内容；第十七章至第十九章论舜、文、武、周公如何践行中庸之道。

第一节论中庸之道不行、不明的状况，第二到第五章。

第二章通过引用孔子的言论，说明君子与小人对中庸态度是不同的，君子中庸，小人反中庸；君子之中庸以时中为度，是无时不中，小人则不知以时为中，随时而中，所以肆无忌惮，难以做到中庸。君子与小人对待中庸的态度不同是二者认识差异所造成的。

第三章借孔子之口慨叹中庸之道鲜见已经很久了，普通人都难以做到，以此引出下文的论述。

第四章引用孔子的话论中庸之道不行、不明的原因。

中庸之道不行是因为智者过之，愚者不及，智者在中庸之道上过于用智，愚者则不及用智，中庸之道因而难行；中庸之道不明，是因为贤者行为太过，认为中庸之道不足认识，不肖者行为不及，更不求所知，中庸之道因而难明。因为智愚、贤不肖二者表现出过和不及，所以都离开了中庸之道，这就像人们每天在饮食，但是却无人去过问饮食的味道。朱熹在《章句》中说：“道不可离，人自不察，是以有过不及之弊。”正是因为中庸之道就在人们的日用常行之间，所以往往不被人们省察、认识和把握，这是中庸之道不行、不明的根本原因。生活之道是需要反思的，反省之后的认识才有可能接近对道的把握，所以苏格拉底认为不经过反省的人生是不值得过的人生。

第五章重申中庸之道不行于世，孔子的慨叹透出圣人的担忧，并转入下文的论述。

第二节论中庸之道行与不行之原因，第六到第九章。

第六章至第九章引孔子之语从正反两个方面阐述中庸之道行与不行的不同情况。

第六章、第八章分别言舜和颜回之行中庸，第七章、第九章则言中庸不行的事实和原因。

舜是具有大智慧的人物，他勤学好问，对细小浅近的东西都着意观察，对于未善的隐而不宣，其善的播而不匿，同时舜能够把握事物运行的两端，揣度以取中，用之于民，这就是舜践行中庸的过程；颜回的为人之道，就是选择中庸之道，见到任何一种善的行为，就奉持坚守、拳拳服膺不让善行失去，颜回因为能够深明中庸之道，故而能择守如一。

相反的情况是，人人都说自己是聪明智慧的，但是在各种利欲、诱惑面前却不知分寸，像失去方向的野兽一样纷纷落进捕网、木笼和陷阱之中，无人能够逃避；人人都认为自己聪明睿智，选择了中庸之道，但是却没有人能够坚守超过一个月；天下国家都是可以治理使之变得公正，官爵俸禄可以辞而不受的，锋利的白刃也能够踩踏闯过，但是中庸之道却是很难做到的。

第三节论行中庸之道的内容，第十到第十六章。

第十章论刚强的中庸之道。

通过子路问强，孔子的回答道出了中庸之道的刚强，即“和而不流，中立而不倚”。刚强不是南方与北方的差别，地域的分别不会影响到君子的处世之道，君子就是与人协调但不同流合污、随波逐流，信守中庸，独立处世，不偏不倚，这是君子的刚强之道。

第十一章论君子守中庸之道不为求后世之名。

世界上总是有各种人喜爱追求隐僻之理，行诡异之事，为的是让后人称道。孔子不语怪、力、乱、神也是对后人的示范。遵循中庸之道的人绝不做这样的事情。孔子说，君子遵循中庸之道不能半途而废，即使避世隐居不能被人重用，也不悔恨，这是圣者的中庸之道。

第十二章论中庸之道无所不包，无所不及。

君子循从的中庸之道广大但又具体而微。即使是普通男女也能够对浅近的生活之道有所了解，但是他们对生活之道的微妙之处则是不加省察的。圣人探究中庸之道则是广大悉备，无所不在的。此章引《诗经·大雅·旱麓》的诗句说："鸢飞于天，鱼跃于渊"，佐证天地万物化育流行，上下昭著，莫非中庸之道的显现。从普通男女的生活到万物的自然变化莫不呈现中庸之道。

第十三章论中庸之道与人同在，不远离人而在，其中包括忠恕之道、德性之道。

首引孔子之言：道不远人，说明中庸之道不远离人们，如果有人修道却故弄玄虚，那么就使道远离人们，反而不是在修道了。为此引《诗经·豳风·伐柯》"伐柯伐柯，其则不远"，就是说拿着斧柄做样子去砍伐木材制作斧柄，是很容易的事情。但是如果没有规矩度量，新旧斧柄之间的差距还是存在的。君子对人也是如此，以人之道治人之身，只有等到人们能够归到规矩之道以后，才会中止治人之事。

在治人的中庸之道当中，最为重要的就是忠恕之道。也就是不愿意别人加给自己的行为，也不要加给别人。张载说："以爱己之心爱人则尽仁"，忠恕之道就是中庸之道，中庸之道也是仁者之道。

中庸之道还是德性之道，君子之德有四个方面的重要内容：父子之德、君臣之道、兄弟之事、朋友之交。在这些日常的庸言庸行之中，都要能够做到中庸之道，庸言就是保证言语谨慎，始终勤勉，庸行则是与庸言相一致，笃实无违。言行之间互动一致，这是对中庸之道的最佳实行。

第十四章论君子处世之中庸之道。

君子处世要素其位而行，安于平素的所在，在富贵、贫贱、夷狄、患难之间都能够保持一颗平常的心，无论生活的处境有什么变化，君子都能够以中庸之心对待、处置，无有偏私。君子在高位不欺凌下位，在下位不攀附高位，端正自己的言行，上不怨于天，下不怨于人。因为君子对天命有了这样深刻的认识，所以能够保持生命的自然流行，小人因为肆无忌惮，总是心存侥幸，无谓地冒险。就像孔子说的，君子处世之道如同射箭，射箭不中目的，应该反过来反省自己的不足，这是真正的中庸之道。因为它就存在于我们的日常生活当中。

第十五章论何以达致中庸之道。

求取君子之中庸之道就像走路、登山一样，由近及远，由低及高。引《诗经·小雅·常棣》篇说明夫妇、兄弟如果能够循从君子之中庸之道，家庭必然和睦美满，孔子说，这样的话，父母就会心满意足了。这是达致中庸之道的最佳途径，也是方便之门。

第十六章以鬼神之德形容中庸之道之盛大美备。

本章所引孔子盛赞鬼神的言论实际上是对中庸之道的赞美。这里的鬼神不是唯灵论、神学意义上的鬼神观念，而是儒家对天地万物运行的至大至刚之态的形容。用朱熹在《中庸章句》中的解释就是“鬼者阴之灵也，神者阳之灵也。以一气言，则至而伸者为神，反而归者为鬼，其实一物而已。”鬼神所代表的是天地万物运行的两种力量以及两个方向的指称。在这种意义上，鬼神之德美且大也。天下之人在祭祀鬼神的活动中，斋戒沐浴，穿戴整齐，心存虔敬，真心奉持，就像鬼神飘荡在人们的上空，流动在人们的身旁。正如《诗经·大雅·抑》篇指出的那样，“鬼神的降临，是不可预测的，我们怎么可以对他们懈怠不敬呢?”因为鬼神之微而隐，而其功德运用又非常的显著，这是不可掩盖的至诚的德性。此章不是单独称赞鬼神的圣德，而是通过对鬼神之道的描述揭示了中庸之道的盛大美备，启示人们要于微著之间体察中庸之道的无所不在，用对鬼神的至诚之心对待中庸之道。

第四节论舜、文、武、周公如何践行中庸之道，第十七章至第十九章。

这三章通过对舜、周文王、周武王、周公所建立的功业，以及他们在创立功业的过程中对孝道的遵从和奉行，最终都获得了生命的圆满和事业的长盛不衰。这是圣者对中庸之道践行的最好说明。第十七章引《诗经·大雅·假乐》篇说：“清雅欢乐的君王，他的美德昭昭在人耳目。善于安人善于用人，上天赐予你福禄。上天保佑你得以天年，这是天命的重重福祉。”朱熹在《中庸章句》中也认为这三章都是对践行中庸之道的最好说明，他指出：“此由庸行之常，推之以及其至，见道之用广也。而其所以然者，则为体微矣。”中庸之道是常道，是万物显著之间的不可离之道，是存在于天命、人事之间的盛大广备之道。

总之，第二部分是承接第一章总论中庸之道，进而对中庸之道不行、不明的原因做出探讨，再论中庸之道在君子生活中的显现，最后以圣者践行君子之道获得了生命的圆满论证了中庸之道的广大美备。后面的三节是对中庸之道如何达成养性这一目的进行展开论述，提出了具体的养性之道。

第三部分是二十章至第二十六章，论五达道、三达德、九经之道、至诚之道，是中庸之道的展开。

这一部分文字恣肆，节奏明快，推理宏富，阐述了中庸之道在具体的养性层面上的多种表现，即五达道、三达德、九经之道、至诚之道。第二十章是全面的阐述，二十一至二十六章是接着二十章提出的至诚之道进行集中的论述。[①] 我们分三小节来进行解读。

---

① 二十章自“凡事豫则立”一下可以归入下一章，自此开始论至诚之道。现通行本朱熹所分章句似乎没有道理。

第一节是论五达道和三达德，这是第二十章开始的部分。开篇哀公问孔子为政，孔子认为为政在人，为政之人主要是贤臣，得贤臣需要君王的品德修行，修行品德又取决于对天下之道的循从，循从天下之道的方法源自于仁德之心。仁者之心存在于人与人的相爱，在亲亲之仁和尊尊之贤之间，礼制产生了。这是为政的次序。为政之道虽属政事，但是都离不开对天下之道的把握和遵行，依《中庸》本义，中庸之道是天下之道的最为集中的表达。

天下共行的达道有五，践行这五道的德性有三，即五达道、三达德。“天下之达道五，所以行之者三。曰：君臣也，父子也，夫妇也，昆弟也，朋友之交也，五者天下之达道也。知、仁、勇，三者天下之达德也，所以行之者一也。”根据朱熹《中庸章句》的解释，五达道就是孟子提出过的父子有亲、君臣有义、夫妇有别、长幼有序、朋友有信，这是古今天下共通之道；知是所以知此，仁是所以体此，勇是所以强此，达德就是古今天下所同得之理。朱熹认为此处“行之者一”之“一”指的是诚，但是从《中庸》本文来看，此“一”应该是指中庸之道。从五达道是人间之通道，三达德是人间之通德，盖莫能弃，要做到不能弃就必须依靠中庸之道。这应当是《中庸》的旨意所在，是养性的根本所在。所以下文引孔子的话说：“好学近乎知，力行近乎仁，知耻近乎勇。知斯三者，则知所以修身；知所以修身，则知所以治人；知所以治人，则知所以治天下国家矣。”能够做到知、仁、勇就可以修身、治人、治国，这些都是从养性的外在表现来说的，是属于事功的具体所为。那么如何完整的实现修身、治人和治国的统一，就转入到下文的九经之道的论述。

第二节论治天下国家九经之道，是二十章的中间部分，从“凡为天下国家有九经”开始，到“凡事豫则立”前的文字。九经之道主要是针对治理天下国家的君王而言的，其次序是由己及人，由近及远。九经条目为：修身、尊贤、亲亲、敬臣、体臣、子庶民、来百工、柔远人、怀诸侯。《中庸》详细阐述了九经之道的目的和方法。修身是为了立道，只要仪表端庄，循礼而动，就可以做到修身；尊敬贤人则万事通达，临事不惑，劝勉人们成就贤德，变为贤人要使人远离谄媚之辞色，轻贱财利，培养良好的德性；对亲族之人以仁爱之心，亲人、叔伯、弟兄就会相安无事，无所抱怨，努力做到亲亲需要对亲族的地位加以尊敬，重赐亲族的俸禄，好恶大家保持一致；敬重大臣就不会遇事有迷惑，君王为大臣多设官属，足供任用，这就可以劝赏大臣；体恤众臣，受到恩惠的士臣就都会礼敬回报君王，对士臣诚实守信，厚禄供养，就可以劝诫士臣；爱民如子，百姓们就会努力回报，适时役使百姓，薄赋轻敛，就可以劝使百姓努力劳作；招徕四处八方的百工能人，财富用具就会充足，每天检查每月考核，付给工匠门足够的资粮，就可以劝使百工认真工作，创造财富；抚恤异族四邻的民众，远方的人都会归顺于君王的统治，盛情相送，热情相迎，嘉赏善行之人，同情才能不足的人，就可以使远方之人都来归顺；安抚四方诸侯，普天之下就会臣服敬畏，承继已经中断俸禄的世家，兴举衰败废灭的邦国，整治混乱，解救危机，定期朝聘问礼，对来者薄收贡礼，礼敬诸侯则厚礼以待，这就可以善待安抚诸侯。

九经之道概括了治理天下国家的各个方面，无论哪一个方面的治理之道都要秉持中庸之道，这是中庸之道在社会治理之道方面的最好表现，是《中庸》理论的一大特色。

第三节论至诚之道，从二十章“凡事豫则立”开始，到二十六章结束。《中庸》论至诚之道用了大量的篇幅，是《中庸》之作的重点。《中庸》阐释至诚之道主要从以下几个方面展开：明善诚身、思诚行诚、诚明互动、尽性至诚、至诚能化、至诚如神、至诚即道、至诚无息，对此我们一一加以解读。

明善诚身、思诚行诚是在二十章论述的，这是对至诚之道根源的解释。

明善诚身从“凡事豫则立”到“不明乎善，不诚乎身矣”，本段由凡事豫则立不豫则废引出诚身之道。凡事有了充分的准备，言语、行为、处事、行道都不会陷入混乱，这是诚身的基本表现。在人们处事立身的过程中，能够做到以明善为本，那么诚身也就可以做到了。能够在上下、朋友之间取得信任的人一定能够对自己父母孝敬，孝敬父母需要反身而诚，心存诚敬、孝顺就是善道的最基本体现。这也是对前文“仁者人也，亲亲为大”的呼应，说明诚身之道源自儒家对亲亲之道的把握，也就是明善之道。

明善诚身是行为层面的阐述，为何要明善诚身，或者说诚身之诚的根源又是什么呢?《中庸》接着就讨论了思诚行诚之道。从“在下位不获乎上”到“诚之者，择善而固执之者也”与《孟子·离娄上》第十二章文字大体相同，有个别文字有出入。《中庸》“诚者，天之道也；诚之者，人之道也。诚者不勉而中，不思而得，从容中道，圣人也。诚之者，择善而固执之者也。”《孟子》中文字为：“是故诚者，天之道也；思诚者，人之道也。至诚而不动，未之不也；不诚，未有能动者也。”关键的出入是《中庸》言“诚之者，人之道也”，《孟子》文字为“思诚者，人之道也”。二者文字谁先谁后此处不论，从文意上看，“思诚”与“诚之”应该没有本质的差别，《孟子》可能更加强调对诚的反思追索，《中庸》则直接切入诚的本质，或者将诚作为一个能动的用法，思之义包含其中。总体而言，二十章余下的这段话是论思诚行诚之道的。思诚是从天道处开始，由天道而及人道。无论天道、人道都秉承中庸之道。圣人之道，不勉而中，不思而得，从容中道，与天道一体相承，没有差别，这是论至诚之道的枢机。普通人道是择善而固执之，是对诚道的坚持，这是人道之诚。这是从根源、本体上论思诚行诚，“博学之”到“虽柔必强”结束，是从流行、功夫上论思诚行诚。博学、审问、慎思、明辨、笃行皆是从功夫的角度言如何达致至诚。

以下二十一章是从功夫角度论达致至诚的两个方向，即“自诚明”与“自明诚”，二十二章则是从本体角度论达致至诚的道路，即“尽性”，我们可以将之看做是对《中庸》开篇三句教的展开。“自诚明”是由内而外的，是由天道之诚达致明善，这是由“天命之谓性”所决定的，是本体的道路；“自明诚”是由外而内的，是由修道之教化而得来的，这是“修道之谓教”所指示的，是功夫的进路。从至诚之道来看，二者又是一体互动的，是“诚则明矣，明则诚矣”，诚明与明诚之间是无滞无碍的。

二十二章文字可谓一气呵成，浑然无间，是《中庸》论至诚之道的核心所在。此段文字可以正看，也可以反看。按照本文的推进次序是正看，即天下至诚——尽其性——尽人之性——尽物之性——赞天地之化育——与天地参，这是由天道之诚进而显发人、万物之性，在此基础上，人便可以与天地化育流行相与共，最后形成天—地—人三位一体的天道结构。反之，从人参与天地的发育变化，显露众人、万物之性，最后达致对天道的体认，这就是反看。无论是正看还是反看，这段文字都可以看做是对“率性之谓道”的诠释，天地万物率性的过程就是天道发育流行，天道所以能够变化万端源自于天道之诚，人立于天地之间就是对天道之诚的体认和修为，是人道养性、明善、思诚、行诚、至诚的完整过程。尽性至诚是立体的、全整的，沟通天道与人道，显尽万物、众人之性，是纯粹的率性之道。

以下的二十三、二十四、二十五、二十六四章是从功能显发的角度论至诚之道。

二十三章论至诚能化，前人解此章皆认为是论贤人之诚，其实不必作如此看。至诚之道可以于细微处见变化，并使一切昭著显明，无所隐匿，化成天下。《中庸》论至诚之道是为中庸之道的践行寻求根基，思诚行诚、尽性至诚的基础是天道之诚，这是从形而上的层面揭示中庸之道可行，此处论至诚能化，与接下来的三章论至诚如神、至诚即道、至诚无息都是从形而下的层面证中庸之道能行。

二十四章论至诚如神、至诚皆化，可证万物运行均有自己本性，只要秉承至诚之道，天地万物之道便可“前知”，国家兴亡，祸福去留，都能够在至善、至诚的道路上得到分辨，达到神妙之境。“前知”不是预知，而是对万物发展态势的一种把握，没有至诚之道，就不可能对国家、祸福一类的事物进行判断。至诚如神不是神鬼的功能表现，而是至诚达致的一种境界，一种于神妙的变化中可以体认的境界。

二十五章论至诚即道，朱熹《中庸章句》认为："言诚者物之所以自成，而道者人之所以当自行也。诚以心言，本也；道以理言，用也。"朱熹此解将诚与道分开来论，有违《中庸》本旨。"诚者自成也，而道自道也"句中之诚与道虽是分说，其实皆是言至诚之道。诚道是万物之道，也是君子之道，君子于至诚之道中成仁得知，体现君子的本性。所以说"性之德也，合内外之道也"，至诚之道有内外的表现，但诚道之本是不变的，因而是"时措之宜"。至诚的君子就是行走在诚道之上，就是行的中庸之道。

二十六章论至诚无息。至诚能化、至诚如神，故而至诚即道，至诚之道因而也就没有停息不行的时候。本章第一句是理解的关键，其余则是对此句意思的铺陈。至诚之道是没有止息的，因此它是能够久长的，因为能够久长故而能够昭明证验，因为能够昭明证验所以悠远，因为悠远所以宽博广厚，因为宽博广厚所以高大而光明。宽博广厚所以承载万物，高大光明所以覆盖万物，悠远久长所以成就长养万物。这是天地万物之道于至诚处的最好体现。以下文句是对此种意思的延伸论述，最后本章引《诗经·周颂·维天之命》篇中诗句："维天之命，于穆不已"，以证天命变化久远悠长，没有止息，这是对章首论至诚无息的补证。

第三部分虽然具体论述五达道、三达德、九经之道、至诚之道，但从对至诚之道的集中论述可以看出，《中庸》作者并没有离开中庸之道的立场，而是借助这些具体论述更加深入地阐述中庸之道对于养性诚身的作用。学者应当细加体会。

第四部分是二十七至三十三章，论圣人、圣王、至圣之道，是中庸之道的终极旨归。

前文详尽阐述的五达道、三达德、九经之道、至诚之道是对人们立身处世如何养性的具体展开，在此基础上，论述圣人、圣王、至圣践行之道也是中庸之道的体现，中庸之道贯穿于圣者之道，圣者之道是中庸之道的旨归。基本内容可以分为四小节：二十七章论圣人之道，二十八、二十九论圣王之道，三十到三十二章论至圣之道，三十三章八度引《诗经》文句总结论述中庸之道之美备。

圣人是儒家在世理想的模范，圣人体现的中庸之道高大光明，仪文美备，万物的发育流行莫不充满于圣人的心中。"礼仪三百，威仪三千"说的是圣人表现出来的大方之相，变化之德。因为有圣人依据天道的造作，所以能够使百事万物尽显本性，圣人因其至德故而能够凝道。"君子尊德性而道问学，致广大而尽精微，极高明而道中庸，温故而知新，敦厚以崇礼。”此段文字两相相对而言，极为宏富地表达了圣人之中庸之道的内容：君子于尊德性之时不忘道问学，境界达致广大高远但又不离精微细妙之处，处世之道高明但又循从中庸之道，于故新之间优裕从容，心态敦仁忠厚但又不失对仪礼的尊崇。君子对中庸之道的尊崇足以使自己在任何地方都能够保全其身心，所以本章结语引《诗经·大雅·蒸民》说：“既明且哲，以保其身。”明是高明、通达，哲是智慧、聪睿，明是极高明，哲是道中庸，明是明道而至德，哲是至德而凝道。圣人之道就是在既明且哲中获得通达彰显，圣人也因之而身心条达、成德凝道。

圣人是在世的生命理想，是作为君子个人追求的目标，圣王则是社会生活的理想，是人类发展进步的目标。二十八、二十九章就是对圣王之道的阐述。圣王之道就是着眼于天下观念，在人的社会发展中寻求中庸之道的落实。二十八章论圣王之道的内容，二十九章论如何做到圣王之道。首节引孔子的话指出：愚蠢而又刚愎自用的人，贱微而又独断专行的人，不知道历史的潮流变化，却只知道死守古代的礼法制度，都会遭到灾难。天子之道就是圣王之道，对社会的立法制度需要进行认真的创制、审定和考量，做到细致地议礼、制度和考文，即议定社会交往之礼数，制定社会发展之品度，考订社会需要之文法。礼数、品度、文法最终是达到对天下的统一治理，即车同轨、书同文、行同伦。一切社会的建制又必须在德性的范围内完成，离开了德性的道路，即使有君王的势位，也不能制作礼乐，考订礼数。为此，本章最后一节引孔子的话进一步指明周代的礼法制度因为有德性的基础，所以是值得借鉴和遵从的。

君王制定了礼法、制度和节文，但是实践、推行这些社会的法则，则不仅仅是君王的事情，二十九章对此做出了阐述。无论君王在上位的还是在下位，如果没有取得众民的信赖就很难推行自己的礼制。当君王在上位的时候，其良善的德性需要表现出来得到证验，有了证验之后就会取得众民的信从，众民信从之后自然会遵守国家的法度顺服君王的统治；当君王尚未获得自己的位势，处在下位时，其良善的德性如果得不到尊崇，就不会有众民的信服，没有众民的信服，就不会有众民的顺从，王天下也就不可能了。所以圣王之道是立足于自身，还要得到众民的证验，用夏、商、周的礼法制度来判断自己不要出现错误，与永恒的天地运转不相冲突矛盾，在鬼神的神妙变化中也不被怀疑，即使是百世之后的圣人也不会对此产生疑惑。这样的圣王之道因为不会受到鬼神变化的怀疑，所以与天意是完全相合的，因为百世之后的圣人对此没有疑惑，所以与众民之意也是相合的。圣王的言行也因此而成为天下的法则，远处的人会慕之而来，近处的人永远不会心生厌倦。最后本章引《诗经·周颂·振鹭》以证圣王之道誉满天下，时空永恒。

由圣人而至圣王，秉承的是至圣之道，接下来的三章对此进行了阐述。

三十章论述了至圣之道是对天道人道的体认，是宇宙之道的外显。本章第一节用孔子达致的圣者境界对至圣之道进行概述，“祖述尧舜，宪章文武”是指对人道之美备的把握和继承，是人道光明的普照，“上律天时，下袭水土”是指对自然天道变化的认知和尊崇。体认天道和人道就如同天地之载覆，四时之交错，日月之代明，是无穷无尽，绵延不绝的过程。这个过程体现的原则是“万物并育而不害，道并行而不相悖”，是最高的宇宙自然之道。至圣之道因为其完备充满，所以于小处是“小德川流”，江河不息，于大处是“大德敦化”，是敦厚化育，绵绵无尽，这既是天地之大德的显现，也是圣者之道无所不在，无处不显的昭示。

三十章论述了至圣之道彰显的本源，三十一章接着论证了至圣之道的本质表现。本章首节就指出“聪明睿智、宽裕温柔、发强刚毅、齐庄中正、纹理密察”是至圣之道必须做到的，这是圣者莅临四方、包容天下、决断万事、崇敬上下、辨别正邪的必备的五种德性品质。圣者之道周遍而广阔，静深而悠远，如天之广大，如泉之深密。众民因此没有不敬仰、不信服、不愉悦的。因此之故，圣者的声名可以远播海内外，洋溢于中国，施于四夷，舟车所到之处，人力能通之所，天覆地载，日月所照，霜露所坠，凡是有血气的生命，莫不尊而亲之，这就是至圣之道配于天地的缘故。

至圣之道与至诚之道相通而相应，至圣之道达致的天德要依靠至诚之道。从《中庸》揭示的中庸之道可以看出，五达德、三达道是从形而下的层面论中庸之道，圣人、圣王、至圣之道是从终极指向上论中庸之道，至诚之道则是从形而上的角度揭明中庸之道的本根所在。只有做到至诚的境界，才能够经纶天下之事，确立天下之本，认知天下之化育。“肫肫其仁，渊渊其渊，浩浩其天”，都是对至圣之天德外显状态的描述，至圣之道就是聪明圣知，通达天德，至诚与至圣得到了完满的统一。

三十三章是最后的结语，杂引《诗经》文句八处，孔子言论一处，以证至德、至圣之道，其实都是为中庸之道的完备作证。前三节是论君子自我内修之德，后三节是论君子外造治世之德。

内修之德包括君子日用常行的表现，对自己的严格要求，最后才能够造成德及他人。第一节引《诗经·卫风·硕人》，借喻君子美好的德性不是用来对自己的炫示和高标，小人处世皆是造作、炫耀，时间久长就离德而去。“君子之道，淡而不厌，简而文，温而理，知远之近，知风之自，知微之显”，有德的君子总是淡然若定，内心不随意漂移，行为简朴又不失文明的气象，外表温和内心条理分明，懂得悠远是自近处开始，教化之风能够由外而内，微细的德行可以变得显著粲然，这一切就可以达到至圣之德的境界了。

第二节引《诗经·小雅·正月》："潜虽伏矣，亦孔之昭"，引证君子不炫示自己的德性，而专注于内在的修养。君子也因此而不会感到内心的愧疚，君子即使于谨独之处也不忘自我的要求，这是他们过于常人的所在。第三节引《诗经·大雅·抑》："相在尔室，尚不愧于屋漏"，是对第二节意思的强调和引申。君子就是在隐暗不明的所在，在自己内心独处的时候，依然保持恭敬的心，让人感受其内在的真诚。以上是对君子自我内修之德的阐述。

第四节引《诗经·商颂·烈祖》："奏假无言，时靡有争"，言在祭祀祈祷之际，内心虔敬而真诚，无声的言说却能够让众民迁化，这是论君子于治世中表现出的交往之德。因为君子有这样的诚敬之心，所以众民不用赏罚而得到劝化，不用威怒而使众民顺服。第五节、第六节所引《诗经》基本与此相类，第五节引《诗经·周颂·烈文》言君子充分显扬良善的德行，诸侯众民就会行而效法之。君子因为忠诚恭敬地执行礼法，天下自然太平和谐。第六节引《诗经·大雅·蒸民》言周王治理天下胸怀昭明的德性，对众民从不使用厉色严刑，引孔子的话说，如果谁用厉色严刑治理天下，那就是最糟糕的治世之道。最后引《诗经·大雅·皇矣》言即使像轻飘的羽毛，也有自己可以类比的对象，又引《诗经·大雅·文王》言天地万物的覆载流行，是无声无息轻妙细微的。像羽毛那样的轻飘也自有其飘飞的德性，万物的无声无臭，也有其变化流行的德性，这就是至高无上的真理，是天地之道的最高表现。

总结来看，三十三章阐述了君子的内修外造之德，如果达到极处就是如天地万物般的无声无臭之德，从本质上看，就是天地的中庸之道。此段论述，杂引《诗经》，融形而下与形而上为一体，体现了《中庸》的神思和远虑。朱熹《中庸章句》说："盖举一篇之要而约言之，其反复丁宁示人之意，至深切矣，学者其可不尽心乎！"可谓至当之论。

总的来看，《中庸》之作文气贯通、文理缜密，文字高蹈悠远，超迈异常，论述宏富而博大，推理严密而精深。从整体结构上看，第一部分以开篇三句教为统领，论述了一个天—命—性—道—教的养性体系。第二部分对中庸之道为何不行于世，以及如何践行中庸之道进行了阐述，这是为下文铺陈中庸之道的本质做准备。第三部分论五达道、三达德、九经之道、至诚之道，逐级和剖分，揭明了中庸之道的形而上的本体基础。第四部分所论至圣之道，无论是论圣人之道，还是圣王之道，都是证明中庸之道是至圣的根本，是至德的所在。《中庸》为我们展示了儒家养性修身、至诚达道、至圣成德的追求生命完满的人生进阶。

三、《中庸》的时代价值

朱熹认为《中庸》乃孔门传授心法。其书始言一理；中散为万事；末复合为一理。“放之则弥六合，卷之则退藏於密”，其味无穷，皆实学也。善读者玩索而有得焉，则终身用之，有不能尽者矣。在朱熹看来，《中庸》既是孔门心法，是儒家思想的核心寄托所在，也是儒者践行儒家理想的指南，是一种实学。朱熹的评价揭示了《中庸》的理论和实际价值。从中庸的整体意蕴来看，其方法层面的追求是达到无偏无倚、中道庸常的人生处世之方，其本体层面则揭示了儒家心性之学的根基，在坚持天道和人道相互统一的基础上显发人的生命之机，达致园善的境地。

随着时代的发展和变化，《中庸》所饱含的儒家追求生命完满的人生进阶越发显示其价值，对于我们今天反思时代问题依然是不可超越的。

首先，《中庸》哲学的至诚之道从本体与功夫相统一的角度阐明了人生养性的基础，这是克服现代人的自我异化的救治良方。由于现代工业社会的激烈竞争，市场交往方式的广泛确立，使得人与人、人与社会、人与自然、人与自我的关系处在高度紧张的状态之中。如何回归人的本性，克服人的单向度存在的局限，需要回到明善诚身、思诚行诚的道路上来。人类自身所处的各种关系的本质是至诚的天道和人道的统一，天道因为永恒的流转而表现为诚，人道因为自觉汲取天道的诚性而思归于诚。只有认识到这一点，人类才能够改善和恢复目前的生存状况，摆脱异化的处境。人类学会诚待自然，个人学会诚待他人、善待自身，各种矛盾和冲突就会迎刃而解。

其次，《中庸》揭示的五达道、三达德、九经之道直接从方法的层面指示了人的生存之道，是中庸之道的完整体现。中庸之道是人们处世立身的方法，如何在日用常行中践行中庸之道，还需要个体在现实生活中的落实。五达道是对每个人必须面对的社会生活进行的高度概括，九经之道则是对特定社会人群的要求，落实这些具体的个体以及社会行为离不开对三达德的体认。这一结构体系是对人类生活的完整安排，对于今天人类处理人际关系、民族国家间关系都是富有助益的。这些方法是中庸之道的具体体现，是东方文化对人类自我完善之道的理论贡献。

再次，《中庸》指示的至圣之道确立了人类发展的理想远景，为人类治世之道开辟了独具儒家理论特色的道路。成就圣贤的理想虽然离现代人的生活已经变得遥远，但是人类生活的精神追求却是不能抛弃的。无论是西方哲学家追求的理想国，还是马克思希冀的共产主义，还是儒家的大同理想以及修齐治平的人生进路，都表明人类的自我完善之路是无止境的。《中庸》的至圣之道从至圣成德的高度为人的德性完满标示了一种途径，既有高明的人生成就之道，又有庸常的德行层面的保证。人类需要保持永恒的治世状态，只要遵循至圣成德的生命路径，个体的理想和社会发展的理想就会越来越近。

最后，《中庸》倡导的中庸之德与西方哲学追求中道之美的德性在本质上是一致的，这为东西方哲学走向融通提供了理论的先导。古希腊哲学所阐明的德性之美是对中道原则的完整体现，这与中庸之德在本质上是一致的。虽然西方哲学近代以来的发展过于追求理性的超越和解放，忽视对人性本质的反思。随着现代哲学的兴起，对人本身的关注使得西方哲学开始关注人类自身的德性存在本质，这就为中庸之道、中庸之德的重新灌入提供了契机。人类自身发展所带来的各种危机就是由于偏离了中庸之道，离弃了中庸之德，任何极端片面的发展都是有害于人类的。

附：《中庸》全文①

天命之谓性，率性之谓道，修道之谓教。道也者，不可须臾离也，可离非道也。是故君子戒慎乎其所不睹，恐惧乎其所不闻。莫见乎隐，莫显乎微，故君子慎其独也。喜怒哀乐之未发，谓之中；发而皆中节，谓之和。中也者，天下之大本也；和也者，天下之达道也。致中和，天地位焉，万物育焉。

仲尼曰："君子中庸，小人反中庸。君子之中庸也，君子而时中；小人之中庸也，小人而无忌惮也。"

子曰："中庸其至矣乎！民鲜能久矣！"

子曰："道之不行也，我知之矣，知者过之，愚者不及也；道之不明也，我知之矣，贤者过之，不肖者不及也。人莫不饮食也，鲜能知味也。"

子曰："道其不行矣夫！"

子曰："舜其大知也与！舜好问而好察迩言，隐恶而扬善，执其两端，用其中于民，其斯以为舜乎！"

子曰："人皆曰予知（zhì），驱而纳诸罟（gū）擭（huò）陷阱之中，而莫之知辟也。人皆曰予知，择乎中庸而不能期月守也。"

子曰："回之为人也，择乎中庸，得一善，则拳拳服膺而弗失之矣。"

子曰："天下国家可均也，爵禄可辞也，白刃可蹈也，中庸不可能也。"

子路问强。子曰："南方之强与？北方之强与？抑而强与？宽柔以教，不报无道，南方之强也，君子居之。衽金革，死而不厌，北方之强也，而强者居

① 据新编诸子集成《四书章句集注》本，朱熹撰，中华书局1983年版。

之。故君子和而不流，强哉矫！中立而不倚，强哉矫！国有道，不变塞焉，强哉矫！国无道，至死不变，强哉矫！”

子曰：“素隐行怪，后世有述焉，吾弗为之矣。君子遵道而行，半途而废，吾弗能已矣。君子依乎中庸，遁世不见知而不悔，唯圣者能之。

君子之道费而隐。夫妇之愚，可以与知焉，及其至也，虽圣人亦有所不知焉；夫妇之不肖，可以能行焉，及其至也，虽圣人亦有所不能焉。天地之大也，人犹有所憾。故君子语大，天下莫能载焉；语小，天下莫能破焉。《诗》云：“鸢飞戾天，鱼跃于渊。”言其上下察也。君子之道，造端乎夫妇；及其至也，察乎天地。”

子曰：“道不远人。人之为道而远人，不可以为道。《诗》云：‘伐柯伐柯，其则不远。’执柯以伐柯，睨而视之，犹以为远。故君子以人治人，改而止。忠恕违道不远，施诸己而不愿，亦勿施于人。君子之道四，丘未能一焉：所求乎子以事父，未能也；所求乎臣以事君，未能也；所求乎弟以事兄，未能也；所求乎朋友先施之，未能也。庸德之行，庸言之谨，有所不足，不敢不勉，有余不敢尽；言顾行，行顾言，君子胡不慥（zào）慥尔！”

君子素其位而行，不愿乎其外。素富贵，行乎富贵；素贫贱，行乎贫贱；素夷狄，行乎夷狄；素患难，行乎患难；君子无入而不自得焉。在上位不陵下，在下位不援上，正己而不求于人则无怨。上不怨天，下不尤人。故君子居易以俟命，小人行险以侥幸。子曰：“射有似乎君子；失诸正鹄（gǔ），反求诸其身。”

君子之道，辟如行远必自迩，辟如登高必自卑。《诗》曰：“妻子好合，如鼓瑟琴；兄弟既翕，和乐且耽；宜尔室家，乐尔妻帑（nú）。”子曰：“父母其顺矣乎！”

子曰：“鬼神之为德，其盛矣乎！视之而弗见，听之而弗闻，体物而不可遗。使天下之人齐明盛服，以承祭祀。洋洋乎！如在其上，如在其左右。《诗》曰：‘神之格思，不可度思！矧（shěn）可射思！’夫微之显，诚之不可掩如此夫。”

子曰：“舜其大孝也与！德为圣人，尊为天子，富有四海之内。宗庙飨（xiǎng）之，子孙保之。故大德必得其位，必得其禄，必得其名，必得其寿。故天之生物，必因其材而笃焉。故栽者培之，倾者覆之。《诗》曰：‘嘉乐君子，宪宪令德！宜民宜人，受禄于天。保佑命之，自天申之。’故大德者必受命。”

子曰：“无忧者其惟文王乎！以王季为父，以武王为子，父作之，子述之。武王缵大（tài）王、王季、文王之绪，壹戎衣而有天下，身不失天下之显名。

尊为天子，富有四海之内。宗庙飨之，子孙保之。武王末受命，周公成文武之德，追王大王、王季，上祀先公以天子之礼。斯礼也，达乎诸侯大夫，及士庶人。父为大夫，子为士；葬以大夫，祭以士。父为士，子为大夫；葬以士，祭以大夫。期之丧达乎大夫。三年之丧达乎天子。父母之丧；无贵贱一也。”

子曰：“武王、周公，其达孝矣乎！夫孝者：善继人之志，善述人之事者也。春秋修其祖庙，陈其宗器，设其裳衣，荐其时食。宗庙之礼，所以序昭穆也；序爵，所以辨贵贱也；序事，所以辨贤也；旅酬下为上，所以逮贱也；燕毛，所以序齿也。践其位，行其礼，奏其乐，敬其所尊，爱其所亲，事死如事生，事亡如事存，孝之至也。郊社之礼，所以事上帝也，宗庙之礼，所以祀乎其先也。明乎郊社之礼、禘尝之义，治国其如示诸掌乎！”

哀公问政。子曰：“文武之政，布在方策。其人存，则其政举；其人亡，则其政息。人道敏政，地道敏树。夫政也者，蒲卢也。故为政在人，取人以身，修身以道，修道以仁。仁者人也，亲亲为大；义者宜也，尊贤为大；亲亲之杀，尊贤之等，礼所生也。在下位不获乎上，民不可得而治矣！故君子不可以不修身；思修身，不可以不事亲；思事亲，不可以不知人；思知人，不可以不知天；天下之达道五，所以行之者三：曰君臣也，父子也，夫妇也，昆弟也，朋友之交也，五者天下之达道也。知、仁、勇三者，天下之达德也，所以行之者一也。或生而知之，或学而知之，或困而知之，及其知之一也；或安而行之，或利而行之，或勉强而行之，及其成功一也。子曰：“好学近乎知，力行近乎仁，知耻近乎勇。知斯三者，则知所以修身；知所以修身，则知所以治人；知所以治人，则知所以治天下国家矣。”凡为天下国家有九经，曰：修身也，尊贤也，亲亲也，敬大臣也，体群臣也，子庶民也，来百工也，柔远人也，怀诸侯也。修身则道立，尊贤则不惑，亲亲则诸父昆弟不怨，敬大臣则不眩，体群臣则士之报礼重，子庶民则百姓劝，来百工则财用足，柔远人则四方归之，怀诸侯则天下畏之。齐明盛服，非礼不动，所以修身也；去谗远色，贱货而贵德，所以劝贤也；尊其位，重其禄，同其好恶，所以劝亲亲也；官盛任使，所以劝大臣也；忠信重禄，所以劝士也；时使薄敛，所以劝百姓也；日省月试，既廪称事，所以劝百工也；送往迎来，嘉善而矜不能，所以柔远人也；继绝世，举废国，治乱持危，朝聘以时，厚往而薄来，所以怀诸侯也。凡为天下国家有九经，所以行之者一也。凡事豫则立，不豫则废。言前定则不跲(jiá)，事前定则不困，行前定则不疚，道前定则不穷。在下位不获乎上，民不可得而治矣；获乎上有道：不信乎朋友，不获乎上矣；信乎朋友有道：不顺乎亲，不信乎朋友矣；顺乎亲有道：反诸身不诚，不顺乎亲矣；诚身有道：不明乎善，不诚乎身矣。诚者，天之道也；诚之者，人之道也。诚者不勉而中，不思而得，从容中道，圣人也。诚之者，择善而固执之者也。博学之，审问之，慎思之，明辨之，笃行之。有弗学，学之弗能弗措也；有弗问，问之弗知弗措也；有弗思，思之弗得弗措也；有弗辨，辨之弗明弗措也；有弗行，行之弗笃弗措也。人一能之己百之，人十能之己千之。果能此道矣，虽愚必明，虽柔必强。

自诚明，谓之性。自明诚，谓之教。诚则明矣，明则诚矣。

唯天下至诚，为能尽其性；能尽其性；则能尽人之性；能尽人之性，则能尽物之性；能尽物之性，则可以赞天地之化育；可以赞天地之化育，则可以与天地参矣。

其次致曲，曲能有诚，诚则形，形则著，著则明，明则动，动则变，变则化，唯天下至诚为能化。

至诚之道，可以前知。国家将兴，必有祯祥；国家将亡，必有妖孽。见乎蓍（shī）龟，动乎四体。祸福将至：善，必先知之；不善，必先知之。故至诚如神。

诚者自成也；而道自道也。诚者物之终始，不诚无物。是故君子诚之为贵。诚者非自成己而已也，所以成物也。成己，仁也；成物，知也。性之德也，合外内之道也，故时措之宜也。

故至诚无息。不息则久，久则征，征则悠远，悠远则博厚，博厚则高明。博厚，所以载物也；高明，所以覆物也；悠久，所以成物也。博厚配地，高明配天，悠久无疆。如此者，不见而章，不动而变，无为而成。天地之道，可壹言而尽也：其为物不贰，则其生物不测。天地之道：博也，厚也，高也，明也，悠也，久也。今夫天，斯昭昭之多，及其无穷也，日月星辰系焉，万物覆焉。今夫地，一撮土之多，及其广厚，载华岳而不重，振河海而不泄，万物载焉。今夫山，一卷石之多，及其广大，草木生之，禽兽居之，宝藏兴焉。今夫水，一勺之多，及其不测，鼋（yuán）鼍（tuó）、蛟龙、鱼鳖生焉，货财殖焉。《诗》云：“惟天之命，于穆不已！”盖曰天之所以为天也。“于（wū）乎不显，文王之德之纯！”盖曰文王之所以为文也，纯亦不已。

大哉圣人之道！洋洋乎！发育万物，峻极于天。优优大哉！礼仪三百，威仪三千，待其人而后行。故曰苟不至德，至道不凝焉。故君子尊德性而道问学，致广大而尽精微，极高明而道中庸。温故而知新，敦厚以崇礼。是故居上不骄，为下不倍，国有道其言足以兴；国无道其默足以容。《诗》曰“既明且哲，以保其身。”其此之谓与！

子曰：“愚而好自用，贱而好自专，生乎今之世，反古之道。如此者，烖（zāi）及其身者也。”非天子，不议礼，不制度，不考文。今天下车同轨，书同文，行同伦。虽有其位，苟无其德，不敢作礼乐焉；虽有其德，苟无其位，亦不敢作礼乐焉。子曰："吾说夏礼，杞不足征也；吾学殷礼，有宋存焉；吾学周礼，今用之，吾从周。"

王天下有三重焉，其寡过矣乎！上焉者虽善无征，无征不信，不信民弗从；下焉者虽善不尊，不尊不信，不信民弗从。故君子之道：本诸身，征诸庶民，考诸三王而不缪，建诸天地而不悖，质诸鬼神而无疑，百世以俟圣人而不惑。质诸鬼神而无疑，知天也；百世以俟圣人而不惑，知人也。是故君子动而世为天下道，行而世为天下法，言而世为天下则。远之则有望，近之则不厌。《诗》曰："在彼无恶，在此无射，庶几夙夜，以永终誉！"君子未有不如此而早有誉于天下者也。

仲尼祖述尧舜，宪章文武；上律天时，下袭水土。辟如天地之无不持载，无不覆帱（chóu），辟如四时之错行，如日月之代明。万物并育而不相害，道并行而不相悖，小德川流，大德敦化，此天地之所以为大也。

唯天下至圣，为能聪明睿知，足以有临也；宽裕温柔，足以有容也；发强刚毅，足以有执也；齐庄中正，足以有敬也；文理密察，足以有别也。溥博渊泉，而时出之。溥博如天，渊泉如渊。见而民莫不敬，言而民莫不信，行而民莫不说（yuè）。是以声名洋溢乎中国，施及蛮貊；舟车所至，人力所通；天之所覆，地之所载，日月所照，霜露所队（zhuì）；凡有血气者，莫不尊亲，故曰配天。

唯天下至诚，为能经纶天下之大经，立天下之大本，知天地之化育。夫焉有所倚？肫（zhūn）肫其仁！渊渊其渊！浩浩其天！苟不固聪明圣知达天德者，其孰能知之？

《诗》曰"衣锦尚絅（jiǒng）"，恶其文之著也。故君子之道，暗然而日章；小人之道，的然而日亡。君子之道：淡而不厌，简而文，温而理，知远之近，知风之自，知微之显，可与入德矣。《诗》云："潜虽伏矣，亦孔之昭！"故君子内省不疚，无恶于志。君子所不可及者，其唯人之所不见乎！《诗》云："相在尔室，尚不愧于屋漏。"故君子不动而敬，不言而信。《诗》曰："奏假无言，时靡有争。"是故君子不赏而民劝，不怒而民威于鈇（fū）钺。《诗》曰："不显惟德，百辟其刑之。"是故君子笃恭而天下平。《诗》曰："予怀明德，不大声以色。"子曰："声色之于以化民，末也。"《诗》曰"德輶（yóu）如毛"，毛犹有伦。"上天之载，无声无臭"，至矣！

第五篇　《老子》导读

在我国的古代经典中，《老子》属于较为简短的一种。虽然一部《老子》仅仅约五千言，而其历史和文化影响却非常深远。有资料表明，《老子》一书早在公元前三世纪已经在社会上广为流传；大约 1350 年前，《老子》即已经被译成外国文字。及至近现代，在国外文化学术界流传较多的中国典籍就是《老子》。《老子》和它所开创的道家学派，成为对我国思想文化历史影响最大的学派之一。我们要了解中国古代的文化，不能不认真阅读《老子》一书。

一、老子其人其书

关于老子其人，历来有不同的记载和说法。《史记·老子韩非列传》中记载："老子者，楚苦县厉乡曲仁里人也。姓李氏，名耳，字聃。周守藏室之史也。孔子适周，将问礼于老子。老子曰'子所言者，其人与骨皆已朽矣，独其言在耳。且君子得其时则驾，不得其时则蓬累而行。吾闻之，良贾深藏，若虚；君子盛德，容貌若愚。去子之骄气与多欲，态色与淫志，是皆无益于子之身，吾所以告子若是而已。'孔子去，谓弟子曰：'鸟吾知其能飞，鱼吾知其能游，兽吾知其能走。走者可以为罔，游者可以为纶，飞者可以为矰。至于龙，吾不能知其乘风云而上天。吾今今日见老子，其犹龙邪?'老子修道德，其学以自隐无名为务。居周久之，见周之衰，乃遂去。至关，关令尹喜曰：'子将隐也，强为我著书。'于是老子乃著书上下篇，言道德之意五千余言而去，莫知其所终。或曰：老莱子亦楚人也，著书十五篇，言道家之用，与孔子同时。云盖老子百有六十余岁，或言二百余岁，以其修道而养寿也。自孔子死后百二十九年，而史记周太史儋见秦献公曰：'始秦与周合，合五百岁而离，离七十岁而霸王者出焉'或曰儋即老子，或曰非也，世莫知其然否。老子，瘾君子也。老子之名宗，宗为魏将，封于段干。宗子注，注子宫，宫玄孙假，假仕于汉孝文帝。而假之子解为胶西王卯太傅，因家于齐焉。世之学老子者，则绌儒学，儒学亦绌老子。'道不同，不相为谋'，岂谓是邪？李耳无为自化，清静自正。"

这里如此不厌其烦的引述《史记》中的一段长话，主要是想说明，老子个人的真实和详细情况，早在司马迁的时代就不能完全搞清楚了。老子其人其事，实际上也还是一个谜。不过，根据司马迁的记载，这里有三个人物需要注意，一是周守藏室之史李耳（聃），二是老莱子，三是周太史儋。

关于老子其人，历代的介绍和说法不同，大体就是四种说法。第一种认为，老子就是李耳（聃），生活在与孔子同时稍早的春秋后期，孔子曾经问礼于他。《老子》一书也就是他的著作。马叙伦、郭沫若、任继愈等人持这种观点。第二种说法，则认为老子是战国人，《老子》一书也是战国时期的作品。汪中、梁启超、冯友兰、罗根泽、范文澜等人有这种主张。第三种意见认为，老子生活在秦汉之间。顾颉刚主张这个观点。第四种意见认为，老子就是古代传说中的博大真人，生活在庄子之后。钱穆坚持这个主张。

我们赞成第一种意见，这不仅因为第一种意见有《战国策》、《礼记·曾子问》、《庄子》、《荀子》、《吕氏春秋》等先秦文献的记载为证，而且在于：1973 年湖南长沙马王堆第三号汉墓出土了《老子》的两种帛书写本，1993 年湖北荆门郭店战国楚墓出土了三种竹简《老子》抄本。尤其是后一发现表明，《老子》一书的流行不晚于公元前三世纪。司马迁关于老子其人的记载应该是可信的。目前，还没有新的资料证明司马迁的说法不足信。总之，根据这种观点，老子确有其人，曾经做过周守藏史官，生活的年代与孔子同时稍早一些，孔子向他问过礼，他也曾著书五千言，这就是《老子》一书。

《老子》其书，我们根据《史记》的说法，老子著书上下篇，言道德之意五千余言。《史记》所载该书的字数和内容，与今天我们所见的王弼注释本大体相同。在没有新的资料发掘出来，推翻《史记》的记载之前，我们应该采纳并且相信这个观点。《老子》一书，目前主要有三个版本，一是自汉魏以来一直流行的王弼所注的版本，我们称之为王注本；二是 1973 年在湖南长沙马王堆三号汉墓出土的两种帛书写本，简称为帛书本；还有一种，就是 1993 年湖北荆门郭店战国楚墓出土的三个在竹简上的节抄本，可以称之为简本。其中，第一种版本即王注本最为完整，人们的阅读使用也最多。第二种版本显著特征是《德经》在前，《道经》在后，而且不分上下篇。第三种版本分成三组，这个版本非常有价值，足以证明《老子》一书流行的年代不晚于公元前三世纪。但是，这个简本，我们今天读起来很不通畅。根据楼宇烈教授的考证，现今流行的王弼注本与实际上王弼所使用的版本还是有差异的，而帛书本的出土，为我们了解这种差异提供了依据。今天，这三个版本在书市上都可以买到，尤其是后两个版本的出现，引起了学术界对老子学说的新的讨论热潮。学术界已经出现了若干参考帛书本和简本，重新研究老子与道家思想的成果。

通行版本的《老子》分为上下篇，其上篇第一章第一句为“道可道，非常道”，下篇开始的第三十八章第一句则为“上德不德，是以有德”，有人据此称之为《道德经》。关于《老子》一书是“道”在前还是“德”在前的问题，早在战国时期的韩非子解老过程中，就有“德”放在前面的做法。今天，我们看到的帛书本，两个抄本也都是“德”放在前面，“道”放在后面。不过，两个写本的章并没有非常严格的划分。所以，我们假如把《道德经》作为一个思想连贯的整体来看待，就不必在如何区分上下篇这个问题上过于纠缠。

关于《老子》是否分章以及怎样分章的问题，历史上也有不同的分法和争论。王弼注本与汉末河上公注本都是分为81章，汉代的严遵注本分为72章，元代的吴澄则分成68章。据考，现存的严遵注本为后人伪作，故不足为信。吴澄的分法，也还有人坚持。但是，我们在阅读研究中发现，无论是分成81章还是分成68章，都有不连贯、不合理乃至不可理解之处。我们这里大胆猜测，极有可能，在《老子》一书著述时就没有分章，不过后人在用竹简抄写时，不自觉的分成了若干章节，甚至因错简而造成少量的文字重复。在汉墓帛书和郭店楚简出土时，《老子》也没有严格的分章，所以，我们对于分成多少章为宜，也不必过于拘泥。重要的是，作为一部专著性质的经典，《老子》究竟说出了多少值得我们重视的思想和理论。

二、《老子》义理解析

《老子》这部典籍虽然只有约五千言，但是其中所阐发的思想却十分深刻，内容也非常丰富，广泛涉及到哲学、政治、军事以及社会人生等不同层面。这里主要从哲学层面对《老子》义理加以解析。

道法自然　《老子》书中，讨论的最多的是关于道的问题，其次才是关于德的学问。按照《老子》的概括，道的最重要特性就是“道法自然”：“人法地，地法天，天法道，道法自然。”(《二十五章》对于这样一个原则性的观点，老子反复加以强调，贯穿《老子》的全篇。

按照老子的说法，无论是人、地还是天，都是以道为“法”的，而道则以自然为法。这里有两个问题值得稍做分析：一是究竟什么是道？二是究竟应该如何理解自然？

在汉语史上，老子之前已经有许多对于“道”的使用，《周易》、《尚书》、《易经》、《左传》中均有对“道”的使用。有关此类考辨，先哲时贤已经做了很多，我们难以再有新的进展。大体上说，老子之前，“道”已经有了道路、规则、方法等不同的含意。老子在《道德经》中对“道”的使用，含意同样不一。有时，老子把道称之为物：“道之为物，惟恍惟惚”（《二十一章》）；有时，他又把道看作不可感知的存在：“视之不见名曰夷，听之不闻名曰希，搏之不得名曰微”（《十四章》）；有时，老子还把道认作事物的一般本质：“天得一以清，地得一以宁，神得一以灵，谷得一以盈，万物得一以生，侯王得一以为天下贞。”（《三十九章》）综合诸家所论，遍检五千言《道德经》，“道”字直接使用了七十多次，它的基本含意不外六个方面：一是作为一种形而上的本体，这是其最主要的含意：“道可道，非常道；名可名，非常名。”（《一章》）“道冲，而用之或不盈”（《四章》）；二是指天地万物生成的本原：“有物混成，先天地生。寂兮寥兮，独立而不改，周行而不殆，可以为天地母。吾不知其名，强字之曰道，强为之名曰大”（《二十五章》）；三是指支配事物生灭变化的法则：“物壮则老，是谓不道。不道则已”（《三十章》）；四是指人们所把握的道理：“使我介然有知，行于大道”《五十三章》；五则为人生处世的做人标准：“同于道者，道亦乐得之”（《二十三章》）“圣人之道，为而不争”（《八十一章》）。六是指事物自身一种普遍的化生平衡功能：“夫唯道，善贷且成。”（《四十一章》；“孰能有余以奉天下，唯有道者”（《七十七章》）。就文本意义而言，人们对于“道”的理解已经出现了千差万别，今后可能还会有相去更远的解读。但是，我们以为，只要把握了上述六个方面的含意，就大体可以理解老子的道论。

那么，又应该怎样来理解“自然”呢？《六十四章》中说道：“圣人欲不欲，不贵难得之货，学不学，复众人之所过，以辅万物之自然而不敢为。”自然界的生灭变化不是根据人所安排的秩序进行的，日月星辰，四季运转，阴阳变化，风云雨雪，都是按照自身的规则变幻的。人是自然之子，不是自然之主。自然而然，这应该是“自然”的基本含意。所谓“道法自然”，应该是指要承认“道”的天性自在的本性，既不是把人的意愿强加于自然，也不是通过人为来破坏自然本性，而是遵从自然天成的法则。物与我之间并不是对立的，自然天成才是道的真趣，顺应自然才是人应该采取的态度。

道生万物 如果说“道法自然”是一个总体性的原则，是老子的本体论理念，那么也可以说，“道生万物”构成《道德经》宇宙生成论的准则。老子把万物的生生演化看作一个过程：“道生一，一生二，二生三，三生万物”（《四十二章》）；道是天地万物之母，对万物“长之育之，亭之毒之，养之覆之”（《五十一章》）。

初看上去，“道生万物”似为一派胡言。其实不然，其中包含着重要的哲理。我们究竟应该怎样理解道生万物的说法呢？

首先，“生”，这是道的一个重要的功能。我们知道：“夫唯道，善贷且成”（《四十一章》；“孰能有余以奉天下，唯有道者”（《七十七章》）。这里说的都是道所具有的化生平衡功能。老子以为，道化生万物的过程就是：“道生一，一生二，二生三，三生万物。”一属于自然的本然状态，二则指阴阳二气，三属于阴与阳的冲和。“大道汜兮，其可左右，万物恃之以生而不辞。”（《三十四章》）生生之理，万古不易。离开了“生”之必然，不仅人类无法续存，天地也将归于寂灭。也许，我们至今仍然无法理解老子是怎样发现了道的这一功能，但是我们必须承认，万物生生不已，这是一个伟大的真理。老子之后，不仅庄子和整个道家、道教都重视“生”的意识，而且《易传》的作者同样强调“天地之大德曰生”（《系辞上》），认为“生生之谓易”（《系辞下》）。先秦诸子之后，天地万物“生生不息”的思想不绝如缕。承认万物自然化生的理念，成为中国哲学的一个重要特征。

其次，老子所描述的“道生一，一生二，二生三，三生万物”的过程，体现了道家对于《国语·郑语》中有关“和实生物”思想的认同。一，只是一种自然的本然之状，二，才是天地间的阴阳二气，而只有“三”这个阴阳二气的和合，才能化生万物：“万物负阴而抱阳，冲气以为和。”（《四十二章》）阴阳和合，这是生的关键；和而化生，古今一理，逾千年而不易。初生的婴儿，不通自然和合之理，所以无以“朘作”：“未知牝牡之和而朘作，精之至也。终日号而不嘎，和之至也。”《五十五章》自然和合以生万物，这不仅仅关乎生物学，而且关乎天地宇宙，人类社会。和，是交合，是顺化，是一切创生的关键。正是由于有了“和”，才有了“生”；也正是由于有了“生”，才有了人类关于生生之理的研究和发现，有了对于生命精神的体验。

从人类的认识发展史来看，哲学的本体论是一个逐步完成的过程。西方哲学从泰勒斯有关“水是万物的始基”的论断，到巴门尼德的“存在论”，经历了数百年的时间。中国的哲学发展走着一种特殊的道路。前面我们说过，“道法自然”的思想已经表明了老子关于本体论理念，但是，诚如汤用彤先生所言，直至魏晋时期的玄学家王弼为止，我们的哲学总体上仍然处于宇宙生成论的阶段。老子的哲学中既有本体论思想，也有宇宙生成论的思想。他有关“道生万物”的伟大思想，正是宇宙生成论中最重要的发现。当然，我们这里所解读的宇宙生成论，与西方的宇宙生成论有很大的不同。道、一、二、三，并不是一般意义上的有关具体物象的词语，而是哲学的范畴，其中体现了抽象思维的发展水平。尤为值得注意的是，老子不是一般意义上讨论“生”，而是讨论“生”的必然，“生”的关键，把“生”作为一种非神化的自然必然现象加以把握。按照老子的说法，道对于天地万物的生长衰亡，并非绝对的主宰，只能是“辅万物之自然”。直至今天看来，这个观点仍然是非常深刻的。

有无相通 根据老子的意见，道既是法乎自然的天地本体，又是生天生地的万物之母，那么它是“有”还是“无”呢？《老子》给出的意见是无有相通。在第一章里，有一段著名的话：“无，名天地之始；有，名万物之母。故常无，欲以观其妙；常有，欲以观其徼。此两者同出而异名，同谓之玄，玄之又玄，众妙之门。”（《一章》）把道归之为无，固然不错，但是仅仅归之为无，就不全面了；道不仅是无，而且也是有，有和无在生成论的层面上是相通的，统一的；道从本质上说，应该是有和无的内在统一。

涉及老子的有无之辩，内容颇为复杂，需要稍稍加以辨析。

首先，有与无的讨论是与“生”联系在一起的，“有无相生”，必须结合着“生”一同研究。《四十章》中写道：“天下万物生于有，有生于无。”许多论者据此以为，既然万物均由“有”来生，而“有”又是由“无”来生，那么由此可以概括出一个公式：无－有－万物。实际上，无较之有更为根本。其实并非如此。老子这里并不是把“有”和“无”认作两个实体，而是认之为“道”的两种不同属性；“道”化生万物的过程是由无形落向有形的过程，“生”的过程就意味着“有”的形成。“天长，地久。天地所以能长久者，以其不自生。”（《七章》）这里的“不自生”，就是指不经意，不以自己的“生”为念；而不经意，不以自己的“生”为念，即是“无”，即指由“无”而至于“有”的过程。天地万物的盎然生机不在别处，而在于“无”、“有”同体的“道”的导引。万物的创生不是预先有所预谋，也不是要据为己有，而是自然而不自为，所以能够有盎然的生机永不自失。老子有言：“万物作而弗始，生而弗有，为而不恃，功成而弗居。夫唯不居，是以不去。”（《二章》）正是由于“无”和“有”之间相即而不离，才维系着天地万物生生不息的命脉。有无相通，前提在于有与无之间，相即而又不离。

其次，在老子的视域中，有与无的关系和道与德的关系密切相联，联系道论和德论，有助于辨明有和无的关系。老子论道，并非空言，道的作用就体现为“德”：“道生之，德畜之，物形之，势成之。是以万物莫不尊道而贵德，夫莫之命而常自然。故道生之，德畜之，长之育之，亭之毒之，养之覆之。生而不有，为而不恃，长而不宰，是谓玄德。”（《五十一章》）德者，得也。“德”事实上就是人对于“道”之特性的体认和把握。如果说，道的“生”、“长”、“为”、“宰”等所体现的主要是它的“有”的一面的话，那么其“弗居”、“弗有”、“弗恃”等等则体现出道在“无”这一方面的特性。这种“生而不有、为而不恃、长而不宰”的特性，就是“道”自身的“玄德”，是具有价值意味的功能导向。人们要循道守德，就是要以“无”的胸襟行“有”的功用：不自见，不自是，不自伐，不自矜；以柔弱的方式，谦卑的姿态去开创事业。在这里，无和有是不可分离，是自在相通的。

我们必须指出，就人类思维的惯常性而言，有与无的考辩，最后的趋向往往在于“无”对人的精神诱惑。通常的思维方式，往往用以追根溯源，究竟有和无谁最根本？就连老子本人也有“天下万物生于有，有生于无”的说法，所以，魏晋时期的士人注释《老子》，出现了“以无为本”的理论。其实，就我们所读到的《老子》来说，其中体现的思维趋向，并不是“以无为本”，而是“以道为本”，道是天地万物的根本，“无”和“有”两者都只是道的功用。魏晋玄学的“以无为本”理论，是王弼等思想家根据溯本追源的思维惯性，推导发挥出来的“新道家”理论，其中包含着丰富的思想内容。只是，在老子的《老子》中，还没有形成这种理论。老子关于有无相通的理论，是在宇宙生成论意义上形成的，并不是世界本体论意义上的。

道动曰反　根据常识，天地万物大化流行，生生不息，总是不断运动的。老子非常重视天地万物的这一特性，他说：“有物混成，先天地生。寂兮寥兮，独立而不改，周行而不殆，可以为天地母。吾不知其名，强字之曰道，强为之名曰大。大曰逝，逝曰远，远曰反。”（《二十五章》）这个大化流行的根据究竟是什么呢？《老子》提出了一个著名的观点：“反者，道之动。”（《四十章》）反者，返也。“反”所指的是一种往复性的运动形式。“反”被视作道动的依据，这是一个非常深刻的论点。

首先，老子充分肯定了道自身自我否定的因素的作用。“天下万物生于有，有生于无。”无是有的否定因素，是有的“反”；世上的一切都有着自身否定的因素，都有自身的“反”；有了这种“反”的作用，才会有天地万物的大化流行，生生不息。老子指出：“三十辐共一毂，当其无，有车之用。埏埴以为器，当其无，有器之用。凿户牖以为室，当其无，有室之用。故有之以为利，无之以为用。”（《十一章》）车轮子、器皿、窗户等之所以得以成立，正在于“无”构成这些空荡的存在。事实上，任何事物自身都是由于它自身的否定因素的作用，才构成事物的存在。这就是所谓“万物负阴而抱阳。”这种事物相反相成的思想，是一种深刻的人生智慧。

其次，万物的运动变化的方向不在别处，正在于“反”。反，也就是“返”，它不仅是一种事物的内在因素，而且是万物的运动方向。万物的运动无不是循道而行，因而一方面体现道的特性，这就是万物具有共性的根据；另一方面，万物又各有其特性或自性，这是其相互差别的根据。万物运动的方向就是“反”，就是返回常道，回归于本源。这就是老子所谓：“万物并作，吾以观复。夫物芸芸，各复归其根。归根曰静，静曰复命。复命曰常，知常曰

明。”（《十六章》）

尤为值得注意的是，“反者道之动”，也就是指事物向着自身的对立面转化。按照老子的说法，万物的生成发展，是在向着对立面转化的过程中实现的。“曲则全，枉则直，洼则盈，敝则新，少则得，多则惑，是以圣人抱一为天下式”（《二十二章》）。事物之对立面的相互转化是事物的普遍规律，即所谓“天下式”。所以，我们做任何事情都应该遵循对立面之相互转化的规律：“将欲歙之，必固张之；将欲弱之，必固强之；将欲废之，必固兴之；将欲夺之，必固予之。”（《三十六章》）稍有生活经验的人都了解，在这里，老子所表达的思想不仅是深刻的，而且是智慧的，是对于事物之运动变化内在奥秘的深刻揭示，也是对人世之生活经验的集中提炼。

道常无为 老子把“无为”看作道的功能。他说：“道常无为而无不为。”（《三十七章》）这个“无为”的思想影响深远，也很富有内容，值得深入研究。

首先，老子所强调的“无为”，与他所倡导的顺应自然是联在一起的，“道常无为”是“道法自然”理念的必然结论。前面说过，道法自然是老子的一个根本性理念，自然不仅仅指自然万物，尤其指自然而然。万物自然而生，自然而衰，无须外力的推动，上帝的支配。“道常无为”，所以，人应该遵循无为的原则，而不能强作妄为。自然界的花开花落，春去秋来，人世间的生死哀荣，升沉盛衰，都是十分自然的，由自身的特性所决定的。天地之“道”不是什么有意志的主宰，而是自然而然，不恃外力的本体。人之所以需要无为，就在于人不能不循道法天，按照道的要求去生活。老子所强调的“无为”，其第一要义就是“顺应自然”，按照自然的法则循道而动。

其次，老子所主张的无为，又是和“万物自化”的原则连在一起的。老子指出：“道常无为而无不为，侯王若能守之，万物将自化。”（《三十七章》）“自化”不指别的，而是指能够自然化归于道，体现了道的本性。“我无为而民自化，我好静而民自正，我无事而民自富，我无欲而民自朴”（《五十七章》）。君主坚持“无为”的原则，就在于使得民众化归于道，保持正直的本性，实现自我的富足，达到返朴归真的境界。这似乎是所谓“君王南面之术”，但是并不全是如此。“无为”还应该是指圣人的做事原则。一个有治世之心的圣人，就是不要妄作非为，不强民所难，不滋事生乱。社会也和自然界有共同之理，这就是“道法自然”，社会本身也是一个自然的历史发展过程。老子认为：“治大国若烹小鲜”，按照无为的原则去行事，就会减少动荡和混乱，保持社会的稳定和谐，实现民众的安居乐业。如果说“自化”是万物的特性，那么人只要坚持“无为”的原则，就能够维护“自化”的实现；反之，不尊重“万物自化”的特性，妄作盲为，只会为自然界和人类社会带来灾难祸害。

同时，老子关于“道常无为”的思想，又体现出一种精神的境界。按照他的说法，自然界和人类社会都是自然而然的，不存在一个有意志力的主体。因而，任何人都不能够、不应该居功自恃。做一个真正的圣人，就应该像“道”所规定的那样：“生而不有，为而不恃，长而不宰。”这是一种很高的人生境界，为了达到这个精神境界，人就应该不争，不言，不骄，无欲，无事，无心，不武，不自见，取消一切悖道而行的做法，超越世俗的行为方式和价值趋向，以个人的心灵去体验天地之道的要求和自然无为的本性，真正达到“致虚极，守静笃”（《十六章》）的要求。这就是老子的天人合一的境界，也就是人的行为和心理平衡和谐的状态。在《老子》中，这方面的描述和论断很多。

那么，老子的“道常无为”的思想是否真的就很消极呢？其实并非如此。老子真正领悟到了天地之道的本性，把握了道法自然的原则，揭示出了“生”与“和”的秘密，掌握了万物归根曰“反”的法则，所以，他认为通过无为便可以“无不为”。老子自己就曾说过：“爱国治民，能无为乎？”（《十章》）“道常无为”，不过是要求人顺道而为罢了。我们需要进一步思考的是，人的价值取向和生命的精神境界，与人对于天地之道的体悟和把握程度密切相关；在我们的现实生活之中，既不是人人都能做到“无为”的，更不是人人都能做到“无不为”的。老子是真正的先知先觉者，在老子之前，社会中并没有“无为”思想的现实基础，在老子之后，真正体悟和把握“无为”理念的思想家，除了庄子之外，实际上也是很少很少。这个“无为”的思想看似平实的，事实上是十分高妙的。

为道日损 在《四十八章》中，老子提出：“为学日益，为道日损。损之又损，以至于无为。”“为学日益”，当然是指通过经验的积累和后天的学习，了解和掌握有关知识：“使我介然有知，行于大道。”（《五十三章》）在这里，知识被认为很重要：“明白四达，能无知乎？”（《十章》）经验性质的知识是一个不断积累的过程。但是，世俗的经验知识，并没有达到真正的“知道”。“为学”的过程，实际上也就是不断地增进经验知识的过程，所以老子称之为“为学日益”；而人要真正达到对于“道”的把握，就是“为道日损”过程的实现。

“为道日损”，首先要“损去”经验知识，这就是要通过“闭目塞听”，走向“绝圣弃智”。由于道是不可见、不可感知、不可捉摸的本体，所以不能通过常规经验的方式加以把握。只有通过去智、去言、善闭等玄览的方式，对涉及经验领域的知识加以摒弃，才能以澄澈的方式在内在的玄鉴和心灵的体验过程中，了解和把握道的特性。一句话，超越了直接经验的范围和方式，才能“不出户知天下，不窥牖见天道。”（《四十七章》）老子这里强调的并不是今天所讲的理性认识，而是超越了理性认识阶段的内在的玄鉴和心灵的体验。

“为道日损”，还要“损去”世俗的差等观念，走向玄妙齐同。“知者不言，言者不知。塞其兑，闭其门；挫其锐，解其纷；和其光，同其尘，是谓玄同。”（《五十六章》）达到了玄同境界的人，无论亲疏、利害、贵贱，皆不再区分，这才能为天下的人所尊重。道是世界的本体，万物的本源，它自身无所谓差别和贵贱；“为道”当然必须要有和光同尘的境界，否则，就会坠入世俗的观念体系。

“为道日损”，更需要“损去”奢华、文饰、造作、娇纵、机心等等，“复归于朴”。“朴”在老子那里是一种极为重要的价值理想，指的就是回归人生的本然素朴的生命状态，仅有赤子之心、婴孩之态，返真归朴，与自然合一，与大地同在，与日月同辉。老子反复强调“味无味”、“学不学”、“欲不欲”，要“去泰”、“去骄”、“去甚”、“去奢”，说到底就是要人们抛却一切外在的虚华和奢饰，“复归于朴”，达到他所追求的静观、澄澈、返照、回味、逸乐的境地。

三、《老子》价值之当代诠释

时代演进到了21世纪，我们今天还在阅读和研究《老子》这样的早出经典，除了具有尊祖怀古的意味之外，更重要的在于《老子》一书蕴含有我们今天仍然值得珍视的思想和理论的价值。

自然法则　《老子》一书是一部体悟和论述“道”的书，他的一系列理论，无论是宇宙的本体论、生成论还是人生的养生论、境界论，或是政治上的治国论，都是围绕着“道”而展开的。但是，《老子》一书所强调的根本法则，则是自然的法则。

《老子》指出：“希言自然。故飘风不终朝，骤雨不终日”（《二十三章》）；“人法地，地法天，天法道，道法自然”（《二十五章》）；“道之尊，德之贵，夫莫之命而常自然”（《五十一章》）。在全书中，老子多次运用“自然”这个范畴，倡导自然的理念。老子所主张的自然原则，当然包括了客观自然的意思，但它不仅仅是指客观存在的大自然，而主要还是指自然而然，即一种功能性的涵义，也就是非外力、非人为、非造作的意味。正是由于有了这个自然的法则，所以才有“无为”、“无私”、“无欲”、“不争”、“贵雌”、“守柔”等等要求，才有了“生而不有，为而不恃，长而不宰”等等说法。

对于今天的人类生活而言，自然的法则是极其重要的。在经历了工业革命和科技革命之后，我们往往过于相信自己的力量，把对于自然的改造和攫取看作天经地义的，把改变自然的秩序和程序方面做了极大的努力：移山填海，围湖造田，筑坝拦水，转基因工程，动物器官向人类移植，人类细胞克隆……，所有这些对于自然的改造和攫取，一方面满足了人类的某种需要，为人类生活带来了一系列方便和变化；另一方面，则由于这一系列改造和攫取，破坏了自然的静穆、自然的和谐、自然的秩序和程序，造成了资源、环境、生态和伦理等一系列新的问题，为人类带来了种种不应有的灾难，形成了所谓“增长的极限”。时至今日，人类的无限性消费和破坏自然秩序，造成了人类生活的种种困境，我们回过头来再来重温老子所强调的自然法则，痛切地感受到老子的智慧和自然法则的重要。

值得关注的是，长期生活在海外的刘笑敢教授，近年在美国用英文发表论文《人文自然对正义原则的兼容与补充》，强调指出：“老子之自然表达的是人类群体内外生存状态的理想和追求，是对自然的和谐、自然的秩序的向往。”他把老子之自然法则疏解为“人文自然”，认为人文自然作为价值原则相对于其他政治、法律、社会、道德等各方面的原则有兼容作用和协调、润滑的功能，而且有助于超越和纠正西方人一再强调的“正义”等普世价值原则所带来的另外一些偏颇（参见刘笑敢著，陈静译《道教》，上海古籍出版社 2008 年中文版）。他的这个疏解和论断引起了一些讨论，值得重视，对于我们进一步体悟和理解老子的思想，具有更加深刻的启迪。

生命精神　老子是我国最早提出和强调万物生成理论的思想家之一。重视生命，不仅重视人的生命，而且包括万物的生命，这是老子思想中非常重要的因素。《老子》指出：“无，名天地之始；有，名万物之母”（《一章》）；“天下万物生于有，有生于无”（《四十章》）；“道生一，一生二，二生三，三生万物”（《四十二章》）。《老子》通篇都在强调天地万物的生生不已，我们将它概括为老子的生命精神。

老子重视生命的价值，强调生成的原则。他认为：“大道汜兮，其可左右。万物恃之而生而不辞，功成不名有，衣养万物而不为主。”（《三十四章》）又说：“道生之，德畜之，物形之，势成之。是以万物莫不尊道而贵德。道之尊，德之贵，夫莫之命而常自然。”（《五十一章》）万物的创生和育化，完全是一种自然的过程，遵从着自然的法则。由此，老子一再强调生命的价值和重要，多处强调养生的意义和方法，把保持生命的尊严，维护生命的持久看得十分重要。所以，老子非兵反战，把兵器认作不详之物，把战争看作对社会的危害，主张“无兵”和“不武”。

我们知道，生命是世界上最为可贵的东西，无论是人类的生命还是自然界的生命，都是自然物质经过数以亿万年的不断进化而生成的一种特殊现象。重视生命，应该是人类最为重要的价值原则。老子的伟大不仅仅在于论证万物的生成，更在于强调生命的价值。体味和把握生命的价值与意义，这是早期东方哲学的伟大创造。进入现代以来，西方社会出现了重视生命现象的生命哲学和以敬畏生命为原则的伦理学。而我们的祖先老子早在两千多年以前，已经发现和论述了生命的意义。老子和道家这种珍视生命，重视养生的精神，值得我们今天进一步发扬光大。

虚静境界　老子是一个具有丰富人生阅历和广博知识的思想家。他的阅历和经验决定了他对于人生和社会具有深刻的认识，他的知识和智慧促进他不断提升自己的精神境界。所以，老子的哲学是一种伟大的人生智慧，他倡导一种极高的生命境界。这就是虚静的境界。

《老子》认为："致虚极，守静笃。万物并作，吾以观复。"（《十六章》）《汉书》对于老子和道家的概括也是："清虚以自守，卑弱以自持，此其所长也。"（《艺文志》）人的心灵本来就是虚明寂静的，但是，由于受私欲和昏昧所遮蔽，造成了紊乱和昏庸。只有通过致虚，才能克去私欲，恢复本身的清明；通过守静，排除纷杂的外物干扰。这样才能悟道、修道和守道。"重为轻根，静为躁君"（《二十六章》）。静不仅能成己，而且能成物。所以，老子希望人能够虚怀若谷，所谓"上德若谷"。（《四十一章》）虚静作为一种生命的境界，它体现在人生方面的基本要求就是：抱朴守真，轻利寡欲，绝巧弃智，无私不争，无为不矜。《老子》一书中，通过数章来吟咏和论述这些问题和原则，我们随处可以读到。所有这些，构成了老子人生哲学的基本原则，也成为老子在人生观方面区别于孔子、孟子、荀子乃至庄子的重要的特征。我们把这些要素加以概括，就称之为虚静的生命境界。

今天，我们正处在一个竞争和消费的时代。社会现代化的脚步正催促着人们不断的变革，市场经济体制的魔力正呼唤着人们内在欲望的迸发。这是一个催促成功、呼唤成名、倡导消费、人欲横流的年代。早日成名，快快发财，从白领到CEO，从小老板到亿万富翁，从莘莘学子到学术大师，从欢场跑龙套到影视大明星，几乎成为每一个年轻人的梦想。披金戴银，珠光宝气，穿顶尖级名牌，住高档别墅，吃山珍海味，开豪华轿车，逐步成为一种时尚。更有甚者，夜夜笙歌，处处灯红，穷奢极欲，醉生梦死。于是乎，"三高"人群逐渐庞大，精神抑郁者剧增，苦闷，烦恼，空虚，无聊，正成为侵袭人们心灵的恶魔。我们不禁要问：难道这就是我们所要追求的目标？难道这就是现代生活的全部？难道这就是我们生命的意义？正确的回答只能是否定的。今天，肇起于美洲，流行于欧洲的简朴生活方式，给予我们以启示：人类生活的价值不在于穷奢极欲式的消费，我们生命的意义也不在于舍生忘死的竞争。除了消费和竞争，人应该有悠闲，有浪漫，有素朴，有自我的反思和灵魂的呵护。生活在古代的老子，揭示了心灵的价值和生命的意义，为我们提供了简朴的生活方式。老子的伟大正在于，他较早的发现了生活的另一面：虚静的生活才是更为值得珍视的生活，虚静的境界才是更加值得追求的境界。我们都知道，人的生命是十分可贵和有限的，珍视生命，享受生活，对于我们每个人都是重要的。如今，我们大家都在熙熙攘攘的人群中摩肩接踵。但是，假如我们能够悉心领悟一番《老子》的教诲，体味一番老子关于虚静的精神境界，也许就能够心甘情愿的放慢自己的脚步，有意识的逃逸出那正在竞争和拼搏的人群，解脱心灵和身体的枷锁，抛却欲望的掌控，品味和玩索简朴、恬淡、悠闲生活的味道，寻觅和把握心灵的价值与生命的意义，从而静静地欣赏世界和享受生活。

* * *

《老子》是一部奇书，也是一部大书。虽然它仅有八十一章，五千言，但却蕴含着丰富的思想；虽然它已经出现了二千多年，但却至今仍然散发着诱人的魅力。据说，在世界上各类典籍中，除了《圣经》的不同文字的版本最多之外，其次也就是《老子》的译文版本多了。我国历代学者文人，无不把研读《老子》作为学习古代文化的必修课。仅我国有关《老子》的解读和研究，目前可以读到的成果竟然有数百种。熊铁基、刘笑敢等现代学人，分别出版关于老学史的著作，不仅文献资料翔实，而且较为详尽的发掘出历代老学的贡献和启示。尤其值得注意的是，随着汉墓帛书本和郭店楚简本的出土，《老子》这部经典的解读和研究又拓展了新的空间。陈鼓应、李零等学者在过去研究的基础上，又根据新出土的文献资料，对《老子》其书做出新的理解和解释。近年来，各类通俗、普及类关于《老子》解读的出版物，更是广布书肆。各家的通俗性解读虽然角度和体例各有不同，质量也有高下之别，但是，也应该说是各有所长，各有价值。这里同样是在做关于《老子》这部经典的普及工作。我们根据统一的编辑要求，依据中华书局版朱谦之《老子校释》的原文（此版本原文主要依据王弼的注本），参照任继愈、楼宇烈、陈鼓应、孙以楷、饶尚宽等先生的校订、译注和研究成果，对《老子》的思想理论加以简介和解读，凡原文疑有因错简而多余处，均以［＊＊＊］的方式加以标明，并对典籍原文中的生僻字作以注音。

附：《老子》正文①

上篇 道经

第一章

道，可道，非常道；名，可名，非常名。无名，天地始；有名，万物母。常无，欲观其妙；常有，欲观其徼（jiào）。此两者，同出而异名，同谓之玄。玄之又玄，众妙之门。

第二章

天下皆知美之为美，斯恶已；皆知善之为善，斯不善已。故有无相生，难易相成，长短相形，高下相盈，音声相和，前后相随，是以圣人处无为之事，行不言之教；万物作而不辞，生而不有，为而不恃，成功不居。夫唯不居，是以不去。

第三章

不尚贤，使民不争；不贵难得之货，使民不为盗；不见（xiàn）可欲，使民心不乱。是以圣人之治，虚其心，实其腹，弱其志，强其骨。常使民无知无欲，使夫知者不敢为，则无不治。

第四章

道冲，而用之久不盈。深乎！万物宗。[挫其锐，解其忿；和其光，同其尘。]湛常存。吾不知谁？象帝之先。

第五章

天地不仁，以万物为刍狗；圣人不仁，以百姓为刍狗。天地之间，其犹橐（tuó）籥（yué）。虚而不屈（jué），动而俞出。多言数穷，不如守中（chēng）。

第六章

谷神不死，是谓玄牝（pìn）。玄牝门，天地根。绵绵若存，用之不勤。

第七章

天长地久。天地所以能长且久者，以其不自生，故能长久。是以圣人后其身而身先；外其身而身存。以其无私，故能成其私。

第八章

上善若水。水善利万物，又不争，处众人之所恶（wù），故几（jī）于道。居善地，心善渊，与善人，言善信，政善治，事善能，动善时。夫唯不争，故

① 《老子校释》，朱谦之撰，中华书局2000年。

无尤。

第九章

持而盈之，不若其以；揣而锐之，不可长保。金玉满堂，莫之能守；富贵而骄，自遗其咎。功成、名遂、身退，天之道。

第十章

载营魄抱一，能无离？专气致柔，能婴儿乎？涤除玄览（jiàn），能无疵？爱国治民，能无为？天门开阖，能为雌？明白四达，能无知？［生之、畜之，生而不有，为而不恃，长而不宰，是谓玄德。］

第十一章

三十辐共一毂（gǔ），当其无有，车之用。埏（shān）埴（zhí）以为器，当其无有，器之用。凿户牖（yǒu）以为室，当其无有，室之用。故有之以为利，无之以为用。

第十二章

五色令人目盲；五音令人耳聋；五味令人口爽；驰骋田（tián）猎，令人心发狂；难得之货，令人行妨。是以圣人为腹不为目，故去彼取此。

第十三章

宠辱若惊，贵大患若身。何谓宠辱？辱为下，得之若惊，失之若惊，是谓宠辱若惊。何谓贵大患若身？吾所以有大患者，为我有身，及我无身，吾有何患？故贵身于天下，若可托天下；爱以身为天下者，若可寄天下。

第十四章

视之不见，名曰夷；听之不闻，名曰希；抟（tuán）之不得，名曰微。此三者不可致诘（jié），故混而为一。其上不皦（jiǎo），其下不昧。绳绳不可名，复归于无物。是谓无状之状，无物之象，是谓忽恍。迎不见其首，随不见其后。执古之道，以语今之有。以知古始，是谓道已。

第十五章

古之善为士者，微妙玄通，深不可识。夫唯不可识，故强（qiǎng）为之容：豫若冬涉川，犹若畏四邻，俨若容，涣若冰将释，敦若朴，混若浊，旷若谷。熟能浊以静之？徐清。安以动之？徐生。保此道者，不欲盈。夫唯不盈，能弊复成。

第十六章

致虚极，守静笃。万物并作，吾以观其复。夫物云云，各归其根。归根曰静，静曰复命。复命曰常，知常曰明。不知常，忘作，凶。知常容，容能公，公能王，王能天，天能道，道能久，没身不殆。

第十七章

太上，下知有之；其次，亲之豫之；其次，畏之侮之。信不足，有不信。由其贵言。成功事遂，百姓皆谓："我自然。"

第十八章

大道废，有人义；智惠出，有大伪；六亲不和，有孝慈；国家昏乱，有忠臣。

第十九章

绝圣弃智，民利百倍；绝民弃义，民复孝慈；绝巧弃利，盗贼无有。此三者，为文不足。故令有所属：见（xiàn）素抱朴，少私寡欲，绝学无忧。

第二十章

唯之与阿（ē），相去几何？美之与恶，相去何若？人之所畏，不可不畏。忙兮，其未央！众人熙熙，如享太牢，如春登台；我魄未兆。若婴儿未孩；乘乘无所归。众人皆有余，我独若遗。我愚人之心纯纯，俗人昭昭，我独昏。俗人察察，我独闷闷。［淡若海，漂无所止。］众人皆有已，若我独顽似鄙。我独异于人，而贵食母。

第二十一章

孔得之容，惟道是从。道之为物，惟恍惟忽。忽恍中有象；恍忽中有物。窈冥中有精；其精甚真，其中有信。自今及古，其名不去，以阅众甫。吾何以知众甫之然？以此。

第二十二章

曲则全，枉则正，洼则盈，敝则新，少则得，多则或。是以圣人抱一为天下式。不自见（xiàn），故明；不自是，故彰；不自伐，故有功；不自矜，故长。夫唯不争，故天下莫能与之争。古之所谓"曲则全"者，岂虚语？故成全而归之。

第二十三章

希言自然。飘风不终朝，骤雨不终日。孰为此？天地。天地上不能久，而况于人？故从事而道者，道德之同于德者，德德之；同于失者，道失之。信不足，有不信。

第二十四章

企者不久；跨者不行；自见不明；自是不彰；自伐无功；自矜不长。其在道曰："馀食赘形。物或有恶（wù）之。"故有道不处。

第二十五章

有物混成，先天地生。寂漠，独立不改，周行不殆（dǎi），可以为天下母。吾不知其名，字之曰"道"，强为之名曰"大"。大曰逝，逝曰远，远曰返。道大，天大，地大，王大。域中有四大，而王处一焉。人法地，地法天，天法道，道法自然。

第二十六章

重为轻根，静为躁君。是以君子终日行不离辎重。虽有荣观，燕处超然。如何万乘（shèng）之主，以身轻天下？轻则失臣，躁则失君。

第二十七章

善行无辙迹，善言无瑕谪（zhé）；善计不用筹策；善闭无关键（jiàn）不可开；善结无绳约不可解。是以圣人常善救人，而无弃人；常善救物，而无弃物。是谓袭明。善人，不善人之师；不善人，善人之资。不贵其师，不爱其资，虽知大迷，此谓要妙。

第二十八章

知其雄，守其雌，为天下谿。为天下谿，常德不离，复归于婴儿。知其白，[守其黑，为天下式。为天下式，常得不忒，复归于无极。知其荣，] 守其辱，为天下谷。为天下谷，常得乃足，复归于朴。朴散为器，圣人用为官长，是以大制无割。

第二十九章

将欲取天下而为之，吾见其不得已。天下神器，不可为。为者败之，执者失之。夫物，或行或随，或歔（xū）或吹，或强或羸（léi），或接或隳（huī）。是以圣人去甚，去奢，去泰。

第三十章

以道作人主者，不以兵强天下。其事好还。师之所处，荆棘生。故善者果而已，不以取强。果而勿骄，果而勿矜，果而勿伐，果而不得以，是而勿强。物壮则老，谓之非道，非道早已。

第三十一章

夫佳兵者，不祥之器，物或恶之，故有道不处。君子居则贵左，用兵则贵右。兵者不祥之器，非君子之器，不得已而用之，恬淡为上。故不美，若美之，是乐煞。夫乐煞者，不可得益于天下。故吉事尚左，凶事尚右。是以偏将军居左，上将军居右。煞人众多，以悲哀泣之；战胜，以丧礼处之。

第三十二章

道常无名朴虽小，天下不敢臣。王侯若能守，万物将自宾。天地相合，以降甘露，人莫之令而自均。始制有名，名亦既有，天将知止，知止不殆。譬道在天下，犹川谷与江海。

第三十三章

知人者智，自知者明。胜人有力，自胜者强。知足者富，强行有志。不失其所者久，死而不亡者寿。

第三十四章

大道泛，其可左右。万物恃之以生而不辞，成功不名有。爱养万物不为主，可名于大，是以圣人终不为大，故能成其大。

第三十五章

执大象，天下往。往而不害，安平太。乐与饵，过客止。道出言，淡无味，视不足见，听不足闻，用不足既。

第三十六章

将欲歙（xi）之，必固张之；将欲弱之，必固强之；将欲废之，必固兴之；将欲夺之，必固与之。是谓微明。柔胜刚，终胜强。鱼不可脱于渊，国有利器不可示人。

第三十七章

道常无为而无不为。侯王若能守，万物将自化。化而欲作，吾将镇之以无名之朴。无名之朴，亦将不欲。不欲以静，天下将自正。

下篇　德经

第三十八章

上德不德，是以有德；下德不失德，是以无德。上德无为而无以为；下德无为而有以为。上仁为之而无以为；上义为之而有以为。上礼为之而莫之应，则攘（rǎng）臂而仍之。故失道而后德，失德而后仁，失仁而后义，失义而后礼。夫礼者，忠信之薄，而乱之首。前识者，道之华，而愚之始。是以大丈夫处其厚，不居其薄；处其实，不居其华。故去彼取此。

第三十九章

昔之得一者，天得一以清，地得一以宁，神得一以灵，谷得一以盈，万物得一以生，侯王得一以为天下正。天无以清，将恐裂；地无以宁，将恐废；神无以灵，将恐歇；谷无以盈，将恐竭；万物无以生，将恐灭；侯王无以贵高，将恐蹶（jué）。故贵以贱为本，高以下为基。是以王侯自谓孤、寡、不穀（gǔ）。此过以贱为本邪非？故致数车无车。故不欲琭（lù）琭如玉，落落（luò）如石。

第四十章

反者道之动；弱者道之用。天下万物生于有，有生于无。

第四十一章

上士闻道，勤而行之；中士闻道，若存若亡；下士闻道，大咲之。——不唉不足以为道。故建言有之：明道若昧，进道若退，夷道若类（lèi）。上德若谷，[大白若辱]，广德若不足，建德若偷，质真若渝。大方无隅，大器晚成。大音希声，大象无形，道隐无名。夫唯道，善贷且善。

第四十二章

道生一，一生二，二生三，三生万物。万物负阴而抱阳，冲气以为和。[人之所恶，唯孤、寡、不榖，而王公以为称。故物或损之而益，或益之而损。人之所教，我亦教之。强梁者不得其死，吾将以为教父。]

第四十三章

天下之至柔，驰骋天下之至坚。无有入于无闻，是以知无为有益。不言之教，无为之益，天下希及之。

第四十四章

名与身孰亲？身与货孰多？得与亡孰病？是故甚爱必大费；多藏必厚亡。故知足不辱，知止不殆，可以长久。

第四十五章

大成若缺，其用不弊。大盈若冲，其用不穷。大直若屈，大巧若拙，大辩若讷。躁胜塞，静胜热。以为天下正。

第四十六章

天下有道，却（què）走马以粪。天下无道，戎马生于郊。罪莫大于可欲。祸莫大于不知足。咎莫大于欲得，故知足之足，常足矣。

第四十七章

不出户，知天下；不窥牖（yǒu），见天道。其出弥远，其知弥近。是以圣人不行而知，不见而名，不为而成。

第四十八章

为学日益，为道日损。损之又损之，以至于无为。无为无不为。取天下常以无事，及其有事，不足以取天下。

第四十九章

圣人无心，以百姓心为心。善者，吾善之；不善者，吾亦善之；得善。信者，吾信之；不信者，吾亦信之；得信。圣人在天下，怵怵；为天下，浑其心。百姓皆注其耳目，圣人皆孩之。

第五十章

出生入死。生之徒，十有三；死之徒，十有三；人之生，动之死地，十有三。夫何故？以其生生之厚。盖闻善摄生者，陆行不遇兕（sí）虎，入军不被甲兵；兕无所投其角，虎无所用其爪，兵无所容其刃。夫何故？以其无死地。

第五十一章

道生之，德畜之，物形之，势成之。是以万物莫不尊道而贵德。道之尊，德之贵，夫莫之命而常自然。故道生之，德畜之；长之育之；亭之毒之；养之覆之。生而不有，为而不恃，长而不宰。是谓玄德。

第五十二章

天下有始，以为天下母。既知其母，又知其子，既知其子，复守其母。没身不殆。塞其兑，闭其门，终身不勤。开其兑，济其事，终身不救。见小曰明，守柔曰强。用其光，复归其明，无遗身殃；是为习常。

第五十三章

使我介然有知，行于大道，唯施（yí）是畏。大道甚夷，而人好径。朝甚除，田甚芜，仓甚虚；服文采，带利剑，厌饮食，财货有余；是为盗夸。非道也哉！

第五十四章

善建者不拔，善抱者不脱，子孙祭祀不辍（chuò）。修之身，其德乃真；修之家，其德乃馀；修之乡，其德乃长；修之于国，其德乃丰；修之于天下，其德乃普。故以身观身，以家观家，以乡观乡，以国观国，以天下观天下。吾何以知天下之然？以此。

第五十五章

含德之厚，比于赤子。毒虫不螫（shì），猛兽不据，攫（jué）鸟不搏。骨弱筋柔而握固。未知牝牡（pín mǔ）之合而朘（zuī）作，精之至。终日号而不嗄（shà），和之至。知和曰常，知常曰明。益生曰祥。心使气曰强。物壮则老，谓之不道，不道早已。

第五十六章

知者不言，言者不知。塞其兑，闭其门，挫其锐，解其忿，和其光，同其尘，是谓‘玄同’。故不可得而亲，不可得而疏；不可得而利，亦不可得而害；不可得而贵，不可得而贱。故为天下贵。

第五十七章

以正治国，以奇用兵，以无事取天下。吾何以知其然哉？以此。天下多忌讳，而人弥贫；人多利器，国家滋昏；人多伎（jì）巧，奇物滋起；法物滋彰，盗贼多有。故圣人云：“我无为，人自化；我好静，人自正；我无事，人自富；我无欲，人自朴。”

第五十八章

其政闷闷，其民淳淳；其政察察，其人缺缺。祸，福之所倚，福，祸之所伏。孰知其极？其无正。政复为奇，善复为妖。人之迷，其日固久。是以圣人方而不割，廉而不害，直而不肆，光而不曜。

第五十九章

治人事天，莫唯啬（sè）。夫为啬，是谓早服；早服谓之重积德；重积德，则无不克；无不克，则莫知其极；莫知其极，可以有国；有国之母，可以长久；是谓深根固蒂（dǐ）、长生久视之道。

第六十章

治大国，若亨小鲜（xiǎn）。以道莅天下，其鬼不神；非其鬼不神，其神不伤人；非其神不伤人，圣人亦不伤人。夫两不相伤，故得交归。

第六十一章

大国者下流，天下之交，天下之牝，牝（pìn）常以静胜牡（mǔ），以静为下。故大以下小，则取小；小以下大，则取大。故或下以取，或下如取。大国不过欲兼畜人，小不过欲入事人。夫两者各得其所欲，大者宜为下。

第六十二章

道者，万物之奥。善人之宝，不善人之所保。美言可以尊，复行可以加人。人之不善，何弃之有？故立天子，置三公，虽有拱璧以先驷马，不如坐进此道。古之所以贵此道者何？不曰：求以得，有罪以勉？故为天下贵。

第六十三章

为无为，事无事，味无味。大小多少。抱怨以德。图难于其易，为大于细；天下难事，必作于易，天下大事，必作于细。是以圣人终不为大，故能成其大。夫轻诺必寡信，多易必多难。是以圣人犹难之，故终无难。

第六十四章

其安易持，其未兆易谋。其脆易破，其微易散。为之于未有，治之于未乱。合抱之木，生于毫末；九层之台，起于累土；千里之行，始于足下。为者败之，执者失之。是以圣人无为，故无败；无执，故无失。民之从事，常于几成而败之。慎终如始，则无败事。是以圣人欲不欲，不贵难得之货；学不学，复众人之所过。以辅万物之自然，而不敢为。

第六十五章

古之善为道者，非以明人，将以愚之。民之难治，以其智多。以智治国，国之贼；不以智治国，国之福。知此两者，亦揩（jì）式。常知揩式，是谓“玄德”。“玄德”深远，与物反，然后乃至大顺。

第六十六章

江海所以能为百谷王，以其善下之，故能为百谷王。是以圣人欲上人，必以言下之；欲先人，必以身后之。是以圣人处上而人不重，处前而人不害。是以天下乐推而不厌。以其不争，故天下莫能与之争。

第六十七章

天下皆谓我大，不肖。夫唯大，故不肖。若肖，久矣其细！我有三宝，持而保之。一曰慈，二曰俭，三曰不敢为天下先。夫慈，故能勇；俭，故能广；不敢为天下先，故能成器长。今舍慈且勇；舍俭且广；舍后且先；死矣！夫慈以战则胜，以守则固。天将救之，以慈卫之。

第六十八章

古之善为士者，不武；善战者，不怒；善胜敌者，不争；善用人者，为下。是谓不争之德，是以用人之力，是谓配天，古之极。

第六十九章

用兵有言："吾不敢为主，而为客；不敢进寸，而退尺。"是谓行无行；攘（rǎng）无臂；仍无敌；执无兵。祸莫大于轻敌，轻敌几丧吾宝。故抗兵相加，则哀者胜。

第七十章

吾言甚易知，甚易行。天下莫能知，莫能行。夫唯无知，是以不我知。知我者希，则我者贵。是以圣人被褐（hè）怀玉。

第七十一章

知不知，上；不知知，病。是以圣人不病，以其病病。是以不病。

第七十二章

民不畏威，大威至。无狭（xiá）其所居，无厌其所生。夫唯不厌，是以不厌。是以圣人自知不自见；自爱不自贵。故去彼取此。

第七十三章

勇于敢则杀，勇于不敢则活。知此两者，或利或害。天之所恶，孰知其故？天之道，不争而善胜，不言而善应，不召而自来，繟（chǎn）然而善谋。天网恢恢，疏而不失。

第七十四章

民不畏死，奈何以死惧之？若使常畏死，而为奇者，吾执得而煞之，孰敢？常有司煞者煞。夫代司煞者，是谓代大匠斫（zhuó），夫代大匠斫，希有不伤其手。

第七十五章

民之饥，以其上食税之多，是以饥。民之难治，以其上之有为，是以难治。人之轻死，以其生生之厚，是以轻死。夫唯无以生为者，是贤于贵生。

第七十六章

人生之柔弱，其死坚强万物；草木生之柔脆，其死枯槁。故坚强者死之徒，柔弱者生之徒。是以兵强则不胜，生木强则共。故坚强处下，柔弱处上。

第七十七章

天之道，其犹张弓？高者抑之，下者举之；有余者损之，不足者与之。天之道，损有余而补不足。人道，则不然，损不足奉有余。孰能有余以奉天下，其唯有道者。是以圣人为而不恃，功成不处，其不故见贤。

第七十八章

天下柔弱莫过于水，而攻坚强者莫之能，先其无以易之。故弱胜强，柔胜刚，天下莫能知，莫能行。故圣人云："受国之垢，是谓社稷主；受国不祥，是为天下王。"正言若反。

第七十九章

和大怨，必有馀怨；安可以为善？是以圣人执左契，不责于人。故有德司契，无德司彻。天道无亲，常与善人。

第八十章

小国寡人。使有什伯之器而不用；使人重死而不远徙。虽有舟舆，无所乘之；虽有甲兵，无所陈之。使民复结绳而用之。甘其食，美其服，安其居，乐其俗。邻国相望，鸡狗之声相闻，民至老死，不相往来。

第八十一章

信言不美，美言不信。善者不辩，辩者不善。知者不博，博者不知。圣人不积，既以为人，己愈有；既以与人，己愈多。天之道，利而不害；圣人之道，为而不争。

第六篇 《庄子》导读

《庄子》这部经典，在中国哲学史、宗教史和文化史上具有重要的影响，对于我国古代知识分子的生活观念也产生了巨大影响。《庄子》是先秦战国时期的作品，其中既有庄周本人的著作，也杂有庄周后学和述庄学派的著作。《庄子》思想深刻独特，文字优美生动，洋溢着浪漫主义精神，我国历代文人学者，无论学术立场如何，几乎无不重视对于《庄子》的研读。对于文化人来说，《庄子》的魅力是永存的。飞雪杜门读《庄子》，不仅是古代士人的精神享受，也应该是生活在21世纪的知识分子的闲情雅趣。

一、庄子其人其书

根据历代学者的研究，庄子本名庄周，被后人尊称为庄子。生活在战国时期（约公元前369—前286）。根据《庄子》书中的记载，庄周居住在贫民区里，生活较为贫苦，靠给别人打草鞋维持生计。有一次，他因为临炊却无米，只好跑到监河侯家里借米下锅，监河侯竟然没有能够满足他的要求；还有一次，他身穿打着补丁的衣服去见魏王，自称生不逢时，贫困交加。司马迁在《史记》中记载过庄周的一些活动，说他曾经做过管理漆园子的小吏，但是不久就离职而去，在民间隐居起来。楚威王听说庄周贤能，曾派人重金聘他做国相，他却坚辞不就，安贫乐道，醉心于自己学术的研究。又据《庄子》一书记载，他曾经与生活在同一时期的逻辑学家惠施等人相往来，共同讨论一些较为玄妙艰深的逻辑学问题。

关于《庄子》这部经典的成书时间和作者状况，由于时间久远和资料匮乏，已经不可能详加考证。按照历史的记载，这部经典在战国时期就应该有流传。至少荀子曾经阅读过《庄子》。《荀子》解蔽篇有一段对于当时诸家学说的评论，其中写道："墨子蔽于用而不知文，宋子蔽于欲而不知得，慎子蔽于法而不知贤，申子蔽于势而不知知，惠子蔽于辞而不知实，庄子蔽于天而不知人。"在这里，荀子对于庄子的批评究竟是否恰当，我们暂且不论，但是，至少由这一评论，我们可知荀子对于庄子有所了解，甚或读过庄子的著作。成书于秦初年的《吕氏春秋》一书，也引用过庄子的一段话。此外，《史记》中对于《庄子》的若干篇章做过介绍，对其思想内容做过概括，并且明确记载该书约十余万言。《汉书．艺文志》则明确记载，《庄子》一书为五十二篇。由这些评论、引用、概括和记载，我们基本可以断定，荀子、吕不韦、司马迁、刘向等人都曾经读过《庄子》一书。《庄子》一书应该是战国秦汉时期的一般知识者能够读到的作品。

但是，庄子的学说从战国直至秦汉时期，并不十分流行。这是因为，庄子的隐逸思想不仅在秦始皇统一国家的征战活动中于事无补，而且不利于强势吏法。秦始皇当时选择的是法家学术作为基本指导思想。汉代初年，流行有益于社会和民众休养生息的黄老之学。汉武帝之后，则是为了适应大一统帝国长治久安的需要，“罢黜百家，独尊儒术”，儒学成为统治者最为重视的思想。这种情况直至魏晋时期才有所改变。随着社会的变迁，东汉后期的三国征战，造成了遍地皆白骨，“千里无鸡鸣”的时代悲剧，社会处在灾难之中。这时，主张自然无为、隐逸逍遥思想的道家开始为人们所重视。庄子也随之为社会重视。晋朝名士司马彪较早为《庄子》作注。据考证，司马彪活动于晋武帝泰始时（265—274）期间。他所注释的《庄子》二十一卷，五十二篇。据唐人陆德明《经典释文．序录》说，司马彪的注本，内篇七，外篇二十八，杂篇四，解说二。这与《汉书．艺文志》的记载是基本吻合的。但是，令人遗憾的是，司马彪的注本已经散佚，现在仅有两个辑本，一是孙冯翼辑本，存于《问经堂丛书》中；另一个则是茆泮林辑本，存于《古逸丛书》中。而我们目前所读的版本，则是晋太傅主簿郭象的注本。郭象根据其友人向秀生前未能完成的注释加以完善，形成他的注本。所以，目前流行的《庄子》应该说是向、郭注本。向秀、郭象的这个注本共有三十三篇，其中内篇七，外篇十五，杂篇十一。今天，我们所能读到的《庄子》，正是这个版本。

《庄子》一书结构复杂，需要加以简单了解。内篇共七篇文章，一般认为，《内篇》的成书较早，多数学者认为，这七篇文章均为庄子本人的作品，体现了庄子的思想。《庄子》外篇计为十五篇。一般认为，外篇不是庄子本人的著述，多数为庄子后学的著述，较为忠实地体现了庄子的思想。《庄子》杂篇共十一篇，均非出于庄子之手。诸篇论著，或阐述老子、庄周，或批评儒者，具有思想史的参考价值。

二、《庄子》义理解析

《庄子》虽然不是一人一时成书，但是思想的内容却较为统一。一般认为，《庄子》的内篇大体出自庄子本人之手，而外、杂篇则为庄子后学和述庄派的作品。《庄子》一书包含有深刻的义理。

以道为本 《庄子》继承了《老子》的思想学说，把“道”作为天地万物的根本。《大宗师》有言：“夫道，有情有信，无为无形，可传而不可受，可得而不可见；自本自根，未有天地，自古以固存，神鬼神帝，生天生地；在太极之上而不为高，在六极之下而不为深，先天地生而不为久，长于上古而不为老。”这里把“道”认作世界的总根源，认为道生天生地，又是万物的本根。所谓“本根”，不仅指根源，而且指根据。《知北游》明确指出：“惛然若亡而存，油然不形而神，万物蓄而不知，此之谓本根。”《大宗师》则认为：“况万物之所系，而一化之所待乎?”在这里，道不仅仅是根源和根据，而且具有支配万物的作用，或可称之为“规律”。借用现代哲学的话语，以道为本的思想，在《庄子》一书中不仅具有宇宙论的意味，而且孕育着本体论的萌芽。

作为具有宇宙论和本体论合一意味的“道”，具体说来，表现为什么样的特征呢？庄子也有一些列的描述。他认为，道是绝对的、永恒的、超越的、普遍的和无目的性的。所谓绝对性，即指道是无条件存在的：它是“万物之所系”，“一化之所待”，却不需要任何其他条件而存在。所谓永恒性，即指道“自古以故存”，“先天地生而不为久，长于上古而不为老”（《大宗师》），无始无终，永无消失之时。所谓超越性，则是指道超越于现实之上，人无法感知它的存在。道“可传而不可受，可得而不可见”，是一种超越于现实和具体感性的实体。所谓普遍性，即指道无所不在，从最高贵的东西，到最卑下之物，无不存在道，而且“道近乎无内，远乎无外”，既是至微的，又是至大的。所谓无目的性，即指它无意志、无目的、无人格可言。《庄子》的这些关于道的描述，突出了我国古代关于世界本根思想观念的特征。

按照《庄子》的说法，道不仅是天地万物之本，而且是人的最高认识。既是说，从本体论来看，道是万物的本根；从认识论来说，它又是人的最高境界的认识。《齐物论》指出：“是非之彰也，道之所以亏也；道之所以亏，爱之所以成。”“道恶乎隐而有真伪？言恶乎隐而有是非？——道隐于小成，言隐于荣华，故有儒墨之是非。”这里所说的道，就不再是生天生地的世界本根，而是指与言意、是非、真伪相联系的最高的认识境界或最高的真理。这种最高的认识，并不区分任何具体的事物，而是对一切有形的事物的一种抽象，是超越了是非、真伪、见闻、爱恶之上的绝对的真理。

作为绝对真理的道，首先是无差别的，即它是绝对统一、和谐和虚无的认识境界，任何对于具体事物的认识都只是“小成”，关于事物之真伪的把握，关于行为之善恶的理解，也都不是道的境界，只有那无差别的绝对真理，才是真正的道。作为绝对真理的道，还是神秘的，即它高深莫测，不可捉摸。“大辩不言”，“不道之道”，达到对于它的把握，也是神秘的，需要经过忘知、虚静、通神等一系列功夫，才能体会到道的境界，把握住道的本性。总之，作为最高认识的道是超越了物我、是非和好恶的一种境界，是人生的一种体悟。达到了这种境界，便可以获得最大的精神快乐。

在庄子那里，作为世界本根的道和作为最高真理的道是有明显区别的，前者具有宇宙论和本体论的意味，后者则具有认识论和价值论的意味。但是，两者又都必须从最高层次、绝对同一、超越现实和神秘意义上加以把握；因而，两者在这个意义上又是统一的。庄子的道论，所体现的这种宇宙论、本体论、认识论和价值论的统一，在某种程度上体现了中国古代哲学的特征。

万物一体 庄子不仅仅继承了老子的学说，而且是一位具有原创精神的思想家，他的哲学具有自己的特点，涉及到天地万物和天人关系，他提出了“万物一体”的重要思想，对于人生和社会的理解，都具有独特意义。

《齐物论》提出：“天地一指也，万物一马也”，“万物与我为一”。《逍遥游》提出：“磅礴万物以为一。”这些都是在强调，天地之间，万物都是一体的，同一的。天地万物，明明千差万别，各各不同，为什么庄子要强调万物一体呢？《德充符》中有一段话，较好的说明了庄子的心迹。“自其异者视之，肝胆楚越也；自其同者视之，万物皆一也。夫若然者，且不知耳目之所宜，而游心乎德之和；物视其所一而不见其所丧，视丧其足犹遗土也。”万物都有其同的一面，也有其异的一面；从异的方面来说，肝和胆之间的差别不亚于楚国和越国之间的差别；从同的方面来说，任何事物都可以说是同一的；这样来认识问题，人也就能够逍遥于天地浑然一体的无差别的道德境界之中，即使是失去了一只脚，也会以为掉了一块泥巴一样。庄子在承认天地万物各有差别的前提下，反复论证万物一体的理论。

首先，它认为，万物虽然各有差别，但是却都有其相同的一面。《齐物论》指出：“是亦彼也，彼亦是也。彼亦一是非，此亦一是非。果且有彼是乎哉？果且无彼是乎哉？彼是莫得其偶，谓之道枢，枢得其环中，以应无穷。”彼和此之间是相对而言的，从己的方面来看，此即是此；从对方面的角度来看，此却是彼；从己方面来看，彼就是彼，而从对方的角度来看，彼却又是此了。此一时，彼一时也。所以，此亦一是非，彼亦一是非。更进一步，“彼是莫得其偶”。这样，他就由承认事物差别的相对性又多走了一步，否认事物本身还有差别。庄子并且认为，这就是“道枢”，即道的根本原则。

其次，庄子认为，天地万物都有其共同性，根据这种共同性，也能得出万物一体的结论。《齐物论》说："物固有所然，物固有所可。无物不然，无物不可。故为是举莛与楹，厉与西施，恢恑憰怪，道通为一。"万物都有其存在的合理性，也都有自身的根据，这就说明万物都有共同的特征，因而，在这个意义上万物都是同一的。草茎无论粗细大小，女性无论丑与美，世上千奇百怪的一切，从道的观点来看，都可以说是齐一和无所差别的。庄子在这里的论述，与关于道是一种无差别的规定的前提是一致的。

再次，庄子认为，天地万物从终极结果来看，都是同一的。《齐物论》借助"朝三暮四"的寓言，说明这个道理。"劳神明为一而不知其同也，谓之朝三。何谓朝三？狙公赋芧，曰'朝三而暮四。'众狙皆怒。曰：'然则朝四而暮三。'众狙皆悦。名实未亏，而喜怒为用，是以圣人和之以是非，而休乎天钧，是之谓两行。"任何事物，从过程来说可能是有差别的，但是从结果来看，往往是一样的。由此，庄子得出了"万物同一"的结论。"圣人"所注意的主要还是结果，所以，认定万物总归是同一的。人的生死也是如此：生是气化的流行，死则是气的散去。所以，应该从物和我"两行"的角度看待万物。

总之，在庄子看来，事物之间的差别是可以忽略不计的，事物的共同性、同一性是主要的，事物的最终结果也将是一样的。这里的论述方式，既有辩证的一面，也有相对主义的一面，还有诡辩论的特征。

庄子反复论证万物为一的观点，主要的目的是什么？就是主张从道的观点看待问题和处理问题。在他看来，天地万物都是同一的，天人一体是道的原则，与天合一则是人的理想。《大宗师》提出："故其好之也一，其弗好之也一，其一也一，其不一也一。其一与天为徒，其不一与人为徒，天与人不相胜也，是之谓真人。"天地万物本来就是同一的，无论你承认它也好，不承认它也好，这是不会变化的，假如能够按照这样的原则去生活，那就是真人。事实上，只要我们承认了万物一体的观念，便可以对社会生活中的贵与贱、得与失、贫与富、荣与辱、是与非、名与利等等抱着一种等量齐观的态度，即使涉及人的生与死这样的大事，也就能够坦然面对了。以"齐万物"的观点看世界，人便能够于动荡变幻的社会生活中不动心，不动情，始终保持一种心灵虚静、逍遥而游的精神状态。

安命无为 庄子所处的时代，是一个"整地争城"、"杀人盈野"的时代，也是人生死无常、心神不宁的时代，因而，他对于人处于社会生活中的种种无法挣脱的必然性的规定有着深刻的认识。《齐物论》指出："大知闲闲，小知间间，大言炎炎，小言詹詹。其寐也魂交，其觉也形开。与接为构，日以心斗。——其溺之所为，不可使之复也；其厌也如缄，以言其老洫；近死之心，莫使复阳也。"生活在人与人之间的重重矛盾之中，社会的争斗和冲突有如激浪汹流，随时就能够把人给吞食。处在激流之中，身不由己；处在激流之外，无可奈何。而且，每个人一生下来，就不能不面对这种社会生活的灾难，“一受其成形，不亡以待尽。与物相刃相靡，其行尽如驰而莫之能止，不亦悲乎”？生命的悲苦来自社会的争斗，来自人与人之间的矛盾。人的升沉进退，皆有外力推进，人的劳苦不息，均由社会赋予，个人没有能力随意推脱。虽然每个人都在挣扎，都在苦斗，但是谁也没有能力拔住自己的头发离开地球，任何人都不可能逃脱社会生活的磨难。“终日役役而不见其功成，茶然疲役而不知其所归，可不哀邪!”（《齐物论》）庄子的揭示是深刻的，批评也是无情的。

到底是什么力量对人生起着作用？庄子认为，是命。正是命运的力量把人生推向了苦难。《德充符》认为：“死生、存亡、穷达、贫富、贤与不肖、毁誉、饥渴、寒暑，是事之变，命之行也。日夜相代乎前，而知不能归乎其始者也。”人的生命的存亡，事业的发达与否，品行的好坏，甚至寒暑饥渴的变化，都是命运在起作用。任何人都不能完全预测未来，把握其始终。那么，究竟什么是命呢？《达生》篇给出的答案是：“达命之情者，不务命之所无奈何。——生之来不能却，其去不能止。悲夫!”所谓的命，正是这个不知其所奈何的必然性，它根源于天地自然，既是无目的的，也是无意志的，没有什么理由可以加以解释。在这里，庄子看到了人所处的社会生活中的种种必然性的作用，看到了人在生活中种种无可奈何的窘态。他以无意志、无目的的“命”加以解释，实际上也是一种无可奈何之举。这种对于现实社会生活之必然性的认识，注意揭示生活的种种不公和无奈，也体现出庄子哲学对于社会生活的批判精神。

人在命运的支配下，究竟应该如何进行合理的生活？庄子认为，最可靠的生活原则就是安命无为。《人间世》认为：“自事其心者，哀乐不易施乎前，知其不可奈何而安之若命，德之至也。”《德充符》也说：“知其不可奈何而安之若命，唯有德者能之。”安然顺命，无怨无悔，无心无情，这就是最高的道德修养。只有道德高尚者，才能达到这样的境界。

所谓安命无为，实际上就是一种完全被动的生活方式：命运把握抛向哪里，我就在哪里度日求生；虽然一切都是不得已而为之，但是，我对于名位利禄，穷达富贵，既不力争，也不强求，而是一切顺应天地自然之命运的安排。《庚桑楚》说：“不得已之类，圣人之道。”这种“不得已”，已经道出了安然顺命的心态，但是它不仅是至德的表现，而且是至圣的表现。

然而，庄子所强调的“不得已”的安命无为的生活方式和生活态度，又不完全是悲观无望的生活，而是一种乐观悠闲的生活。一方面，这是无可奈何的表现；另一方面，它又是一种悠闲自得的生活。《应帝王》篇中介绍了两种生活：一种是虞氏的生活，以德性教化人心，恪守世俗伦常；一种是泰氏的生活，徐徐而眠，于于而醒，不辨自己是牛马，但却自得其乐。庄子认为，后一种生活才是至高的生活。也就是，处于苦中却不知其苦，处于乐中而不可不乐，无可奈何才是生活的原则，悠然自得则是生活的情趣。这是一种至上的生活境界。《大宗师》指出：“且夫得者，时也；失者，顺也。安时而处顺，哀乐不能入也，此古之所谓县解也。而不能自解者，物有结之。且夫物不胜天久矣，吾又何恶焉!”只有达到了摆脱外物的精神束缚，真正控制住情感的起伏波动，才算是实现安时处顺，安命无为。

应该看到，庄子所讲的安命无为，既不是以静待动，无为而无不为；也不是指无为而治，以有为为目的；更不是讲究顺物而为，以求其成。他所讨论的就是没有目的和作为的自得自适，无所挂碍。《大宗师》所谓：“茫然彷徨乎尘垢之外，逍遥乎无为之业。”这就是无目的、无追求的生活方式和生活态度。

体道求真 庄子认为，道既是生天生地的世界本根，又是人的认识所能达到的最高真理和精神境界。人处在必然性即命运的支配的社会之中，只有安命无为，才能求得自己的生活。安命无畏的生活态度和生活方式，实际上也就是体悟道的存在，取得真知的过程。体道求真，也就是体悟道的存在及其意义，走向真知与真际。

在庄子看来，作为生天生地的道，不仅仅是世界万物的本根，而且是人的最高认识或者境界；而要达到这个境界，也就是把握道，只有通过直觉的方式才能实现。《齐物论》说：“夫大道不称，大辩不言”，“道昭而不道，言辩而不及”，“孰知不言之辩，不道之道，若有能知，此之谓天府。”这些都是在说，仅仅通过感觉，无法认识到道的存在及其价值。《大宗师》指出：“且有真人而后有真知。何谓真人？古之真人，不逆寡，不雄成，不谟士。若然者，过而弗悔，当而不自得也。若然者，登高不栗，入水不濡，入火不热。是知之能登假于道者也若此。”这些表明，离开了直觉体悟，便无法把握道；通过直觉，就能够实现对于道的体悟。

《养生主》篇关于“庖丁解牛”的寓言，也道出了这种直觉主义方法的信息。其中说道：“臣之所好者道也，进乎技矣。始臣之解牛之时，所见无非全牛者；三年之后，未尝见全牛也；方今之时，臣以神遇而不以目视，官知止而神欲行。依乎天理，批大郤，导大窾，因其固然。”抛却了五官感知的作用，通过精神的直觉去体悟，便可以达到对于道的把握。这也就是人脱离了凡人之见，走向真人之际的一种飞跃。

关于体悟真知的具体方法，《庄子》中有不少提示。首先是“心斋”。《人间世》说：“惟道集虚，虚者，心斋也。”这就是说，只有通过内心保持一种虚静的状态，达到心灵宁静的境界，“无听之以耳，而听之以心，无听之以心，而听之以气”，才能体悟到道的存在。其次是“坐忘”。《大宗师》说：“堕肢体，黜聪明，离形去知，同于大通，此谓坐忘。”也就是说，通过静坐修养，彻底忘却天地物我的区别，忘却自我的存在，使心与身完全合而为一，实现自我与道的统一。再次是“见独”。“朝彻而后能见独。”（《大宗师》）“朝彻”就是由黑暗走向光明的体验，就是心灵的敞亮和澄明，由“朝彻”就可以“见独”，也就是达到心身俱忘，物我不分，在想象的领域实现与道和宇宙本体的融合为一。“见独，而后能无古今；无古今，而后能入与不死不生。杀生者不死，生生者不生。”（《大宗师》）“见独”就是体悟道的存在和意义，达到生命的真知的境地，就是与道合一的状态。“杀生者”和“生生者”都是指大道，大道本身不存在生和死的问题。

通过一系列直觉主义的方法和途径，达到对于道的体悟，对于人生真知的把握，实际上也就是人生的精神自由的实现，是逍遥游的体验。在庄子那里，人生的修养论和认识论是合一的。但是，这个合一与西方的宗教体验又不一样，它不是与上帝同在的宗教情感的体验，而是人对于种种外在精神枷锁的摆脱和抛弃，庄子所倡导的是追求人生的精神自由和价值自觉的解蔽和澄明的道路，而不是通过拥抱上帝而解除现世罪恶的信仰之路。虽然两者都是在追求生命的终极关怀，但是，西方的基督教走出的是通过上帝实现“外在”的超越之路，而庄子倡导的则是借助自身解蔽实现“内在”的超越之路，这就是逍遥而游的精神自由之路。

逍遥而游　庄子所倡导的“安命无为”观念，走到了极处，便是人的一种无目的、无追求的境界，也就是逍遥而游的境界。关于逍遥而游，构成庄子重要的思想内容，内篇中的《逍遥游》、《人间世》、《大宗师》和《应帝王》都在讨论这个问题，外、杂篇也有多处讨论这些问题。

庄子所主张的逍遥而游，不仅仅是安闲自适，形体无所拘束，更多的是指精神的逍遥，也就是心灵的自由。《逍遥游》中提出：“今子有大树，患其无用，何不树之于无何有之乡，广莫之野，彷徨乎无为其侧，逍遥乎寝卧其下？不夭斤斧，物无可用，安所困苦哉！”显然，这里所设想的就不是形体的自适，而是精神的放达，即心灵上的自由。

庄子所讲的逍遥而游，特别与“游”相联系。这里所谓的“游”，即一种心灵的优游。《应帝王》说：“予方将与造物者为人，厌则又乘夫莽眇之鸟，以出六极之外，而游无何有之乡，以处圹埌之野。”《人间世》也认为：“且夫乘物以游心，托不得已以养中，至也。”这里都是说，“游”是心在游，即精神的游历。所谓的“乘物以游心”，就是借助于物象实现精神上的安闲自适，达到心灵的自由。这种“游心”或者“心游”的主张，体现了庄子对于人生的生命境界或者精神生活之至高价值的追求。

根据庄子的论述，逍遥而游的主体是人的心灵，即它是人的一种心理体验，是虚构的一种幻化境界。在这种境界中，人好像进入了一种虚无缥缈、澄清无垠的宇宙之中，可以任意驰驤，尽情遨游，无所拘束，无所挂碍，这就是所谓的“无何有之乡”

在这种精神的体验之中，人与道合而为一，与天地合而为一，达到了所谓天人合一的境地。《大宗师》篇对这种精神体验做了描述：“以圣人之道，告圣人之才，亦易矣。吾犹守而告之，三日后而能外天下；已外天下矣，吾又守之，七日而后能外物；已外物矣，吾又守之，九日而后能外生；已外生矣，而后能朝彻；朝彻，而后能见独；见独，而后能无古今；无古今，而后能入于不生不死。杀生者不死，生生者不生。其为物，无不将也，无不迎也，无不毁也，无不成也。其名为撄宁。撄宁也者，撄而后成者也。”这是一个不断修炼，最终进入天人合一境界的过程。最后就是忘却自身，忘却万物，与道同体，与天地为一，是一种不朽的永存，最高的精神境界。

《庄子》所描述的这种逍遥而游的境界，与精神的虚静直接相连。《应帝王》篇提出：“体尽无穷，而游无昭，尽其所受乎天而无见得，亦虚而已！”精神的遨游，也就是达到虚空的心灵境界。一方面，只有心灵的虚静，才能实现精神的遨游，在心灵中飞升；另一方面，通过心灵的飞升，才能使得精神抛却外物的牵挂，实现虚静中的和谐。这两者是一而二，二而一的事情。只有在这种心灵的体验之中，人才能超越时空的限制，摆脱是非的执著，忘却情感的牵涉。对于心灵而言，这是一种解放，是一种超越，是一种解蔽和敞亮。因而，它既是虚静的，又是自由的。

这种精神的虚静和精神的遨游，说穿了，就是超出了喜、怒、哀、乐的情感的挂碍，忘却了是非真假的认识冲突，摆脱了利害得失的价值牵涉，达到一种无思无虑、无心无情、无好无恶的不动心的状态。这是一种思想的大解放，精神的大超脱，心灵的大自由，即所谓“悬解”。《养生主》篇说：“适来，夫子时也；适去，夫子顺也。安时而处顺，哀乐不能入也，古者谓是帝之县解。”悬，即是心灵的解放。《德充符》指出：“有人之形，无人之情。有人之情，故群于人；无人之情，故是非不得于身。眇乎小哉，所以属于人也；謷乎大哉，独成其天。”这种神秘的精神境界，在《庄子》那里又显得非常现实。那里所描述的“真人”、“神人”、“至人”，无不达到了这样的精神境界。而在外、杂篇中那些有关庄子本人的记载、介绍和描述，也无不犹如这样的真人、至人。从某种意义上，我们可以说，庄子就是这种理想人格的化身，他就体现了逍遥而游的精神风貌。庄子生活在一个心身均无法得到自由的社会里，但是，他通过思想的批判和玄妙的虚构，创造了一个令人神往的心灵世界和精神家园。

三、《庄子》价值之现代诠释

在中国古代，《庄子》在知识分子心目中的地位很高，《庄子》一书成为历代士人喜爱的读本。站在今天的文化立场上来看，《庄子》这部经典仍然常读常新，具有难得的思想价值，值得我们加以珍视、汲取、发掘和利用。

一体的观念 庄子继承并发挥发展了老子关于道的一系列思想观念，他关于道的种种描述和解说，体现出强烈的万物一体的观念。这种一体的观念不仅非常独特，而且在现时代仍然具有思想价值。

本来，天地万物是千差万别的，世界上的一切事物也都是各各有别，德国著名哲学家莱布尼茨甚至说过，世界上没有一片相同的树叶。正是这种千差万别，构成了天地万物的多样性的和谐。没有差别的世界不仅是单调的，而且是不存在的。庄子当然知道这个道理，也承认这种差别的存在。但是，庄子在论证和发挥道生万物的过程中，突出地强调了“万物一体”的意识。他在《齐物论》等篇章中的论述过程中，重视的是事物差别的相对性，事物之间的共同性和事物在归根结底意义上的共同性。在他看来，以道观之，物无差等，物无贵贱。他的结论就是：“道通为一。其分也，成也；其成也，毁也。凡物，无成无毁，复通为一。”

庄子关于万物一体的理论，先是把世界看成完整不分的整体，进而又认为世界通过“成物”而形成了差别，再就是由于事物之间的差别造成对立存在的世界，最后则是由于人的认识的差别和投入，造成了各种意识纷杂的差异。他一再告诫人们，万物的差别只是相对的，而其一体则是绝对的。这里虽然不乏诡辩，却体现着深刻。

其一，就世界之本体而言，归根结底，世界只有一个本体，不存在多个本体。所以，我们不能因为人与自然之间的差别而否定人也是自然的组成部分，无限地夸大人的能动性和主体性，造成人类中心主义的泛滥，把对于自然的掠夺式开发乃至毁灭性破坏看成天经地义的。天地万物既然是一个整体，我们就没有理由厚此薄彼，为了突出这个部分而诋毁或者消除另外一部分。根据庄子“万物一体”的观念，天地万物本为一体，人类中心主义的观念，在本体意义上就是错误的。

其二，就世界的本然状态来说，万物都是一个整体，自然界本来也没有是非之差异。人们的一切是非差异，根源于人们由于自身的局限所造成的种种认识上的差异。各家由于沉溺于各自得成见，所以造成种种争执和是非，劳形费神，困顿精神，迷失自我。与其如此，不如停止纷争，放弃成见，消除偏见，归于原本的整齐划一。所以，人类的和谐，社会的和谐，是万物本来的自然要求，不是可有可无，而是必将如此。庄子给出了我们今天强调的“和谐”价值的终极根据。

真知的意识 庄子一再强调对于道的把握是一种真知，这种真知不是简单的外在把握，而是对于道的体认。庄子的真知意识含有丰富的内容，至今仍值得重视。庄子讲究的“真知”，不是西方哲学意义上的知识，而是一种对于世界的本原和万物的根据的洞见或者内观，它超越了主客体意义上的认识论。

庄子的真知，是心灵对于宇宙人生之根本的把握，是通过“以明”、“心斋”和“坐忘”等方式才能达到的。在这里，只有虚静的心，“灵府”的作用才能发挥作用。在《天道》篇里，有“桓公读书”寓言，庄子强调了透过语言文字，经过亲身的体验，才能达到对于“真知”的把握。所谓“不徐不疾，得之于手，应之于心，口不能言，有数存焉于其间”；在《秋水》篇里，有“濠梁之辨”一则寓言，庄子则主张通过直觉的把握，透过鱼的游动体悟鱼的快乐。所谓“子非我，安知我不知鱼之乐”？在《外物》篇里，有“得鱼忘筌”与“得意忘言”讨论，庄子主张，达到真知必须超越语言这个工具，才能达到对于“真意”的把握。庄子这些有关“真知”的思想都非常具有现代价值。

其一，我们对于世界的真正理解，并不能停留于在于概念、范畴的运用和分析判断的阶段，而应该是设身处地的亲身体验。尤其关于社会和人生的知识，无论前人有多么丰富的论述，没有自己的亲身体验而只有阅读和倾听，所得到的知识总是不真切的，其启迪的意义和作用也是大打折扣的。对于我们来说，了解和理解生活的唯一途径就是深入生活。全身心的投入生活，才能使我们真正懂得怎样生活。庄子所发现的这个道理虽然不需要加以论证，但是却并非人人懂得。尤其生活在社会转型、节奏加快的今天，不知道用心来回味生活的人，真可以说是枉费了生活。

其二，我们对于世界、人生、社会和生命本身的了解和理解，是一个不断实现的过程。人生有涯而知无涯。要以有限的生命去达到对于无限知识的把握，那是不可能的。人生所能实现的仅仅在于，超越个人的成见和自身的偏见，“知，止乎其所不知，至也。”“六合之外，圣人存而不论。”把握知识，实际上是为了服务于我们的生活。了解人与自然的关系，理解知识与生命的关系，最终就是为了安顿生命；希望体味到生命的价值和意义，则是为了解除众多现象对于生命的蒙蔽，实现生命的敞亮和境界的升华。今天，我们生活在信息时代，不仅信息爆炸，知识也在爆炸，每个人所能掌握的知识则少得可怜。而在实际上，用于安顿生命，解除心灵积弊的知识，我们更加很少去了解。现在，我们迫切需要的正是这种“真知”。把握“真知”，的确应该成为我们这个时代的呼唤。

自由的精神 庄子把心灵的逍遥而游看做一种人生的极高价值和精神境界，这一境界中体现了对于自由精神的发掘和珍视。庄子所追求的自由精神，至今仍然值得重视。

我们今天讨论自由问题，一般有两种取向，一是从主客体关系来讨论，接着黑格尔的观点，继续将自由看作对于必然性的认识和对于自然的改造，认为这是人获得自由的必要途径。另外一种就是从政治意义上来说的，认为人应该有社会生活中的言论、行动的自由，国家应当在法律层面给与人民更多的自由空间。庄子关于自由问题的讨论，当然也包含着对于专制政治的批判和对于无为、素朴、宽松的社会生活环境的向往，但是，庄子所追求的自由，主要还是心灵的自由，也就是我们的生命所需要的一种内在的自由精神。

在《齐物论》中，庄子认为：“一受其形，不化以待尽。与物相刃相靡，其行进如驰，而莫之能止，不亦悲乎?”这里所说的是人对于物的依赖和沉溺。在物欲横流、人心沉溺的时代，庄子发出了“物物而不物于物”呼唤，这是对人心的拯救，是对自由的呼唤。庄子一再强调“游心”或者“心游”，讨论的主要还不是人自身的游历，而是“游心于物之初”，“游心于无何有之乡”，“心有天游”。这就是心灵的自由活动，是对于道的体认，对于无限、整体和天地的把握。这样的境界就是庄子所向往的自由。

今天，我们生活在一个经济和科技高度发达的时代。我们的日常生活所消耗的物质产品和精神产品，较之庄子的时代不知要多处几百倍来。但是，我们的欲望没有因为消耗的物质和精神的产品的增多而有所减退；相反，过度的消费刺激出我们更大的欲望。我们不仅仅仍然沉溺于物欲而不能自拔，而且正在为人类发明出来的技术和物质所左右。人类社会今天出现的酒精依赖、毒品依赖、网络依赖等等病症，正在成为毁灭自身的精神枷锁。物质资料和科学技术的负面作用正日益显现出来。时代的进步没有促进人性的提升，同样也没有为人类带来更多的精神自由。科学的发达解放了人的手脚乃至大脑，足以载人遨游太空，代替人进行繁重的体力和脑力的劳动，但是却把人的心灵给严重束缚。自由精神，这是人类最重要、最美好的精神价值。庄子揭示出了它的重要和可贵。我们人类生活在本来应该更加自由的时代，不应该忘记庄子的提示。我们应该进一步解放自己的心灵，借助庄子开创的自由的哲学，走出紧张、烦闷、畏惧、空虚和无聊的精神牢笼，尽情地享受心灵自由的价值精神，走向真正幸福的生活。

* * *

《庄子》是一部独具阅读魅力的经典，素来为历代文人学者所喜爱。自从晋人郭象以来，历代学者对于庄子做过大量的研究和注解。据有关学者考察统计，仅目前可以读到的有关庄子学说的研究性、注释性著作就有近千种，足以形成一部内容丰富的庄学史。现代学者熊铁基、方勇分别出版有关中国庄学史的著作，对于我们了解庄子思想学说的历史影响和历代研读《庄子》的体会与成就，具有很好的研读参考价值。近年来，各地出版机构为普及传统文化的典籍，推出了多种有关《庄子》的通俗、普及性质的读本，虽然其质量有高低之分，内容或有偏差，但也都各有其可取之处。我们也是在做《庄子》这部经典的普及工作。这里根据统一的编辑要求，依据中华书局版由王孝鱼点校的郭庆藩《庄子集释》，同时参照刘文典《庄子补正》、陈鼓应《庄子今注今译》等研究成果，对庄子的思想理论作以简介与解说，并对《庄子》原文中的生僻字加以注音。

附：《庄子》正文[①]

内　篇

《庄子·内篇》共七篇文章。现代学者一般认为，庄子《内篇》的成书较早，应该出现于战国时期。其中多数学者认为，《内篇》的文章均为庄子本人的作品，集中体现了庄子的思想。按照《天下篇》的说法，庄子“独与天地精神往来，而不敖倪于万物。不谴是非，以与世俗处。其书虽傀玮，而连犿无伤也。其辞虽参差，而諔诡可观。彼其充实，不可以已。上与造物者游，而下与外死生、无终始者为友。”《内篇》各篇均体现这种基本精神。也还有学者认为，《逍遥游》、《齐物论》、《大宗师》三篇体现庄子的精神最为充分，《德充符》、《应帝王》两篇次之，《养生主》、《人间世》两篇又次之。见诸篇什，这话说得有一定道理。但是，就庄子重视讨论事物的相对性、人的生命价值及精神自由而言，《庄子. 内篇》的每一片段都值得玩味。此外，庄子的基本文风和叙述方式，在《内篇》中也得到了较为充分的体现。

---

① 《庄子集释》，郭庆藩撰，五孝鱼点校，中华书局2004年第2版。

逍遥游 第一

北冥有鱼，其名为鲲。鲲之大，不知其几千里也。化而为鸟，其名为鹏。鹏之背，不知其几千里也。怒而飞，其翼若垂天之云。是鸟也，海运则将徙于南冥。南冥者，天池也。

《齐谐》者，志怪者也。《谐》之言曰："鹏之徙于南冥也，水击三千里，抟（tuán）扶摇而上者九万里，去以六月息者也。"野马也，尘埃也，生物之以息相吹也。天之苍苍，其正色邪？其远而无所至极邪？其视下也，亦若是则已矣。

且夫水之积也不厚，则其负大舟也无力。覆杯水于坳（ào）堂之上，则芥为之舟。置杯焉则胶，水浅而舟大也。风之积也不厚，则其负大翼也无力。故九万里则风斯在下矣，而后乃今培风；背负青天而莫之夭阏（è）者，而后乃今将图南。

蜩与学鸠笑之曰："我决起而飞，抢榆枋，时则不至而控于地而已矣，奚以之九万里而南为？"适莽苍者，三餐而反，腹犹果然；适百里者，宿舂粮；适千里者，三月聚粮。之二虫又何知！

小知不及大知，小年不及大年。奚以知其然也？朝菌不知晦朔，蟪蛄不知春秋，此小年也。楚之南有冥灵者，以五百岁为春，五百岁为秋；上古有大椿者，以八千岁为春，八千岁为秋。而彭祖乃今以久特闻，众人匹之，不亦悲乎！

汤之问棘也是已：穷发之北，有冥海者，天池也。有鱼焉，其广数千里，未有知其修者，其名为鲲。有鸟焉，其名为鹏，背若泰山，翼若垂天之云，抟扶摇羊角而上者九万里，绝云气，负青天，然后图南，且适南冥也。斥鴳（yàn）笑之曰："彼且奚适也？我腾跃而上，不过数仞而下，翱翔蓬蒿之间，此亦飞之至也，而彼且奚适也？"此小大之辩也。

故夫知效一官，行比一乡，德合一君，而徵一国者，其自视也，亦若此矣。而宋荣子犹然笑之。且举世而誉之而不加劝，举世而非之而不加沮，定乎内外之分，辩乎荣辱之境，斯已矣。彼其于世，未数（shuò）数然也。虽然，犹有未树也。

夫列子御风而行，泠然善也，旬有五日而后反。彼于致福者，未数数然也。此虽免乎行，犹有所待者也。

若夫乘天地之正，而御六气之辩，以游无穷者，彼且恶乎待哉！故曰：至人无己，神人无功，圣人无名。

尧让天下于许由，曰："日月出矣，而爝（jué）火不息，其于光也，不亦难乎！时雨降矣，而犹浸灌，其于泽也，不亦劳乎！夫子立而天下治，而我犹尸之，吾自视缺然。请致天下。”

许由曰：“子治天下，天下既已治也，而我犹代子，吾将为名乎？名者，实之宾也，吾将为宾乎？鹪鹩（jiāo liáo）巢于深林，不过一枝；偃鼠饮河，不过满腹。归休乎君，予无所用天下为！庖人虽不治庖，尸祝不越樽俎而代之矣。”

肩吾问于连叔曰：“吾闻言于接舆，大而无当，往而不返。吾惊怖其言，犹河汉而无极也，大有径庭，不近人情焉。”

连叔曰：“其言谓何哉？”

“曰‘藐姑射（yè）之山，有神人居焉。肌肤若冰雪，淖约若处子；不食五谷，吸风饮露；乘云气，御飞龙，而游乎四海之外；其神凝，使物不疵疠而年谷熟。’吾以是狂而不信也。”

连叔曰：“然，瞽者无以与乎文章之观，聋者无以与乎钟鼓之声。岂唯形骸有聋盲哉？夫知亦有之。是其言也，犹时女也。之人也，之德也，将旁礴万物以为一，世蕲乎乱，孰弊弊焉以天下为事！之人也，物莫之伤，大浸稽天而不溺，大旱金石流、土山焦而不热。是其尘垢秕糠，将犹陶铸尧舜者也，孰肯以物为事！”

宋人资章甫而适诸越，越人断发文身，无所用之。尧治天下之民，平海内之政。往见四子藐姑射之山，汾水之阳，窅（yǎo）然丧其天下焉。

惠子谓庄子曰：“魏王贻（yí）我大瓠（hú）之种，我树之成而实五石。以盛水浆，其坚不能自举也。剖之以为瓢，则瓠落无所容。非不呺（xiāo）然大也，吾为其无用而掊（pǒu）之。”

庄子曰：“夫子固拙于用大矣。宋人有善为不龟手之药者，世世以洴澼（píng pì）絖（kuàng）为事。客闻之，请买其方百金。聚族而谋曰：‘我世世为洴澼絖，不过数金。今一朝而鬻（yù）技百金，请与之。’客得之，以说（shuì）吴王。越有难，吴王使之将。冬，与越人水战，大败越人，裂地而封之。能不龟手，一也，或以封，或不免于洴澼絖，则所用之异也。今子有五石之瓠，何不虑以为大樽而浮乎江湖，而忧其瓠落无所容？则夫子犹有蓬之心也夫！”

惠子谓庄子曰：“吾有大树，人谓之樗（chū）。其大本臃肿而不中绳墨，其小枝卷曲而不中规矩。立之涂，匠者不顾。今子之言，大而无用，众所同去也。”

庄子曰：“子独不见狸狌（shēng）乎？卑身而伏，以候敖者；东西跳梁，不避高下；中于机辟，死于罔罟（gǔ）。今夫斄（lí）牛，其大若垂天之云。此能为大矣，而不能执鼠。今子有大树，患其无用，何不树之于无何有之乡，广莫之野，彷徨乎无为其侧，逍遥乎寝卧其下。不夭斤斧，物无害者，无所可用，安所困苦哉！

齐物论　第二

南郭子綦（qí）隐机而坐，仰天而嘘，荅（tà）焉似丧其耦。颜成子游立侍乎前，曰："何居（jī）乎？形固可使如槁木，而心固可使如死灰乎？今之隐机者，非昔之隐机者也？"

子綦曰："偃，不亦善乎而问之也！今者吾丧我，汝知之乎？女闻人籁（lài）而未闻地籁，女闻地籁而未闻天籁夫！"

子游曰："敢问其方。"子綦曰："夫大块噫气，其名为风。是唯无作，作则万窍怒呺。而独不闻之翏翏（liù 又读作 liáo）乎？山林之畏佳（wèi cuī），大木百围之窍穴，似鼻，似口，似耳，似枅（jī），似圈，似臼（jiù），似洼者，似污者。激者、謞（xiào）者、叱者、吸者、叫者、譹（háo）者、宎（yǎo）者，咬（jiāo）者，前者唱于而随者唱喁，泠（líng）风则小和，飘风则大和，厉风济则众窍为虚。而独不见之调调之刁刁乎？"

子游曰："地籁则众窍是已，人籁则比竹是已，敢问天籁。"

子綦曰："夫吹万不同，而使其自已也。咸其自取，怒者其谁邪？"

大知闲闲，小知间间。大言炎炎，小言詹詹。其寐也魂交，其觉也形开。与接为构，日以心斗。缦者、窖者、密者。小恐惴惴，大恐缦缦。其发若机栝（kuò），其司是非之谓也；其留如诅盟，其守胜之谓也；其杀若秋冬，以言其日消也；其溺之所为之，不可使复之也；其厌也如缄，以言其老洫（xù）也；近死之心，莫使复阳也。喜怒哀乐，虑叹变慹，姚佚启态——乐出虚，蒸成菌。日夜相代乎前，而莫知其所萌。已乎，已乎！旦暮得此，其所由以生乎！

非彼无我，非我无所取。是亦近矣，而不知其所为使。若有真宰，而特不得其眹（zhèn）。可行已信，而不见其形，有情而无形。

百骸、九窍、六藏、赅而存焉，吾谁与为亲？汝皆说（yuè）之乎？其有私焉？如是皆有为臣妾乎？其臣妾不足以相治乎？其递相为君臣乎？其有真君存焉！如求得其情与不得，无益损乎其真。

一受其成形，不亡以待尽。与物相刃相靡，其行尽如驰，而莫之能止，不亦悲乎！终身役役而不见其成功，苶（nié）然疲役而不知其所归，可不哀邪！人谓之不死，奚益！其形化，其心与之然，可不谓大哀乎？人之生也，固若是芒乎？其我独芒，而人亦有不芒者乎？

夫随其成心而师之，谁独且无师乎？奚必知代而自取者有之？愚者与有焉！未成乎心而有是非，是今日适越而昔至也。是以无有为有。无有为有，虽有神禹且不能知，吾独且奈何哉！

夫言非吹也，言者有言。其所言者特未定也。果有言邪？其未尝有言邪？其以为异于鷇（kòu）音，亦有辩乎？其无辩乎？

道恶乎隐而有真伪？言恶乎隐而有是非？道恶乎往而不存？言恶乎存而不可？道隐于小成，言隐于荣华。故有儒墨之是非，以是其所非而非其所是。欲是其所非而非其所是，则莫若以明。

物无非彼，物无非是。自彼则不见，自知则知之。故曰：彼出于是，是亦因彼。彼是方生之说也。虽然，方生方死，方死方生；方可方不可，方不可方可；因是因非，因非因是。是以圣人不由，而照之于天，亦因是也。是亦彼也，彼亦是也。彼亦一是非，此亦一是非，果且有彼是乎哉？果且无彼是乎哉？彼是莫得其偶，谓之道枢。枢始得其环中，以应无穷。是亦一无穷，非亦一无穷也。故曰：莫若以明。

以指喻指之非指，不若以非指喻指之非指也；以马喻马之非马，不若以非马喻马之非马也。天地一指也，万物一马也。

可乎可，不可乎不可。道行之而成，物谓之而然。恶乎然？然于然。恶乎不然？不然于不然。物固有所然，物固有所可。无物不然，无物不可。故为是举莛（tíng）与楹（yíng），厉与西施，恢恑（guǐ）憰（jué）怪，道通为一。其分也，成也；其成也，毁也。凡物无成与毁，复通为一。唯达者知通为一，为是不用而寓诸庸。庸也者，用也；用也者，通也；通也者，得也。适得而几矣。因是已，已而不知其然谓之道。劳神明为一，而不知其同也，谓之“朝三”。何谓“朝三”？狙（jū）公赋芧（xù），曰：“朝三而暮四。”众狙皆怒。曰：“然则朝四而暮三。”众狙皆悦。名实未亏而喜怒为用，亦因是也。是以圣人和之以是非而休乎天钧，是之谓两行。

古之人，其知有所至矣。恶乎至？有以为未始有物者，至矣，尽矣，不可以加矣！其次，以为有物矣，而未始有封也。其次，以为有封焉，而未始有是非也。是非之彰也，道之所以亏也。道之所以亏，爱之所以成。果且有成与亏乎哉？果且无成与亏乎哉？有成与亏，故昭氏之鼓琴也；无成与亏，故昭氏之不鼓琴也。昭文之鼓琴也，师旷之枝策也，惠子之据梧也，三子之知，几乎皆其盛者也，故载之末年。唯其好之也，以异于彼；其好之也，欲以明之。彼非所明而明之，故以坚白之昧终。而其子又以文之纶终，终身无成。若是而可谓成乎？虽我亦成也；若是而不可谓成乎？物与我无成也。是故滑（gǔ）疑之耀，圣人之所图也。为是不用而寓诸庸，此之谓“以明”。

今且有言于此，不知其与是类乎？其与是不类乎？类与不类，相与为类，则与彼无以异矣。虽然，请尝言之：有始也者，有未始有始也者，有未始有夫未始有始也者；有有也者，有无也者，有未始有无也者，有未始有夫未始有无也者。俄而有无矣，而未知有无之果孰有孰无也。今我则已有谓矣，而未知吾所谓之其果有谓乎？其果无谓乎？

天下莫大于秋豪之末，而大（tài）山为小；莫寿乎殇子，而彭祖为夭。天地与我并生，而万物与我为一。既已为一矣，且得有言乎？既已谓之一矣，且得无言乎？一与言为二，二与一为三。自此以往，巧历不能得，而况其凡乎！故自无适有，以至于三，而况自有适有乎！无适焉，因是已！

夫道未始有封，言未始有常，为是而有畛（zhěn）也。请言其畛：有左有右，有伦有义，有分有辩，有竞有争，此之谓八德。六合之外，圣人存而不论；六合之内，圣人论而不议；春秋经世先王之志，圣人议而不辩。故分也者，有不分也；辩也者，有不辩也。曰："何也？"
圣人怀之，众人辩之以相示也。故曰：辩也者，有不见也。

夫大道不称，大辩不言，大仁不仁，大廉不嗛（qiǎn），大勇不忮（zhì）。道昭而不道，言辩而不及，仁常而不成，廉清而不信，勇忮而不周。五者园而几向方矣！故知止其所不知，至矣。孰知不言之辩，不道之道？若有能知，此之谓天府。注焉而不满，酌焉而不竭，而不知其所由来，此之谓葆光。

故昔者尧问于舜曰："我欲伐宗、脍、胥敖，南面而不释然。其故何也？"

舜曰："夫三子者，犹存乎蓬艾之间。若不释然，何哉！昔者十日并出，万物皆照，而况德之进乎日者乎！"

啮（niè）缺问乎王倪曰："子知物之所同是乎？"

曰："吾恶乎知之！"

"子知子之所不知邪？"

曰："吾恶乎知之！""然则物无知邪？"曰："吾恶乎知之！虽然尝试言之：庸讵（jù）知吾所谓知之非不知邪？庸讵知吾所谓不知之非知邪？且吾尝试问乎女：民湿寝则腰疾偏死，鳅然乎哉？木处则惴栗恂惧，猨猴然乎哉？三者孰知正处？民食刍豢（chú huàn），麋鹿食荐，蝍蛆（jí jū）甘带，鸱（chī）鸦耆鼠，四者孰知正味？猿猵狙（biān jū）以为雌，麋与鹿交，鳅与鱼游。毛嫱、丽姬，人之所美也；鱼见之深入，鸟见之高飞，麋鹿见之决骤，四者孰知天下之正色哉？自我观之，仁义之端，是非之涂，樊然殽乱，吾恶能知其辩！"

啮缺曰："子不知利害，则至人固不知利害乎？"王倪曰："至人神矣！大泽焚而不能热，河汉冱（hù）而不能寒，疾雷破山、飘风振海而不能惊。若然者，乘云气，骑日月，而游乎四海之外，死生无变于己，而况利害之端乎！"

瞿鹊子问乎长梧子曰："吾闻诸夫子：圣人不从事于务，不就利，不违害，不喜求，不缘道，无谓有谓，有谓无谓，而游乎尘垢之外。夫子以为孟浪之言，而我以为妙道之行也。吾子以为奚若？”

长梧子曰：“是皇帝之所听荧（yíng）也，而丘也何足以知之！且女亦大早计，见卵而求时夜，见弹而求鸮炙。予尝为女妄言之，女以妄听之。奚旁日月，挟宇宙，为其吻合，置其滑涽，以隶相尊？众人役役，圣人愚钝，参万岁而一成纯。万物尽然，而以是相蕴。予恶乎知说生之非惑邪！予恶乎知恶死之非弱丧而不知归者邪！

“丽之姬，艾封人之子也。晋国之始得之也，涕泣沾襟。及其至于王所，与王同筐床，食刍豢，而后悔其泣也。予恶乎知夫死者不悔其始之蕲（qí）生乎？梦饮酒者，旦而哭泣；梦哭泣者，旦而田猎。方其梦也，不知其梦也。梦之中又占其梦焉，觉而后知其梦也。且有大觉而后知此其大梦也，而愚者自以为觉，窃窃然知之。“君乎！牧乎！”固哉！丘也与女，皆梦也；予谓女梦，亦梦也。是其言也，其名为吊诡。万世之后而一遇大圣，知其解者，是旦暮遇之也。

既使我与若辩矣，若胜我，我不若胜，若果是也？我果非也邪？我胜若，若不吾胜，我果是也？而果非也邪？其或是也？其或非也邪？其俱是也？其俱非也邪？我与若不能相知也。则人固受其黮闇（dǎn àn），吾谁使正之？使同乎若者正之，既与若同矣，恶能正之？使同乎我者正之，既同乎我矣，恶能正之？使异乎我与若者正之，既异乎我与若矣，恶能正之？使同乎我与若者正之，既同乎我与若矣，恶能正之？然则我与若与人俱不能相知也，而待彼也邪？”

化声之相待，若其不相待。和之以天倪，因之以曼衍，所以穷年也。“何谓和之以天倪？”

曰：“是不是，然不然。是若果是也，则是之异乎不是也亦无辩；然若果然也，则然之异乎不然也亦无辩。忘年忘义，振于无竟，故寓诸无竟。”

罔两问景曰：“曩（nǎng）子行，今子止；曩子坐，今子起。何其无特操与？”

景曰：“吾有待而然者邪？吾所待又有待而然者邪？吾待蛇蚹（fù）蜩（tiáo）翼邪？恶识所以然？恶识所以不然？”

昔者庄周梦为胡蝶，栩（xǔ）栩然胡蝶也。自喻适志与！不知周也。俄然觉，则蘧（qù）蘧然周也。不知周之梦为胡蝶与？胡蝶之梦为周与？周与胡蝶，则必有分矣。此之谓物化。

养生主 第三

吾生也有涯，而知也无涯。以有涯随无涯，殆已！已而为知者，殆而已矣！为善无近名，为恶无近刑，缘督以为经，可以保身，可以全生，可以养亲，可以尽年。

庖（páo）丁为文惠君解牛，手之所触，肩之所倚，足之所履，膝之所踦（yǐ），砉（xū）然响然，奏刀騞（huō）然，莫不中音，合于桑林之舞，乃中经首之会。文惠君曰："嘻，善哉！技盖至此乎？"

庖丁释刀对曰："臣之所好者道也，进乎技矣。始臣之解牛之时，所见无非全牛者；三年之后，未尝见全牛也；方今之时，臣以神遇而不以目视，官知止而神欲行。依乎天理，批大郤（xì），导大窾（kuǎn），因其固然。技经肯綮（qǐng）之未尝，而况大軱（gū）乎！良庖岁更刀，割也；族庖月更刀，折也；今臣之刀十九年矣，所解数千牛矣，而刀刃若新发于硎（xíng），彼节者有间而刀刃者无厚，以无厚入有间，恢恢乎其于游刃必有余地矣。是以十九年而刀刃若新发于硎。虽然，每至于族，吾见其难为，怵（chù）然为戒，视为止，行为迟，动刀甚微，謋（huò）然已解，如土委地。提刀而立，为之而四顾，为之踌躇满志，善刀而藏之。"

文惠君曰："善哉！吾闻庖丁之言，得养生焉。"

公文轩见右师而惊曰："是何人也？恶乎介也？天与？其人与？"曰："天也，非人也。天之生是使独也，人之貌有与也。以是知其天也，非人也。"

泽雉（zhì）十步一啄，百步一饮，不蕲畜乎樊中。神虽王（wàng），不善也。

老聃（dān）死，秦失吊之，三号而出。

弟子曰："非夫子之友邪？"

曰："然。"

"然则吊焉若此，可乎？"

曰："然。始也吾以为其人也，而今非也。向吾入而吊焉，有老者哭之，如哭其子；少者哭之，如哭其母。彼其所以会之，必有不蕲言而言，不蕲哭而哭者。是遁天倍情，忘其所受，古者谓之遁天之刑。适来，夫子时也；适去，夫子顺也。安时而处顺，哀乐不能入也，古者谓是帝之县解。"

指穷于为薪，火传也，不知其尽也。

人间世　第四

颜回见仲尼，请行。

曰："奚之？"

曰："将之卫。"

曰："奚为焉？"

曰："回闻卫君，其年壮，其行独。轻用其国，而不见其过。轻用民死，死者以国量乎泽，若蕉，民其无如矣！回尝闻之夫子曰：'治国去之，乱国就之。医门多疾。'愿以所闻，思其则，庶几其国有瘳（chōu）乎！"

仲尼曰："嘻，若殆往而刑耳！夫道不欲杂，杂则多，多则扰，扰则忧，忧而不救。古之至人，先存诸己而后存诸人。所存于己者未定，何暇至于暴人之所行！且若亦知夫德之所荡而知之所为出乎哉？德荡乎名，知出乎争。名也者，相轧也；知也者，争之器也。二者凶器，非所以尽行也。

且德厚信矼（gāng），未达人气；名闻不争，未达人心。而强以仁义绳墨之言術暴人之前者，是以人恶有其美也，命之曰菑（zāi）人。菑人者，人必反菑之。若殆为人菑夫。且苟为人悦贤而恶不肖，恶用而求有以异？若唯无诏，王公必将乘人而斗其捷。而目将荧之，而色将平之，口将营之，容将形之，心且成之。是以火救火，以水救水，名之曰益多。顺始无穷，若殆以不信厚言，必死于暴人之前矣！

且昔者桀杀关龙逢，纣杀王子比干，是皆修其身以下伛拊（yǔ fǔ）人之民，以下拂其上者也，故其君因其修以挤之。是好名者也。昔者尧攻丛、枝、胥敖，禹攻有扈（hù）。国为虚厉，身为刑戮。其用兵不止，其求实无已，是皆求名实者也，而独不闻之乎？名实者，圣人之所不能胜也，而况若乎！虽然，若必有以也，尝以语我来。"

颜回曰："端而虚，勉而一，则可乎？"

曰："恶！恶可！夫以阳为充孔扬，采色不定，常人之所不违，因案人之所感，以求容与其心。名之曰日渐之德不成，而况大德乎！将执而不化，外合而内不訾（zǐ），其庸讵可乎！"

"然则我内直而外曲，成而上比。内直者，与天为徒。与天为徒者，知天子之与己，皆天之所子，而独以己言蕲乎而人善之，蕲乎而人不善之邪？若然者，人谓之童子，是之谓与天为徒。外曲者，与人之为徒也。擎（qíng）跽（jì）曲拳，人臣之礼也。人皆为之，吾敢不为邪？为人之所为者，人亦无疵焉，是之谓与人为徒。成而上比者，与古为徒。其言虽教，谪（zhé）之实也，古之有也，非吾有也。若然者，虽直而不病，是之谓与古为徒。若是则可乎？"

仲尼曰："恶！恶可！大多政法而不谍。虽固，亦无罪。虽然，止是耳矣，夫胡可以及化！犹师心者也。"

颜回曰："吾无以进矣，敢问其方。"

仲尼曰："斋，吾将语若。有心而为之，其易邪？易之者，皞（hào）天不宜。"

颜回曰："回之家贫，唯不饮酒不茹荤者数月矣。如此则可以为斋乎？"

曰："是祭祀之斋，非心斋也。"

回曰："敢问心斋。"

仲尼曰："若一志，无听之以耳而听之以心；无听之以心而听之以气。听止于耳，心止于符。气也者，虚而待物者也。唯道集虚。虚者，心斋也"

颜回曰："回之未始得使，实自回也；得使之也，未始有回也，可谓虚乎?"

夫子曰："尽矣！吾语若：若能入游其樊而无感其名，入则鸣，不入则止。无门无毒，一宅而寓于不得已，则几矣。

绝迹易，无行地难。为人使易以伪，为天使难以伪。闻以有翼飞者矣，未闻以无翼飞者也；闻以有知知者矣，未闻以无知知者也。瞻彼阕（què）者，虚室生白，吉祥止止。夫且不止，是之谓坐驰。夫徇耳目内通而外于心知，鬼神将来舍，而况人乎！是万物之化也，禹舜之所纽也，伏戏、几蘧（jù）之所行终，而况散焉者乎!"

叶公子高将使于齐，问于仲尼曰："王使诸梁也甚重。齐之待使者，盖将甚敬而不急。匹夫犹未可动也，而况诸侯乎！吾甚慄之。子常语诸梁也曰：'凡事若小若大，寡不道以欢成。事若不成，则必有人道之患；事若成，则必有阴阳之患。若成若不成而后无患者，唯有德者能之。'吾食也执粗而不臧，爨（cuàn）无欲清之人。今吾朝受命而夕饮冰，我其内热与！吾未至乎事之情，而既有阴阳之患矣！事若不成，必有人道之患，是两也。为人臣者不足以任之，子其有以语我来!"

仲尼曰："天下有大戒二：其一，命也；其一，义也。子之爱亲，命也，不可解于心；臣之事君，义也，无适而非君也，无所逃于天地之间。是之谓大戒。是以夫事其亲者，不择地而安之，孝之至也；夫事其君者，不择事而安之，忠之盛也；自事其心者，哀乐不易施乎前，知其不可奈何而安之若命，德之至也。为人臣子者，固有所不得已。行事之情而忘其身，何暇至于悦生而恶死！夫子其行可矣！

丘请复以所闻：凡交近则必相靡以信，远则必忠之以言。言必或传之。夫传两喜两怒之言，天下之难者也。夫两喜必多溢美之言，两怒必多溢恶之言。凡溢之类妄，妄则其信之也莫，莫则传言者殃。故法言曰：'传其常情，无传其溢言，则几乎全。'

且以巧斗力者，始乎阳，常卒乎阴，泰至则多奇巧；以礼饮酒者，始乎治，常卒乎乱，泰至则多奇乐。凡事亦然，始乎谅，常卒乎鄙；其作始也简，其将毕也必巨。

言者，风波也；行者，实丧也。夫风波易以动，实丧易以危。故忿设无由，巧言偏辞。兽死不择音，气息茀（bó）然，于是并生心厉。剋（kè）核太至，则必有不肖之心应之，而不知其然也。苟为不知其然也，孰知其所终!

故法言曰：'无迁令，无劝成。过度益也。'迁令劝成殆事。美成在久，恶成不及改，可不慎与！

且夫乘物以游心，托不得已以养中，至矣。何作为报也！莫若为致命，此其难者。"

颜阖将傅卫灵公大子，而问于蘧伯玉曰："有人于此，其德天杀。与之为无方，则危吾国，与之为有方，则危吾身。其知适足以知人之过，而不知其所以过。若然者，吾奈之何？"

蘧伯玉曰："善哉问乎！戒之，慎之，正女身也哉！形莫若就，心莫若和。虽然，之二者有患。就不欲入，和不欲出。形就而入，且为颠为灭，为崩为蹶；心和而出，且为声为名，为妖为孽。彼且为婴儿，亦与之为婴儿；彼且为无町畦，亦与之为无町畦（tīng qí）；彼且为无崖，亦与之为无崖；达之，入于无疵。

汝不知夫螳螂乎？怒其臂以当车辙，不知其不胜任也，是其才之美者也。戒之，慎之，积伐而美者以犯之，几矣！汝不知夫养虎者乎？不敢以生物与之，为其杀之之怒也；不敢以全物与之，为其决之之怒也。时其饥饱，达其怒心。虎之与人异类，而媚养己者，顺也；故其杀者，逆也。

夫爱马者，以筐盛矢，以蜃（shèn）盛溺。适有蚊虻仆缘，而拊之不时，则缺衔毁首碎胸。意有所至而爱有所亡。可不慎邪？"

匠石之齐，至于曲辕，见栎（lì）社树。其大蔽牛，絜（xiè）之百围，其高临山，十仞而后有枝，其可以为舟者旁十数。观者如市，匠伯不顾，遂行不辍。弟子厌观之，走及匠石，曰：'自吾执斧斤以随夫子，未尝见材如此其美也。先生不肯视，行不辍，何邪？"

曰："已矣，勿言之矣！散木也。以为舟则沉，以为棺椁则速腐，以为器则速毁，以为门户则液樠，以为柱则蠹，是不材之木也。无所可用，故能若是之寿。"

匠石归，栎社见梦曰："女将恶乎比予哉？若将比予于文木邪？夫柤梨橘柚，果蓏（luǒ）之属，实熟则剥，剥则辱。大枝折，小枝泄。此以其能苦其生者也。故不终其天年而中道夭，自掊（pǒu）击于世俗者也。物莫不若是。且予求无所可用久矣！几死，乃今得之，为予大用。使予也而有用，且得有此大也邪？且也若与予也皆物也，奈何哉其相物也？而几死之散人，又恶知散木！"

匠石觉而诊其梦。弟子曰："趣取无用，则为社何邪？"

曰："密！若无言！彼亦直寄焉！以为不知己者诟（gòu）厉也。不为社者，且几有翦乎！且也彼其所保与众异，而以义喻之，不亦远乎！"

南伯子綦游乎商之丘，见大木焉，有异：结驷千乘，隐将芘（pí）其所藾（lài）。子綦曰："此何木也哉！此必有异材夫！"仰而视其细枝，则拳曲而不可以为栋梁；俯而视其大根，则轴解而不可以为棺椁；咶（shì）其叶，则口烂而为伤；嗅之，则使人狂酲（chéng）三日而不已。

子綦曰："此果不材之木也，以至于此其大也。嗟乎，神人以此不材。"

宋有荆氏者，宜楸（qiū）柏桑。其拱把而上者，求狙猴之杙（yì）斩之；三围四围，求高名之丽者斩之；七围八围，贵人富商之家求樿（shàn）傍者斩之。故未终其天年，而中道之夭于斧斤，此材之患也。故解之以牛之白颡（sǎng）者，与豚（tún）之亢鼻者，与人有痔病者，不可以适河。此皆巫祝以知之矣，所以为不祥也。此乃神人之所以为大祥也。

支离疏者，颐（yí）隐于脐，肩高于顶，会撮指天，五管在上，两髀（bì）为胁而游。挫针治繲（jiè），足以餬口；鼓荚播精，足以食十人。上征武士，则支离攘臂而游于其间；上有大役，则支离以有常疾不受功；上与病者粟，则受三锺与十束薪。夫支离者其形者，犹足以养其身，终其天年，又况支离其德者乎！

孔子适楚，楚狂接舆游其门曰："凤兮凤兮，何如德之衰也。来世不可待，往世不可追也。天下有道，圣人成焉；天下无道，圣人生焉。方今之时，仅免刑焉！福轻乎羽，莫之知载；祸重乎地，莫之知避。已乎，已乎！临人以德。殆乎，殆乎！画地而趋。迷阳迷阳，无伤吾行。吾行郤曲，无伤吾足。"

山木，自寇也；膏火，自煎也。桂可食，故伐之；漆可用，故割之。人皆知有用之用，而莫知无用之用也。

德充符　第五

鲁有兀（wù）者王骀（tái），从之游者，与仲尼相若。常季问于仲尼曰："王骀，兀者也，从之游者与夫子中分鲁。立不教，坐不议。虚而往，实而归。固有不言之教，无形而心成者邪？是何人也？"

仲尼曰："夫子，圣人也，丘也直后而未往耳！丘将以为师，而况不若丘者乎！奚假鲁国，丘将引天下而与从之。"

常季曰："彼兀者也，而王（wàng）先生，其与庸亦远矣。若然者，其用心也，独若之何？"

仲尼曰："死生亦大矣，而不得与之变；虽天地覆坠，亦将不与之遗；审乎无假而不与物迁，命物之化而守其宗也。"

常季曰："何谓也？"

仲尼曰："自其异者视之，肝胆楚越也；自其同者视之，万物皆一也。夫若然者，且不知耳目之所宜，而游心乎德之和。物视其所一而不见其所丧，视丧其足犹遗土也。”

常季曰：“彼为己，以其知得其心，以其心得其常心。物何为最之哉？”

仲尼曰：“人莫鉴于流水，而鉴于止水。唯止能止众止。受命于地，唯松柏独也正，在冬夏青青；受命于天，唯舜独也正，幸能正生，以正众生。夫保始之徵，不惧之实，勇士一人，雄入于九军。将求名而能自要者，而犹若是，而况官天地、府万物、直寓六骸、象耳目、一知之所知，而心未尝死者乎！彼且择日而登假，人则从是也。彼且何肎以物为事乎！”

申徒嘉，兀者也，而与郑子产同师于伯昏无人。子产谓申徒嘉曰：“我先出则子止，子先出则我止。”其明日，又与合堂同席而坐。子产谓申徒嘉曰：“我先出则子止，子先出则我止。今我将出，子可以止乎？其未邪？且子见执政而不违，子齐执政乎？”

申徒嘉曰：“先生之门固有执政焉如此哉？子而说子之执政而后人者也。闻之曰：‘鉴明则尘垢不止，止则不明也。久与贤人处则无过。’今子之所取大者，先生也，而犹出言若是，不亦过乎！”

子产曰：“子既若是矣，犹与尧争善。计子之德，不足以自反邪？”

申徒嘉曰：“自状其过以不当亡者众；不状其过，以不当存者寡。知不可奈何，而安之若命，唯有德者能之。游于羿之彀（gòu）中。中央者，中地也；然而不中者，命也。人以其全足笑吾不全足者多矣，我怫然而怒，而适先生之所，则废然而反。不知先生之洗我以善邪？吾与夫子游十九年矣，而未尝知吾兀者也。今子与我游于形骸之内，而子索我于形骸之外，不亦过乎！”

子产蹴（cù）然改容更貌曰：“子无乃称！”鲁有兀者叔山无趾，踵见仲尼。仲尼曰：“子不谨，前既犯患若是矣。虽今来，何及矣！”

无趾曰：“吾唯不知务而轻用吾身，吾是以亡足。今吾来也，犹有尊足者存，吾是以务全之也。夫天无不覆，地无不载，吾以夫子为天地，安知夫子之犹若是也！”

孔子曰：“丘则陋矣！夫子胡不入乎？请讲以所闻。”

无趾出。孔子曰：“弟子勉之！夫无趾，兀者也，犹务学以复补前行之恶，而况全德之人乎！”

无趾语老聃曰：“孔丘之于至人，其未邪？彼何宾宾以学子为？彼且以蕲以諔（chù）诡幻怪之名闻，不知至人之以是为己桎梏邪？”

老聃曰：“胡不直使彼以死生为一条，以可不可为一贯者，解其桎梏，其可乎？”

无趾曰：“天刑之，安可解！”

鲁哀公问于仲尼曰：“卫有恶人焉，曰哀骀它。丈夫与之处者，思而不能去也；妇人见之，请于父母曰：‘与为人妻，宁为夫子妾’者，数十而未止也。未尝有闻其唱者也，常和（hè）人而已矣。无君人之位以济乎人之死，无聚禄以望人之腹，又以恶骇天下，和而不唱，知不出乎四域，且而雌雄合乎前，是必有异乎人者也。寡人召而观之，果以恶骇天下。与寡人处，不至以月数，而寡人有意乎其为人也；不至乎期（jī）年，而寡人信之。国无宰，而寡人传国焉。闷然而后应，氾而若辞。寡人丑乎，卒授之国。无几何也，去寡人而行。寡人恤焉若有亡也，若无与乐是国也。是何人者也！”

仲尼曰：“丘也尝使于楚矣，适见㹠子食于其死母者。少焉眴（shùn）若，皆弃之而走。不见己焉尔，不得类焉尔。所爱其母者，非爱其形也，爱使其形者也。战而死者，其人之葬也不以翣（shà）资；刖（yuè）者之屦（jù），无为爱之。皆无其本矣。为天子之诸御：不爪翦，不穿耳；取妻者止于外，不得复使。形全犹足以为尔，而况全德之人乎！今哀骀它未言而信，无功而亲，使人授己国，唯恐其不受也，是必才全而德不形者也。”

哀公曰：“何谓才全?”

仲尼曰：“死生存亡、穷达贫富、贤与不肖、毁誉、饥渴、寒暑，是事之变、命之行也。日夜相代乎前，而知不能规乎其始者也。故不足以滑（gǔ）和，不可入于灵府。使之和豫通而不失于兑；使日夜无隙，而与物为春。是接而生时于心者也，是之谓才全。”

“何谓德不形?”

曰：“平者，水停之盛也。其可以为法也，内保之而外不荡也。德者，成和之修也。德不形者，物不能离也。”

哀公异日以告闵子曰：“始也吾以南面而君天下，执民之纪而忧其死，吾自以为至通矣。今吾闻至人之言，恐吾无其实，轻用吾身而亡吾国。吾与孔丘非君臣也，德友而已矣!”

闉（yīn）跂（qí）支离无脤（chún）说卫灵公，灵公说之，而视全人：其脰（dòu）肩肩。瓮（wèng）盎（àng）大瘿（yǐng）说齐桓公，桓公说之，而视全人：其脰肩肩。

故德有所长，而形有所忘。人不忘其所忘，而忘其所不忘，此谓诚忘。

故圣人有所游，而知为孽，约为胶，德为接，工为商。圣人不谋，恶用知？不斫（zhuó），恶用胶？无丧，恶用德？不货，恶用商？四者，天鬻也。天鬻者，天食也。既受食于天，又恶用人！有人之形，无人之情。有人之形，故群于人；无人之情，故是非不得于身。眇（miǎo）乎小哉，所以属于人也；謷（áo）乎大哉，独成其天。

惠子谓庄子曰：“人故无情乎?”

庄子曰："然。"

惠子曰："人而无情，何以谓之人？"

庄子曰："道与之貌，天与之形，恶得不谓之人？"

惠子曰："既谓之人，恶得无情？"

庄子曰："是非吾所谓情也。吾所谓无情者，言人之不以好恶内伤其身，常因自然而不益生也。"

惠子曰："不益生，何以有其身？"

庄子曰："道与之貌，天与之形，无以好恶内伤其身。今子外乎子之神，劳乎子之精，倚树而吟，据槁梧而瞑。天选子之形，子以坚白鸣。"

大宗师　第六

知天之所为，知人之所为者，至矣！知天之所为者，天而生也；知人之所为者，以其知之所知，以养其知之所不知，终其天年而不中道夭者，是知之盛也。

虽然，有患：夫知有所待而后当，其所待者特未定也。庸讵知吾所谓天之非人乎？所谓人之非天乎？

且有真人而后有真知。何谓真人？古之真人，不逆寡，不雄成，不谟（mó）士。若然者，过而弗悔，当而不自得也。若然者，登高不慄，入水不濡，入火不热，是知之能登假于道者也若此。

古之真人，其寝不梦，其觉无忧，其食不甘，其息深深。真人之息以踵，众人之息以喉。屈服者，其嗌（ài）言若哇。其耆欲深者，其天机浅。

古之真人，不知说生，不知恶死。其出不欣，其入不距。翛（xiāo）然而往，翛然而来而已矣。不忘其所始，不求其所终。受而喜之，忘而复之。是之谓不以心捐道，不以人助天，是之谓真人。

若然者，其心志，其容寂，其颡（sǎng）頯（kuí）。凄然似秋，煖然似春，喜怒通四时，与物有宜而莫知其极。

故圣人之用兵也，亡国而不失人心。利泽施乎万世，不为爱人。故乐通物，非圣人也；有亲，非仁也；天时，非贤也；利害不通，非君子也；行名失己，非士也；亡身不真，非役人也。若狐不偕、務光、伯夷、叔齐、箕子、胥余、纪他、申徒狄，是役人之役，适人之适，而不自适其适者也。

古之真人，其状义而不朋，若不足而不承；与乎其觚而不坚也，张乎其虚而不华也；邴乎其似喜也，崔乎其不得已也，滀（chù）乎进我色也，与乎止我德也，厉乎其似世也，謷乎其未可制也，连乎其似好闭也，悗（mèn）乎忘其言也。以刑为体，以礼为翼，以知为时，以德为循。以刑为体者，绰乎其杀也；以礼为翼者，所以行于世也；以知为时者，不得已于事也；以德为循者，言其与有足者至于丘也，而人真以为勤行者也。故其好之也一，其弗好之也一。其一也一，其不一也一。其一与天为徒，其不一与人为徒，天与人不相胜也，是之谓真人。

死生，命也；其有夜旦之常，天也。人之有所不得与，皆物之情也。彼特以天为父，而身犹爱之，而况其卓乎！人特以有君为愈乎己，而身犹死之，而况其真乎！

泉涸（hé），鱼相与处于陆，相呴（xǔ）以湿，相濡以沫，不如相忘于江湖。与其誉尧而非桀也，不如两忘而化其道。夫大块载我以形，劳我以生，佚我以老，息我以死。故善吾生者，乃所以善吾死也。

夫藏舟于壑，藏山于泽，谓之固矣！然而夜半有力者负之而走，昧者不知也。藏小大有宜，犹有所遁。若夫藏天下于天下而不得所遁，是恒物之大情也。特犯人之形而犹喜之。若人之形者，万化而未始有极也，其为乐可胜计邪？故圣人将游于物之所不得遁而皆存。善妖善老，善始善终，人犹效之，而况万物之所系，而一化之所待乎！

夫道，有情有信，无为无形；可传而不可受，可得而不可见；自本自根，未有天地，自古以固存；神鬼神帝，生天生地；在太极之先而不为高，在六极之下而不为深，先天地生而不为久，长于上古而不为老。豨（xī）韦氏得之，以挈天地；伏戏氏得之，以袭气母；维斗得之，终古不忒（tè）；日月得之，终古不息；勘坏得之，以袭昆仑；冯夷得之，以游大川；肩吾得之，以处大（tài）山；黄帝得之，以登云天；颛顼（zhuān xū）得之，以处玄宫；禺强得之，立乎北极；西王母得之，坐乎少广，莫知其始，莫知其终；彭祖得之，上及有虞，下及五伯；傅说（yuè）得之，以相武丁，奄有天下，乘东维、骑箕尾而比于列星。

南伯子葵问乎女偊（yǔ）曰："子之年长矣，而色若孺子，何也？"

曰："吾闻道矣。"

南伯子葵曰："道可得学邪？"

曰："恶！恶可！子非其人也。夫卜梁倚有圣人之才而无圣人之道，我有圣人之道而无圣人之才。吾欲以教之，庶几其果为圣人乎？不然，以圣人之道告圣人之才，亦易矣。吾犹守而告之，叁日而后能外天下；已外天下矣，吾又守之，七日而后能外物；已外物矣，吾又守之，九日而后能外生；已外生矣，而后能朝彻；朝彻而后能见独；见独而后能无古今；无古今而后能入于不死不生。杀生者不死，生生者不生。其为物无不将也，无不迎也，无不毁也，无不成也。其名为撄（yīng）宁。撄宁也者，撄而后成者也。"

南伯子葵曰："子独恶乎闻之？"

曰："闻诸副墨之子，副墨之子闻诸洛诵之孙，洛诵之孙闻之瞻明，瞻明闻之聂许，聂许闻之需役，需役闻之于讴，于讴闻之玄冥，玄冥闻之参寥，参寥闻之疑始。"

子祀、子舆、子犁、子来四人相与语曰："孰能以无为首，以生为脊，以死为尻（kāo）；孰知死生存亡之一体者，吾与之友矣！"四人相视而笑，莫逆于心，遂相与为友。

俄而子舆有病，子祀往问之。曰："伟哉，夫造物者将以予为此拘拘也。"曲偻（lóu）发背，上有五管，颐隐于齐，肩高于顶，句赘（gōu zhuì）指天，阴阳之气有沴，其心闲而无事，跰𨇤（xiān）而鉴于井，曰："嗟乎！夫造物者又将以予为此拘拘也。"

子祀曰："女恶之乎？"

曰："亡，予何恶！浸假而化予之左臂以为鸡，予因以求时夜；浸假而化予之右臂以为弹，予因以求鸮炙；浸假而化予之尻以为轮，以神为马，予因以乘之，岂更驾哉！且夫得者，时也；失者，顺也。安时而处顺，哀乐不能入也，此古之所谓县解也，而不能自解者，物有结之。且夫物不胜天久矣，吾又何恶焉！"

俄而子来有病，喘喘然将死。其妻子环而泣之。子犁往问之，曰："叱！避！无怛（dá）化！"倚其户与之语曰："伟哉造化！又将奚以汝为？将奚以汝适？以汝为鼠肝乎？以汝为虫臂乎？"

子来曰："父母于子，东西南北，唯命之从。阴阳于人，不翅于父母。彼近吾死而我不听，我则悍矣，彼何罪焉？夫大块以载我以形，劳我以生，佚我以老，息我以死。故善吾生者，乃所以善吾死也。今大冶铸金，金踊跃曰：'我且必为镆铘（mò yé）！'大冶必以为不祥之金。今一犯人之形，而曰：'人耳！人耳！'夫造化者必以为不祥之人。今一以天地为大炉，以造化为大冶，恶乎往而不可哉！"成然寐，蘧然觉。

子桑户、孟子反、子琴张三人相与友曰："孰能相与于无相与，相为于无相为；孰能登天游雾，挠挑无极，相忘以生，无所终穷？"

三人相视而笑，莫逆于心，遂相与为友。

莫然有间，而子桑户死，未葬。孔子闻之，使子贡往侍事焉。或编曲，或鼓琴，相和而歌曰："嗟来桑户乎！嗟来桑户乎！而已反其真，而我犹为人猗！"子贡趋而进曰："敢问临尸而歌，礼乎？"

二人相视而笑曰："是恶知礼意！"

子贡反，以告孔子曰："彼何人者邪？修行无有，而外其形骸，临尸而歌，颜色不变，无以命之。彼何人者邪？"

孔子曰："彼，游方之外者也，而丘，游方之内者也。外内不相及，而丘使女往吊之，丘则陋矣！彼方且与造物者为人，而游乎天地之一气。彼以生为附赘县疣，以死为决疣（huàn）溃痈（yōng）。夫若然者，又恶知死生先后之所在！假于异物，托于同体；忘其肝胆，遗其耳目；反复终始，不知端倪；芒然彷徨乎尘垢之外，逍遥乎无为之业。彼
又恶能愦（kuì）愦然为世俗之礼，以观众人之耳目哉！"

子贡曰："然则夫子何方之依？"

孔子曰："丘，天之戮民也。虽然，吾与汝共之。"

子贡曰："敢问其方？"

孔子曰："鱼相造乎水，人相造乎道。相造乎水者，穿池而养给；相造乎道者，无事而生定。故曰：鱼相忘乎江湖，人相忘乎道术。"

子贡曰："敢问畸人？"

曰："畸人者，畸于人而侔于天。故曰：天之小人，人之君子；人之君子，天之小人也。"

颜回问仲尼曰："孟孙才，其母死，哭泣无涕，中心不戚，居丧不哀。无是三者，以善处丧盖鲁国，固有无其实而得其名者乎？回壹怪之。"

仲尼曰："夫孟孙氏尽之矣，进于知矣，唯简之而不得，夫已有所简矣。孟孙氏不知所以生，不知所以死。不知就先，不知就后。若化为物，以待其所不知之化已乎。且方将化，恶知不化哉？方将不化，恶知已化哉？吾特与汝，其梦未始觉者邪！且彼有骇形而无损心，有旦宅而无情死。孟孙氏特觉，人哭亦哭，是自其所以乃。且也相与吾之耳矣，庸讵知吾所谓吾之乎？且汝梦为鸟而厉乎天，梦为鱼而没于渊。不识今之言者，其觉者乎？其梦者乎？造适不及笑，献笑不及排，安排而去化，乃入于寥天一。"

意而子见许由，许由曰："尧何以资汝？"

意而子曰："尧谓我：汝必躬服仁义而明言是非。"

许由曰："而奚来为轵？夫尧既已黥（qíng）汝以仁义，而劓（yì）汝以是非矣。汝将何以游夫遥荡恣睢转徙之涂乎？"

意而子曰："虽然，吾愿游于其藩。"

许由曰："不然。夫盲者无以与乎眉目颜色之好，瞽者无以与乎青黄黼黻（fǔ fú）之观。"

意而子曰："夫无庄之失其美，据梁之失其力，黄帝之亡其知，皆在炉捶之间耳。庸讵知夫造物者之不息我黥而补我劓，使我乘成以随先生邪？"

许由曰："噫！未可知也。我为汝言其大略：吾师乎！吾师乎！　万物而不为义，泽及万世而不为仁，长于上古而不为老，覆载天地、刻雕众形而不为

巧。此所游已!

颜回曰:“回益矣。”

仲尼曰:“何谓也?”

曰:“回忘仁义矣。”

曰:“可矣,犹未也。”

他日复见,曰:“回益矣。”

曰:“何谓也?”

曰:“回忘礼乐矣!”

曰:“可矣,犹未也。”

他日复见,曰:“回益矣!”

曰:“何谓也?”

曰:“回坐忘矣。”

仲尼蹴然曰:“何谓坐忘?”

颜回曰:“堕肢体,黜聪明,离形去知,同于大通,此谓坐忘。”

仲尼曰:“同则无好也,化则无常也。而果其贤乎!丘也请从而后也。”

子舆与子桑友。而霖雨十日,子舆曰:“子桑殆病矣!”裹饭而往食之。至子桑之门,则若歌若哭,鼓琴曰:“父邪!母邪!天乎!人乎!”有不任其声而趋举其诗焉。

子舆入,曰:“子之歌诗,何故若是?”

曰:“吾思夫使我至此极者而弗得也。父母岂欲吾贫哉?天无私覆,地无私载,天地岂私贫我哉?求其为之者而不得也!然而至此极者,命也夫!”

应帝王 第七

啮缺问于王倪,四问而四不知。啮缺因跃而大喜,行以告蒲衣子。

蒲衣子曰:“而乃今知之乎?有虞氏不及泰氏。有虞氏,其犹藏仁以要(yāo)人,亦得人矣,而未始出于非人。泰氏,其卧徐徐,其觉于于。一以己为马,一以己为牛。其知情信,其德甚真,而未始入于非人。”

肩吾见狂接舆。狂接舆曰:“日中始何以语女?”

肩吾曰:“告我君人者以己出经式义度,人孰敢不听而化诸!”狂接舆曰:“是欺德也。其于治天下也,犹涉海凿河,而使蚊查负山也。夫圣人之治也,治外乎?正而后行,确乎能其事者而已矣。且鸟高飞以避矰(zēng)弋之害,鼷(xī)鼠深穴乎神丘之下,以避熏凿之患,而曾二虫之无如?”

天根游于殷阳,至蓼(liǎo)水之上,适遭无名人而问焉,曰:“请问为天下。”

无名人曰:“去!汝鄙人也,何问之不豫也!予方将与造物者为人,厌,则又乘夫莽眇之鸟，以出六极之外，而游无何有之乡，以处圹埌（kuàng làng）之野。汝又何帛以治天下感予之心为？”

又复问。

无名人曰：“汝游心于淡，合气于漠，顺物自然而无容私焉，而天下治矣。”

阳子居见老聃，曰：“有人于此，向疾强梁，物彻疏明，学道不倦，如是者，可比明王乎？”

老聃曰：“是於圣人也，胥易技系，劳形怵心者也。且也虎豹之文来田，猨狙之便执斄之狗来藉。如是者，可比明王乎？”

阳子居蹴然曰：“敢问明王之治。”

老聃曰：“明王之治：功盖天下而似不自己，化贷万物而民弗恃。有莫举名，使物自喜。立乎不测，而游于无有者也。”

郑有神巫曰季咸，知人之死生存亡、祸福寿夭，期以岁月旬日若神。郑人见之，皆弃而走。列子见之而心醉，归，以告壶子，曰：“始吾以夫子之道为至矣，则又有至焉者矣。”

壶子曰：“吾与汝既其文，未既其实。而固得道与？众雌而无雄，而又奚卵焉！而以道与世亢，必信，夫故使人得而相汝。尝试与来，以予示之。”

明日，列子与之见壶子。出而谓列子曰：“嘻！子之先生死矣！弗活矣！不以旬数矣！吾见怪焉，见湿灰焉。”

列子入，泣涕沾襟以告壶子。壶子曰：“乡（xiàng）吾示之以地文，萌乎不震不正，是殆见吾杜德机也。尝又与来。”

明日，又与之见壶子。出而谓列子曰：“幸矣！子之先生遇我也，有瘳（chōu）矣！全然有生矣！吾见其杜權矣！”

列子入，以告壶子。壶子曰：“乡吾示之以天壤，名实不入，而机发于踵。是殆见吾善者机也。尝又与来。”

明日，又与之见壶子。出而谓列子曰：“子之先生不齐，吾无得而相焉。试齐，且复相之。”

列子入，以告壶子。壶子曰：“吾乡示之以太冲莫胜，是殆见吾衡气机也。鲵桓之审为渊，止水之审为渊，流水之审为渊。渊有九名，此处三焉。尝又与来。”

明日，又与之见壶子。立未定，自失而走。壶子曰：“追之！”列子追之不及。反，以报壶子曰：“已灭矣，已失矣，吾弗及已。”

壶子曰：“乡吾示之以未始出吾宗。吾与之虚而委蛇（wēi yí），不知其谁何，因以为弟靡，因以为波流，故逃也。”

然后列子自以为未始学而归。三年不出，为其妻爨（cuàn），食豕如食人，于事无与亲。雕琢复朴，块然独以其形立。纷而封哉，一以是终。

无为名尸，无为谋府，无为事任，无为知主。体尽无穷，而游无朕（zhèn）。尽其所受乎天，而无见得，亦虚而已！至人之用心若镜，不将不迎，应而不藏，故能胜物而不伤。

南海之帝为儵（shù），北海之帝为忽，中央之帝为浑沌。儵与忽时相与遇于浑沌之地，浑沌待之甚善。儵与忽谋报浑沌之德，曰："人皆有七窍以视听食息此独无有，尝试凿之。"日凿一窍，七日而浑沌死。

外　篇

《庄子·外篇》计为十五篇文章。现代学者刘笑敢、崔大华等一般认为，外篇不是庄子本人的著述，多数为庄子后学的著述，不过，也较为忠实的体现和阐发了庄子的思想。其中的《秋水》、《至乐》、《达生》、《知北游》四篇与《内篇》的思想相互发明，许多方面可以看作对于《内篇》思想的补充和阐述；《山木》、《田子方》两篇强调人生的自我价值和"道心"的意义，补充《内篇》在有关人生哲学方面论述的不足；而《骈拇》、《马蹄》、《胠箧》、《在宥》均有抨击儒法的言论，但考诸史实，似乎并非庄子或其门人的著述；《天地》、《天道》、《天运》、《刻意》、《缮性》五篇体现了兼容儒法的倾向，也非庄子后学著述，但表明了战国后期个不同派别之间走向学术思想融合的趋向。《外篇》的文字风格和叙述特点与《内篇》也有明显的差距。对于庄子学说的分析研究者来说，《外篇》虽然具有很好的参考价值，但不能作为思考和论述庄子学说的主要根据。

骈拇　第八

骈（pián）拇枝指出乎性哉，而侈（chì）于德；附赘县疣出乎形哉，而侈于性；多方乎仁义而用之者，列于五藏哉，而非道德之正也。是故骈于足者，连无用之肉也；枝于手者，树无用之指也；多方骈枝于五藏之情者，淫僻于仁义之行，而多方于聪明之用也。

是故骈于明者，乱五色，淫文章，青黄黼黻之煌煌非乎？而离朱是已！多于聪者，乱五声，淫六律，金石丝竹黄钟大吕之声非乎？而师旷是已！枝于仁者，擢（zhuó）德塞性以收名声，使天下簧鼓以奉不及之法非乎？而曾、史是已！骈于辩者，累瓦结绳窜句，游心于坚白同异之间，而敝跬（kuǐ）誉无用之言非乎？而杨、墨是已！故此皆多骈旁枝之道，非天下之至正也。

彼正正者，不失其性命之情。故合者不为骈，而枝者不为歧（qí）；长者不为有余，短者不为不足。是故凫（fú）胫虽短，续之则忧；鹤胫虽长，断之则悲。故性长非所断，性短非所续，无所去忧也。意仁义其非人情乎！彼仁人何其多忧也。

且夫骈于拇者，决之则泣；枝于手者，龁（hé）之则啼。二者或有余于数，或不足于数，其于忧一也。今世之仁人，蒿目而忧世之患；不仁之人，决性命之情而饕（tāo）贵富。故意仁义其非人情乎！自三代以下者，天下何其嚣（xiāo）嚣也。

且夫待钩绳规矩而正者，是削其性者也；待绳约胶漆而固者，是侵其德者也；屈折礼乐，呴俞（xǔ yú）仁义，以慰天下之心者，此失其常然也。天下有常然。常然者，曲者不以钩，直者不以绳，圆者不以规，方者不以矩，附离不以胶漆，约束不以纆（mò）索。故天下诱然皆生，而不知其所以生；同焉皆得，而不知其所以得。故古今不二，不可亏也。则仁义又奚连连如胶漆纆索而游乎道德之间为哉！使天下惑也！

夫小惑易方，大惑易性。何以知其然邪？自虞氏招仁义以挠天下也，天下莫不奔命于仁义。是非以仁义易其性与？故尝试论之：自三代以下者，天下莫不以物易其性矣！小人则以身殉利；士则以身殉名；大夫则以身殉家；圣人则以身殉天下。故此数子者，事业不同，名声异号，其于伤性以身为殉，一也。臧与谷，二人相与牧羊而俱亡其羊。问臧奚事，则挟筴（jiā）读书；问谷奚事，则博塞以游。二人者，事业不同，其于亡羊均也。伯夷死名于首阳之下，盗跖（zhì）死利于东陵之上。二人者，所死不同，其于残生伤性均也。奚必伯夷之是而盗跖之非乎？天下尽殉也：彼其所殉仁义也，则俗谓之君子；其所殉货财也，则俗谓之小人。其殉一也，则有君子焉，有小人焉。若其残生损性，则盗跖亦伯夷已，又恶取君子小人于其间哉！

且夫属其性乎仁义者，虽通如曾、史，非吾所谓甘也；属其性于五味，虽通如俞儿，非吾所谓臧也；属其性乎五声，虽通如师旷，非吾所谓聪也；属其性乎五色，虽通如离朱，非吾所谓明也。吾所谓臧者，非仁义之谓也，臧于其德而已矣；吾所谓臧者，非所谓仁义之谓也，任其性命之情而已矣；吾所谓聪者，非谓其闻彼也，自闻而已矣；吾所谓明者，非谓其见彼也，自见而已矣。夫不自见而见彼，不自得而得彼者，是得人之得而不自得其得者也，适人之适而不自适其适者也。夫适人之适而不自适其适，虽盗跖与伯夷，是同为淫僻也。余愧乎道德，是以上不敢为仁义之操，而下不敢为淫僻之行也。

马蹄　第九

马，蹄可以践霜雪，毛可以御风寒。龁草饮水，翘足而陆，此马之真性也。虽有义台路寝，无所用之。及至伯乐，曰："我善治马。"烧之，剔之，刻之，雒（luò）之。连之以羁（jī）馽（zhì），编之以皁（zào）栈，马之死者十二三矣！饥之渴之，驰之骤之，整之齐之，前有橛（jué）饰之患，而后有鞭筴之威，而马之死者已过半矣！陶者曰："我善治埴（zhí）。"圆者中规，方者中矩。匠人曰："我善治木。"曲者中钩，直者应绳。夫埴木之性，岂欲中规矩钩绳哉！然且世世称之曰："伯乐善治马，而陶匠善治埴木。"此亦治天下者之过也。

吾意善治天下者不然。彼民有常性，织而衣，耕而食，是谓同德。一而不党，命曰天放。故至德之世，其行填填，其视颠颠。当是时也，山无蹊（xī）隧，泽无舟梁；万物群生，连属其乡；禽兽成群，草木遂长。是故禽兽可系羁而游，鸟鹊之巢可攀援而窥。

夫至德之世，同与禽兽居，族与万物并。恶乎知君子小人哉！同乎无知，其德不离；同乎无欲，是谓素朴。素朴而民性得矣。及至圣人，蹩躠（bié xiè）为仁，踶跂（zhì qǐ）为义，而天下始疑矣。澶（dàn）漫为乐，摘僻为礼，而天下始分矣。故纯朴不残，孰为牺尊！白玉不毁，孰为珪璋！道德不废，安取仁义！性情不离，安用礼乐！五色不乱，孰为文采！五声不乱，孰应六律！夫残朴以为器，工匠之罪也；毁道德以为仁义，圣人之过也。

夫马陆居则食草饮水，喜则交颈相靡，怒则分背相踢。马知已此矣！夫加之以衡扼，齐之以月题，而马知介倪、闉（yīn）扼、鸷（zhì）曼、诡衔、窃辔（pèi）。故马之知而态至盗者，伯乐之罪也。

夫赫胥氏之时，民居不知所为，行不知所之，含哺而熙，鼓腹而游。民能以此矣！及至圣人，屈折礼乐以匡天下之形，县跂仁义以慰天下之心，而民乃始踶跂好知，争归于利，不可止也。此亦圣人之过也。

胠箧　第十

将为胠箧（qū qiè）、探囊、发匮之盗而为守备，则必摄缄縢，固扃鐍（jiōng jué），此世俗之所谓知也。然而巨盗至，则负匮揭箧担囊而趋，唯恐缄縢扃鐍之不固也。然则乡之所谓知者，不乃为大盗积者也？

故尝试论之：世俗之所谓知者，有不为大盗积者乎？所谓圣者，有不为大盗守者乎？何以知其然邪？昔者齐国邻邑相望，鸡狗之音相闻，罔罟之所布，耒（lěi）耨（noù）之所刺，方二千余里。阖（hé）四竟之内，所以立宗庙社稷，治邑屋州闾（lǘ）乡曲者，曷尝不法圣人哉？然而田成子一旦杀齐君而盗其国，所盗者岂独其国邪？并与其圣知之法而盗之，故田成子有乎盗贼之名，而身处尧舜之安。小国不敢非，大国不敢诛，十二世有齐国，则是不乃窃齐国，并与其圣知之法以守其盗贼之身乎？

尝试论之：世俗之所谓至知者，有不为大盗积者乎？所谓至圣者，有不为大盗守者乎？何以知其然邪？昔者龙逢斩，比干剖，苌弘（cháng hóng）胣（chǐ），子胥靡。故四子之贤而身不免乎戮。故跖之徒问于跖曰：“盗亦有道乎？”跖曰：“何适而无有道邪？夫妄意室中之藏，圣也；入先，勇也；出后，义也；知可否，知也；分均，仁也。五者不备而能成大盗者，天下未之有也。”由是观之，善人不得圣人之道不立，跖不得圣人之道不行。天下之善人少而不善人多，则圣人之利天下也少而害天下也多。故曰：唇竭则齿寒，鲁酒薄而邯郸围，圣人生而大盗起。掊（pǒu）击圣人，纵舍盗贼，而天下始治矣。夫川竭而谷虚，丘夷而渊实。圣人已死，则大盗不起，天下平而无故矣！

圣人不死，大盗不止。虽重圣人而治天下，则是重利盗跖也。为之斗斛（hú）以量之，则并与斗斛而窃之；为之权衡以称之，则并与权衡而窃之；为之符玺（xǐ）以信之，则并与符玺而窃之；为之仁义以矫之，则并与仁义而窃之。何以知其然邪？彼窃钩者诛，窃国者为诸侯，诸侯之门而仁义存焉，则是非窃仁义圣知邪？故逐于大盗，揭诸侯，窃仁义并斗斛权衡符玺之利者，虽有轩冕（miǎn）之赏弗能劝，斧钺（yuè）之威弗能禁。此重利盗跖而使不可禁者，是乃圣人之过也。

故曰：“鱼不可脱于渊，国之利器不可以示人。”彼圣人者，天下之利器也，非所以明天下也。故绝圣弃知，大盗乃止；擿（zhì）玉毁珠，小盗不起；焚符破玺，而民朴鄙；掊斗折衡，而民不争；殚（dān）残天下之圣法，而民始可与论议；擢乱六律，铄（shuò）绝竽（yú）瑟（sè），塞瞽旷之耳，而天下始人有其聪矣；灭文章，散五采，胶离朱之目，而天下始人含其明矣。毁绝钩绳而弃规矩，攦（lì）工倕（chuí）之指，而天下始人含其巧矣。削曾、史之行，钳杨、墨之口，攘弃仁义，而天下之德始玄同矣。彼人含其明，则天下不铄矣；人含其聪，则天下不累矣；人含其知，则天下不惑矣；人含其德，则天下不僻矣。彼曾、史、杨、墨、师旷、工倕、离朱，皆外立其德而爚（yuè）乱天下者也，法之所无用也。

子独不知至德之世乎？昔者容成氏、大庭氏、伯皇氏、中央氏、栗陆氏、骊畜氏、轩辕氏、赫胥氏、尊卢氏、祝融氏、伏戏氏、神农氏，当是时也，民结绳而用之。甘其食，美其服，乐其俗，安其居，邻国相望，鸡狗之音相闻，民至老死而不相往来。若此之时，则至治已。今遂至使民延颈举踵曰：“某所有贤者”，赢粮而趣之，则内弃其亲而外去其主之事，足迹接乎诸侯之境，车轨结乎千里之外。则是上好知之过也！

上诚好知而无道，则天下大乱矣！何以知其然邪？夫弓弩（nǔ）毕弋机变之知多，则鸟乱于上矣；钩饵罔罟（gǔ）罾（zēng）笱（gǒu）之知多，则鱼乱于水矣；削格罗落罝罘之知多，则兽乱于泽矣；知诈渐毒、颉（xié）滑坚白、解垢同异之变多，则俗惑于辩矣。故天下每每大乱，罪在于好知。故天下皆知求其所不知而莫知求其所已知者，皆知非其所不善而莫知非其所已善者，是以大乱。故上悖（bèi）日月之明，下烁山川之精，中堕四时之施，惴耎（zhuì ruǎn）之虫，肖翘之物，莫不失其性。甚矣，夫好知之乱天下也！自三代以下者是已！舍夫种种之民而悦夫役役之佞；释夫恬淡无为而悦夫啍（tūn）啍之意，啍啍已乱天下矣！

在宥 第十一

闻在宥天下，不闻治天下也。在之也者，恐天下之淫其性也；宥之也者，恐天下之迁其德也。天下不淫其性，不迁其德，有治天下者哉？昔尧之治天下也，使天下欣欣焉人乐其性，是不恬也；桀之治天下也，使天下瘁瘁焉人苦其性，是不愉也。夫不恬不愉，非德也；非德也而可长久者，天下无之。

人大喜邪，毗（pí）于阳；大怒邪，毗于阴。阴阳并毗，四时不至，寒暑之和不成，其反伤人之形乎！使人喜怒失位，居处无常，思虑不自得，中道不成章。于是乎天下始乔诘卓鸷，而后有盗跖、曾、史之行。故举天下以赏其善者不足，举天下以罚其恶者不给。故天下之大，不足以赏罚。自三代以下者，匈匈焉终以赏罚为事，彼何暇安其性命之情哉！

而且说明邪，是淫于色也；说聪邪，是淫于声也；说仁邪，是乱于德也；说义邪，是悖于理也；说礼邪，是相于技也；说乐邪，是相于淫也；说圣邪，是相于艺也；说知邪，是相于疵也。天下将安其性命之情，之八者，存可也，亡可也。天下将不安其性命之情，之八者，乃始脔（luán）卷獊（cāng）囊而乱天下也。而天下乃始尊之惜之。甚矣，天下之惑也！岂直过也而去之邪！乃齐戒以言之，跪坐以进之，鼓歌以舞之。吾若是何哉！

故君子不得已而临莅（lì）天下，莫若无为。无为也，而后安其性命之情。故贵以身于为天下，则可以托天下；爱以身于为天下，则可以寄天下。故君子苟能无解其五藏，无擢其聪明，尸居而龙见，渊默而雷声，神动而天随，从容无为而万物炊累焉。吾又何暇治天下哉！

崔瞿（qū）问于老聃曰："不治天下，安藏人心？"

老聃曰："女慎，无撄人心。人心排下而进上，上下囚杀，淖（chuò）约柔乎刚强，廉刿（guì）雕琢，其热焦火，其寒凝冰，其疾俛（fǔ）仰之间而再抚四海之外。其居也，渊而静；其动也，县而天。偾（fèn）骄而不可系者，其唯人心乎！

昔者黄帝始以仁义撄人之心，尧、舜于是乎股无胈（bá），胫无毛，以养天下之形。愁其五藏以为仁义，矜其血气以规法度。然犹有不胜也。尧于是放讙兜（guàn dōu）于崇山，投三苗于三峗（wéi），流共工于幽都，此不胜天下也，夫施及三王而天下大骇矣。下有桀、跖，上有曾、史，而儒墨毕起。于是乎喜怒相疑，愚知相欺，善否相非，诞信相讥，而天下衰矣；大德不同，而性命烂漫矣；天下好知，而百姓求竭矣。于是乎釿（jīn）锯制焉，绳墨杀焉，椎凿决焉。天下脊脊大乱，罪在撄人心。故贤者伏处大山嵁（kān）岩之下，而万乘之君忧栗乎庙堂之上。

今世殊死者相枕也，桁（héng）杨者相推也，形戮者相望也，而儒墨乃始离跂攘臂乎桎梏之间。意，甚矣哉！其无愧而不知耻也甚矣！吾未知圣知之不为桁杨椄槢也，仁义之不为桎梏凿枘（ruì）也，焉知曾、史之不为桀、跖嚆（hāo）矢也！故曰：绝圣弃知，而天下大治。

黄帝立为天子十九年，令行天下，闻广成子在于空同之上，故往见之，曰："我闻吾子达于至道，敢问至道之精。吾欲取天地之精，以佐五谷，以养民人。吾又欲官阴阳以遂群生，为之奈何？"

广成子曰："而所欲问者，物之质也；而所欲官者，物之残也。自而治天下，云气不待族而雨，草木不待黄而落，日月之光益以荒矣，而佞人之心翦翦者，又奚足以语至道！"

黄帝退，捐天下，筑特室，席白茅，闲居三月，复往邀之。

广成子南首而卧，黄帝顺下风膝行而进，再拜稽首而问曰："闻吾子达于至道，敢问：治身奈何而可以长久？"广成子蹶（jué）然而起，曰："善哉问乎！来，吾语女至道：至道之精，窈窈冥冥；至道之极，昏昏默默。无视无听，抱神以静，形将自正。必静必清，无劳女形，无摇女精，乃可以长生。目无所见，耳无所闻，心无所知，女神将守形，形乃长生。慎女内，闭女外，多知为败。我为女遂于大明之上矣，至彼至阳之原也；为女入于窈冥之门矣，至彼至阴之原也。天地有官，阴阳有藏。慎守女身，物将自壮。我守其一以处其和。故我修身千二百岁矣，吾形未常衰。"

黄帝再拜稽首曰："广成子之谓天矣！"

广成子曰："来！余语女：彼其物无穷，而人皆以为有终；彼其物无测，而人皆以为有极。得吾道者，上为皇而下为王；失吾道者，上见光而下为土。今夫百昌皆生于土而反于土。故余将去女，入无穷之门，以游无极之野。吾与日月参光，吾与天地为常。当我缗（mín）乎，远我昏乎！人其尽死，而我独存乎！"

云将东游，过扶摇之枝而适遭鸿蒙。鸿蒙方将拊脾雀跃而游。云将见之，倘然止，贽然立，曰："叟何人邪？叟何为此？"

鸿蒙拊脾雀跃不辍，对云将曰："游！"

云将曰："朕愿有问也。"

鸿蒙仰而视云将曰："吁!"

云将曰："天气不和，地气郁结，六气不调，四时不节。今我愿合六气之精以育群生，为之奈何?"

鸿蒙拊脾雀跃掉头曰："吾弗知！吾弗知!"

云将不得问。又三年，东游，过有宋之野，而适遭鸿蒙。云将大喜，行趋而进曰："天忘朕邪？天忘朕邪?"再拜稽首，愿闻于鸿蒙。

鸿蒙曰："浮游不知所求，猖狂不知所往，游者鞅掌，以观无妄。朕又何知!"

云将曰："朕也自以为猖狂，而民随予所往；朕也不得已于民，今则民之放也！愿闻一言。"

鸿蒙曰："乱天之经，逆物之情，玄天弗成，解兽之群而鸟皆夜鸣，灾及草木，祸及止虫。意！治人之过也。"

云将曰："然则吾奈何?"

鸿蒙曰："意！毒哉！仙仙乎归矣!"

云将曰："吾遇天难，愿闻一言。"

鸿蒙曰："意！心养！汝徒处无为，而物自化。堕尔形体，吐尔聪明，伦与物忘，大同乎涬溟（xìng míng）。解心释神，莫然无魂。万物云云，各复其根，各复其根而不知。浑浑沌沌，终身不离。若彼知之，乃是离之。无问其名，无窥其情，物固自生。"

云将曰："天降朕以德，示朕以默。躬身求之，乃今得也。"再拜稽首，起辞而行。

世俗之人，皆喜人之同乎己而恶人之异于己也。同于己而欲之，异于己而不欲者，以出乎众为心也。夫以出乎众为心者，曷常出乎众哉？因众以宁所闻，不如众技众矣。而欲为人之国者，此揽乎三王之利而不见其患者也。此以人之国侥幸也。几何侥幸而不丧人之国乎？其存人之国也，无万分之一；而丧人之国也，一不成而万有余丧矣！悲夫，有土者之不知也！夫有土者，有大物也。有大物者，不可以物。物而不物，故能物物。明乎物物者之非物也，岂独治天下百姓而已哉！出入六合，游乎九州，独往独来，是谓独有。独有之人，是谓至贵。

大人之教，若形之于影，声之于响。有问而应之，尽其所怀，为天下配。处乎无响，行乎无方。挈汝适复之挠挠，以游无端，出入无旁，与日无始。颂论形躯，合乎大同。大同而无己，无己，恶乎得有有。睹有者，昔之君子；睹无者，天地之友。

贱而不可不任者，物也；卑而不可不因者，民也；匿而不可不为者，事也；粗而不可不陈者，法也；远而不可不居者，义也；亲而不可不广者，仁也；节而不可不积者，礼也；中而不可不高者，德也；一而不可不易者，道也；神而不可不为者，天也。故圣人观于天而不助，成于德而不累，出于道而不谋，会于仁而不恃，薄于义而不积，应于礼而不讳，接于事而不辞，齐于法而不乱，恃于民而不轻，因于物而不去。物者莫足为也，而不可不为。不明于天者，不纯于德；不通于道者，无自而可；不明于道者，悲夫！何谓道？有天道，有人道。无为而尊者，天道也；有为而累者，人道也。主者，天道也；臣者，人道也。天道之与人道也，相去远矣，不可不察也。

天地 第十二

天地虽大，其化均也；万物虽多，其治一也；人卒虽众，其主君也。君原于德而成于天。故曰：玄古之君天下，无为也，天德而已矣。

以道观言而天下之君正；以道观分而君臣之义明；以道观能而天下之官治；以道泛观而万物之应备。故通于天地者，德也；行于万物者，道也；上治人者，事也；能有所艺者，技也。技兼于事，事兼于义，义兼于德，德兼于道，道兼于天。故曰：古之畜天下者，无欲而天下足，无为而万物化，渊静而百姓定。《记》曰："通于一而万事毕，无心得而鬼神服。"

夫子曰："夫道，覆载万物者也，洋洋乎大哉！君子不可以不刳（kū）心焉。无为为之之谓天，无为言之之谓德，爱人利物之谓仁，不同同之之谓大，行不崖异之谓宽，有万不同之谓富。故执德之谓纪，德成之谓立，循于道之谓备，不以物挫志之谓完。君子明于此十者，则韬乎其事心之大也，沛乎其为万物逝也。若然者，藏金于山，藏珠于渊；不利货财，不近贵富；不乐寿，不哀夭；不荣通，不丑穷。不拘一世之利以为己私分，不以王天下为己处显。显则明。万物一府，死生同状。"

夫子曰："夫道，渊乎其居也，漻（liáo）乎其清也。金石不得，无以鸣。故金石有声，不考不鸣。万物孰能定之！

夫王德之人，素逝而耻通于事，立之本原而知通于神，故其德广。其心之出，有物采之。故形非道不生，生非德不明。存形穷生，立德明道，非王德者邪！荡荡乎！忽然出，勃然动，而万物从之乎！此谓王德之人。

视乎冥冥，听乎无声。冥冥之中，独见晓焉；无声之中，独闻和焉。故深之又深而能物焉；神之又神而能精焉。故其与万物接也，至无而供其求，时骋而要其宿，大小、长短、修远。"

黄帝游乎赤水之北，登乎昆仑之丘而南望。还归，遗其玄珠。使知索之而不得，使离朱索之而不得，使吃诟索之而不得也。乃使象罔，象罔得之。黄帝曰："异哉，象罔乃可以得之乎？"

尧之师曰许由，许由之师曰啮缺，啮缺之师曰王倪，王倪之师曰被衣。

尧问于许由曰：“啮缺可以配天乎？吾藉王倪以要之。”

许由曰：“殆哉，圾乎天下！啮缺之为人也，聪明睿知，给数以敏，其性过人，而又乃以人受天。彼审乎禁过，而不知过之所由生。与之配天乎？彼且乘人而无天。方且本身而异形，方且尊知而火驰，方且为绪使，方且为物絯(gāi)，方且四顾而物应，方且应众宜，方且与物化而未始有恒。夫何足以配天乎！虽然，有族有祖，可以为众父，而不可以为众父父。治，乱之率也，北面之祸也，南面之贼也。”

尧观乎华，华封人曰：“嘻，圣人！请祝圣人，使圣人寿。”

尧曰：“辞。”“使圣人富。”尧曰：“辞。”“使圣人多男子。”尧曰：“辞。”

封人曰：“寿，富，多男子，人之所欲也。女独不欲，何邪？”尧曰：“多男子则多惧，富则多事，寿则多辱。是三者，非所以养德也，故辞。”

封人曰：“始也我以女为圣人邪，今然君子也。天生万民，必授之职。多男子而授之职，则何惧之有？富而使人分之，则何事之有？夫圣人，鹑(chún)居而彀(gòu)食，鸟行而无彰。天下有道，则与物皆昌；天下无道，则修德就闲。千岁厌世，去而上仙，乘彼白云，至于帝乡。三患莫至，身常无殃，则何辱之有？”

封人去之，尧随之曰：“请问。”

封人曰：“退已！”

尧治天下，伯成子高立为诸侯。尧授舜，舜授禹，伯成子高辞为诸侯而耕。禹往见之，则耕在野。禹趋就下风，立而问焉，曰：“昔尧治天下，吾子立为诸侯。尧授舜，舜授予，而吾子辞为诸侯而耕。敢问其故何也？”

子高曰：“昔者尧治天下，不赏而民劝，不罚而民畏。今子赏罚而民且不仁，德自此衰，刑自此立，后世之乱自此始矣！夫子阖行邪？无落吾事！“俋(yì)俋乎耕而不顾。

泰初有无，无有无名。一之所起，有一而未形。物得以生谓之德；未形者有分，且然无间谓之命；留动而生物，物成生理谓之形；形体保神，各有仪则谓之性；性修反德，德至同于初。同乃虚，虚乃大。合喙(huì)鸣。喙鸣合，与天地为合。其合缗缗，若愚若昏，是谓玄德，同乎大顺。

夫子问于老聃曰：“有人治道若相放，可不可，然不然。辩者有言曰：‘离坚白，若县寓。’若是则可谓圣人乎？”

老聃曰：“是胥易技系，劳形怵心者也。执留之狗成思，猿狙之便自山林来。丘，予告若，而所不能闻与而所不能言：凡有首有趾、无心无耳者众；有形者与无形无状而皆存者尽无。其动止也，其死生也，其废起也，此又非其所以也。有治在人。忘乎物，忘乎天，其名为忘己。忘己之人，是之谓入于天。”

蒋闾葂（miǎn）见季彻曰：“鲁君谓葂也曰：‘请受教。’辞不获命。既已告矣，未知中否。请尝荐之。吾谓鲁君曰：‘必服恭俭，拔出公忠之属而无阿私，民孰敢不辑！’”

季彻局局然笑曰：“若夫子之言，于帝王之德，犹螳螂之怒臂以当车轶，则必不胜任矣！且若是，则其自为处危，其观台多物，将往投迹者众。”

将闾葂觑（xì）觑然惊曰：“葂也汒（máng）若于夫子之所言矣！虽然，愿先生之言其风也。”季彻曰：“大圣之治天下也，摇荡民心，使之成教易俗，举灭其贼心而皆进其独志。若性之自为，而民不知其所由然。若然者，岂兄尧、舜之教民，溟涬然弟之哉？欲同乎德而心居矣！”

子贡南游于楚，反于晋，过汉阴，见一丈人方将为圃畦（qí），凿隧而入井，抱瓮而出灌，搰（kū）搰然用力甚多而见功寡。子贡曰：“有械于此，一日浸百畦，用力甚寡而见功多，夫子不欲乎？”

为圃者仰而视之曰：“奈何？”曰：“凿木为机，后重前轻，挈水若抽，数如泆（yì）汤，其名为槔（gāo）。”为圃者忿然作色而笑曰：“吾闻之吾师，有机械者必有机事，有机事者必有机心。机心存于胸中，则纯白不备。纯白不备，则神生不定；神生不定者，道之所不载也。吾非不知，羞而不为也。”

子贡瞒然惭，俯而不对。

有间，为圃者曰：“子奚为者邪？”

曰：“孔丘之徒也。”

为圃者曰：“子非夫博学以拟圣，於于以盖众，独弦哀歌以卖名声于天下者乎？汝方将忘汝神气，堕汝形骸，而庶几乎！而身之不能治，而何暇治天下乎！子往矣，无乏吾事。”

子贡卑陬（zōu）失色，顼（xū）顼然不自得，行三十里而后愈。

其弟子曰：“向之人何为者邪？夫子何故见之变容失色，终日不自反邪？”

曰：“始吾以为天下一人耳，不知复有夫人也。吾闻之夫子：事求可，功求成，用力少，见功多者，圣人之道。今徒不然。执道者德全，德全者形全，形全者神全。神全者，圣人之道也。托生与民并行而不知其所之，汒乎淳备哉！功利机巧必忘夫人之心。若夫人者，非其志不之，非其心不为。虽以天下誉之，得其所谓，謷（áo）然不顾；以天下非之，失其所谓，傥（tǎng）然不受。天下之非誉，无益损焉，是谓全德之人哉！我之谓风波之民。”

反于鲁，以告孔子。孔子曰：“彼假修浑沌氏之术者也。识其一，不其二；治其内，而不治其外。夫明白入素，无为复朴，体性抱神，以游世俗之间者，汝将固惊邪？且浑沌氏之术，予与汝何足以识之哉！”

谆芒将东之大壑，适遇苑风于东海之滨。苑风曰："子将奚之？"

曰："将之大壑。"

曰："奚为焉？"

曰："夫大壑之为物也，注焉而不满，酌焉而不竭。吾将游焉！"

苑风曰："夫子无意于横目之民乎？愿闻圣治。"

谆芒曰："圣治乎？官施而不失其宜，拔举而不失其能，毕见其情事而行其所为，行言自为而天下化。手挠顾指，四方之民莫不俱至，此之谓圣治。"

"愿闻德人。"

曰："德人者，居无思，行无虑，不藏是非美恶。四海之内共利之之谓悦，共给之之谓安。怊（chāo）乎若婴儿之失其母也，傥乎若行而失其道也。财用有余而不知其所自来，饮食取足而不知其所从，此谓德人之容。"

"愿闻神人。"

曰："上神乘光，与形灭亡，此谓照旷。致命尽情，天地乐而万事销亡，万物复情，此之谓混溟。"

门无鬼与赤张满稽观于武王之师，赤张满稽曰："不及有虞氏乎！故离此患也。"

门无鬼曰："天下均治而有虞氏治之邪？其乱而后治之与？"

赤张满稽曰："天下均治之为愿，而何计以有虞氏为！有虞氏之药疡也，秃而施髢（dí），病而求医。孝子操药以修慈父，其色燋（jiāo）然，圣人羞之。至德之世，不尚贤，不使能，上如标枝，民如野鹿。端正而不知以为义，相爱而不知以为仁，实而不知以为忠，当而不知以为信，蠢动而相使，不以为赐。是故行而无迹，事而无传。

孝子不谀其亲，忠臣不谄（chǎn）其君，臣、子之盛也。亲之所言而然，所行而善，则世俗谓之不肖子；君之所言而然，所行而善，则世俗谓之不肖臣。而未知此其必然邪？世俗之所谓然而然之，所谓善而善之，则不谓之道谀之人也！然则俗故严于亲而尊于君邪？谓己道人，则勃然作色；谓己谀人，则怫然作色。而终身道人也，终身谀人也，合譬饰辞聚众也，是终始本末不相坐。垂衣裳，设采色，动容貌，以媚一世，而不自谓道谀；与夫人之为徒，通是非，而不自谓众人也，愚之至也。知其愚者，非大愚也；知其惑者，非大惑也。大惑者，终身不解；大愚者，终身不灵。三人行而一人惑，所适者，犹可致也，惑者少也；二人惑则劳而不至，惑者胜也。而今也以天下惑，予虽有祈向，不可得也。不亦悲乎！

大声不入于里耳，《折杨皇荂》，则嗑然而笑。是故高言不止于众人之心；至言不出，俗言胜也。以二缶钟惑，而所适不得矣。而今也以天下惑，予虽有祈向，其庸可得邪！知其不可得也而强之，又一惑也！故莫若释之而不推。不推，谁其比忧！厉之人，夜半生其子，遽取火而视之，汲汲然唯恐其似己也。

百年之木，破为牺尊，青黄而文之，其断在沟中。比牺尊于沟中之断，则美恶有间矣，其于失性一也。跖与曾史，行义有间矣，然其失性均也。且夫失性有五：一曰五色乱目，使目不明；二曰五声乱耳，使耳不聪；三曰五臭熏鼻，困惾（zōng）中颡；四曰五味浊口，使口厉爽；五曰趣舍滑心，使性飞扬。此五者，皆生之害也。而杨、墨乃始离跂自以为得，非吾所谓得也。夫得者困，可以为得乎？则鸠鸮之在于笼也，亦可以为得矣。且夫趣舍声色以柴其内，皮弁（biàn）鹬（yù）冠搢笏绅修以约其外。内支盈于柴栅，外重纆缴，睆（huǎn）睆然在纆缴之中，而自以为得，则是罪人交臂历指而虎豹在于囊槛，亦可以为得矣！

天道　第十三

天道运而无所积，故万物成；帝道运而无所积，故天下归；圣道运而无所积，故海内服。明于天，通于圣，六通四辟于帝王之德者，其自为也，昧然无不静者矣！圣人之静也，非曰静也善，故静也。万物无足以挠心者，故静也。水静则明烛须眉，平中准，大匠取法焉。水静犹明，而况精神！圣人之心静乎！天地之鉴也，万物之镜也。夫虚静恬淡寂漠无为者，天地之平，而道德之至也。故帝王圣人休焉。休则虚，虚则实，实则伦矣。虚则静，静则动，动则得矣。静则无为，无为也，则任事者责矣。无为则俞俞。俞俞者，忧患不能处，年寿长矣。夫虚静恬淡寂漠无为者，万物之本也。明此以南乡，尧之为君也；明此以北面，舜之为臣也。以此处上，帝王天子之德也；以此处下，玄圣素王之道也。以此退居而闲游，江海山林之士服；以此进为而抚世，则功大名显而天下一也。静而圣，动而王，无为也而尊，朴素而天下莫能与之争美。

夫明白于天地之德者，此之谓大本大宗，与天和者也。所以均调天下，与人和者也。与人和者，谓之人乐；与天和者，谓之天乐。

庄子曰："吾师乎，吾师乎！齑（jī）万物而不为戾；泽及万世而不为仁；长于上古而不为寿；覆载天地、刻雕众形而不为巧。"此之谓天乐。故曰：知天乐者，其生也天行，其死也物化。静而与阴同德，动而与阳同波。故知天乐者，无天怨，无人非，无物累，无鬼责。故曰：其动也天，其静也地，一心定而王天下；其鬼不祟（suì），其魂不疲，一心定而万物服。言以虚静推于天地，通于万物，此之谓天乐。天乐者，圣人之心以畜天下也。

夫帝王之德，以天地为宗，以道德为主，以无为为常。无为也，则用天下而有余；有为也，则为天下用而不足。故古之人贵夫无为也。上无为也，下亦无为也，是下与上同德。下与上同德则不臣。下有为也，上亦有为也，是上与下同道。上与下同道则不主。上必无为而用下，下必有为为天下用。此不易之道也。

故古之王天下者，知虽落天地，不自虑也；辩虽雕万物，不自说也；能虽穷海内，不自为也。天不产而万物化，地不长而万物育，帝王无为而天下功。故曰：莫神于天，莫富于地，莫大于帝王。故曰：帝王之德配天地。此乘天地，驰万物，而用人群之道也。

本在于上，末在于下；要在于主，详在于臣。三军五兵之运，德之末也；赏罚利害，五刑之辟，教之末也；礼法度数，刑名比详，治之末也；钟鼓之音，羽旄之容，乐之末也；哭泣衰絰（cuī dié），隆杀之服，哀之末也。此五末者，须精神之运，心术之动，然后从之者也。末学者，古人有之，而非所以先也。君先而臣从，父先而子从，兄先而弟从，长先而少从，男先而女从，夫先而妇从。夫尊卑先后，天地之行也，故圣人取象焉。天尊地卑，神明之位也；春夏先，秋冬后，四时之序也；万物化作，萌区有状，盛衰之杀，变化之流也。夫天地至神矣，而有尊卑先后之序，而况人道乎！宗庙尚亲，朝廷尚尊，乡党尚齿，行事尚贤，大道之序也。语道而非其序者，非其道也。语道而非其道者，安取道哉！

是故古之明大道者，先明天而道德次之，道德已明而仁义次之，仁义已明而分守次之，分守已明而形名次之，形名已明而因任次之，因任已明而原省次之，原省已明而是非次之，是非已明而赏罚次之，赏罚已明而愚知处宜，贵贱履位，仁贤不肖袭情。必分其能，必由其名。以此事上，以此畜下，以此治物，以此修身，知谋不用，必归其天。此之谓大平，治之至也。

故书曰："有形有名。"形名者，古人有之，而非所以先也。古之语大道者，五变而形名可举，九变而赏罚可言也。骤而语形名，不知其本也；骤而语赏罚，不知其始也。倒道而言，迕（wǔ）道而说者，人之所治也，安能治人！骤而语形名赏罚，此有知治之具，非知治之道。可用于天下，不足以用天下。此之谓辩士，一曲之人也。礼法数度，形名比详，古人有之。此下之所以事上，非上之所以畜下也。

昔者舜问于尧曰："天王之用心何如？"

尧曰："吾不敖无告，不废穷民，苦死者，嘉孺子而哀妇人，此吾所以用心已。"

舜曰："美则美矣，而未大也。"

尧曰："然则何如？"

舜曰："天德而出宁，日月照而四时行，若昼夜之有经，云行而雨施矣！"

尧曰："胶胶扰扰乎！子，天之合也；我，人之合也。"

夫天地者，古之所大也，而黄帝、尧、舜之所共美也。故古之王天下者，奚为哉？天地而已矣！

孔子西藏书于周室，子路谋曰："由闻周之征藏史有老聃者，免而归居，夫子欲藏书，则试往因焉。"

孔子曰："善。"

往见老聃，而老聃不许，于是繙（fán）《十二经》以说。

老聃中其说，曰："大谩，愿闻其要。"

孔子曰："要在仁义。"

老聃曰："请问：仁义，人之性邪？"

孔子曰："然，君子不仁则不成，不义则不生。仁义，真人之性也，又将奚为矣？"

老聃曰："请问：何谓仁义？"

孔子曰："中心物恺，兼爱无私，此仁义之情也。"

老聃曰："意，几乎后言！夫兼爱，不亦迂乎！无私焉，乃私也。夫子若欲使天下无失其牧乎？则天地固有常矣，日月固有明矣，星辰固有列矣，禽兽固有群矣，树木固有立矣。夫子亦放德而行，遁道而趋，已至矣！又何偈（jié）偈乎揭仁义，若击鼓而求亡子焉！意，夫子乱人之性也。"

士成绮见老子而问曰："吾闻夫子圣人也。吾固不辞远道而来愿见，百舍重趼（jiǎn）而不敢息。今吾观子，非圣人也，鼠壤有余蔬而弃妹之者，不仁也！生熟不尽于前，而积敛无崖。"

老子漠然不应。

士成绮明日复见，曰："昔者吾有刺于子，今吾心正郤矣，何故也？"

老子曰："夫巧知神圣之人，吾自以为脱焉。昔者子呼我牛也而谓之牛；呼我马也而谓之马。苟有其实，人与之名而弗受，再受其殃。吾服也恒服，吾非以服有服。"

士成绮雁行避影，履行遂进，而问修身若何。

老子曰："而容崖然，而目冲然，而颡（kuí）頯然，而口阚（kàn）然，而状义然。似系马而止也，动而持，发也机，察而审，知巧而睹于泰，凡以为不信。边竟有人焉，其名为窃。"

夫子曰："夫道，于大不终，于小不遗，故万物备。广广乎其无不容也，渊渊乎其不可测也。形德仁义，神之末也，非至人孰能定之！夫至人有世，不亦大乎，而不足以为之累；天下奋柄而不与之偕；审乎无假而不与利迁；极物之真，能守其本。故外天地，遗万物，而神未尝有所困也。通乎道，合乎德，退仁义，宾礼乐，至人之心有所定矣！"

世之所贵道者，书也。书不过语，语有贵也。语之所贵者，意也，意有所随。意之所随者，不可以言传也，而世因贵言传书。世虽贵之，我犹不足贵也，为其贵非其贵也。故视而可见者，形与色也；听而可闻者，名与声也。悲夫！世人以形色名声为足以得彼之情。夫形色名声，果不足以得彼之情，则知者不言，言者不知，而世岂识之哉！

桓公读书于堂上，轮扁斫轮于堂下，释椎凿而上，问桓公曰："敢问，公之所读者，何言邪？"

公曰："圣人之言也。"

曰："圣人在乎？"

公曰："已死矣。"

曰："然则君之所读者，古人之糟粕已夫！"

桓公曰："寡人读书，轮人安得议乎！有说则可，无说则死！"

轮扁曰："臣也以臣之事观之。斫轮，徐则甘而不固，疾则苦而不入，不徐不疾，得之于手而应于心，口不能言，有数存焉于其间。臣不能以喻臣之子，臣之子亦不能受之于臣，是以行年七十而老斫轮。古之人与其不可传也死矣，然则君之所读者，古人之糟粕已夫！"

天运 第十四

"天其运乎？地其处乎？日月其争于所乎？孰主张是？孰维纲是？孰居无事推而行是？意者其有机缄而不得已邪？意者其运转而不能自止邪？云者为雨乎？雨者为云乎？孰隆施是？孰居无事淫乐而劝是？风起北方，一西一东，有上彷徨。孰嘘吸是？孰居无事而披拂是？敢问何故？"

巫咸袑（shào）曰："来，吾语女。天有六极五常，帝王顺之则治，逆之则凶。九洛之事，治成德备，临照下土，天下戴之，此谓上皇。"

商大（tài）宰荡问仁于庄子。庄子曰："虎狼，仁也。"

曰："何谓也？"

庄子曰："父子相亲，何为不仁！"

曰："请问至仁。"

庄子曰："至仁无亲。"

大宰曰："荡闻之，无亲则不爱，不爱则不孝。谓至仁不孝，可乎？"

庄子曰："不然，夫至仁尚矣，孝固不足以言之。此非过孝之言也，不及孝之言也。夫南行者至于郢（yǐng），北面而不见冥山，是何也？则去之远也。故曰：以敬孝易，以爱孝难；以爱孝易，而忘亲难；忘亲易，使亲忘我难；使亲忘我易，兼忘天下难；兼忘天下易，使天下兼忘我难。夫德遗尧、舜而不为也，利泽施于万世，天下莫知也，岂直大息而言仁孝乎哉！夫孝悌仁义，忠信贞廉，此皆自勉以役其德者也，不足多也。故曰：至贵，国爵并焉；至富，国财并焉；至愿，名誉并焉。是以道不渝。”

北门成问于黄帝曰：“帝张《咸池》之乐于洞庭之野，吾始闻之惧，复闻之怠，卒闻之而惑，荡荡默默，乃不自得。”

帝曰：“汝殆其然哉！吾奏之以人，徵之以天，行之以礼义，建之以大清。夫至乐者，先应之以人事，顺之以天理，行之以五德，应之以自然。然后调理四时，太和万物。四时迭起，万物循生。一盛一衰，文武伦经。一清一浊，阴阳调和，流光其声。蛰（zhé）虫始作，吾惊之以雷霆。其卒无尾，其始无首。一死一生，一偾（fèn）一起，所常无穷，而一不可待。汝故惧也。”

“吾又奏之以阴阳之和，烛之以日月之明。其声能短能长，能柔能刚，变化齐一，不主故常。在谷满谷，在坑满坑。涂郤守神，以物为量。其声挥绰，其名高明。是故鬼神守其幽，日月星辰行其纪。吾止之于有穷，流之于无止。子欲虑之而不能知也，望之而不能见也，逐之而不能及也。傥（tǎng）然立于四虚之道，倚于槁梧而吟：‘目穷乎所欲见，力屈乎所欲逐，吾既不及，已夫！’形充空虚，乃至委蛇。汝委蛇，故怠。

“吾又奏之以无怠之声，调之以自然之命。故若混逐丛生，林乐而无形，布挥而不曳，幽昏而无声。动于无方，居于窈冥，或谓之死，或谓之生；或谓之实，或谓之荣。行流散徙，不主常声。世疑之，稽于圣人。圣也者，达于情而遂于命也。天机不张而五官皆备。此之谓天乐，无言而心说。故有焱氏为之颂曰：‘听之不闻其声，视之不见其形，充满天地，苞裹六极。’汝欲听之而无接焉，而故惑也。

“乐也者，始于惧，惧故祟；吾又次之以怠，怠故遁；卒之于惑，惑故愚；愚故道，道可载而与之俱也。”

孔子西游于卫，颜渊问师金曰：“以夫子之行为奚如？”

师金曰：“惜乎！而夫子其穷哉！”

颜渊曰：“何也？”

师金曰：“夫刍狗之未陈也，盛以箧衍，巾以文绣，尸祝齐戒以将之。及其已陈也，行者践其首脊，苏者取而爨之而已。将复取而盛以箧衍，巾以文绣，游居寝卧其下，彼不得梦，必且数眯焉。今而夫子亦取先王已陈刍狗，聚弟子游居寝卧其下。故伐树于宋，削迹于卫，穷于商周，是非其梦邪？围于陈蔡之间，七日不火食，死生相与邻，是非其眯邪？

“夫水行莫如用舟，而陆行莫如用车。以舟之可行于水也，而求推之于陆，则没世不行寻常。古今非水陆与？周鲁非舟车与？今蕲行周于鲁，是犹推舟于陆也！劳而无功，身必有殃。彼未知夫无方之传，应物而不穷者也。

“且子独不见夫桔槔者乎？引之则俯，舍之则仰。彼，人之所引，非引人者也。故俯仰而不得罪于人。故夫三皇五帝之礼义法度，不矜（jīn）于同而矜于治。故譬三皇五帝之礼义法度，其犹柤梨橘柚邪！其味相反而皆可于口。

“故礼义法度者，应时而变者也。今取猨狙而衣以周公之服，彼必龁齧（hé niè）挽裂，尽去而后慊（qiè）。观古今之异，犹猨狙之异乎周公也。故西施病心而矉（pín）其里，其里之丑人见之而美之，归亦捧心而矉其里。其里之富人见之，坚闭门而不出；贫人见之，挈妻子而去之走。彼知矉美而不知矉之所以美。惜乎，而夫子其穷哉！”

孔子行年五十有一而不闻道，乃南之沛见老聃。

老聃曰：“子来乎？吾闻子，北方之贤者也！子亦得道乎？”

孔子曰：“未得也。”

老子曰：“子恶乎求之哉？”

曰：“吾求之于度数，五年而未得也。”

老子曰：“子又恶乎求之哉？”

曰：“吾求之于阴阳，十有二年而未得也。”

老子曰：“然，使道而可献，则人莫不献之于其君；使道而可进，则人莫不进之于其亲；使道而可以告人，则人莫不告其兄弟；使道而可以与人，则人莫不与其子孙。然而不可者，无它也，中无主而不止，外无正而不行。由中出者，不受于外，圣人不出；由外入者，无主于中，圣人不隐。名，公器也，不可多取。仁义，先王之蘧（qú）庐也，止可以一宿而不可久处。觏（gòu）而多责。

“古之至人，假道于仁，托宿于义，以游逍遥之虚，食于苟简之田，立于不贷之圃。逍遥，无为也；苟简，易养也；不贷，无出也。古者谓是采真之游。

“以富为是者，不能让禄；以显为是者，不能让名。亲权者，不能与人柄。操之则栗，舍之则悲，而一无所鉴，以窥其所不休者，是天之戮民也。怨、恩、取、与、谏、教、生杀八者，正之器也，唯循大变无所湮（yān）者为能用之。故曰：正者，正也。其心以为不然者，天门弗开矣。”

孔子见老聃而语仁义。老聃曰：“夫播糠眯目，则天地四方易位矣；蚊虻噆（zàn）肤，则通昔不寐矣。夫仁义惨然，乃愤吾心，乱莫大焉。吾子使天下无失其朴，吾子亦放风而动，总德而立矣！又奚杰杰然，他若负建鼓而求亡子者邪！夫鹄不日浴而白，乌不日黔而黑。黑白之朴，不足以为辩；名誉之观，不足以为广。泉涸，鱼相与处于陆，相呴（xū）以湿，相濡以沫，不若相忘于江湖。”

孔子见老聃归，三日不谈。弟子问曰："夫子见老聃，亦将何规哉？"

孔子曰："吾乃今于是乎见龙。龙，合而成体，散而成章，乘云气而养乎阴阳。予口张而不能嗋（xié）。予又何规老聃哉？"

子贡曰："然则人固有尸居而龙见，雷声而渊默，发动如天地者乎？赐亦可得而观乎？"遂以孔子声见老聃。

老聃方将倨堂而应，微曰："予年运而往矣，子将何以戒我乎？"

子贡曰："夫三皇五帝之治天下不同，其系声名一也。而先生独以为非圣人，如何哉？"

老聃曰："小子少进！子何以谓不同？"

对曰："尧授舜，舜授禹。禹用力而汤用兵，文王顺纣而不敢逆，武王逆纣而不肯顺，故曰不同。"

老聃曰："小子少进，余语汝三皇五帝之治天下：黄帝之治天下，使民心一。民有其亲死不哭而民不非也。尧之治天下，使民心亲。民有为其亲杀其杀而民不非也。舜之治天下，使民心竞。民孕妇十月生子，子生五月而能言，不至乎孩而始谁，则人始有夭矣。禹之治天下，使民心变，人有心而兵有顺，杀盗非杀人。自为种而'天下'耳。是以天下大骇，儒墨皆起。其作始有伦，而今乎妇、女何言哉！余语汝：三皇五帝之治天下，名曰治之，而乱莫甚焉。三皇之知，上悖日月之明，下睽山川之精，中堕四时之施。其知憯于蛎虿（lì chài）之尾，鲜规之兽，莫得安其性命之情者，而犹自以为圣人，不亦可耻乎？其无耻也！"

子贡蹴蹴然立不安。

孔子谓老聃曰："丘治《诗》、《书》、《礼》、《乐》、《易》、《春秋》六经，自以为久矣，孰知其故矣，以奸（gān）者七十二君，论先王之道而明周、召之迹，一君无所钩用。甚矣！夫人之难说也？道之难明邪？"

老子曰："幸矣，子之不遇治世之君也！夫六经，先王之陈迹也，岂其所以迹哉！今子之所言，犹迹也。夫迹，履之所出，而迹岂履哉！夫白鶂（yì）之相视，眸子不运而风化；虫，雄鸣于上风，雌应于下风而风化。类自为雌雄，故风化。性不可易，命不可变，时不可止，道不可壅。苟得于道，无自而不可；失焉者，无自而可。"

孔子不出三月，复见，曰："丘得之矣。乌鹊孺，鱼傅沫，细要者化，有弟而兄啼。久矣，夫丘不与化为人！不与化为人，安能化人。"老子曰："可，丘得之矣！"

刻意　第十五

刻意尚行，离世异俗，高论怨诽，为亢而已矣。此山谷之士，非世之人，枯槁赴渊者之所好也。语仁义忠信，恭俭推让，为修而已矣。此平世之士，教诲之人，游居学者之所好也。语大功，立大名，礼君臣，正上下，为治而已矣。此朝廷之士，尊主强国之人，致功并兼者之所好也。就薮泽，处闲旷，钓鱼闲处，无为而已矣。此江海之士，避世之人，闲暇者之所好也。吹呴呼吸，吐故纳新，熊经鸟申，为寿而已矣。此道引之士，养形之人，彭祖寿考者之所好也。

若夫不刻意而高，无仁义而修，无功名而治，无江海而闲，不道引而寿，无不忘也，无不有也。淡然无极而众美从之。此天地之道，圣人之德也。

故曰：夫恬淡寂漠，虚无无为，此天地之平而道德之质也。故曰：圣人休休焉，则平易矣。平易则恬淡矣。平易恬淡，则忧患不能入，邪气不能袭，故其德全而神不亏。故曰：圣人之生也天行，其死也物化。静而与阴同德，动而与阳同波。不为福先，不为祸始。感而后应，迫而后动，不得已而后起。去知与故，遁天之理。故无天灾，无物累，无人非，无鬼责。其生若浮，其死若休。不思虑，不豫谋。光矣而不耀，信矣而不期。其寝不梦，其觉无忧。其神纯粹，其魂不罢。虚无恬淡，乃合天德。

故曰：悲乐者，德之邪也；喜怒者，道之过也；好恶者，德之失也。故心不忧乐，德之至也；一而不变，静之至也；无所于忤（wǔ），虚之至也；不与物交，惔之至也；无所于逆，粹之至也。

故曰：形劳而不休则弊，精用而不已则劳，劳则竭。水之性，不杂则清，莫动则平；郁闭而不流，亦不能清；天德之象也。故曰：纯粹而不杂，静一而不变，惔而无为，动而以天行，此养神之道也。夫有干越之剑者，柙（xiá）而藏之，不敢用也，宝之至也。精神四达并流，无所不极，上际于天，下蟠（pán）于地，化育万物，不可为象，其名为同帝。

纯素之道，唯神是守。守而勿失，与神为一。一之精通，合于天伦。野语有之曰："众人重利，廉士重名，贤士尚志，圣人贵精。"故素也者，谓其无所与杂也；纯也者，谓其不亏其神也。能体纯素，谓之真人。

缮性 第十六

缮性于俗学，以求复其初；滑欲于俗思，以求致其明：谓之蔽蒙之民。

古之治道者，以恬养知。知生而无以知为也，谓之以知养恬。知与恬交相养，而和理出其性。夫德，和也；道，理也。德无不容，仁也；道无不理，义也；义明而物亲，忠也；中纯实而反乎情，乐也；信行容体而顺乎文，礼也。礼乐遍行，则天下乱矣。彼正而蒙己德，德则不冒。冒则物必失其性也。

古之人，在混芒之中，与一世而得澹漠焉。当是时也，阴阳和静，鬼神不扰，四时得节，万物不伤，群生不夭，人虽有知，无所用之，此之谓至一。当是时也，莫之为而常自然。

逮德下衰，及燧人、伏羲始为天下，是故顺而不一。德又下衰，及神农、黄帝始为天下，是故安而不顺。德又下衰，及唐、虞始为天下，兴治化之流，澆淳散朴，离道以为，险德以行，然后去性而从于心。心与心识知，而不足以定天下，然后附之以文，益之以博。文灭质，博溺心，然后民始惑乱，无以反其性情而复其初。

由是观之，世丧道矣，道丧世矣，世与道交相丧也。道之人何由兴乎世，世亦何由兴乎道哉！道无以兴乎世，世无以兴乎道，虽圣人不在山林之中，其德隐矣。

隐，故不自隐。古之所谓隐士者，非伏其身而弗见也，非闭其言而不出也，非藏其知而不发也，时命大谬也。当时命而大行乎天下，则反一无迹；不当时命而大穷乎天下，则深根宁极而待；此存身之道也。

古之存身者，不以辩饰知，不以知穷天下，不以知穷德，危然处其所而反其性，己又何为哉！道固不小行，德固不小识。小识伤德，小行伤道。故曰：正己而已矣。乐全之谓得志。

古之所谓得志者，非轩冕之谓也，谓其无以益其乐而已矣。今之所谓得志者，轩冕之谓也。轩冕在身，非性命也，物之傥来，寄者也。寄之，其来不可圉（yǔ），其去不可止。故不为轩冕肆志，不为穷约趋俗，其乐彼与此同，故无忧而已矣！今寄去则不乐。由是观之，虽乐，未尝不荒也。故曰：丧己于物，失性于俗者，谓之倒置之民。

秋水　第十七

秋水时至，百川灌河。泾流之大，两涘（sì）渚（zhǔ）崖之间，不辩牛马。于是焉河伯欣然自喜，以天下之美为尽在己。顺流而东行，至于北海，东面而视，不见水端。于是焉河伯始旋其面目，望洋向若而叹曰："野语有之曰：'闻道百，以为莫己若者。'我之谓也。且夫我尝闻少仲尼之闻而轻伯夷之义者，始吾弗信。今我睹子之难穷也，吾非至于子之门则殆矣，吾长见笑于大方之家。"

北海若曰："井蛙不可以语于海者，拘于虚也；夏虫不可以语于冰者，笃（dǔ）于时也；曲士不可以语于道者，束于教也。今尔出于崖涘，观于大海，乃知尔丑，尔将可与语大理矣。天下之水，莫大于海：万川归之，不知何时止而不盈；尾闾泄之，不知何时已而不虚；春秋不变，水旱不知。此其过江河之流，不可为量数。而吾未尝以此自多者，自以比形于天地，而受气于阴阳，吾在天地之间，犹小石小木之在大山也。方存乎见少，又奚以自多！计四海之在天地之间也，不似礨（lěi）空之在大泽乎？计中国之在海内不似稊（tí）米之在大仓乎？号物之数谓之万，人处一焉；人卒九州，谷食之所生，舟车之所通，人处一焉。此其比万物也，不似豪末之在于马体乎？五帝之所连，三王之所争，仁人之所忧，任士之所劳，尽此矣！伯夷辞之以为名，仲尼语之以为博。此其自多也，不似尔向之自多于水乎？”

河伯曰：“然则吾大天地而小豪末，可乎？”

北海若曰：“否。夫物，量无穷，时无止，分无常，终始无故。是故大知观于远近，故小而不寡，大而不多，知量无穷。证向今故，故遥而不闷，掇而不跂，知时无止。察乎盈虚，故得而不喜，失而不忧，知分之无常也。明乎坦涂，故生而不说，死而不祸，知终始之不可故也。计人之所知，不若其所不知；其生之时，不若未生之时；以其至小，求穷其至大之域，是故迷乱而不能自得也。由此观之，又何以知毫末之足以定至细之倪，又何以知天地之足以穷至大之域！”

河伯曰：“世之议者皆曰：‘至精无形，至大不可围。’是信情乎？”

北海若曰：“夫自细视大者不尽，自大视细者不明。夫精，忙微也；垺，大之殷也；故异便，此势之有也；夫精粗者，期于有形者也；无形者，数之所不能分也；不可围者，数之所不能穷也。可以言论者，物之粗也；可以意致者，物之精也；言之所不能论，意之所不能察致者，不期精粗焉。

是故大人之行：不出乎害人，不多仁恩；动不为利，不贱门隶；货财弗争，不多辞让；事焉不借人，不多食乎力，不贱贪污；行殊乎俗，不多辟异；为在从众，不贱佞谄；世之爵禄不足以为劝，戮耻不足以为辱；知是非之不可为分，细大之不可为倪。闻曰：‘道人不闻，至德不得，大人无己。’约分之至也。”

河伯曰：“若物之外，若物之内，恶至而倪贵贱？恶至而倪小大？”

北海若曰：“以道观之，物无贵贱；以物观之，自贵而相贱；以俗观之，贵贱不在己。以差观之，因其所大而大之，则万物莫不大；因其所小而小之，则万物莫不小。知天地之为稊米也，知毫末之为丘山也，则差数睹矣。以功观之，因其所有而有之，则万物莫不有；因其所无而无之，则万物莫不无。知东西之相反而不可以相无，则功分定矣。以趣观之，因其所然而然之，则万物莫不然；因其所非而非之，则万物莫不非。知尧、桀之自然而相非，则趣操睹矣。

“昔者尧、舜让而帝，之、哙让而绝；汤、武争而王，白公争而灭。由此观之，争让之礼，尧、桀之行，贵贱有时，未可以为常也。梁丽可以冲城而不可以窒穴，言殊器也；骐骥骅骝（huá liú）一日而驰千里，捕鼠不如狸狌(shēng)，言殊技也；鸱鸺（chī xiū）夜撮蚤，察毫末，昼出瞋目而不见丘山，言殊性也。故曰：盖师是而无非，师治而无乱乎？是未明天地之理，万物之情也。是犹师天而无地，师阴而无阳，其不可行明矣！然且语而不舍，非愚则诬也！帝王殊禅，三代殊继。差其时，逆其俗者，谓之篡夫；当其时，顺其俗者，谓之义之徒。默默乎河伯，女恶知贵贱之门，小大之家！”

河伯曰：“然则我何为乎？何不为乎？吾辞受趣舍，吾终奈何？”

北海若曰：“以道观之，何贵何贱，是谓反衍；无拘而志，与道大蹇（jiǎn）。何少何多，是谓谢施；无一而行，与道参差。严严乎若国之有君，其无私德；繇（yōu）繇乎若祭之有社，其无私福；泛泛乎其若四方之无穷，其无所畛域。兼怀万物，其孰承翼？是谓无方。万物一齐，孰短孰长？道无终始，物有死生，不恃其成。一虚一满，不位乎其形。年不可举，时不可止。消息盈虚，终则有始。是所以语大义之方，论万物之理也。物之生也，若骤若驰。无动而不变，无时而不移。何为乎，何不为乎？夫固将自化。”

河伯曰：“然则何贵于道邪？”

北海若曰：“知道者必达于理，达于理者必明于权，明于权者不以物害己。至德者，火弗能热，水弗能溺，寒暑弗能害，禽兽弗能贼。非谓其薄之也，言察乎安危，宁于祸福，谨于去就，莫之能害也。故曰：‘天在内，人在外，德在乎天。’知天人之行，本乎天，位乎得，蹢躅（zhí zhú）而屈伸，反要而语极。”

曰：“何谓天？何谓人？”

北海若曰：“牛马四足，是谓天；落马首，穿牛鼻，是谓人。故曰：‘无以人灭天，无以故灭命，无以得殉名。谨守而勿失，是谓反其真。’”

夔（kuí）怜蚿（xián），蚿怜蛇，蛇怜风，风怜目，目怜心。

夔谓蚿曰：“吾以一足趻踔（chěn chuō）而不行，予无如矣。今子之使万足，独奈何？”

蚿曰：“不然。子不见夫唾者乎？喷则大者如珠，小者如雾，杂而下者不可胜数也。今予动吾天机，而不知其所以然。”

蚿谓蛇曰：“吾以众足行，而不及子之无足，何也？”

蛇曰：“夫天机之所动，何可易邪？吾安用足哉！”

蛇谓风曰：“予动吾脊胁而行，则有似也。今子蓬蓬然起于北海，蓬蓬然入于南海，而似无有，何也？”

风曰：“然，予蓬蓬然起于北海而入于南海也，然而指我则胜我，鰌（qiū）我亦胜我。虽然，夫折大木，蜚大屋者，唯我能也。”故以众小不胜为大胜也。为大胜者，唯圣人能之。

孔子游于匡，宋人围之数匝（zā），而弦歌不惙（chuò）。子路入见，曰：

“何夫子之娱也?”

孔子曰：“来，吾语女。我讳穷久矣，而不免，命也；求通久矣，而不得，时也。当尧、舜而天下无穷人，非知得也；当桀、纣而天下无通人，非知失也；时势适然。夫水行不避蛟龙者，渔父之勇也；陆行不避兕（sì）虎者，猎夫之勇也；白刃交于前，视死若生者，烈士之勇也；知穷之有命，知通之有时，临大难而不惧者，圣人之勇也。由，处矣！吾命有所制矣!”

无几何，将甲者进，辞曰：“以为阳虎也，故围之；今非也，请辞而退。”

公孙龙问于魏牟曰：“龙少学先王之道，长而明仁义之行；合同异，离坚白；然不然，可不可；困百家之知，穷众口之辩：吾自以为至达已。今吾闻庄子之言，茫然异之。不知论之不及与？知之弗若与？今吾无所开吾喙（huì），敢问其方。”

公子牟隐机大息，仰天而笑曰：“子独不闻夫　井之蛙乎？谓东海之鳖曰：‘吾乐与！出跳梁乎井干之上，入休乎缺甃（zhòu）之崖。赴水则接腋持颐，蹶泥则没足灭跗（fū）。还视虷（hán）蟹与科斗，莫吾能若也。且夫擅一壑之水，而跨跱（zhì）埳井之乐，此亦至矣。夫子奚不时来入观乎?’东海之鳖左足未入，而右膝已絷（zhí）矣。于是逡巡而却，告之海曰：‘夫千里之远，不足以举其大；千仞之高，不足以极其深。禹之时，十年九潦，而水弗为加益；汤之时，八年七旱，而崖不为加损。夫不为顷久推移，不以多少进退者，此亦东海之大乐也。’于是埳井之蛙闻之，适适然惊，规规然自失也。

且夫知不知是非之竟，而犹欲观于庄子之言，是犹使蚊负山，商蚷（jù）驰河也，必不胜任矣。且夫知不知论极妙之言，而自适一时之利者，是非　井之蛙与？且彼方跐（cǐ）黄泉而登大皇，无南无北，奭（shì）然四解，沦于不测；无东无西，始于玄冥，反于大通。子乃规规然而求之以察，索之以辩，是直用管窥天，用锥指地也，不亦小乎？子往矣！且子独不闻夫寿陵余子之学行于邯郸与？未得国能，又失其故行矣，直匍匐而归耳。今子不去，将忘子之故，失子之业。”

公孙龙口呿（qū）而不合，舌举而不下，乃逸而走。

庄子钓于濮（pú）水。楚王使大夫二人往先焉，曰：“愿以境内累矣!”庄子持竿不顾，曰：“吾闻楚有神龟，死已三千岁矣。王巾笥（sì）而藏之庙堂之上。此龟者，宁其死为留骨而贵乎？宁其生而曳尾于涂中乎?”二大夫曰：“宁生而曳尾涂中。”庄子曰：“往矣！吾将曳尾于涂中。”

惠子相梁，庄子往见之。或谓惠子曰：“庄子来，欲代子相。”于是惠子恐，搜于国中三日三夜。

庄子往见之，曰：“南方有鸟，其名为鹓鶵（yuān chú），子知之乎？夫鹓鹓发于南海而飞于北海，非梧桐不止，非练实不食，非醴（lǐ）泉不饮。于是鸱得腐鼠，鹓鶵过之，仰而视之曰：‘吓！’今子欲以子之梁国而吓我邪?”

庄子与惠子游于濠（háo）梁之上。庄子曰：“儵（shù）鱼出游从容，是鱼之乐也。”

惠子曰：“子非鱼，安知鱼之乐?”

庄子曰：“子非我，安知我不知鱼之乐?”

惠子曰“我非子，固不知子矣；子固非鱼也，子之不知鱼之乐，全矣!”

庄子曰：“请循其本。子曰‘汝安知鱼乐’云者，既已知吾知之而问我。我知之濠上也。”

至乐　第十八

天下有至乐无有哉？有可以活身者无有哉？今奚为奚据？奚避奚处？奚就奚去？奚乐奚恶？夫天下之所尊者，富贵寿善也；所乐者，身安厚味美服好色音声也；所下者，贫贱夭恶也；所苦者，身不得安逸，口不得厚味，形不得美服，目不得好色，耳不得音声。若不得者，则大忧以惧，其为形也亦愚哉！

夫富者，苦身疾作，多积财而不得尽用，其为形也亦外矣！夫贵者，夜以继日，思虑善否，其为形也亦疏矣！人之生也，与忧俱生。寿者惛惛，久忧不死，何苦也！其为形也亦远矣！烈士为天下见善矣，未足以活身。吾未知善之诚善邪？诚不善邪？若以为善矣，不足活身；以为不善矣，足以活人。故曰：“忠谏不听，蹲循勿争。”故夫子胥争之，以残其形；不争，名亦不成。诚有善无有哉?

今俗之所为与其所乐，吾又未知乐之果乐邪？果不乐邪？吾观夫俗之所乐，举群趣者，誙（kēng）誙然如将不得已，而皆曰乐者，吾未之乐也，亦未之不乐也。果有乐无有哉？吾以无为诚乐矣，又俗之所大苦也。故曰：“至乐无乐，至誉无誉。”

天下是非果未可定也。虽然，无为可以定是非。至乐活身，唯无为几存。请尝试言之：天无为以之清，地无为以之宁。故两无为相合，万物皆化。芒乎芴乎，而无从出乎！芴乎芒（hū）乎，而无有象乎！万物职职，皆从无为殖。故曰：“天地无为也而无不为也。”人也孰能得无为哉！

庄子妻死，惠子吊之，庄子则方箕踞（jī jù）鼓盆而歌。惠子曰：“与人居，长子、老、身死，不哭亦足矣，又鼓盆而歌，不亦甚乎!”庄子曰：“不然。是其始死也，我独何能无概！然察其始而本无生；非徒无生也，而本无形；非徒无形也，而本无气。杂乎芒芴之间，变而有气，气变而有形，形变而有生。今又变而之死。是相与为春秋冬夏四时行也。人且偃然寝于巨室，而我噭噭（jiào）然随而哭之，自以为不通乎命，故止也。”

支离叔与滑介叔观于冥伯之丘，昆仑之虚，黄帝之所休。俄而柳生其左肘，其意蹶蹶然恶之。支离叔曰："子恶之乎？"

滑介叔曰："亡，予何恶！生者，假借也。假之而生生者，尘垢也。死生为昼夜。且吾与子观化而化及我，我又何恶焉！"

庄子之楚，见空髑髅（dú lóu），髐（xiāo）然有形。撽（qiào）以马捶，因而问之，曰："夫子贪生失理而为此乎？将子有亡国之事、斧钺之诛而为此乎？将子有不善之行，愧遗（wèi）父母妻子之丑而为此乎？将子有冻馁（niě）之患而为此乎？将子之春秋故及此乎？"

于是语卒，援髑髅，枕而卧。夜半，髑髅见梦曰："子之谈者似辩士，视子所言，皆生人之累也，死则无此矣。子欲闻死之说乎？"

庄子曰："然。"

髑髅曰："死，无君于上，无臣于下，亦无四时之事，从然以天地为春秋，虽南面王乐，不能过也。"

庄子不信，曰："吾使司命复生子形，为子骨肉肌肤，反子父母、妻子、闾里、知识，子欲之乎？"

髑髅深瞑蹙额曰："吾安能弃南面王乐而复为人间之劳乎！"

颜渊东之齐，孔子有忧色。子贡下席而问曰："小子敢问：回东之齐，夫子有忧色，何邪？"

孔子曰："善哉汝问。昔者管子有言，丘甚善之，曰'褚（zhǔ）小者不可以怀大，绠（gěng）短者不可以汲深。'夫若是者，以为命有所成而形有所适也，夫不可损益。吾恐回与齐侯言尧、舜、黄帝之道，而重以燧人、神农之言。彼将内求于己而不得，不得则惑，人惑则死。

"且女独不闻邪？昔者海鸟止于鲁郊，鲁侯御而觞（shāng）之于庙，奏《九韶》以为乐，具太牢以为膳。鸟乃眩视忧悲，不敢食一脔（luán），不敢饮一杯，三日而死。此以己养养鸟也，非以鸟养养鸟也。夫以鸟养养鸟者，宜栖之深林，游之坛陆，浮之江湖，食之鳟鲦（tiáo），随行列而止，逶迤而处。彼唯人言之恶闻，奚以夫譊（náo）譊为乎！《咸池》《九韶》之乐，张之洞庭之野，鸟闻之而飞，兽闻之而走，鱼闻之而下入，人卒闻之，相与还而观之。鱼处水而生，人处水而死。彼必相与异，其好恶故异也。故先圣不一其能，不同其事。名止于实，义设于适，是之谓条达而福持。"

列子行，食于道从，见百岁髑髅，攓（qiān）蓬而指之曰："唯予与汝知而未尝死、未尝生也。若果养乎？予果欢乎？"

种有几，得水则为继，得水土之际则为蛙蠙（bīn）之衣，生于陵屯则为陵舄（xì），陵舄得郁栖则为乌足，乌足之根为蛴螬（qī cáo），其叶为胡蝶。

胡蝶胥（xū）也化而为虫，生于灶下，其状若脱，其名为鸲掇（qú duō）。鸲掇千日为鸟，其名为干余骨。干余骨之沫为斯弥，斯弥为食醯（xī）。颐辂（yí lù）生乎食醯，黄軦（kuàng）生乎九猷，瞀芮（mào ruì）生乎腐蠸（quán），羊奚比乎不箰（sǔn），久竹生青宁，青宁生程，程生马，马生人，人又反入于机。万物皆出于机，皆入于机。”

达生 第十九

达生之情者，不务生之所无以为；达命之情者，不务知之所无奈何。养形必先之以物，物有余而形不养者有之矣。有生必先无离形，形不离而生亡者有之矣。生之来不能却，其去不能止。悲夫！世之人以为养形足以存生，而养形果不足以存生，则世奚足为哉！虽不足为而不可不为者，其为不免矣！

夫欲免为形者，莫如弃世。弃世则无累，无累则正平，正平则与彼更生，更生则几矣！事奚足弃而生奚足遗？弃事则形不劳，遗生则精不亏。夫形全精复，与天为一。天地者，万物之父母也。合则成体，散则成始。形精不亏，是谓能移。精而又精，反以相天。

子列子问关尹曰：“至人潜行不窒，蹈火不热，行乎万物之上而不栗。请问何以至于此？”关尹曰：“是纯气之守也，非知巧果敢之列。居，予语女。凡有貌象声色者，皆物也，物与物何以相远！夫奚足以至乎先！是色而已。则物之造乎不形，而止乎无所化。夫得是而穷之者，物焉得而止焉！彼将处乎不淫之度，而藏乎无端之纪，游乎万物之所终始。壹其性，养其气，合其德，以通乎物之所造。夫若是者，其天守全，其神无隙，物奚自入焉！

“夫醉者之坠车，虽疾不死。骨节与人同而犯害与人异，其神全也。乘亦不知也，坠亦不知也，死生惊惧不入乎其胸中，是故遻（wǔ）物而不慴（shè）。彼得全于酒而犹若是，而况得全于天乎？圣人藏于天，故莫之能伤也。

“复仇者，不折镆干；虽有忮（zhì）心者，不怨飘瓦，是以天下平均。故无攻战之乱，无杀戮之刑者，由此道也。不开人之天，而开天之天。开天者德生，开人者贼生。不厌其天，不忽于人，民几乎以其真。”

仲尼适楚，出于林中，见佝偻（gōu lóu）者承蜩（tiáo），犹掇之也。

仲尼曰：“子巧乎，有道邪？”

曰：“我有道也。五六月累丸二而不坠，则失者锱铢（zī zhū）；累三而不坠，则失者十一；累五而不坠，犹掇之也。吾处身也，若蹶株拘；吾执臂也，若槁木之枝。虽天地之大，万物之多，而唯蜩翼之知。吾不反不侧，不以万物易蜩之翼，何为而不得！”

孔子顾谓弟子曰：“用志不分，乃凝于神。其佝偻丈人之谓乎！”

颜渊问仲尼曰：“吾尝济乎觞深之渊，津人操舟若神。吾问焉曰：‘操舟可学邪?’曰:‘可。善游者数能。若乃夫没人,则未尝见舟而便操之也。’吾问焉而不吾告,敢问何谓也?”

仲尼曰:“善游者数能,忘水也;若乃夫没人之未尝见舟而便操之也,彼视渊若陵,视舟之覆,犹其车却也。覆却万方陈乎前而不得入其舍,恶往而不暇!以瓦注者巧,以钩注者惮,以黄金注者殙(hūn)。其巧一也,而有所矜(jīn),则重外也。凡外重者内拙。”

田开之见周威公,威公曰:“吾闻祝肾学生,吾子与祝肾游,亦何闻焉?”

田开之曰:“开之操拔篲(huì)以侍门庭,亦何闻于夫子!”

威公曰:“田子无让,寡人愿闻之。”

开之曰:“闻之夫子曰:‘善养生者,若牧羊然,视其后者而鞭之。’”

威公曰:“何谓也?”

田开之曰:“鲁有单豹者,岩居而水饮,不与民共利,行年七十而犹有婴儿之色,不幸遇饿虎,饿虎杀而食之。有张毅者,高门县薄,无不孝也,行年四十而有内热之病以死。豹养其内而虎食其外,毅养其外而病攻其内。此二子者,皆不鞭其后者也。”

仲尼曰:“无入而藏,无出而阳,柴立其中央。三者若得,其名必极。夫畏涂者,十杀一人,则父子兄弟相戒也,必盛卒徒而后敢出焉,不亦知乎!人之所取畏者,衽(rèn)席之上,饮食之间,而不知为之戒者,过也!”

祝宗人玄端以临牢筴,说彘(zhì)曰:“汝奚恶死!吾将三月豢(huàn)汝,十日戒,三日齐,藉白茅,加汝肩尻乎雕俎之上,则汝为之乎?”为彘谋曰:“不如食以糠糟而错之牢筴之中。”自为谋,则苟生有轩冕之尊,死得于腞楯(zhuàn chūn)之上、聚偻之中则为之。为彘谋则去之,自为谋则取之,所异彘者何也?

桓公田于泽,管仲御,见鬼焉。公抚管仲之手曰:“仲父何见?”

对曰:“臣无所见。”

公反,诶诒(xī yí)为病,数日不出。齐士有皇子告敖者,曰:“公则自伤,鬼恶能伤公!夫忿滀(chù)之气,散而不反,则为不足;上而不下,则使人善怒;下而不上,则使人善忘;不上不下,中身当心,则为病。”

桓公曰:“然则有鬼乎?”

曰:“有。沈有履。灶有髻(jié)。户内之烦壤,雷霆处之;东北方之下者倍阿,鲑蠪(wā lóng)跃之;西北方之下者,则泆(yì)阳处之。水有罔象,丘有峷(xīn),山有夔(kuí),野有彷徨,泽有委蛇。”

公曰:“请问委蛇之状何如?”皇子曰:“委蛇,其大如毂,其长如辕,紫衣而朱冠。其为物也恶,闻雷车之声则捧其首而立。见之者殆乎霸。”

桓公辴（zhèn）然而笑曰："此寡人之所见者也。"于是正衣冠与之坐，不终日而不知病之去也。

纪渻（shěng）子为王养斗鸡。十日而问："鸡已乎？"曰："未也，方虚骄而恃气。"十日又问，曰："未也，犹应向景。"十日又问，曰："未也，犹疾视而盛气。"十日又问，曰："几矣，鸡虽有鸣者，已无变矣，望之似木鸡矣，其德全矣。异鸡无敢应者，反走矣。"

孔子观于吕梁，县水三十仞，流沫四十里，鼋鼍（yuán tuó）鱼鳖之所不能游也。见一丈夫游之，以为有苦而欲死也。使弟子并流而拯之。数百步而出，被发行歌而游于塘下。

孔子从而问焉，曰："吾以子为鬼，察子则人也。请问：蹈水有道乎？"曰："亡，吾无道。吾始乎故，长乎性，成乎命。与齐俱入，与汩（gǔ）偕出，从水之道而不为私焉。此吾所以蹈之也。"

孔子曰："何谓始乎故，长乎性，成乎命？"

曰："吾生于陵而安于陵，故也；长于水而安于水，性也；不知吾所以然而然，命也。"

梓庆削木为鐻（jù），鐻成，见者惊犹鬼神。鲁侯见而问焉，曰："子何术以为焉？"

对曰："臣，工人，何术之有！虽然，有一焉：臣将为鐻，未尝敢以耗气也，必齐以静心。齐三日，而不敢怀庆赏爵禄；齐五日，不敢怀非誉巧拙；齐七日，辄然忘吾有四枝形体也。当是时也，无公朝。其巧专而外骨消，然后入山林，观天性；形躯至矣，然后成见鐻，然后加手焉，不然则已。则以天合天，器之所以疑神者，其是与！"

东野稷以御见庄公，进退中绳，左右旋中规。庄公以为文弗过也，使之钩百而反。

颜阖遇之，入见曰："稷之马将败。"公密而不应。

少焉，果败而反。公曰："子何以知之？"

曰："其马力竭矣，而犹求焉，故曰败。"

工倕旋而盖规矩，指与物化而不以心稽，故其灵台一而不桎。忘足，屦之适也；忘要，带之适也；知忘是非，心之适也；不内变，不外从，事会之适也；始乎适而未尝不适者，忘适之适也。

有孙休者，踵门而诧子扁庆子曰："休居乡不见谓不修，临难不见谓不勇。然而田原不遇岁，事君不遇世，宾于乡里，逐于州部，则胡罪乎天哉？休恶遇此命也？"

扁子曰："子独不闻夫至人之自行邪？忘其肝胆，遗其耳目，芒然彷徨乎尘垢之外，逍遥乎无事之业，是谓为而不恃，长而不宰。今汝饰知以惊愚，修身以明污，昭昭乎若揭日月而行也。汝得全而形躯，具而九窍，无中道夭于聋盲跛蹇而比于人数亦幸矣，又何暇乎天之怨哉！子往矣！”

孙子出，扁子入。坐有间，仰天而叹。弟子问曰：“先生何为叹乎？”

扁子曰：“向者休来，吾告之以至人之德，吾恐其惊而遂至于惑也。”

弟子曰：“不然。孙子之所言是邪，先生之所言非邪，非固不能惑是；孙子所言非邪，先生所言是邪，彼固惑而来矣，又奚罪焉！”

扁子曰：“不然。昔者有鸟止于鲁郊，鲁君说之，为具太牢以飨之，奏九韶以乐之。鸟乃始忧悲眩视，不敢饮食。此之谓以己养养鸟也。若夫以鸟养养鸟者，宜栖之深林，浮之江湖，食之以委蛇，则安平陆而已矣。今休，款启寡闻之民也，吾告以至人之德，譬之若载鼷（xī）以车马，乐鴳以钟鼓也，彼又恶能无惊乎哉！”

山木 第二十

庄子行于山中，见大木，枝叶盛茂。伐木者止其旁而不取也。问其故，曰：“无所可用。”庄子曰：“此木以不材得终其天年矣！”

夫子出于山，舍于故人之家。故人喜，命竖子杀雁而烹之。竖子请曰：“其一能鸣，其一不能鸣，请奚杀？”主人曰：“杀不能鸣者。”

明日，弟子问于庄子曰：“昨日山中之木，以不材得终其天年；今主人之雁，以不材死。先生将何处？”

庄子笑曰：“周将处乎材与不材之间。材与不材之间，似之而非也，故未免乎累。若夫乘道德而浮游则不然，无誉无訾，一龙一蛇，与时俱化，而无肯专为。一上一下，以和为量，浮游乎万物之祖。物物而不物于物，则胡可得而累邪！此神农、黄帝之法则也。若夫万物之情，人伦之传则不然：合则离，成则毁，廉则挫，尊则议，有为则亏，贤则谋，不肖则欺。胡可得而必乎哉！悲夫，弟子志之，其唯道德之乡乎！”

市南宜僚见鲁侯，鲁侯有忧色。市南子曰：“君有忧色，何也？”鲁侯曰：“吾学先王之道，修先君之业；吾敬鬼尊贤，亲而行之，无须臾离居。然不免于患，吾是以忧。”

市南子曰：“君之除患之术浅矣！夫丰狐文豹，栖于山林，伏于岩穴，静也；夜行昼居，戒也；虽饥渴隐约，犹且胥疏于江湖之上而求食焉，定也。然且不免于罔罗机辟之患，是何罪之有哉？其皮为之灾也。今鲁国独非君之皮邪？吾愿君刳（kū）形去皮，洒心去欲，而游于无人之野。南越有邑焉，名为建德之国。其民愚而朴，少私而寡欲；知作而不知藏，与而不求其报；不知义之所适，不知礼之所将。猖狂妄行，乃蹈乎大方。其生可乐，其死可葬。吾愿君去国捐俗，与道相辅而行。”

君曰：“彼其道远而险，又有江山，我无舟车，奈何?”

市南子曰：“君无形倨，无留居，以为君车。”

君曰：“彼其道幽远而无人，吾谁与为邻？吾无粮，我无食，安得而至焉?”

市南子曰：“少君之费，寡君之欲，虽无粮而乃足。君其涉于江而浮于海，望之而不见其崖，愈往而不知其所穷。送君者皆自崖而反。君自此远矣！故有人者累，见有于人者忧。故尧非有人，非见有于人也。吾愿去君之累，除君之忧，而独与道游于大莫之国。方舟而济于河，有虚船来触舟，虽有惼（biǎn）心之人不怒。有一人在其上，则呼张歙（xī）之。一呼而不闻，再呼而不闻，于是三呼邪，则必以恶声随之。向也不怒而今也怒，向也虚而今也实。人能虚己以游世，其孰能害之!”

北宫奢为卫灵公赋敛以为钟，为坛乎郭门之外。三月而成上下之县。王子庆忌见而问焉，曰：“子何术之设?”

奢曰：“一之间无敢设也。奢闻之：‘既雕既琢，复归于朴。’侗（tóng）乎其无识，傥（tǎng）乎其怠疑。萃乎芒乎，其送往而迎来。来者勿禁，往者勿止。从其强梁，随其曲傅，因其自穷。故朝夕赋敛而毫毛不挫，而况有大涂者乎!”

孔子围于陈蔡之间，七日不火食。大公任往吊之，曰：“子几死乎?”

曰：“然。”

“子恶死乎?”

曰：“然。”

任曰：“予尝言不死之道。东海有鸟焉，其名曰意怠。其为鸟也，翂（fén）翂翐（zhì）翐，而似无能；引援而飞，迫胁而栖；进不敢为前，退不敢为后；食不敢先尝，必取其绪。是故其行列不斥，而外人卒不得害，是以免于患。直木先伐，甘井先竭。子其意者饰知以惊愚，修身以明污，昭昭乎如揭日月而行，故不免也。昔吾闻之大成之人曰：‘自伐者无功，功成者堕，名成者亏。’孰能去功与名而还与众人！道流而不明居，得行而不名处；纯纯常常，乃比于狂；削迹捐势，不为功名。是故无责于人，人亦无责焉。至人不闻，子何喜哉!”

孔子曰：“善哉!”辞其交游，去其弟子，逃于大泽，衣裘褐，食杼（shù）栗，入兽不乱群，入鸟不乱行。鸟兽不恶，而况人乎!

孔子问子桑雽（hù）曰：“吾再逐于鲁，伐树于宋，削迹于卫，穷于商周，围于陈蔡之间。吾犯此数患，亲交益疏，徒友益散，何与?”

子桑雽曰：“子独不闻假人之亡与？林回弃千金之璧，负赤子而趋。或曰：

‘为其布与？赤子之布寡矣；为其累与？赤子之累多矣。弃千金之璧，负赤子而趋，何也？’林回曰：‘彼以利合，此以天属也。’夫以利合者，迫穷祸患害相弃也；以天属者，迫穷祸患害相收也。夫相收之与相弃亦远矣，且君子之交淡若水，小人之交甘若醴。君子淡以亲，小人甘以绝，彼无故以合者，则无故以离。”

孔子曰：“敬闻命矣！”徐行翔佯而归，绝学捐书，弟子无挹于前，其爱益加进。

异日，桑雽又曰：“舜之将死，真泠禹曰：‘汝戒之哉！形莫若缘，情莫若率。’缘则不离，率则不劳。不离不劳，则不求文以待形。不求文以待形，固不待物。”

庄子衣大布而补之，正絜（xié）系履而过魏王。魏王曰：“何先生之惫（bèi）邪？”

庄子曰：“贫也，非惫也。士有道德不能行，惫也；衣弊履穿，贫也，非惫也，此所谓非遭时也。王独不见夫腾猿乎？其得楠（nán）梓豫章也，揽蔓其枝而王长其间，虽羿、蓬蒙不能眄睨（miǎn nì）也。及其得柘（zhè）棘枳枸（gōu）之间也，危行侧视，振动悼栗，此筋骨非有加急而不柔也，处势不便，未足以逞其能也。今处昏上乱相之间而欲无惫，奚可得邪？此比干之见剖心，徵也夫！”

孔子穷于陈蔡之间，七日不火食。左据槁木，右击槁枝，而歌猋（biāo）氏之风，有其具而无其数，有其声而无宫角。木声与人声，犁然有当于人之心。

颜回端拱还目而窥之。仲尼恐其广己而造大也，爱己而造哀也，曰：“回，无受天损易，无受人益难。无始而非卒也，人与天一也。夫今之歌者其谁乎！”

回曰：“敢问无受天损易。”

仲尼曰：“饥渴寒暑，穷桎不行，天地之行也，运物之泄也，言与之偕逝之谓也。为人臣者，不敢去之。执臣之道犹若是，而况乎所以待天乎？”

“何谓无受人益难？”

仲尼曰：“始用四达，爵禄并至而不穷。物之所利，乃非己也，吾命其在外者也。君子不为盗，贤人不为窃，吾若取之，何哉？故曰：鸟莫知于鷾鸸（yì ér），目之所不宜处不给视，虽落其实，弃之而走。其畏人也，而袭诸人间。社稷存焉尔！”

“何谓无始而非卒？”

仲尼曰：“化其万物而不知其禅之者，焉知其所终？焉知其所始？正而待之而已耳。”

“何谓人与天一邪?”

仲尼曰:“有人,天也;有天,亦天也。人之不能有天,性也。圣人晏然体逝而终矣!”

庄周游于雕陵之樊,睹一异鹊自南方来者。翼广七尺,目大运寸,感周之颡,而集于栗林。庄周曰:“此何鸟哉!翼殷不逝,目大不睹。”蹇(jiǎn)裳躩(jué)步,执弹而留之。睹一蝉方得美荫而忘其身。螳螂执翳而搏之,见得而忘形。异鹊从而利之,见利而忘其真。庄周怵(chù)然曰:“噫!物固相累,二类相召也。”捐弹而反走,虞人逐而谇(suì)之。

庄周反入,三日不庭。蔺且(lìn jū)从而问之,“夫子何为顷间甚不庭乎?”庄周曰:“吾守形而忘身,观于浊水而迷于清渊。且吾闻诸夫子曰:‘入其俗,从其令。’今吾游于雕陵而忘吾身,异鹊感吾颡,游于栗林而忘真。栗林虞人以吾为戮,吾所以不庭也。”

阳子之宋,宿于逆旅。逆旅人有妾二人,其一人美,其一人恶。恶者贵而美者贱。阳子问其故,逆旅小子对曰:“其美者自美,吾不知其美也;其恶者自恶,吾不知其恶也。”

阳子曰:“弟子记之:行贤而去自贤之行,安往而不爱哉!”

田子方 第二十一

田子方侍坐于魏文侯,数称溪工。

文侯曰:“溪工,子之师邪?”

子方曰:“非也,无择之里人也。称道数当,故无择称之。”

文侯曰:“然则子无师邪?”

子方曰:“有。”

曰:“子之师谁邪?”

子方曰:“东郭顺子。”

文侯曰:“然则夫子何故未尝称之?”

子方曰:“其为人也真。人貌而天虚,缘而葆真,清而容物。物无道,正容以悟之,使人之意也消。无择何足以称之!”

子方出,文侯傥然,终日不言。召前立臣而语之曰:“远矣,全德之君子!始吾以圣知之言、仁义之行为至矣。吾闻子方之师,吾形解而不欲动,口钳而不欲言。吾所学者,直土埂耳!夫魏真为我累耳!”

温伯雪子适齐,舍于鲁。鲁人有请见之者,温伯雪子曰:“不可。吾闻中国之君子,明乎礼义而陋于知人心。吾不欲见也。”

至于齐,反舍于鲁,是人也又请见。温伯雪子曰:“往也蕲见我,今也又蕲见我,是必有以振我也。”出而见客,入而叹。明日见客,又入而叹。其仆曰："每见之客也，必入而叹，何耶？"

曰："吾固告子矣：中国之民，明乎礼义而陋乎知人心。昔之见我者，进退一成规、一成矩，从容一若龙、一若虎。其谏我也似子，其道我也似父，是以叹也。"

仲尼见之而不言。子路曰："吾子欲见温伯雪子久矣。见之而不言，何邪？"

仲尼曰："若夫人者，目击而道存矣，亦不可以容声矣！"

颜渊问于仲尼曰："夫子步亦步，夫子趋亦趋，夫子驰亦驰，夫子奔逸绝尘，而回瞠（chēng）若乎后矣！"

夫子曰："回，何谓邪？"

曰："夫子步亦步也，夫子言亦言也；夫子趋亦趋也，夫子辩亦辩也；夫子驰亦驰也，夫子言道，回亦言道也；及奔逸绝尘而回瞠若乎后者，夫子不言而信，不比而周，无器而民滔乎前，而不知所以然而已矣。"

仲尼曰："恶！可不察与！夫哀莫大于心死，而人死亦次之。日出东方而入于西极，万物莫不比方，有目有趾者，待是而后成功。是出则存，是入则亡。万物亦然，有待也而死，有待也而生。吾一受其成形，而不化以待尽。效物而动，日夜无隙，而不知其所终。薰然其成形，知命不能规乎其前。丘以是日徂（cú）。吾终身与汝交一臂而失之，可不哀与？女殆著乎吾所以著也。彼已尽矣，而女求之以为有，是求马于唐肆也。吾服，女也甚忘；女服，吾也甚忘。虽然，女奚患焉！虽忘乎故吾，吾有不忘者存。"

孔子见老聃，老聃新沐，方将被发而干，蛰（zhé）然似非人。孔子便而待之。少焉见，曰："丘也眩与？其信然与？向者先生形体掘若槁木，似遗物离人而立于独也。"

老聃曰："吾游心于物之初。"

孔子曰："何谓邪？"

曰："心困焉而不能知，口辟焉而不能言。尝为汝议乎其将：至阴肃肃，至阳赫赫。肃肃出乎天，赫赫发乎地。两者交通成和而物生焉，或为之纪而莫见其形。消息满虚，一晦一明，日改月化，日有所为而莫见其功。生有所乎萌，死有所乎归，始终相反乎无端，而莫知乎其所穷。非是也，且孰为之宗！"

孔子曰："请问游是。"

老聃曰："夫得是，至美至乐也。得至美而游乎至乐，谓之至人。"孔子曰："愿闻其方。"

曰："草食之兽，不疾易薮（sǒu）；水生之虫，不疾易水。行小变而不失其大常也，喜怒哀乐不入于胸次。夫天下也者，万物之所一也。得其所一而同焉，则四支百体将为尘垢，而死生终始将为昼夜，而莫之能滑，而况得丧祸福之所介乎！弃隶者若弃泥涂，知身贵于隶也。贵在于我而不失于变。且万化而未始有极也，夫孰足以患心！已为道者解乎此。”

孔子曰：“夫子德配天地，而犹假至言以修心。古之君子，孰能脱焉！”

老聃曰：“不然。夫水之于汋（zhuó）也，无为而才自然矣；至人之于德也，不修而物不能离焉。若天之自高，地之自厚，日月之自明，夫何修焉！”

孔子出，以告颜回曰：“丘之于道也，其犹醯（xī）鸡与！微夫子之发吾覆也，吾不知天地之大全也。”

庄子见鲁哀公，哀公曰：“鲁多儒士，少为先生方者。”

庄子曰：“鲁少儒。”

哀公曰：“举鲁国而儒服，何谓少乎？”

庄子曰：“周闻之：儒者冠圜冠者知天时，履句履者知地形，缓佩玦（jué）者事至而断。君子有其道者，未必为其服也；为其服者，未必知其道也。公固以为不然，何不号于国中曰：‘无此道而为此服者，其罪死！’”

于是哀公号之五日，而鲁国无敢儒服者。独有一丈夫，儒服而立乎公门。公即召而问以国事，千转万变而不穷。

庄子曰：“以鲁国而儒者一人耳，可谓多乎？”

百里奚爵禄不入于心，故饭牛而牛肥，使秦穆公忘其贱，与之政也。有虞氏死生不入于心，故足以动人。

宋元君将画图，众史皆至，受揖而立，舐（shì）笔和墨，在外者半。有一史后至者，儃（tǎn）儃然不趋，受揖不立，因之舍。公使人视之，则解衣般礴（pán bó）裸。君曰：“可矣，是真画者也。”

文王观于臧，见一丈夫钓，而其钓莫钓。非持其钓有钓者也，常钓也。文王欲举而授之政，而恐大臣父兄之弗安也；欲终而释之，而不忍百姓之无天也。于是旦而属之大夫曰：“昔者寡人梦见良人，黑色而髯（rán），乘驳马而偏朱蹄，号曰：‘寓而政于臧丈人，庶几乎民有瘳（chōu）乎！’”诸大夫蹴然曰：“先君王也。”

文王曰：“然则卜之。”

诸大夫曰：“先君之命，王其无它，又何卜焉。”遂迎臧丈人而授之政。典法无更，偏令无出。三年，文王观于国，则列士坏植散群，长官者不成德，斔（yǔ）斛不敢入于四竟。列士坏植散群，则尚同也；长官者不成德，则同务也，斔斛不敢入于四竟，则诸侯无二心也。

文王于是焉以为大师，北面而问曰：“政可以及天下乎？”臧丈人昧然而不应，泛然而辞，朝令而夜循，终身无闻。

颜渊问于仲尼曰："文王其犹未邪？又何以梦为乎？"

仲尼曰："默，汝无言！夫文王尽之也，而又何论刺焉！彼直以循斯须也。"

列御寇为伯昏无人射，引之盈贯，措杯水其肘上，发之，适矢复沓（tà），方矢复寓。当是时，犹象人也。

伯昏无人曰："是射之射，非不射之射也。尝与汝登高山，履危石，临百仞之渊，若能射乎？"

于是无人遂登高山，履危石，临百仞之渊，背逡巡，足二分垂在外，揖御寇而进之。御寇伏地，汗流至踵。

伯昏无人曰："夫至人者，上窥青天，下潜黄泉，挥斥八极，神气不变。今汝怵然有恂（xún）目之志，尔于中也殆矣夫！"

肩吾问于孙叔敖曰："子三为令尹而不荣华，三去之而无忧色。吾始也疑子，今视子之鼻间栩栩然，子之用心独奈何？"

孙叔敖曰："吾何以过人哉！吾以其来不可却也，其去不可止也，吾以为得失之非我也，而无忧色而已矣。我何以过人哉！且不知其在彼乎？其在我乎？其在彼邪亡乎我，在我邪亡乎彼。方将踌躇，方将四顾，何暇至乎人贵人贱哉！"

仲尼闻之曰："古之真人，知者不得说，美人不得滥，盗人不得劫，伏戏、黄帝不得友。死生亦大矣，而无变乎己，况爵禄乎！若然者，其神经乎大山而无介，入乎渊泉而不濡，处卑细而不惫，充满天地，既以与人己愈有。"

楚王与凡君坐，少焉，楚王左右曰"凡亡"者三。凡君曰："凡之亡也，不足以丧吾存。夫凡之亡不足以丧吾存，则楚之存不足以存存。由是观之，则凡未始亡而楚未始存也。

知北游　第二十二

知（zhì）北游于玄水之上，登隐弅（fěn）之丘，而适遭无为谓焉。知谓无为谓曰："予欲有问乎若：何思何虑则知道？何处何服则安道？何从何道则得道？"三问而无为谓不答也。非不答，不知答也。

知不得问，反于白水之南，登狐阕（què）之上，而睹狂屈焉。知以之言也问乎狂屈。狂屈曰："唉！予知之，将语若。"中欲言而忘其所欲言。

知不得问，反于帝宫，见黄帝而问焉。黄帝曰："无思无虑始知道，无处无服始安道，无从无道始得道。"

知问黄帝曰："我与若知之，彼与彼不知也，其孰是邪？"

黄帝曰："彼无为谓真是也，狂屈似之，我与汝终不近也。夫知者不言，言者不知，故圣人行不言之教。道不可致，德不可至。仁可为也，义可亏也，礼相伪也。故曰：'失道而后德，失德而后仁，失仁而后义，失义而后礼。'

礼者，道之华而乱之首也。故曰：‘为道者日损，损之又损之，以至于无为。无为而无不为也。’今已为物也，欲复归根，不亦难乎！其易也，其唯大人乎！生也死之徒，死也生之始，孰知其纪！人之生，气之聚也。聚则为生，散则为死。若死生为徒，吾又何患！故万物一也。是其所美者为神奇，其所恶者为臭腐。臭腐复化为神奇，神奇复化为臭腐。故曰：‘通天下一气耳。’圣人故贵一。”

知谓黄帝曰：“吾问无为谓，无为谓不应我，非不我应，不知应我也；吾问狂屈，狂屈中欲告我而不我告，非不我告，中欲告而忘之也；今予问乎若，若知之，奚故不近？”

黄帝曰：“彼其真是也，以其不知也；此其似之也，以其忘之也；予与若终不近也，以其知之也。”

狂屈闻之，以黄帝为知言。

天地有大美而不言，四时有明法而不议，万物有成理而不说。圣人者，原天地之美而达万物之理。是故至人无为，大圣不作，观于天地之谓也。

合彼神明至精，与彼百化。物已死生方圆，莫知其根也。扁（piān）然而万物，自古以固存。六合为巨，未离其内；秋豪为小，待之成体；天下莫不沈浮，终身不故；阴阳四时运行，各得其序；惛然若亡而存；油然不形而神；万物畜而不知：此之谓本根，可以观于天矣！

啮缺问道乎被衣，被衣曰：“若正汝形，一汝视，天和将至；摄汝知，一汝度，神将来舍。德将为汝美，道将为汝居。汝瞳（tóng）焉如新生之犊而无求其故。”

言未卒，啮缺睡寐。被衣大说，行歌而去之，曰：“形若槁骸，心若死灰，真其实知，不以故自持。媒媒晦晦，无心而不可与谋。彼何人哉！”

舜问乎丞曰：“道可得而有乎？”

曰：“汝身非汝有也，汝何得有夫道！”

舜曰：“吾身非吾有也，孰有之哉？”

曰：“是天地之委形也；生非汝有，是天地之委和也；性命非汝有，是天地之委顺也；子孙非汝有，是天地之委蜕也。故行不知所往，处不知所持，食不知所味。天地之强阳气也，又胡可得而有邪！”

孔子问于老聃曰：“今日晏闲，敢问至道。”

老聃曰：“汝齐戒，疏瀹（yuè）而心，澡雪而精神，掊击而知。夫道，窅（yǎo）然难言哉！将为汝言其崖略。

“夫昭昭生于冥冥，有伦生于无形，精神生于道，形本生于精，而万物以形相生。故九窍者胎生，八窍者卵生。其来无迹，其往无崖，无门无房，四达之皇皇也。邀于此者，四肢强，思虑恂（xún）达，耳目聪明。其用心不劳，其应物无方，天不得不高，地不得不广，日月不得不行，万物不得不昌，此其道与！

“且夫博之不必知，辩之不必慧，圣人以断之矣！若夫益之而不加益，损之而不加损者，圣人之所保也。渊渊乎其若海，魏魏乎其，终则复始也。运量万物而不匮。则君子之道，彼其外与！万物皆往资焉而不匮。此其道与！

“中国有人焉，非阴非阳，处于天地之间，直且为人，将反于宗。自本观之，生者，喑噫（yīn yì）物也。虽有寿夭，相去几何？须臾之说也，奚足以为尧、桀之是非！果蓏（luǒ）有理，人伦虽难，所以相齿。圣人遭之而不违，过之而不守。调而应之，德也；偶而应之，道也。帝之所兴，王之所起也。

“人生天地之间，若白驹之过隙，忽然而已。注然勃然，莫不出焉；油然寥然，莫不入焉。已化而生，又化而死。生物哀之，人类悲之。解其天弢（tāo），堕其天帙袠（zhì）。纷乎宛乎，魂魄将往，乃身从之。乃大归乎！不形之形，形之不形，是人之所同知也，非将至之所务也，此众人之所同论也。彼至则不论，论则不至；明见无值，辩不若默；道不可闻，闻不若塞：此之谓大得。”

东郭子问于庄子曰：“所谓道，恶乎在？”

庄子曰：“无所不在。”

东郭子曰：“期而后可。

”庄子曰：“在蝼蚁。”

曰：“何其下邪？”

曰：“在稊稗（bài）。”

曰：“何其愈下邪？”

曰：“在瓦甓（pì）。”

曰：“何其愈甚邪？”

曰：“在屎溺。”

东郭子不应。庄子曰：“夫子之问也，固不及质。正获之问于监市履狶（xī）也，‘每下愈况’。汝唯莫必，无乎逃物。至道若是，大言亦然。周遍咸三者，异名同实，其指一也。尝相与游乎无有之宫，同合而论，无所终穷乎！尝相与无为乎！澹而静乎！漠而清乎！调而闲乎！寥已吾志，无往焉而不知其所至，去而来不知其所止。吾已往来焉而不知其所终，彷徨乎冯闳（hóng），大知入焉而不知其所穷。物物者与物无际，而物有际者，所谓物际者也。不际之际，际之不际者也。谓盈虚衰杀，彼为盈虚非盈虚，彼为衰杀非衰杀，彼为本末非本末，彼为积散非积散也。”

婀（ē）荷甘与神农同学于老龙吉。神农隐几，阖户昼瞑（mián）。荷甘日中奓（zhà）户而入，曰："老龙死矣！"神农隐几拥杖而起，嚗（bó）然放杖而笑，曰："天知予僻陋谩訑（yí），故弃予而死。已矣，夫子无所发予之狂言而死矣夫！"

弇堈（yǎn gāng）吊闻之，曰："夫体道者，天下之君子所系焉。今于道，秋豪之端万分未得处一焉，而犹知藏其狂言而死，又况夫体道者乎！视之无形，听之无声，于人之论者，谓之冥冥，所以论道而非道也。"

于是泰清问乎无穷，曰："子知道乎？"

无穷曰："吾不知。"

又问乎无为，无为曰："吾知道。"

曰："子之知道，亦有数乎？"

曰："有。"

曰："其数若何？"

无为曰："吾知道之可以贵、可以贱、可以约、可以散，此吾所以知道之数也。"

泰清以之言也问乎无始，曰："若是，则无穷之弗知与无为之知，孰是而孰非乎？"

无始曰："不知深矣，知之浅矣；弗知内矣，知之外矣。"

于是泰清中而叹曰："弗知乃知乎，知乃不知乎！孰知不知之知？"

无始曰："道不可闻，闻而非也；道不可见，见而非也；道不可言，言而非也！知形形之不形乎！道不当名。"

无始曰："有问道而应之者，不知道也；虽问道者，亦未闻道。道无问，问无应。无问问之，是问穷也；无应应之，是无内也。以无内待问穷，若是者，外不观乎宇宙，内不知乎大初。是以不过乎昆仑，不游乎太虚。"

光曜（yào）问乎无有曰："夫子有乎？其无有乎？"

光曜不得问，而孰视其状貌：窅然空然。终日视之而不见，听之而不闻，搏之而不得也。

光曜曰："至矣，其孰能至此乎！予能有无矣，而未能无无也。及为无有矣，何从至此哉！"

大马之捶钩者，年八十矣，而不失豪芒。大马曰："子巧与！有道与？"

曰："臣有守也。臣之年二十而好捶钩，于物无视也，非钩无察也。"是用之者假不用者也，以长得其用，而况乎无不用者乎！物孰不资焉！"

冉求问于仲尼曰："未有天地可知邪？"

仲尼曰："可。古犹今也。"

冉求失问而退。明日复见，曰："昔者吾问'未有天地可知乎？'夫子曰：

‘可。古犹今也。’昔日吾昭然，今日吾昧然。敢问何谓也?”

仲尼曰：“昔之昭然也，神者先受之；今之昧然也，且又为不神者求邪！无古无今，无始无终。未有子孙而有子孙可乎?”

冉求未对。仲尼曰：“已矣，末应矣！不以生生死，不以死死生。死生有待邪？皆有所一体。有先天地生者物邪？物物者非物，物出不得先物也，犹其有物也。犹其有物也，无已！圣人之爱人也终无已者，亦乃取于是者也。”

颜渊问乎仲尼曰：“回尝闻诸夫子曰：‘无有所将，无有所迎。’回敢问其游。”

仲尼曰：“古之人外化而内不化，今之人内化而外不化。与物化者，一不化者也。安化安不化？安与之相靡？必与之莫多。狶韦氏之囿（yòu），黄帝之圃，有虞氏之宫，汤武之室。君子之人，若儒墨者师，故以是非相赍也，而况今之人乎！圣人处物不伤物。不伤物者，物亦不能伤也。唯无所伤者，为能与人相将迎。山林与，皋（gāo）壤与，使我欣欣然而乐与！乐未毕也，哀又继之。哀乐之来，吾不能御，其去弗能止。悲夫，世人直为物逆旅耳！夫知遇而不知所不遇，知能能而不能所不能。无知无能者，固人之所不免也。夫务免乎人之所不免者，岂不亦悲哉！至言去言，至为去为。齐知之，所知则浅矣!”

杂　篇

《庄子·杂篇》共十一篇，现代学者一般认为，这里的十一篇文章，均非出于庄子和庄子后学之手，而是秦汉之后学者附加上去的。其中的《让王》、《盗跖》、《说剑》、《渔父》四篇的思想观点与庄子及其后学的思想观点有着明显的冲突，可以确信为后人附加上的篇什；《寓言》篇主旨在于说明庄周表明“道术”的方法凡例，似乎应该看作庄子学说的研究和整理者的读书札记。而最后一篇《天下》篇，实际上是一部短篇学术史，既有站在道家立场上的主导性思想原则，又能够以宽容的态度对各家思想加以品评，具有很高的学术水平，可以作为从事先秦学术思想史研究的重要文献加以参考。《杂篇》中的其他诸篇，或阐述老子、庄周，或批评儒者，具有一定的思想史的参考价值。当然，严格意义上说，《杂篇》的确较为驳杂，有些论述也相互矛盾，不能作为庄子及庄子学派的学术思想文献加以使用。

庚桑楚　第二十三

老聃之役有庚桑楚者，偏得老聃之道，以北居畏垒之山。其臣之画然知者去之，其妾之挈（qì）然仁者远之。拥肿之与居，鞅掌之为使。居三年，畏垒大壤（ráng）。畏垒之民相与言曰：“庚桑子之始来，吾洒然异之。今吾日计之而不足，岁计之而有余。庶几其圣人乎！子胡不相与尸而祝之，社而稷之乎?”

庚桑子闻之，南面而不释然。弟子异之。庚桑子曰：“弟子何异于予？夫春气发而百草生，正得而万宝成。夫春与秋，岂无得而然哉？天道已行矣。吾闻至人，尸居环堵之室，而百姓猖狂，不知所如往。今以畏垒之细民，而窃窃焉欲俎豆予于贤人之间，我其杓（biāo）之人邪？吾是以不释于老聃之言。”

弟子曰：“不然。夫寻常之沟，巨鱼无所还其体，而鲵鳅为之制；步仞之丘陵，巨兽无所隐其躯，而孽狐为之祥。且夫尊贤授能，先善与利，自古尧舜以然，而况畏垒之民乎！夫子亦听矣！”

庚桑子曰：“小子来！夫函车之兽，介而离山，则不免于网罟之患；吞舟之鱼，荡而失水，则蚁能苦之。故鸟兽不厌高，鱼鳖不厌深。夫全其形生之人，藏其身也，不厌深眇而已矣！且夫二子者，又何足以称扬哉！是其于辩也，将妄凿垣墙而殖蓬蒿也，简发而栉（zhì），数米而炊，窃窃乎又何足以济世哉！举贤则民相轧，任知则民相盗。之数物者，不足以厚民。民之于利甚勤，子有杀父，臣有杀君；正昼为盗，日中穴阫（péi）。吾语女：大乱之本，必生于尧舜之间，其末存乎千世之后。千世之后，其必有人与人相食者也。”

南荣趎（chú）蹴然正坐曰：“若趎之年者已长矣，将恶乎托业以及此言邪?”

庚桑子曰：“全汝形，抱汝生，勿使汝思虑营营。若此三年，则可以及此言矣!”

南荣趎曰：“目之与形，吾不知其异也，而盲者不能自见；耳之与形，吾不知其异也，而聋者不能自闻；心之与形，吾不知其异也，而狂者不能自得。形之与形亦辟矣，而物或间之邪？欲相求而不能相得。今谓趎曰：‘全汝形，抱汝生，无使汝思虑营营。’趎勉闻道达耳矣!”

庚桑子曰：“辞尽矣，奔蜂不能化藿蠋（zhú），越鸡不能伏鹄卵，鲁鸡固能矣！鸡之与鸡，其德非不同也。有能与不能者，其才固有巨小也。今吾才小，不足以化子。子胡不南见老子!”

南荣趎赢粮，七日七夜至老子之所。

老子曰：“子自楚之所来乎?”

南荣趎曰：“唯。”

老子曰：“子何与人偕来之众也?”

南荣趎惧然顾其后。

老子曰：“子不知吾所谓乎?”

南荣趎俯而惭，仰而叹，曰：“今者吾忘吾答，因失吾问。”老子曰：“何谓也?”

南荣趎曰："不知乎人谓我朱愚，知乎反愁我躯；不仁则害人，仁则反愁我身；不义则伤彼，义则反愁我已。我安逃此而可？此三言者，趎之所患也。愿因楚而问之。"

老子曰："向吾见若眉睫之间，吾因以得汝矣。今汝又言而信之。若规规然若丧父母，揭竿而求诸海也。女亡人哉！惘惘乎，汝欲反汝情性而无由入，可怜哉！"

南荣趎请入就舍，召其所好，去其所恶。十日自愁，复见老子。

老子曰："汝自洒濯（zhuó），孰哉郁郁乎！然而其中津津乎犹有恶也。夫外韄（huò）者不可繁而捉，将内揵（jiàn）；内韄者不可缪（móu）而捉，将外揵；外内韄者，道德不能持，而况放道而行者乎！"

南荣趎曰："里人有病，里人问之，病者能言其病，然其病病者犹未病也。若趎之闻大道，譬犹饮药以加病也。趎愿闻卫生之经而已矣。"

老子曰："卫生之经，能抱一乎！能勿失乎！能无卜筮而知吉凶乎！能止乎！能已乎！能舍诸人而求诸己乎！能翛（xiāo）然乎！能侗（dòng）然乎！能儿子乎！儿子终日嗥（háo）而嗌不嗄（shà），和之至也；终日握而手不掜（rǔ），共其德也；终日视而目不瞚，偏不在外也。行不知所之，居不知所为，与物委蛇而同其波。是卫生之经已。"

南荣趎曰："然则是至人之德已乎？"

曰："非也。是乃所谓冰解冻释者，能乎？夫至人者，相与交食乎地而交乐乎天，不以人物利害相撄，不相与为怪，不相与为谋，不相与为事，翛然而往，侗然而来。是谓卫生之经已。"

曰："然则是至乎？"

曰："未也。吾固告汝曰：'能儿子乎！'儿子动不知所为，行不知所之，身若槁木之枝而心若死灰。若是者，祸亦不至，福亦不来。祸福无有，恶有人灾也！"

宇泰定者，发乎天光。发乎天光者，人见其人，物见其物。人有修者，乃今有恒。有恒者，人舍之，天助之。人之所舍，谓之天民；天之所助，谓之天子。

学者，学其所不能学也？行者，行其所不能行也？辩者，辩其所不能辩也？知止乎其所不能知，至矣！若有不即是者，天钧败之。

备物以将形，藏不虞以生心，敬中以达彼。若是而万恶至者，皆天也，而非人也，不足以滑成，不可内于灵台。灵台者有持，而不知其所持而不可持者也。

不见其诚己而发，每发而不当；业入而不舍，每更为失。为不善乎显明之中者，人得而诛之；为不善乎幽间中者，鬼得而诛之。明乎人、明乎鬼者，然后能独行。

券内者，行乎无名；券外者，志乎期费。行乎无名者，唯庸有光；志乎期费者，唯贾人也。人见其跂（qì），犹之魁然。与物穷者，物入焉；与物且者，其身之不能容，焉能容人！不能容人者无亲，无亲者尽人。兵莫憯于志，镆铘为下；寇莫大于阴阳，无所逃于天地之间。非阴阳贼之，心则使之也。

道通其分也，其成也毁也。所恶乎分者，其分也以备。所以恶乎备者，其有以备。故出而不反，见其鬼。出而得，是谓得死。灭而有实，鬼之一也。以有形者象无形者而定矣！

出无本，入无窍，有实而无乎处，有长而无乎本剽。有所出而无窍者有实。有实而无乎处者，宇也；有长而无本剽者，宙也。有乎生，有乎死；有乎出，有乎入。入出而无见其形，是谓天门。天门者，无有也。万物出乎无有。有不能以有为有，必出乎无有，而无有一无有。圣人藏乎是。

古之人，其知有所至矣。恶乎至？有以为未始有物者，至矣，尽矣，弗可以加矣！其次以为有物矣，将以生为丧也，以死为反也，是以分已。其次曰始无有，既而有生，生俄而死。以无有为首，以生为体，以死为尻。孰知有无死生之一守者，吾与之为友。是三者虽异，公族也。昭景也，著戴也；甲氏也，著封也：非一也。

有生，黬（jiān）也，披然曰"移是"。尝言"移是"，非所言也。虽然，不可知者也。腊者之有膍（pí）胲（gāi），可散而不可散也；观室者周于寝庙，又适其偃焉！为是举"移是"。请尝言"移是"：是以生为本，以知为师，因以乘是非。果有名实，因以己为质，使人以为己节，因以死偿节。若然者，以用为知，以不用为愚；以彻为名，以穷为辱。"移是"，今之人也，是蜩与学鸠同于同也。

蹍（niǎn）市人之足，则辞以放骜（ào），兄则以妪，大亲则已矣。故曰：至礼有不人，至义不物，至知不谋，至仁无亲，至信辟金。彻志之勃，解心之谬，去德之累，达道之塞。贵富显严名利六者，勃志也；容动色理气意六者，谬心也；恶欲喜怒哀乐六者，累德也；去就取与知能六者，塞道也。此四六者不荡胸中则正，正则静，静则明，明则虚，虚则无为而无不为也。道者，德之钦也；生者，德之光也；性者，生之质也。性之动，谓之为；为之伪，谓之失。知者，接也；知者，谟也。知者之所不知，犹睨也。动以不得已之谓德，动无非我之谓治，名相反而实相顺也。

羿工乎中微而拙乎使人无己誉；圣人工乎天而拙乎人；夫工乎天而俍（liáng）乎人者，唯全人能之。唯虫能虫，唯虫能天。全人恶天，恶人之天，而况吾天乎人乎！

一雀适羿，羿必得之，威也。以天下为之笼，则雀无所逃。是故汤以胞人笼伊尹，秦穆公以五羊之皮笼百里奚。是故非以其所好笼之而可得者，无有也。介者拸（chí）画，外非誉也。胥靡登高而不惧，遗死生也。夫复謵（xí）不馈而忘人，忘人，因以为天人矣！故敬之而不喜，侮之而不怒者，唯同乎天和者为然。出怒不怒，则怒出于不怒矣；出为无为，则为出于无为矣！欲静则平气，欲神则顺心。有为也欲当，则缘于不得已。不得已之类，圣人之道。

徐无鬼 第二十四

徐无鬼因女商见魏武侯，武侯劳之曰："先生病矣，苦于山林之劳，故乃肯见于寡人。"

徐无鬼曰："我则劳于君，君有何劳于我！君将盈耆欲，长好恶，则性命之情病矣；君将黜（chù）耆欲，掔（qiān）好恶，则耳目病矣。我将劳君，君有何劳于我！"武侯超然不对。

少焉，徐无鬼曰："尝语君，吾相狗也：下之质，执饱而止，是狸德也；中之质，若视日；上之质，若亡其一。吾相狗又不若吾相马也。吾相马：直者中绳，曲者中钩，方者中矩，圆者中规。是国马也，而未若天下马也。天下马有成材，若恤若失，若丧其一。若是者，超轶（yì）绝尘，不知其所。"武侯大悦而笑。

徐无鬼出，女商曰："先生独何以说吾君乎？吾所以说吾君者，横说之则以《诗》、《书》、《礼》、《乐》，从说则以《金板》、《六韬》，奉事而大有功者不可为数，而吾君未尝启齿。今先生何以说吾君？使吾君说若此乎？"

徐无鬼曰："吾直告之吾相狗马耳。"

女商曰："若是乎？"

曰："子不闻夫越之流人乎？去国数日，见其所知而喜；去国旬月，见所尝见于国中者喜；及期年也，见似人者而喜矣。不亦去人滋久，思人滋深乎？夫逃虚空者，藜藋柱乎鼪鼬之径，良位其空，闻人足音跫（qiōng）然而喜矣，又况乎昆弟亲戚之謦欬（qǐng kài）其侧者乎！久矣夫，莫以真人之言謦欬吾君之侧乎！"

徐无鬼见武侯，武侯曰："先生居山林，食芧栗，厌葱韭，以宾寡人，久矣夫！今老邪？其欲干酒肉之味邪？其寡人亦有社稷之福邪？"

徐无鬼曰："无鬼生于贫贱，未尝敢饮食君之酒肉，将来劳君也。"

君曰："何哉！奚劳寡人？"

曰："劳君之神与形。"

武侯曰："何谓邪？"

徐无鬼曰："天地之养也一，登高不可以为长，居下不可以为短。君独为万乘之主，以苦一国之民，以养耳目鼻口，夫神者不自许也。夫神者，好和而恶奸。夫奸，病也，故劳之。唯君所病之，何也？"

武侯曰："欲见先生久矣！吾欲爱民而为义偃兵，其可乎？"

徐无鬼曰："不可。爱民，害民之始也；为义偃兵，造兵之本也。君自此为之，则殆不成。凡成美，恶器也。君虽为仁义，几且伪哉！形固造形，成固有伐，变固外战。君亦必无盛鹤列于丽谯（qiáo）之间，无徒骥于锱坛之宫，无藏逆于得，无以巧胜人，无以谋胜人，无以战胜人。夫杀人之士民，兼人之土地，以养吾私与吾神者，其战不知孰善？胜之恶乎在？君若勿已矣！修胸中之诚以应天地之情而勿撄。夫民死已脱矣，君将恶乎用夫偃兵哉！

黄帝将见大隗（wěi）乎具茨之山，方明为御，昌寓（yǔ）骖乘，张若、謵（xí）朋前马，昆阍、滑稽后车。至于襄城之野，七圣皆迷，无所问涂。

适遇牧马童子，问涂焉，曰："若知具茨之山乎？"曰："然。""若知大隗之所存乎？"曰："然。"

黄帝曰："异哉小童！非徒知具茨之山，又知大隗之所存。请问为天下。"

小童曰："夫为天下者，亦若此而已矣，又奚事焉！予少而自游于六合之内，予适有瞀（mào）病，有长者教予曰：'若乘日之车而游于襄城之野。'今予病少痊，予又且复游于六合之外。夫为天下亦若此而已。予又奚事焉！"

黄帝曰："夫为天下者，则诚非吾子之事，虽然，请问为天下。"小童辞。

黄帝又问。小童曰："夫为天下者，亦奚以异乎牧马者哉！亦去其害马者而已矣！"

黄帝再拜稽首，称天师而退。

知士无思虑之变则不乐；辩士无谈说之序则不乐；察士无凌谇（suì）之事则不乐：皆囿于物者也。招世之士兴朝；中民之士荣官；筋国之士矜难；勇敢之士奋患；兵革之士乐战；枯槁之士宿名；法律之士广治；礼教之士敬容；仁义之士贵际。农夫无草莱之事则不比；商贾无市井之事则不比；庶人有旦暮之业则劝；百工有器械之巧则壮。钱财不积则贪者忧，权势不尤则夸者悲。势物之徒乐变，遭时有所用，不能无为也。此皆顺比于岁，不物于易者也。驰其形性，潜之万物，终身不反，悲夫！

庄子曰："射者非前期而中谓之善射，天下皆羿也，可乎？"

惠子曰："可。"

庄子曰："天下非有公是也，而各是其所是，天下皆尧也，可乎？"

惠子曰："可。"

庄子曰："然则儒墨杨秉四，与夫子为五，果孰是邪？或者若鲁遽者邪？

其弟子曰：‘我得夫子之道矣！吾能冬爨鼎而夏造冰矣！’鲁遽曰：‘是直以阳召阳，以阴召阴，非吾所谓道也。吾示子乎吾道。’于是乎为之调瑟，废一于堂，废一于室，鼓宫宫动，鼓角角动，音律同矣！夫或改调一弦，于五音无当也，鼓之，二十五弦皆动，未始异于声而音之君已！且若是者邪！”

惠子曰：“今乎儒墨杨秉，且方与我以辩，相拂以辞，相镇以声，而未始吾非也，则奚若矣？”

庄子曰：“齐人蹢（zhí）子于宋者，其命阍（hūn）也不以完；其求鈃（xíng）钟也以束缚；其求唐子也而未始出域：有遗类矣！夫楚人寄而蹢阍者；夜半于无人之时而与舟人斗，未始离于岑而足以造于怨也。”

庄子送葬，过惠子之墓，顾谓从者曰：“郢人垩（è）慢其鼻端若蝇翼，使匠石斫（zhuó）之。匠石运斤成风，听而斫之，尽垩而鼻不伤，郢人立不失容。宋元君闻之，召匠石曰：‘尝试为寡人为之。’匠石曰：‘臣则尝能斫之。虽然，臣之质死久矣！’自夫子之死也，吾无以为质矣，吾无与言之矣！”

管仲有病，桓公问之曰：“仲父之病病矣，可不讳云，至于大病，则寡人恶乎属国而可？”

管仲曰：“公谁欲与？”

公曰：“鲍叔牙。”

曰：“不可。其为人洁廉，善士也；其于不己若者不比之；又一闻人之过，终身不忘。使之治国，上且钩乎君，下且逆乎民。其得罪于君也将弗久矣！”

公曰：“然则孰可？”

对曰：“勿已则隰（xí）朋可。其为人也，上忘而下畔，愧不若黄帝，而哀不己若者。以德分人谓之圣；以财分人谓之贤。以贤临人，未有得人者也；以贤下人，未有不得人者也。其于国有不闻也，其于家有不见也。勿已则隰朋可。”

吴王浮于江，登乎狙之山，众狙见之，恂然弃而走，逃于深蓁（zhēn）。有一狙焉，委蛇攫（jué）搔（zǎo），见巧乎王。王射之，敏给搏捷矢。王命相者趋射之，狙执死。

王顾谓其友颜不疑曰：“之狙也，伐其巧、恃其便以敖予，以至此殛也。戒之哉！嗟乎！无以汝色骄人哉？”颜不疑归而师董梧，以锄其色，去乐辞显，三年而国人称之。

南伯子綦隐几而坐，仰天而嘘。颜成子入见曰：“夫子，物之尤也。形固可使若槁骸，心固可使若死灰乎？”

曰：“吾尝居山穴之中矣。当是时也，田禾一睹我而齐国之众三贺之。我必先之，彼故知之；我必卖之，彼故鬻（yù）之。若我而不有之，彼恶得而知之？若我而不卖之，彼恶得而鬻之？嗟乎！我悲人之自丧者；吾又悲夫悲人者；吾又悲夫悲人之悲者；其后而日远矣！”

仲尼之楚，楚王觞（shāng）之。孙叔敖执爵而立。市南宜僚受酒而祭，曰：“古之人乎！于此言已。”

曰：“丘也闻不言之言矣，未之尝言，于此乎言之：市南宜僚弄丸而两家之难解；孙叔敖甘寝秉羽而郢人投兵；丘愿有喙三尺。”

彼之谓不道之道，此之谓不言之辩。故德总乎道之所一，而言休乎知之所不知，至矣。道之所一者，德不能同也。知之所不能知者，辩不能举也。名若儒墨而凶矣。故海不辞东流，大之至也。圣人并包天地，泽及天下，而不知其谁氏。是故生无爵，死无谥（shì），实不聚，名不立，此之谓大人。狗不以善吠为良，人不以善言为贤，而况为大乎！夫为大不足以为大，而况为德乎！夫大备矣，莫若天地。然奚求焉，而大备矣！知大备者，无求，无失，无弃，不以物易己也。反己而不穷，循古而不摩，大人之诚！

子綦有八子，陈诸前，召九方歅（yīn）曰：“为我相吾子，孰为祥。”

九方歅曰：“梱（kǔn）也为祥。”

子綦瞿然喜曰：“奚若？”

曰：“梱也，将与国君同食以终其身。”

子綦索然出涕曰：“吾子何为以至于是极也？”

九方歅曰：“夫与国君同食，泽及三族，而况父母乎！今夫子闻之而泣，是御福也。子则祥矣，父则不祥。”

子綦曰：“歅，汝何足以识之。而梱祥邪？尽于酒肉，入于鼻口矣，而何足以知其所自来！吾未尝为牧而牂（zāng）生于奥，未尝好田而鹑生于宎（yào），若勿怪，何邪？吾所与吾子游者，游于天地，吾与之邀乐于天，吾与之邀食于地。吾不与之为事，不与之为谋，不与之为怪。吾与之乘天地之诚而不以物与之相撄，吾与之一委蛇而不与之为事所宜。今也然有世俗之偿焉？凡有怪征者必有怪行。殆乎！非我与吾子之罪，几天与之也！吾是以泣也。”

无几何而使梱之于燕，盗得之于道，全而鬻之则难，不若刖之则易。于是乎刖而鬻之于齐，适当渠公之街，然身食肉而终。

啮缺遇许由曰：“子将奚之？”

曰：“将逃尧。”

曰：“奚谓邪？”

曰：“夫尧畜畜然仁，吾恐其为天下笑。后世其人与人相食与！夫民不难聚也，爱之则亲，利之则至，誉之则劝，致其所恶则散。爱利出乎仁义，捐仁义者寡，利仁义者众。夫仁义之行，唯且无诚，且假乎禽贪者器。是以一人之断制天下，譬之犹一覕（miè）也。夫尧知贤人之利天下也，而不知其贼天下也。夫唯外乎贤者知之矣。”

有暖姝（shū）者，有濡（rú）需者，有卷娄者。

所谓暖姝者，学一先生之言，则暖暖姝姝而私自说也，自以为足矣，而未知未始有物也。是以谓暖姝者也。

濡需者，豕虱是也，择疏鬣（liè），自以为广宫大囿，奎蹄曲隈，乳间股脚，自以为安室利处。不知屠者之一旦鼓臂布草操烟火，而己与豕俱焦也。此以域进，此以域退，此其所谓濡需者也。

卷娄者，舜也。羊肉不慕蚁，蚁慕羊肉，羊肉羶也。舜有羶行，百姓悦之，故三徙成都，至邓之虚而十有万家。尧闻舜之贤，举之童土之地，曰：“冀得其来之泽。”舜举乎童土之地，年齿长矣，聪明衰矣，而不得休归，所谓卷娄者也。

是以神人恶众至，众至则不比，不比则不利也。故无所甚亲，无所甚疏，抱德炀（yang）和，以顺天下，此谓真人。于蚁弃知，于鱼得计，于羊弃意。

以目视目，以耳听耳，以心复心。若然者，其平也绳，其变也循。古之真人！以天待之，不以人入天，古之真人！得之也生，失之也死；得之也死，失之也生。”

药也，其实堇（jǐn）也，桔梗也，鸡痈（yōng）也，豕零也，是时为帝者也，何可胜言！

句（gōu）践也以甲楯三千栖于会稽，唯种也能知亡之所以存，唯种也不知其身之所以愁。故曰：鸱（chī）目有所适，鹤胫有所节，解之也悲。

故曰：风之过，河也有损焉；日之过，河也有损焉；请只风与日相与守河，而河以为未始其撄也，恃源而往者也。故水之守土也审，影之守人也审，物之守物也审。

故目之于明也殆，耳之于聪也殆，心之于殉也殆，凡能其于府也殆，殆之成也不给改。祸之长也兹萃，其反也缘功，其果也待久。而人以为己宝，不亦悲乎！故有亡国戮民无已，不知问是也。

故足之于地也践，虽践，恃其所不蹍（zhǎn）而后善博也；人之于知也少，虽少，恃其所不知而后知天之所谓也。知大一，知大阴，知大目，知大均，知大方，知大信，知大定，至矣！大一通之，大阴解之，大目视之，大均缘之，大方体之，大信稽之，大定持之。尽有天，循有照，冥有枢，始有彼。则其解之也似不解之者，其知之也似不知之也，不知而后知之。其问之也，不可以有崖，而不可以无崖。颉（xié）滑有实，古今不代，而不可以亏，则可不谓有大扬搉（què）乎！阖（hé）不亦问是已，奚惑然为！以不惑解惑，复于不惑，是尚大不惑。

则阳 第二十五

则阳游于楚，夷节言之于王，王未之见。夷节归。

彭阳见王果曰："夫子何不谭我于王?"

王果曰："我不若公阅休。"

彭阳曰："公阅休奚为者邪?"

曰："冬则擉（chuō）鳖于江，夏则休乎山樊。有过而问者，曰：'此予宅也。'夫夷节已不能，而况我乎！吾又不若夷节。夫夷节之为人也，无德而有知，不自许，以之神其交，固颠冥乎富贵之地。非相助以德，相助消也。夫冻者假衣于春，暍（yē）者反冬乎冷风。夫楚王之为人也，形尊而严。其于罪也，无赦如虎。非夫佞人正德，其孰能桡焉。故圣人其穷也，使家人忘其贫；其达也，使王公忘爵禄而化卑；其于物也，与之为娱矣；其于人也，乐物之通而保己焉。故或不言而饮人以和，与人并立而使人化。父子之宜，彼其乎归居，而一闲其所施。其于人心者，若是其远也。故曰'待公阅休'。"

圣人达绸缪（móu），周尽一体矣，而不知其然，性也。复命摇作而以天为师，人则从而命之也。忧乎知，而所行恒无几时，其有止也，若之何！

生而美者，人与之鉴，不告则不知其美于人也。若知之，若不知之，若闻之，若不闻之，其可喜也终无已，人之好之亦无已，性也。圣人之爱人也，人与之名，不告则不知其爱人也。若知之，若不知之，若闻之，若不闻之，其爱人也终无已，人之安之亦无已，性也。

旧国旧都，望之畅然。虽使丘陵草木之缗，入之者十九，犹之畅然，况见见闻闻者也，以十仞之台县众间者也。

冉相氏得其环中以随成，与物无终无始，无几无时。日与物化者，一不化者也。阖尝舍之！夫师天而不得师天，与物皆殉。其以为事也，若之何！夫圣人未始有天，未始有人，未始有始，未始有物，与世偕行而不替，所行之备而不洫（xù），其合之也，若之何！汤得其司御，门尹登恒为之傅之。从师而不囿，得其随成。为之司其名；之名赢法，得其两见。仲尼之尽虑，为之傅之。容成氏曰："除日无岁，无内无外。"

魏莹与田侯牟约，田侯牟背之，魏莹怒，将使人刺之。

犀首公孙衍闻而耻之，曰："君为万乘之君也，而以匹夫从仇。衍请受甲二十万，为君攻之，虏其人民，系其牛马，使其君内热发于背，然后拔其国。忌也出走，然后抶（chì）其背，折其脊。"

季子闻而耻之，曰："筑十仞之城，城者既十仞矣，则又坏之，此胥靡之所苦也。今兵不起七年矣，此王之基也。衍，乱人，不可听也。"

华子闻而丑之，曰：“善言伐齐者，乱人也；善言勿伐者，亦乱人也；谓‘伐之与不伐乱人也’者，又乱人也。”

君曰：“然则若何？”

曰：“君求其道而已矣。”

惠之闻之，而见戴晋人。戴晋人曰：“有所谓蜗者，君知之乎？”曰：“然。”

“有国于蜗之左角者，曰触氏；有国于蜗之右角者，曰蛮氏。时相与争地而战，伏尸数万，逐北旬有五日而后反。”

君曰：“噫！其虚言与？”

曰：“臣请为君实之。君以意在四方上下有穷乎？”

君曰：“无穷。”

曰：“知游心于无穷，而反在通达之国，若存若亡乎？”

君曰：“然。”曰：“通达之中有魏，于魏中有梁，于梁中有王，王与蛮氏有辩乎？”

君曰：“无辩。”

客出而君惝（tǎng）然若有亡也。

客出，惠子见。君曰：“客，大人也，圣人不足以当之。”

惠子曰：“夫吹管也，犹有嗃（xiāo）也；吹剑首者，吷而已矣。尧舜，人之所誉也。道尧舜于戴晋人之前，譬犹一吷（xuè）也。”

孔子之楚，舍于蚁丘之浆。其邻有夫妻臣妾登极者，子路曰：“是稯（zōng）稯何为者邪？”

仲尼曰：“是圣人仆也。是自埋于民，自藏于畔。其声销，其志无穷，其口虽言，其心未尝言。方且与世违，而心不屑与之俱。是陆沉者也，是其市南宜僚邪？”

子路请往召之。孔子曰：“已矣！彼知丘之著于己也，知丘之适楚也，以丘为必使楚王之召己也。彼且以丘为佞人也。夫若然者，其于佞人也羞闻其言，而况亲见其身乎！而何以为存！”

子路往视之，其室虚矣。

长梧封人问子牢曰：“君为政焉勿卤莽，治民焉勿灭裂。昔予为禾，耕而卤莽之，则其实亦卤莽而报予；芸而灭裂之，其实亦灭裂而报予。予来年变齐，深其耕而熟耰（yōu）之，其禾蘩以滋，予终年厌飧（sūn）。”

庄子闻之曰：“今人之治其形，理其心，多有似封人之所谓。遁其天，离其性，灭其情，亡其神，以众为。故卤莽其性者，欲恶之孽为性，萑（huán）苇蒹葭（jiān jiā）始萌，以扶吾形，寻擢（zhuó）吾性。并溃漏发，不择所出，漂疽（jū）疥痈，内热溲膏是也。”

柏矩学于老聃，曰：“请之天下游。”

老聃曰：“已矣！天下犹是也。”

又请之，老聃曰：“汝将何始？”

曰：“始于齐。”

至齐，见辜人焉，推而强之，解朝服而幕之，号天而哭之，曰：“子乎！子乎！天下有大灾，子独先离之。曰‘莫为盗，莫为杀人’。荣辱立然后睹所病，货财聚然后睹所争。今立人之所病，聚人之所争，穷困人之身，使无休时。欲无至此得乎？古之君人者，以得为在民，以失为在己；以正为在民，以枉为在己。故一形有失其形者，退而自责。今则不然，匿为物而愚不识，大为难而罪不敢，重为任而罚不胜，远其涂而诛不至。民知力竭，则以伪继之。日出多伪，士民安取不伪。夫力不足则伪，知不足则欺，财不足则盗。盗窃之行，于谁责而可乎？”

蘧（qú）伯玉行年六十而六十化，未尝不始于是之，而卒诎（chù）之以非也。未知今之所谓是之非五十九非也。万物有乎生而莫见其根，有乎出而莫见其门。人皆尊其知之所知，而莫知恃其知之所不知而后知，可不谓大疑乎！已乎！已乎！且无所逃。此所谓然与，然乎？

仲尼问于大史大弢（tāo）、伯常骞、狶（xī）韦曰：“夫卫灵公饮酒湛（dān）乐，不听国家之政；田猎毕弋（yì），不应诸侯之际：其所以为灵公者何邪？”

大弢曰：“是因是也。”

伯常骞曰：“夫灵公有妻三人，同滥而浴。史鳅（qiū）奉御而进所，搏币而扶翼。其慢若彼之甚也，见贤人若此其肃也，是其所以为灵公也。”

狶韦曰：“夫灵公也，死，卜葬于故墓，不吉；卜葬于沙丘而吉。掘之数仞，得石椁焉，洗而视之，有铭焉，曰：‘不冯其子，灵公夺而里之。’夫灵公之为灵也久矣！之二人何足以识之。”

少知问于大公调曰：“何谓丘里之言？”

大公调曰：“丘里者，合十姓百名而为风俗也，合异以为同，散同以为异。今指马之百体而不得马，而马系于前者，立其百体而谓之马也。是故丘山积卑而为高，江河合水而为大，大人合并而为公。是以自外入者，有主而不执；由中出者，有正而不距。四时殊气，天不赐，故岁成；五官殊职，君不私，故国治；文武，大人不赐，故德备；万物殊理，道不私，故无名。无名故无为，无为而无不为。时有终始，世有变化，祸福淳淳，至有所拂者而有所宜，自殉殊面；有所正者有所差，比于大泽，百材皆度；观于大山，木石同坛。此之谓丘里之言。”

少知曰："然则谓之道，足乎？"

大公调曰："不然，今计物之数，不止于万，而期曰万物者，以数之多者号而读之也。是故天地者，形之大者也；阴阳者，气之大者也；道者为之公。因其大以号而读之则可也，已有之矣，乃将得比哉！则若以斯辩，譬犹狗马，其不及远矣。"

少知曰："四方之内，六合之里，万物之所生恶起？"

大公调曰："阴阳相照相盖相治，四时相代相生相杀。欲恶去就，于是桥起。雌雄片（pàn）合，于是庸有。安危相易，祸福相生，缓急相摩，聚散以成。此名实之可纪，精微之志也。随序之相理，桥运之相使，穷则反，终则始，此物之所有。言之所尽，知之所至，极物而已。睹道之人，不随其所废，不原其所起，此议之所止。"

少知曰："季真之莫为，接子之或使。二家之议，孰正于其情，孰偏于其理？"

大公调曰："鸡鸣狗吠，是人之所知。虽有大知，不能以言读其所自化，又不能以意其所将为。斯而析之，精至于无伦，大至于不可围。或之使，莫之为，未免于物而终以为过。或使则实，莫为则虚。有名有实，是物之居；无名无实，在物之虚。可言可意，言而愈疏。未生不可忌，已死不可阻。死生非远也，理不可睹。或之使，莫之为，疑之所假。吾观之本，其往无穷；吾求之末，其来无止。无穷无止，言之无也，与物同理。或使莫为，言之本也。与物终始。道不可有，有不可无。道之为名，所假而行。或使莫为，在物一曲，夫胡为于大方！言而足，则终日言而尽道；言而不足，则终日言而尽物。道，物之极，言默不足以载。非言非默，议有所极。"

外物 第二十六

外物不可必，故龙逢诛，比干戮，箕子狂，恶来死，桀纣亡。人主莫不欲其臣之忠，而忠未必信，故伍员流于江，苌弘死于蜀，藏其血，三年而化为碧。人亲莫不欲其子之孝，而孝未必爱，故孝己忧而曾参悲。木与木相摩则然，金与火相守则流。阴阳错行，则天地大絯（hài），于是乎有雷有霆，水中有火，乃焚大槐。有甚忧两陷而无所逃。螴蜳（chén chún）不得成，心若县于天地之间，慰暋（mín）沈屯，利害相摩，生火甚多，众人焚和，月固不胜火，于是乎有僓（tuí）然而道尽。

庄周家贫，故往贷粟于监河侯。监河侯曰："诺。我将得邑金，将贷子三百金，可乎？"

庄周忿（fèn）然作色曰："周昨来，有中道而呼者，周顾视车辙，中有鲋（fù）鱼焉。周问之曰：'鲋鱼来，子何为者耶？'对曰：'我，东海之波臣也。

君岂有斗升之水而活我哉！’周曰：‘诺，我且南游吴越之王，激西江之水而迎子，可乎？’鲋鱼忿然作色曰：‘吾失我常与，我无所处。我得斗升之水然活耳，君乃言此，曾不如早索我于枯鱼之肆。’”

任公子为大钩巨缁，五十犗（jiè）以为饵，蹲乎会稽，投竿东海，旦旦而钓，期年不得鱼。已而大鱼食之，牵巨钩，錎（xiàn）没而下骛（wù），扬而奋鬐，白波若山，海水震荡，声侔（móu）鬼神，惮（dàn）赫千里。任公子得若鱼，离而腊（xī）之，自制河以东，苍梧已北，莫不厌若鱼者。已而后世辁（quán）才讽说之徒，皆惊而相告也。夫揭竿累，趣灌渎，守鲵鲋，其于得大鱼难矣！饰小说以干县令，其于大达亦远矣。是以未尝闻任氏之风俗，其不可与经于世亦远矣！

儒以《诗》、《礼》发冢（zhǒng），大儒胪（lú）传曰：“东方作矣，事之何若？”

小儒曰：“未解裙襦（rú），口中有珠。”“《诗》固有之曰：‘青青之麦，生于陵陂。生不布施，死何含珠为？’接其鬓，压其顪（huì），儒以金椎控其颐，徐别其颊，无伤口中珠。”

老莱子之弟子出薪，遇仲尼，反以告，曰：“有人于彼，修上而趋下，末偻而后耳，视若营四海，不知其谁氏之子。”

老莱子曰：“是丘也，召而来。”

仲尼至。曰：“丘，去汝躬矜与汝容知，斯为君子矣。”

仲尼揖而退，蹙（cù）然改容而问曰：“业可得进乎？”

老莱子曰：“夫不忍一世之伤，而骜万世之患。抑固窭（jù）邪？亡其略弗及邪？惠以欢为，骜终身之丑，中民之行进焉耳！相引以名，相结以隐。与其誉尧而非桀，不如两忘而闭其所誉。反无非伤也，动无非邪也，圣人踌躇以兴事，以每成功。奈何哉，其载焉终矜尔！”

宋元君夜半而梦人被发窥阿门，曰：“予自宰路之渊，予为清江使河伯之所，渔者余且得予。”

元君觉，使人占之，曰：“此神龟也。”

君曰：“渔者有余且乎？”

左右曰：“有。”

君曰：“令余且会朝。”

明日，余且朝。君曰：“渔何得？”

对曰：“且之网得白龟焉，其圆五尺。”

君曰：“献若之龟。”

龟至，君再欲杀之，再欲活之。心疑，卜之。曰：“杀龟以卜吉。”乃刳龟，七十二钻而无遗筴（cè）。

仲尼曰：“神龟能见梦于元君，而不能避余且之网；知能七十二钻而无遗策，不能避刳肠之患。如是则知有所困，神有所不及也。虽有至知，万人谋之。鱼不畏网而畏鹈鹕（tí hú）。去小知而大知明，去善而自善矣。婴儿生，无石师而能言，与能言者处也。”

惠子谓庄子曰：“子言无用。”

庄子曰：“知无用而始可与言用矣。夫地非不广且大也，人之所用容足耳，然则厕足而垫之致黄泉，人尚有用乎？”

惠子曰：“无用。”

庄子曰：“然则无用之为用也，亦明矣。”

庄子曰：“人有能游，且得不游乎！人而不能游，且得游乎！夫流遁之志，决绝之行，噫，其非至知厚德之任与！覆坠而不反，火驰而不顾。虽相与为君臣，时也。易世而无以相贱。故曰：至人不留行焉。

“夫尊古而卑今，学者之流也。且以狶韦氏之流观今之世，夫孰能不波！唯至人乃能游于世而不僻，顺人而不失己。彼教不学，承意不彼。

“目彻为明，耳彻为聪，鼻彻为颤（zhàn），口彻为甘，心彻为知，知彻为德。凡道不欲壅（yōng），壅则哽（gěng），哽而不止则跈（niǎn），跈则众害生。物之有知者恃息。其不殷，非天之罪。天之穿之，日夜无降，人则顾塞其窦。胞有重阆（láng），心有天游。室无空虚，则妇姑勃谿；心无天游，则六凿相攘。大林丘山之善于人也，亦神者不胜。

“德溢乎名，名溢乎暴，谋稽乎誸（xián），知出乎争，柴生乎守，官事果乎众宜。春雨日时，草木怒生，铫鎒（yāo nòu）于是乎始修，草木之倒植者过半而不知其然。静然可以补病，眦搣（zì miè）可以休老，宁可以止遽。虽然，若是劳者之务也，非佚者之所未尝过而问焉；圣人之所以駴天下，神人未尝过而问焉；贤人所以駴世，圣人未尝过而问焉；君子所以駴国，贤人未尝过而问焉；小人所以合时，君子未尝过而问焉。演门有亲死者，以善毁爵为官师，其党人毁而死者半。尧与许由天下，许由逃之；汤与瞀光，瞀光怒之；纪他闻之，帅弟子而踆（cún）于窾（kuǎn）水，诸侯吊之。三年，申徒狄因以踣（bó）河。荃（quán）者所以在鱼，得鱼而忘荃；蹄者所以在兔，得兔而忘蹄；言者所以在意，得意而忘言。吾安得夫忘言之人而与之言哉！”

寓言　第二十七

寓言十九，重言十七，卮（zhī）言日出，和以天倪。

寓言十九，藉外论之。亲父不为其子媒。亲父誉之，不若非其父者也。非吾罪也，人之罪也。与己同则应，不与己同则反。同于己为是之，异于己为非之。

重言十七，所以已言也。是为耆艾，年先矣，而无经纬本末以期年耆者，是非先也。人而无以先人，无人道也。人而无人道，是之谓陈人。

卮言日出，和以天倪，因以曼衍，所以穷年。不言则齐，齐与言不齐，言与齐不齐也。故曰："言无言。"言无言，终身言，未尝言；终身不言，未尝不言。有自也而可，有自也而不可；有自也而然，有自也而不然。恶乎然？然于然；恶乎不然？不然于不然。恶乎可？可于可；恶乎不可？不可于不可。物固有所然，物固有所可。无物不然，无物不可。非卮言日出，和以天倪，孰得其久！万物皆种也，以不同形相禅，始卒若环，莫得其伦，是谓天均。天均者，天倪也。

庄子谓惠子曰："孔子行年六十而六十化。始时所是，卒而非之。未知今之所谓是之非五十九非也。"

惠子曰："孔子勤志服知也。"

庄子曰："孔子谢之矣，而其未之尝言。孔子云：夫受才乎大本，复灵以生。鸣而当律，言而当法。利义陈乎前，而好恶是非直服人之口而已矣。使人乃以心服而不敢蘁（wù），立定天下之定。已乎，已乎！吾且不得及彼乎！"

曾子再仕而心再化，曰："吾及亲仕，三釜（fǔ）而心乐；后仕，三千锺而不洎（jì），吾心悲。"

弟子问于仲尼曰："若参者，可谓无所县其罪乎？"

曰："既已县矣！夫无所县者，可以有哀乎？彼视三釜、三千锺，如观雀蚊虻相过乎前也。"

颜成子游谓东郭子綦曰："自吾闻子之言，一年而野，二年而从，三年而通，四年而物，五年而来，六年而鬼入，七年而天成，八年而不知死、不知生，九年而大妙。生有为，死也。劝公以其私，死也有自也，而生阳也，无自也。而果然乎？恶乎其所适，恶乎其所不适？天有历数，地有人据，吾恶乎求之？莫知其所终，若之何其无命也？莫知其所始，若之何其有命也？有以相应也，若之何其无鬼邪？无以相应也，若之何其有鬼邪？"

众罔两问于景曰："若向也俯而今也仰，向也括撮而今也被发；向也坐而今也起；向也行而今也止：何也？"

景曰："搜搜也，奚稍问也！予有而不知其所以。予，蜩（tiáo）甲也，蛇蜕也，似之而非也。火与日，吾屯也；阴与夜，吾代也。彼，吾所以有待邪，而况乎以无有待者乎！彼来则我与之来，彼往则我与之往，彼强阳则我与之强阳。强阳者，又何以有问乎！"

阳子居南之沛，老聃西游于秦。邀于郊，至于梁而遇老子。老子中道仰天而叹曰："始以汝为可教，今不可也。"

阳子居不答。至舍，进盥（guan）漱巾栉，脱屦户外，膝行而前，曰："向者弟子欲请夫子，夫子行不闲，是以不敢；今闲矣，请问其过。"

老子曰："而睢（huī）睢盱盱，而谁与居！大白若辱，盛德若不足。"

阳子居蹴然变容曰："敬闻命矣！"

其往也，舍者迎将，其家公执席，妻执巾栉，舍者避席，炀（yang）者避灶。其反也，舍者与之争席矣！

让王 第二十八

尧以天下让许由，许由不受。又让于子州支父，子州之父曰："以我为天子，犹之可也。虽然，我适有幽忧之病，方且治之，未暇治天下也。"夫天下至重也，而不以害其生，又况他物乎！唯无以天下为者可以托天下也。

舜让天下于子州之伯，子州之伯曰："予适有幽忧之病，方且治之，未暇治天下也。"故天下大器也，而不以易生。此有道者之所以异乎俗者也。

舜以天下让善卷，善卷曰："余立于宇宙之中，冬日衣皮毛，夏日衣葛絺（chī）。春耕种，形足以劳动；秋收敛，身足以休食。日出而作，日入而息，逍遥于天地之间，而心意自得。吾何以天下为哉！悲夫，子之不知余也。"遂不受。于是去而入深山，莫知其处。

舜以天下让其友石户之农。石户之农曰："卷（juǎn）卷乎，后之为人，葆力之士也。"以舜之德为未至也。于是夫负妻戴，携子以入于海，终身不反也。

大王亶（dǎn）父居邠（bīn），狄人攻之。事之以皮帛而不受，事之以犬马而不受，事之以珠玉而不受。狄人之所求者土地也。大王亶父曰："与人之兄居而杀其弟，与人之父居而杀其子，吾不忍也。子皆勉居矣！为吾臣与为狄人臣奚以异。且吾闻之，不以所用养害所养。"因杖筴而去之。民相连而从之，遂成国于岐山之下。夫大王亶父，可谓能尊生矣。能尊生者，虽贵富不以养伤身，虽贫贱不以利累形。今世之人居高官尊爵者，皆重失之。见利轻亡其身，岂不惑哉！

越人三世弑其君，王子搜患之，逃乎丹穴，而越国无君。求王子搜不得，从之丹穴。王子搜不肯出，越人熏之以艾。乘以王舆。王子搜援绥登车，仰天而呼曰："君乎，君乎，独不可以舍我乎！"王子搜非恶为君也，恶为君之患也。若王子搜者，可谓不以国伤生矣！此固越人之所欲得为君也。

韩魏相与争侵地，子华子见昭僖侯，昭僖侯有忧色。子华子曰："今使天下书铭于君之前，书之言曰：'左手攫之则右手废，右手攫之则左手废。然而攫之者必有天下。'君能攫之乎？"

昭僖侯曰："寡人不攫也。"

子华子曰："甚善！自是观之，两臂重于天下也。身亦重于两臂，韩之轻于天下亦远矣！今之所争者，其轻于韩又远。君固愁身伤生以忧戚不得也。"

僖侯曰："善哉！教寡人者众矣，未尝得闻此言也。"子华子可谓知轻重矣！

鲁君闻颜阖得道之人也，使人以币先焉。颜阖守陋闾，苴（jū）布之衣，而自饭牛。鲁君之使者至，颜阖自对之。使者曰："此颜阖之家与?"颜阖对曰："此阖之家也。"使者致币。颜阖对曰："恐听谬而遗（wèi）使者罪，不若审之。"使者还，反审之，复来求之，则不得已！故若颜阖者，真恶富贵也。

故曰：道之真以治身，其绪余以为国家，其土苴（chǎ zhǎ）以治天下。由此观之，帝王之功，圣人之余事也，非所以完身养生也。今世俗之君子，多危身弃生以殉物，岂不悲哉！凡圣人之动作也，必察其所以之与其所以为。今且有人于此，以随侯之珠，弹千仞之雀，世必笑之。是何也？则其所用者重而所要者轻也。夫生者岂特随侯之重哉！

子列子穷，容貌有饥色。客有言之于郑子阳者，曰："列御寇，盖有道之士也，居君之国而穷，君无乃为不好士乎?"郑子阳即令官遗之粟。子列子见使者，再拜而辞。

使者去，子列子入，其妻望之而拊心曰："妾闻为有道者之妻子，皆得佚乐。今有饥色，君过而遗先生食，先生不受，岂不命邪?"

子列子笑谓之曰："君非自知我也，以人之言而遗我粟；至其罪我也，又且以人之言，此吾所以不受也。"其卒，民果作难而杀子阳。

楚昭王失国，屠羊说走而从于昭王。昭王反国，将赏从者，及屠羊说。屠羊说曰："大王失国，说失屠羊。大王反国，说亦反屠羊。臣之爵禄已复矣，又何赏之有。"

王曰："强之。"

屠羊说曰："大王失国，非臣之罪，故不敢伏其诛；大王反国，非臣之功，故不敢当其赏。"

王曰："见之。"

屠羊说曰："楚国之法，必有重赏大功而后得见。今臣之知不足以存国，而勇不足以死寇。吴军入郢，说畏难而避寇，非故随大王也。今大王欲废法毁约而见说，此非臣之所以闻于天下也。"

王谓司马子綦曰："屠羊说居处卑贱而陈义甚高，子綦为我延之以三旌之位。"

屠羊说曰："夫三旌之位，吾知其贵于屠羊之肆也；万钟之禄，吾知其富于屠羊之利也。然岂可以贪爵禄而使吾君有妄施之名乎？说不敢当，愿复反吾屠羊之肆。”遂不受也。

原宪居鲁，环堵之室，茨以生草，蓬户不完，桑以为枢；而瓮牖（yǒu）二室，褐以为塞，上漏下湿，匡坐而弦歌。

子贡乘大马，中绀（gàn）而表素，轩车不容巷，往见原宪。原宪华冠縰履，杖藜而应门。

子贡曰：“嘻！先生何病？”

原宪应之曰：“宪闻之，无财谓之贫，学而不能行谓之病。今宪贫也，非病也。”子贡逡（qūn）巡而有愧色。原宪笑曰：“夫希世而行，比周而友，学以为人，教以为己，仁义之慝（tè），舆马之饰，宪不忍为也。”

曾子居卫，缊（yùn）袍无表，颜色肿哙（kuài），手足胼胝（pián zhī），三日不举火，十年不制衣。正冠而缨绝，捉衿而肘见，纳屦而踵决。曳纵而歌《商颂》，声满天地，若出金石。天子不得臣，诸侯不得友。故养志者忘形，养形者忘利，致道者忘心矣。

孔子谓颜回曰：“回，来！家贫居卑，胡不仕乎？”

颜回对曰：“不愿仕。回有郭外之田五十亩，足以给飦（gān）粥；郭内之田十亩，足以为丝麻；鼓琴足以自娱；所学夫子之道者足以自乐也。回不愿仕。”

孔子愀（qiǎo）然变容，曰：“善哉，回之意！丘闻之：‘知足者，不以利自累也；审自得者，失之而不惧；行修于内者，无位而不怍（zuò）。’丘诵之久矣，今于回而后见之，是丘之得也。”

中山公子牟谓瞻子曰：“身在江海之上，心居乎魏阙之下，奈何？”

瞻子曰：“重生。重生则利轻。”

中山公子牟曰：“虽知之，未能自胜也。”

瞻子曰：“不能自胜则从，神无恶乎！不能自胜而强不从者，此之谓重伤。重伤之人，无寿类矣！”

魏牟，万乘之公子也，其隐岩穴也，难为于布衣之士，虽未至乎道，可谓有其意矣！

孔子穷于陈蔡之间，七日不火食，藜羹不糁（sǎn），颜色甚惫，而弦歌于室。颜回择菜，子路、子贡相与言曰：“夫子再逐于鲁，削迹于卫，伐树于宋，穷于商周，围于陈蔡。杀夫子者无罪，藉夫子者无禁。弦歌鼓琴，未尝绝音，君子之无耻也若此乎？”

颜回无以应，入告孔子。孔子推琴，喟然而叹曰：“由与赐，细人也。召而来，吾语之。”

子路、子贡入。子路曰：“如此者，可谓穷矣！”

孔子曰："是何言也！君子通于道之谓通，穷于道之谓穷。今丘抱仁义之道以遭乱世之患，其何穷之为？故内省而不穷于道，临难而不失其德。天寒既至，霜雪既降，吾是以知松柏之茂也。陈蔡之隘，于丘其幸乎。"

孔子削然反琴而弦歌，子路抎（xì）然执干而舞。子贡曰："吾不知天之高也，地之下也。"

古之得道者，穷亦乐，通亦乐，所乐非穷通也。道德于此，则穷通为寒暑风雨之序矣。故许由娱于颖阳，而共伯得乎丘首。

舜以天下让其友北人无择，北人无择曰："异哉，后之为人也，居于畎（quǎn）亩之中，而游尧之门。不若是而已，又欲以其辱行漫我。吾羞见之。"因自投清泠（ling）之渊。

汤将伐桀，因卞随而谋，卞随曰："非吾事也。"

汤曰："孰可？"

曰："吾不知也。"

汤又因瞀光而谋，瞀光曰："非吾事也。"

汤曰："孰可？"

曰："吾不知也。"

汤曰："伊尹何如？"

曰："强力忍垢，吾不知其他也。"

汤遂与伊尹谋伐桀，克之。以让卞随，卞随辞曰："后之伐桀也谋乎我，必以我为贼也；胜桀而让我，必以我为贪也。吾生乎乱世，而无道之人再来漫我以其辱行，吾不忍数闻也！"乃自投椆（chòu）水而死。

汤又让瞀光，曰："知者谋之，武者遂之，仁者居之，古之道也。吾子胡不立乎？"

瞀光辞曰："废上，非义也；杀民，非仁也；人犯其难，我享其利，非廉也。吾闻之曰：'非其义者，不受其禄；无道之世，不践其土。'况尊我乎！吾不忍久见也。"乃负石而自沈于庐水。

昔周之兴，有士二人处于孤竹，曰伯夷、叔齐。二人相谓曰："吾闻西方有人，似有道者，试往观焉。"至于岐阳，武王闻之，使叔旦往见之。与盟曰："加富二等，就官一列。"血牲而埋之。

二人相视而笑，曰："嘻，异哉！此非吾所谓道也。昔者神农之有天下也，时祀尽敬而不祈喜；其于人也，忠信尽治而无求焉。乐与政为政，乐与治为治。不以人之坏自成也，不以人之卑自高也，不以遭时自利也。今周见殷之乱而遽（jù）为政，上谋而下行货，阻兵而保威，割牲而盟以为信，扬行以说众，杀伐以要利。是推乱以易暴也。吾闻古之士，遭治世不避其任，遇乱世不为苟存。今天下闇，周德衰，其并乎周以涂吾身也，不如避之，以洁吾行。”二子北至于首阳之山，遂饿而死焉。

若伯夷、叔齐者，其于富贵也，苟可得已，则必不赖高节戾行，独乐其志，不事于世。此二士之节也。

盗跖 第二十九

孔子与柳下季为友，柳下季之弟名曰盗跖（zhì）。盗跖从卒九千人，横行天下，侵暴诸侯。穴室枢户，驱人牛马，取人妇女。贪得忘亲，不顾父母兄弟，不祭先祖。所过之邑，大国守城，小国入保，万民苦之。

孔子谓柳下季曰：“夫为人父者，必能诏其子；为人兄者，必能教其弟。若父不能诏其子，兄不能教其弟，则无贵父子兄弟之亲矣。今先生，世之才士也，弟为盗跖，为天下害，而弗能教也，丘窃为先生羞之。丘请为先生往说之。”

柳下季曰：“先生言为人父者必能诏其子，为人兄者必能教其弟，若子不听父之诏，弟不受兄之教，虽今先生之辩，将奈之何哉？且跖之为人也，心如涌泉，意如飘风，强足以距敌，辩足以饰非。顺其心则喜，逆其心则怒，易辱人以言。先生必无往。”

孔子不听，颜回为驭，子贡为右，往见盗跖。盗跖乃方休卒徒大（tài）山之阳，脍（kuài）人肝而餔（bū）之。孔子下车而前，见谒（yè）者曰：“鲁人孔丘，闻将军高义，敬再拜谒者。”

谒者入通。盗跖闻之大怒，目如明星，发上指冠，曰：“此夫鲁国之巧伪人孔丘非邪？为我告之：尔作言造语，妄称文、武，冠枝木之冠，带死牛之胁，多辞缪说，不耕而食，不织而衣，摇唇鼓舌，擅生是非，以迷天下之主，使天下学士不反其本，妄作孝弟，而侥幸于封侯富贵者也。子之罪大极重，疾走归！不然，我将以子肝益昼餔之膳。”孔子复通曰：“丘得幸于季，愿望履幕下。”

谒者复通。盗跖曰：使来前！”

孔子趋而进，避席反走，再拜盗跖。盗跖大怒，两展其足，案剑瞋目，声如乳虎，曰：“丘来前！若所言顺吾意则生，逆吾心则死。”

孔子曰：“丘闻之，凡天下有三德：生而长大，美好无双，少长贵贱见而皆说之，此上德也；知维天地，能辨诸物，此中德也；勇悍果敢，聚众率兵，此下德也。凡人有此一德者，足以南面称孤矣。今将军兼此三者，身长八尺二寸，面目有光，唇如激丹，齿如齐贝，音中黄钟，而名曰盗跖，丘窃为将军耻不取焉。将军有意听臣，臣请南使吴越，北使齐鲁，东使宋卫，西使晋楚，使为将军造大城数百里，立数十万户之邑，尊将军为诸侯，与天下更始，罢兵休卒，收养昆弟，共祭先祖。此圣人才士之行，而天下之愿也。”

盗跖大怒曰：“丘来前！夫可规以利而可谏以言者，皆愚陋恒民之谓耳。今长大美好，人见而悦之者，此吾父母之遗德也，丘虽不吾誉，吾独不自知邪？且吾闻之，好面誉人者，亦好背而毁之。今丘告我以大城众民，是欲规我以利而恒民畜我也，安可久长也！城之大者，莫大乎天下矣。尧、舜有天下，子孙无置锥之地；汤、武立为天子，而后世绝灭。非以其利大故邪？且吾闻之，古者禽兽多而人少，于是民皆巢居以避之。昼拾橡栗，暮栖木上，故命之曰‘有巢氏之民’。古者民不知衣服，夏多积薪，冬则炀（yang）之，故命之曰‘知生之民’。神农之世，卧则居居，起则于于。民知其母，不知其父，与麋鹿共处，耕而食，织而衣，无有相害之心。此至德之隆也。然而黄帝不能致德，与蚩（chī）尤战于涿鹿之野，流血百里。尧舜作，立群臣，汤放其主，武王杀纣。自是以后，以强陵弱，以众暴寡。汤武以来，皆乱人之徒也。

今子修文、武之道，掌天下之辩，以教后世。缝衣浅带，矫言伪行，以迷惑天下之主，而欲求富贵焉。盗莫大于子，天下何故不谓子为盗丘，而乃谓我为盗跖？子以甘辞说子路而使从之。使子路去其危冠，解其长剑，而受教于子。天下皆曰：‘孔丘能止暴禁非。’，其卒之也，子路欲杀卫君而事不成，身菹（zū）于卫东门之上，是子教之不至也。子自谓才士圣人邪，则再逐于鲁，削迹于卫，穷于齐，围于陈蔡，不容身于天下。子教子路菹此患，上无以为身，下无以为人，子之道岂足贵邪？

世之所高，莫若黄帝。黄帝尚不能全德，而战于涿鹿之野，流血百里。尧不慈，舜不孝，禹偏枯，汤放其主，武王伐纣，文王拘羑（yǒu）里，此六子者，世之所高也。孰论之，皆以利惑其真而强反其情性，其行乃甚可羞也。

世之所谓贤士，伯夷叔齐。伯夷叔齐辞孤竹之君，而饿死于首阳之山，骨肉不葬。鲍焦饰行非世，抱木而死。申徒狄谏而不听，负石自投于河，为鱼鳖所食。介子推至忠也，自割其股以食文公。文公后背之，子推怒而去，抱木而燔死。尾生与女子期于梁下，女子不来，水至不去，抱梁柱而死。此六子者，无异于磔（zhé）犬流豕、操瓢而乞者，皆离名轻死，不念本养寿命者也。

世之所谓忠臣者，莫若王子比干、伍子胥。子胥沉江，比干剖心。此二子者，世谓忠臣也，然卒为天下笑。自上观之，至于子胥、比干，皆不足贵也。

丘之所以说我者，若告我以鬼事，则我不能知也；若告我以人事者，不过此矣，皆吾所闻知也。

今吾告子以人之情，目欲视色，耳欲听声，口欲察味，志气欲盈。人上寿百岁，中寿八十，下寿六十，除病瘦死丧忧患，其中开口而笑者，一月之中不过四五日而已矣。天与地无穷，人死者有时。操有时之具，而托于无穷之间，忽然无异骐骥之驰过隙也。不能说其志意、养其寿命者，皆非通道者也。

丘之所言，皆吾之所弃也。亟（jí）去走归，无复言之！子之道狂狂汲汲，诈巧虚伪事也，非可以全真也，奚足论哉！”

孔子再拜趋走，出门上车，执辔（pèi）三失，目芒然无见，色若死灰，据轼低头，不能出气。归到鲁东门外，适遇柳下季。柳下季曰：“今者阙然，数日不见，车马有行色，得微往见跖邪？”

孔子仰天而叹曰：“然！”

柳下季曰：“跖得无逆汝意若前乎？”

孔子曰：“然。丘所谓无病而自灸也。疾走料虎头，编虎须，几不免虎口哉！”

子张问于满苟得曰：“盍不为行？无行则不信，不信则不任，不任则不利。故观之名，计之利，而义真是也。若弃名利，反之于心，则夫士之为行，不可一日不为乎！”

满苟得曰：“无耻者富，多信者显。夫名利之大者，几在无耻而信。故观之名，计之利，而信真是也。若弃名利，反之于心，则夫士之为行，抱其天乎！”

子张曰：“昔者桀纣贵为天子，富有天下。今谓臧聚曰：‘汝行如桀纣。’则有怍色，有不服之心者，小人所贱也。仲尼、墨翟，穷为匹夫，今谓宰相曰‘子行如仲尼、墨翟。’则变容易色，称不足者，士诚贵也。故势为天子，未必贵也；穷为匹夫，未必贱也。贵贱之分，在行之美恶。”

满苟得曰：“小盗者拘，大盗者为诸侯。诸侯之门，义士存焉。昔者桓公小白杀兄入嫂，而管仲为臣；田成子常杀君窃国，而孔子受币。论则贱之，行则下之，则是言行之情悖战于胸中也，不亦拂乎！故《书》曰：‘孰恶孰美，成者为首，不成者为尾。”

子张曰：“子不为行，即将疏戚无伦，贵贱无义，长幼无序。五纪六位，将何以为别乎？”

满苟得曰：“尧杀长子，舜流母弟，疏戚有伦乎？汤放桀，武王杀纣，贵贱有义乎？王季为适，周公杀兄，长幼有序乎？儒者伪辞，墨子兼爱，五纪六位，将有别乎？且子正为名，我正为利。名利之实，不顺于理，不监于道。吾日与子讼于无约，曰‘小人殉财，君子殉名，其所以变其情、易其性则异矣；乃至于弃其所为而殉其所不为则一也。’故曰：无为小人，反殉而天；无为君子，从天之理。若枉若直，相而天极。面观四方，与时消息。若是若非，执而圆机。独成而意，与道徘徊。无转而行，无成而义，将失而所为。无赴而富，无殉而成，将弃而天。比干剖心，子胥抉（jué）眼，忠之祸也；直躬证父，尾生溺死，信之患也；鲍子立干，申子不自理，廉之害也；孔子不见母，匡子不见父，义之失也。此上世之所传、下世之所语以为士者，正其言，必其行，故服其殃、离其患也。”

无足问于知和曰：“人卒未有不兴名就利者。彼富则人归之，归则下之，下则贵之。夫见下贵者，所以长生安体乐意之道也。今子独无意焉，知不足邪？意知而力不能行邪？故推正不忘邪？”

知和曰：“今夫此人，以为与己同时而生，同乡而处者，以为夫绝俗过世之士焉，是专无主正，所以览古今之时、是非之分也。与俗化世，去至重，弃至尊，以为其所为也。此其所以论长生安体乐意之道，不亦远乎！惨怛（dá）之疾，恬愉之安，不监于体；怵惕之恐，欣欢之喜，不监于心。知为为而不知所以为。是以贵为天子，富有天下，而不免于患也。”

无足曰：“夫富之于人，无所不利。穷美究势，至人之所不得逮，贤人之所不能及。侠人之勇力而以为威强，秉人之知谋以为明察，因人之德以为贤良，非享国而严若君父。且夫声色滋味权势之于人，心不待学而乐之，体不待象而安之。夫欲恶避就，固不待师，此人之性也。天下虽非我，孰能辞之！”

知和曰：“知者之为，故动以百姓，不违其度，是以足而不争，无以为故不求。不足故求之，争四处而不自以为贪；有余故辞之，弃天下而不自以为廉。廉贪之实，非以迫外也，反监之度。势为天子，而不以贵骄人；富有天下，而不以财戏人。计其患，虑其反，以为害于性，故辞而不受也，非以要名誉也。尧舜为帝而雍，非仁天下也，不以美害生也；善卷、许由得帝而不受，非虚辞让也，不以事害己。此皆就其利、辞其害，而天下称贤焉，则可以有之，彼非以兴名誉也。”

无足曰：“必持其名，苦体绝甘，约养以持生，则亦久病长厄而不死者也。”

知和曰：“平为福，有余为害者，物莫不然，而财其甚者也。今富人，耳营钟鼓管籥之声，口嗛（qiàn）于刍豢醪醴（láo lǐ）之味，以感其意，遗忘其业，可谓乱矣；侅（gāi）溺于冯气，若负重行而上阪，可谓苦矣；贪财而取慰，贪权而取竭，静居则溺，体泽则冯，可谓疾矣；为欲富就利，故满若堵耳而不知避，且冯而不舍，可谓辱矣；财积而无用，服膺（yīng）而不舍，满心戚醮（jiào），求益而不止，可谓忧矣；内则疑劫请之贼，外则畏寇盗之害，内周楼疏，外不敢独行，可谓畏矣。此六者，天下之至害也，皆遗忘而不知察。及其患至，求尽性竭财，单以反一日之无故而不可得也。故观之名则不见，求之利则不得。缭意绝体而争此，不亦惑乎！”

说剑　第三十

昔赵文王喜剑，剑士夹门而客三千余人，日夜相击于前，死伤者岁百余人。好之不厌。如是三年，国衰。诸侯谋之。

太子悝（kuī）患之，募左右曰："孰能说王之意止剑士者，赐之千金。"左右曰："庄子当能。"

太子乃使人以千金奉庄子。庄子弗受，与使者俱往见太子，曰："太子何以教周，赐周千金？"

太子曰："闻夫子明圣，谨奉千金以币从者。夫子弗受，悝尚何敢言。"

庄子曰："闻太子所欲用周者，欲绝王之喜好也。使臣上说大王而逆王意，下不当太子，则身刑而死，周尚安所事金乎？使臣上说大王，下当太子，赵国何求而不得也！"

太子曰："然。吾王所见，唯剑士也。"

庄子曰："诺。周善为剑。"

太子曰："然吾王所见剑士，皆蓬头突鬓，垂冠，曼胡之缨，短后之衣，瞋目而语难，王乃说之。今夫子必儒服而见王，事必大逆。"

庄子曰："请治剑服。"治剑服三日，乃见太子。太子乃与见王。王脱白刃待之。庄子入殿门不趋，见王不拜。王曰："子欲何以教寡人，使太子先。"

曰："臣闻大王喜剑，故以剑见王。"

王曰："子之剑何能禁制？"

曰："臣之剑十步一人，千里不留行。"

王大悦之，曰："天下无敌矣。"

庄子曰："夫为剑者，示之以虚，开之以利，后之以发，先之以至。愿得试之。"

王曰："夫子休，就舍待命，令设戏请夫子。"

王乃校剑士七日，死伤者六十余人，得五六人，使奉剑于殿下，乃召庄子。王曰："今日试使士敦剑。"

庄子曰："望之久矣！"

王曰："夫子所御杖，长短何如？"

曰："臣之所奉皆可。然臣有三剑，唯王所用。请先言而后试。"

王曰："愿闻三剑。"

曰："有天子剑，有诸侯剑，有庶人剑。"

王曰："天子之剑何如？"

曰："天子之剑，以燕谿石城为锋，齐岱为锷，晋卫为脊，周宋为镡（tán），韩魏为夹，包以四夷，裹以四时，绕以渤海，带以常山，制以五行，论以刑德，开以阴阳，持以春夏，行以秋冬。此剑直之无前，举之无上，案之无下，运之无旁。上决浮云，下绝地纪。此剑一用，匡诸侯，天下服矣。此天子之剑也。”

文王芒然自失，曰：“诸侯之剑何如？”

曰：“诸侯之剑，以知勇士为锋，以清廉士为锷，以贤良士为脊，以忠圣士为镡，以豪桀士为夹。此剑直之亦无前，举之亦无上，案之亦无下，运之亦无旁。上法圆天，以顺三光；下法方地，以顺四时；中和民意，以安四乡。此剑一用，如雷霆之震也，四封之内，无不宾服而听从君命者矣。此诸侯之剑也。”

王曰：“庶人之剑何如？”

曰：“庶人之剑，蓬头突鬓，垂冠，曼胡之缨，短后之衣，瞋目而语难，相击于前，上斩颈领，下决肝肺。此庶人之剑，无异于斗鸡，一旦命已绝矣，无所用于国事。今大王有天子之位而好庶人之剑，臣窃为大王薄之。”王乃牵而上殿，宰人上食，王三环之。庄子曰：“大王安坐定气，剑事已毕奏矣！”于是文王不出宫三月，剑士皆服毙其处也。

渔父　第三十一

孔子游乎缁帷之林，休坐乎杏坛之上。弟子读书，孔子弦歌鼓琴。奏曲未半，有渔父者，下船而来，须眉交白，被发揄袂（yú mèi），行原以上，距陆而止，左手据膝，右手持颐以听。曲终而招子贡、子路二人俱对。

客指孔子曰：“彼何为者也？”

子路对曰：“鲁之君子也。”

客问其族。子路对曰：“族孔氏。”

客曰：“孔氏者何治也？”

子路未应，子贡对曰：“孔氏者，性服忠信，身行仁义，饰礼乐，选人伦。上以忠于世主，下以化于齐民，将以利天下。此孔氏之所治也。”

又问曰：“有土之君与？”

子贡曰：“非也。”

“侯王之佐与？”

子贡曰：“非也。”

客乃笑而还行，言曰：“仁则仁矣，恐不免其身。苦心劳形以危其真。呜呼！远哉，其分于道也。”

子贡还，报孔子。孔子推琴而起，曰：“其圣人与？”乃下求之，至于泽畔，方将杖拏（ná）而引其船，顾见孔子，还乡而立。孔子反走，再拜而进。

客曰：“子将何求？”

孔子曰："曩（nǎng）者先生有绪言而去，丘不肖，未知所谓，窃待于下风，幸闻咳唾之音，以卒相丘也。"

客曰："嘻！甚矣，子之好学也！"

孔子再拜而起，曰："丘少而修学，以至于今，六十九岁矣，无所得闻至教，敢不虚心！"

客曰："同类相从，同声相应，固天之理也。吾请释吾之所有而经子之所以。子之所以者，人事也。天子诸侯大夫庶人，此四者自正，治之美也；四者离位而乱莫大焉。官治其职，人忧其事，乃无所陵。故田荒室露，衣食不足，徵赋不属，妻妾不和，长少无序，庶人之忧也；能不胜任，官事不治，行不清白，群下荒怠，功美不有，爵禄不持，大夫之忧也；廷无忠臣，国家昏乱，工技不巧，贡职不美，春秋后伦，不顺天子，诸侯之忧也；阴阳不和，寒暑不时，以伤庶物，诸侯暴乱，擅相攘伐，以残民人，礼乐不节，财用穷匮，人伦不饬（chì），百姓淫乱，天子有司之忧也。今子既上无君侯有司之势，而下无大臣职事之官，而擅饰礼乐，选人伦，以化齐民，不泰多事乎？

且人有八疵，事有四患，不可不察也。非其事而事之，谓之总；莫之顾而进之，谓之佞；希意道言，谓之谄；不择是非而言，谓之谀；好言人之恶，谓之谗；析交离亲，谓之贼；称誉诈伪以败恶人，谓之慝；不择善否，两容颊适，偷拔其所欲，谓之险。此八疵者，外以乱人，内以伤身，君子不友，明君不臣。所谓四患者：好经大事，变更易常，以挂功名，谓之叨（tāo）；专知擅事，侵人自用，谓之贪；见过不更，闻谏愈甚，谓之很；人同于己则可，不同于己，虽善不善，谓之矜。此四患也。能去八疵，无行四患，而始可教已。

孔子愀然而叹，再拜而起，曰："丘再逐于鲁，削迹于卫，伐树于宋，围于陈蔡。丘不知所失，而离此四谤者何也？"

客凄然变容曰："甚矣，子之难悟也！人有畏影恶迹而去之走者，举足愈数而迹愈多，走愈疾而影不离身，自以为尚迟，疾走不休，绝力而死。不知处阴以休影，处静以息迹，愚亦甚矣！子审仁义之间，察同异之际，观动静之变，适受与之度，理好恶之情，和喜怒之节，而几于不免矣。谨修而身，慎守其真，还以物与人，则无所累矣。今不修之身而求之人，不亦外乎！"

孔子愀然曰："请问何谓真？"

客曰："真者，精诚之至也。不精不诚，不能动人。故强哭者，虽悲不哀，强怒者，虽严不威，强亲者，虽笑不和。真悲无声而哀，真怒未发而威，真亲未笑而和。真在内者，神动于外，是所以贵真也。其用于人理也，事亲则慈孝，事君则忠贞，饮酒则欢乐，处丧则悲哀。忠贞以功为主，饮酒以乐为主，处丧以哀为主，事亲以适为主。功成之美，无一其迹矣；事亲以适，不论所以矣；饮酒以乐，不选其具矣；处丧以哀，无问其礼矣。礼者，世俗之所为也；真者，所以受于天也，自然不可易也。故圣人法天贵真，不拘于俗。愚者反此。不能法天而恤于人，不知贵真，禄禄而受变于俗，故不足。惜哉，子之蚤湛于伪而晚闻大道也！”

孔子再拜而起曰：“今者丘得遇也，若天幸然。先生不羞而比之服役而身教之。敢问舍所在，请因受业而卒学大道。”

客曰：“吾闻之，可与往者与之，至于妙道；不可与往者，不知其道。慎勿与之，身乃无咎。子勉之，吾去子矣，吾去子矣！”乃刺船而去，延缘苇间。

颜渊还车，子路授绥，孔子不顾，待水波定，不闻拏音而后敢乘。

子路旁车而问曰：“由得为役久矣，未尝见夫子遇人如此其威也。万乘之主，千乘之君，见夫子未尝不分庭伉礼，夫子犹有倨傲之容。今渔父杖拏逆立，而夫子曲要磬折，言拜而应，得无太甚乎！门人皆怪夫子矣，渔父何以得此乎！”

孔子伏轼而叹，曰：“甚矣，由之难化也！湛于礼义有间矣，而朴鄙之心至今未去。进，吾语汝：夫遇长不敬，失礼也；见贤不尊，不仁也。彼非至人，不能下人。下人不精，不得其真，故长伤身。惜哉！不仁之于人也，祸莫大焉，而由独擅之。且道者，万物之所由也。庶物失之者死，得之者生。为事逆之则败，顺之则成。故道之所在，圣人尊之。今渔父之于道，可谓有矣，吾敢不敬乎！”

列御寇　第三十二

列御寇之齐，中道而反，遇伯昏瞀人。伯昏瞀人曰：“奚方而反？”

曰：“吾惊焉。”

曰：“恶乎惊？”

曰：“吾尝食于十浆，而五浆先馈（kuì）。”

伯昏瞀（mào）人曰：“若是，则汝何为惊已？”

曰：“夫内诚不解，形谍成光，以外镇人心，使人轻乎贵老，而赍（jī）其所患。夫浆人特为食羹之货，无多余之赢，其为利也薄，其为权也轻，而犹若是，而况于万乘之主乎！身劳于国而知尽于事。彼将任我以事，而效我以功。吾是以惊。”

伯昏瞀人曰：“善哉观乎！女处已，人将保女矣！”

无几何而往，则户外之屦满矣。伯昏瞀人北面而立，敦杖蹙之乎颐。立有间，不言而出。

宾者以告列子，列子提屦，跣（xiǎn）而走，暨乎门，曰：“先生既来，曾不发药乎？”

曰："已矣，吾固告汝曰：人将保汝，果保汝矣！非汝能使人保汝，而汝不能使人无保汝也，而焉用之感豫出异也。必且有感，摇而本性，又无谓也。与汝游者，又莫汝告也。彼所小言，尽人毒也。莫觉莫悟，何相孰也。巧者劳而知者忧，无能者无所求，饱食而敖游，泛若不系之舟，虚而敖游者也！"

郑人缓也，呻吟裘氏之地。祇三年而缓为儒。河润九里，泽及三族，使其弟墨。儒墨相与辩，其父助翟。十年而缓自杀。其父梦之曰：'使而子为墨者，予也，阖尝视其良？既为秋柏之实矣。'"

夫造物者之报人也，不报其人而报其人之天，彼故使彼。夫人以己为有以异于人，以贱其亲。齐人之井饮者相捽（zuó）也。故曰：今之世皆缓也。自是有德者以不知也，而况有道者乎！古者谓之遁天之刑。圣人安其所安，不安其所不安；众人安其所不安，不安其所安。"

庄子曰："知道易，勿言难。知而不言，所以之天也。知而言之，所以之人也。古之人，天而不人。"

朱泙（pēng）漫学屠龙于支离益，单千金之家，三年技成而无所用其巧。

圣人以必不必，故无兵；众人以不必必之，故多兵。顺于兵，故行有求。兵，恃之则亡。

小夫之知，不离苞苴竿牍，敝精神乎蹇浅，而欲兼济道物，太一形虚。若是者，迷惑于宇宙，形累不知太初。彼至人者，归精神乎无始，而甘冥乎无何有之乡。水流乎无形，发泄乎太清。悲哉乎！汝为知在毫毛而不知大宁。"

宋人有曹商者，为宋王使秦。其往也，得车数乘。王说之，益车百乘。反于宋，见庄子，曰："夫处穷闾厄巷，困窘织屦，槁项黄馘（guó）者，商之所短也；一悟万乘之主而从车百乘者，商之所长也。"

庄子曰："秦王有病召医。破痈溃痤者得车一乘，舐（shì）痔者得车五乘，所治愈下，得车愈多。子岂治其痔邪？何得车之多也？子行矣！"

鲁哀公问乎颜阖曰："吾以仲尼为贞干，国其有瘳（chōu）乎？"

曰："殆哉圾乎！仲尼方且饰羽而画，从事华辞。以支为旨，忍性以视民，而不知不信。受乎心，宰乎神，夫何足以上民！彼宜女与？予颐与？误而可矣！今使民离实学伪，非所以视民也。为后世虑，不若休之。难治也！"

施于人而不忘，非天布也，商贾不齿。虽以事齿之，神者弗齿。

为外刑者，金与木也；为内刑者，动与过也。宵人之离外刑者，金木讯之；离内刑者，阴阳食之。夫免乎外内之刑者，唯真人能之。

孔子曰："凡人心险于山川，难于知天。天犹有春秋冬夏旦暮之期，人者厚貌深情。故有貌愿而益，有长若不肖，有顺懁而达，有坚而缦（màn），有缓而悍（hàn）。故其就义若渴者，其去义若热。故君子远使之而观其忠，近使之而观其敬，烦使之而观其能，卒然问焉而观其知，急与之期而观其信，委之以财而观其仁，告之以危而观其节，醉之以酒而观其侧，杂之以处而观其色。九徵至，不肖人得矣。”

正考父一命而伛，再命而偻，三命而俯，循墙而走，孰敢不轨！如而夫者，一命而吕钜，再命而于车上舞，三命而名诸父。孰协唐许？

贼莫大乎德有心而心有睫，及其有睫也而内视，内视而败矣！凶德有五，中德为首。何谓中德？中德也者，有以自好也而吡其所不为者也。

穷有八极，达有三必，形有六府。美、髯、长、大、壮、丽、勇、敢，八者俱过人也，因以是穷；缘循、偃侠（yǎng）、困畏，不若人三者俱通达；知慧外通，勇动多怨，仁义多责，六者所以相刑也。达生之性者傀，达于知者肖，达大命者随，达小命者遭。

人有见宋王者，锡车十乘。以其十乘骄稚庄子。

庄子曰：“河上有家贫恃纬萧而食者，其子没于渊，得千金之珠。其父谓其子曰：‘取石来锻之！夫千金之珠，必在九重之渊而骊龙颔（hàn）下。子能得珠者，必遭其睡也。使骊龙而寤（wù），子尚奚微之有哉！’今宋国之深，非直九重之渊也；宋王之猛，非直骊龙也。子能得车者，必遭其睡也；使宋王而寐，子为赍粉夫。”或聘于庄子，庄子应其使曰：“子见夫牺牛乎？衣以文绣，食以刍叔。及其牵而入于大庙，虽欲为孤犊，其可得乎！”

庄子将死，弟子欲厚葬之。庄子曰：“吾以天地为棺椁，以日月为连璧，星辰为珠玑，万物为赍（jī）送。吾葬具岂不备邪？何以加此！”

弟子曰：“吾恐乌鸢（yuān）之食夫子也。”

庄子曰：“在上为乌鸢食，在下为蝼蚁食，夺彼与此，何其偏也。”

以不平平，其平也不平；以不徵徵，其徵也不徵。明者唯为之使，神者徵之。夫明之不胜神也久矣，而愚者恃其所见入于人，其功外也，不亦悲夫！

天下　第三十三

天下之治方术者多矣，皆以其有为不可加矣！古之所谓道术者，果恶乎在？曰：“无乎不在。”曰：“神何由降？明何由出？”“圣有所生，王有所成，皆原于一。”

不离于宗，谓之天人；不离于精，谓之神人；不离于真，谓之至人。以天为宗，以德为本，以道为门，兆于变化，谓之圣人；以仁为恩，以义为理，以礼为行，以乐为和，熏然慈仁，谓之君子；以法为分，以名为表，以参为验，以稽为决，其数一二三四是也，百官以此相齿；以事为常，以衣食为主，蕃息畜藏老弱孤寡为意，皆有以养，民之理也。

古之人其备乎！配神明，醇天地，育万物，和天下，泽及百姓，明于本数，系于末度，六通四辟，小大精粗，其运无乎不在。其明而在数度者，旧法、世传之史尚多有之；其在于《诗》、《书》、《礼》、《乐》者，邹鲁之士、缙绅先生多能明之。《诗》以道志，《书》以道事，《礼》以道行，《乐》以道和，《易》以道阴阳，《春秋》以道名分。其数散于天下而设于中国者，百家之学时或称而道之。

天下大乱，贤圣不明，道德不一。天下多得一察焉以自好。譬如耳目鼻口，皆有所明，不能相通。犹百家众技也，皆有所长，时有所用。虽然，不该不遍，一曲之士也。判天地之美，析万物之理，察古人之全。寡能备于天地之美，称神明之容。是故内圣外王之道，暗而不明，郁而不发，天下之人各为其所，欲焉以自为方。悲夫！百家往而不反，必不合矣！后世之学者，不幸不见天地之纯，古人之大体。道术将为天下裂。

不侈于后世，不靡（mí）于万物，不晖于数度，以绳墨自矫，而备世之急。古之道术有在于是者，墨翟、禽滑厘闻其风而说之。为之大过，已之大顺。作为《非乐》，命之曰《节用》。生不歌，死无服。墨子泛爱兼利而非斗，其道不怒。又好学而博，不异，不与先王同，毁古之礼乐。

黄帝有《咸池》，尧有《大章》，舜有《大韶》，禹有《大夏》，汤有《大濩（hù）》，文王有《辟雍》之乐，武王、周公作《武》。古之丧礼，贵贱有仪，上下有等。天子棺椁七重，诸侯五重，大夫三重，士再重。今墨子独生不歌，死不服，桐棺三寸而无椁，以为法式。以此教人，恐不爱人；以此自行，固不爱己。未败墨子道。虽然，歌而非歌，哭而非哭，乐而非乐，是果类乎？其生也勤，其死也薄，其道大觳（què）。使人忧，使人悲，其行难为也。恐其不可以为圣人之道，反天下之心。天下不堪。墨子虽独能任，奈天下何！离于天下，其去王也远矣！

墨子称道曰："昔禹之湮洪水，决江河而通四夷九州也。名山三百，支川三千，小者无数。禹亲自操橐（tuó）耜（sì）而九杂天下之川。腓无胈（bá），胫（jìng）无毛，沐甚雨，栉（zhì）疾风，置万国。禹大圣也，而形劳天下也如此。"使后世之墨者，多以裘褐为衣，以屐蹻（juē）为服，日夜不休，以自苦为极，曰："不能如此，非禹之道也，不足谓墨。"

相里勤之弟子，五侯之徒，南方之墨者若获、已齿、邓陵子之属，俱诵《墨经》，而倍谲不同，相谓别墨。以坚白同异之辩相訾，以奇（jī）偶不仵（wǔ）之辞相应，以巨子为圣人。皆愿为之尸，冀得为其后世，至今不决。

墨翟、禽滑厘之意则是，其行则非也。将使后世之墨者，必自苦以腓无胈、胫无毛相进而已矣。乱之上也，治之下也。虽然，墨子真天下之好也，将求之不得也，虽枯槁不舍也，才士也夫！

不累于俗，不饰于物，不苟于人，不忮（zhì）于众，愿天下之安宁以活民命，人我之养，毕足而止，以此白心。古之道术有在于是者，宋鈃（jiān）、尹文闻其风而悦之。作为华山之冠以自表，接万物以别宥为始。语心之容，命之曰“心之行”。以聏（ér）合欢，以调海内。请欲置之以为主。见侮不辱，救民之斗，禁攻寝兵，救世之战。以此周行天下，上说下教。虽天下不取，强聒（guō）而不舍者也。故曰：上下见厌而强见也。

虽然，其为人太多，其自为太少，曰：“请欲固置五升之饭足矣。”先生恐不得饱，弟子虽饥，不忘天下，日夜不休。曰：“我必得活哉!”图傲乎救世之士哉！曰：“君子不为苛察，不以身假物。”以为无益于天下者，明之不如已也。以禁攻寝兵为外，以情欲寡浅为内。其小大精粗，其行适至是而止。

公而不党，易而无私，决然无主，趣物而不两，不顾于虑，不谋于知，于物无择，与之俱往。古之道术有在于是者，彭蒙、田骈、慎到闻其风而悦之。齐万物以为首，曰：“天能覆之而不能载之，地能载之而不能覆之，大道能包之而不能辩之。”知万物皆有所可，有所不可。故曰：“选则不遍，教则不至，道则无遗者矣。”

是故慎到弃知去己，而缘不得已。泠（ling）汰于物，以为道理。曰：“知不知，将薄知而后邻伤之者也。”謑髁（xí kē）无任，而笑天下之尚贤也；纵脱无行，而非天下之大圣；椎拍輐（wàn）断，与物宛转；舍是与非，苟可以免。不师知虑，不知前后，魏然而已矣。推而后行，曳而后往。若飘风之还，若羽之旋，若磨石之隧，全而无非，动静无过，未尝有罪。是何故？夫无知之物，无建己之患，无用知之累，动静不离于理，是以终身无誉。故曰：“至于若无知之物而已，无用贤圣。夫块不失道。“豪桀相与笑之曰：“慎到之道，非生人之行，而至死人之理。”适得怪焉。

田骈亦然，学于彭蒙，得不教焉。彭蒙之师曰：“古之道人，至于莫之是、莫之非而已矣。其风窢（huò）然，恶可而言。”常反人，不见观，而不免于鲩（wǎn）断。其所谓道非道，而所言之韪（wěi）不免于非。彭蒙、田骈、慎到不知道。虽然，概乎皆尝有闻者也。

以本为精，以物为粗，以有积为不足，澹（dàn）然独与神明居。古之道术有在于是者，关尹、老聃闻其风而悦之。建之以常无有，主之以太一。以濡弱谦下为表，以空虚不毁万物为实。

关尹曰：“在己无居，形物自著。”其动若水，其静若镜，其应若响。芴乎若亡，寂乎若清。同焉者和，得焉者失。未尝先人而常随人。

老聃曰：“知其雄，守其雌，为天下溪；知其白，守其辱，为天下谷。”人皆取先，己独取后。曰：“受天下之垢”。人皆取实，己独取虚。“无藏也故有余”。岿然而有余，其行身也，徐而不费，无为也而笑巧。人皆求福，己独曲全。曰：“苟免于咎”。以深为根，以约为纪。曰：“坚则毁矣，锐则挫矣”。常宽容于物，不削于人。虽未至于极，关尹、老聃乎，古之博大真人哉！

芴漠无形，变化无常，死与？生与？天地并与？神明往与？芒乎何之？忽乎何适？万物毕罗，莫足以归。古之道术有在于是者，庄周闻其风而悦之。以谬悠之说，荒唐之言，无端崖之辞，时恣纵而不傥，不以奇见之也。以天下为沈浊，不可与庄语。以卮言为曼衍，以重言为真，以寓言为广。独与天地精神往来，而不敖倪于万物。不谴是非，以与世俗处。其书虽环玮，而连犿（fān）无伤也。其辞虽参差，而諔（chù）诡可观。彼其充实，不可以已。上与造物者游，而下与外死生、无终始者为友。其于本也，弘大而辟，深闳（hóng）而肆；其于宗也，可谓稠适而上遂矣。虽然，其应于化而解于物也，其理不竭，其来不蜕，芒乎昧乎，未之尽者。

惠施多方，其书五车，其道舛（chuǎn）驳，其言也不中。历物之意，曰：“至大无外，谓之大一；至小无内，谓之小一。无厚，不可积也，其大千里。天与地卑，山与泽平。日方中方睨，物方生方死。大同而与小同异，此之谓‘小同异’；万物毕同毕异，此之谓‘大同异’。南方无穷而有穷。今日适越而昔来。连环可解也。我知天之中央，燕之北、越之南是也。泛爱万物，天地一体也。”

惠施以此为大，观于天下而晓辩者，天下之辩者相与乐之。卵有毛。鸡三足。郢有天下。犬可以为羊。马有卵。丁子有尾。火不热。山出口。轮不蹍地。目不见。指不至，至不绝。龟长于蛇。矩不方，规不可以为圆。凿不围枘（ruì）。飞鸟之景未尝动也。镞矢之疾，而有不行、不止之时。狗非犬。黄马骊牛三。白狗黑。孤驹未尝有母。一尺之棰，日取其半，万世不竭。辩者以此与惠施相应，终身无穷。

桓团、公孙龙辩者之徒，饰人之心，易人之意，能胜人之口，不能服人之心，辩者之囿也。惠施日以其知与之辩，特与天下之辩者为怪，此其柢（dǐ）也。

然惠施之口谈，自以为最贤，曰：“天地其壮乎，施存雄而无术。”南方有倚人焉，曰黄缭，问天地所以不坠不陷，风雨雷霆之故。惠施不辞而应，不虑而对，遍为万物说。说而不休，多而无已，犹以为寡，益之以怪，以反人为实，而欲以胜人为名，是以与众不适也。弱于德，强于物，其涂隩矣。由天地之道观惠施之能，其犹一蚊一虻之劳者也，其于物也何庸！

夫充一尚可，曰愈贵道，几矣！惠施不能以此自宁，散于万物而不厌，卒以善辩为名。惜乎！惠施之才，骀（dài）荡而不得，逐万物而不反，是穷响以声，形与影竞走也，悲夫！

第七篇 《坛经》导读

一、《坛经》其书

（一）《坛经》版本的演变

在中国僧人撰述的卷帙浩繁的佛教典籍中，《坛经》是仅有的一部被尊称为“经”的著述。根据佛教的传统，只有记述佛祖释迦牟尼言教的著作才能称之为“经”，其弟子及后世佛徒的著作只能称作“论”。由此可见，《坛经》在中国佛教史上有着特殊的地位和重要的影响。

《坛经》是禅宗的实际创立者惠能（亦称“慧能”）的说法和行事记录。作为记载着惠能语录和事迹而成为禅宗宗经的《坛经》，随着惠能及其所创立的禅宗在佛教史上影响的扩大，《坛经》在长期的流传过程中，产生了许多不同的版本，近达二三十种之多。然而，真正独立的、有代表性的《坛经》版本，主要有四种，即敦煌本、惠昕本、契嵩本和承继契嵩本而再编的宗宝本。20 世纪 20 年代由日本佛教学者矢吹庆辉从伦敦大英博物馆发现的敦煌写本《坛经》，是目前能够见到的现存各种本子中最早的，全名为《南宗顿教最上大乘摩诃般若波罗蜜经六祖惠能大师于韶州大梵寺施法坛经》，仅一卷，分作五十七小节，一万二千余字，约为 780 年的写本。① 这一本子自发现并公布于世以后，便成为人们研究《坛经》的常用本子。在日本兴圣寺发现的惠昕本《坛经》，是由唐宋之际的僧人惠昕于宋初（约 967 年）改编而成的，题为《六祖坛经》，分上下二卷，共十一门，五十七节，约一万四千余字。这是现存《坛经》的第二个古本。现存的第三个《坛经》本子是由五代末宋初的禅师契嵩改编而成的，约成书于宋仁宗至和三年（1056 年）。契嵩本《坛经》为一卷十品，全称为《六祖大师法宝坛经曹溪原本》，二万多字。最后就是明代以来流行最广、几乎成为唯一流通本的宗宝本《坛经》，它是元代僧人宗宝承

---

① 参见洪修平、孙亦平《惠能评传》，南京：南京大学出版社 1998 年版，第 165 页。

接契嵩本改编而成的，题名为《六祖大师法宝坛经》，刊行于至元辛卯（1291年）。宗宝本与契嵩本一样，也是一卷十品，但在品目和内容的编排上有所变动，字数比敦煌本多一倍左右。这个本子由于文字经过润色，较为流畅，内容上又包含有某些后期禅宗的思想，因而最为流行。

此外，有关《坛经》的笺注、疏解也有不少，如近人丁福保的《六祖大师法宝坛经笺注》就流行较广。近年来较为流行的则是由郭朋先生校释、中华书局出版的《坛经校释》。除各种汉文版《坛经》之外，自20世纪30年代以来，《坛经》也已有多种外文版面世。

（二）《坛经》的形成及结构

据《坛经》记载，惠能从黄梅（今湖北省黄梅县西北）五祖弘忍处得法后，曾主持曹溪宝林寺，后应韶州（今广东省韶关市）刺史韦璩等人的邀请，到韶州大梵寺说法。门人遂将其说法的内容记录下来，汇集整理而编成《坛经》一书。一般认为，现存的最古本子敦煌本《坛经》是由惠能弟子法海记录并经神会一系等整理补充而成的。

总体上来说，《坛经》的版本虽多，但内容上并没有太大的差异。从现存的各种本子来看，《坛经》的结构主要由三个部分组成：一是惠能在韶州大梵寺为僧俗徒众的说法、传禅等；二是惠能的生平事迹；三是惠能与弟子的问答机缘和临终付嘱等。三个部分在各种本子中所占的比例不完全一样。比较而言，前两个部分较为稳定，形成的年代较早，各本的出入不是很大。第三个部分形成较晚，变动性较大，后出的本子增加了不少内容，考之于禅宗史传中有关惠能弟子的记载，这一部分内容基本上也是可信的。

（三）惠能其人与佛教的中国化

为了较好地理解《坛经》的思想旨趣，有必要对惠能的行事简历和佛教在中土的演进历程有一个概略的了解。

惠能（638—713），俗姓卢，原籍范阳（今北京市涿县），其父卢行瑫，原是做官的，后来遭贬斥流放到新州（今广东省新兴县）为普通百姓。惠能就是在新州出生的。惠能三岁时父亲去世，随母迁移到南海。老母遗孤，相依为命，生活相当穷困。惠能稍长，依靠去集市上卖柴以维系母子的生活。困窘的家境和生计的磨砺，使惠能较早就对人生有着自己独特的感悟和思考，因此便有闻听《金刚经》而心明便悟以及初见弘忍所表达的“人即有南北，佛性即无南北”一番见地的佳话。不识文字或文化水平不高的惠能之所以有这些让人难以置信的举止言论，约与敦煌本《坛经》差不多同时成书的《曹溪大师传》里的一段记载，或许对我们理解这一现象有所帮助。记载如下："虽处群辈之中，介然有方外之志。其年，大师游行至曹溪，与村人刘志略结义为兄弟。……略有姑出家，配山涧寺，名无尽藏，常诵《涅槃经》。大师昼与略役力，夜即听经。至明为无尽藏尼解释经义。尼将经与读，大师曰：'不识文字。'尼曰：'既不识字，如何解释其义?'大师曰：'佛性之理，非关文字能解。今不识文字何怪。'众人闻之，皆嗟叹曰：'见解如此，天机自悟，非人所及，堪可出家住此宝林寺。'大师即住此寺，修道经三年。……后闻乐昌县西石窟有远禅师，遂投彼学坐禅。大师素不曾学书，竟未披寻经论。时有惠纪禅师，诵《投陁经》。大师闻经叹曰：'经意如此，今我空坐何为?'……惠纪禅师谓大师曰：'久承蕲州黄梅山忍禅师开禅门，可往彼修学。'"① 可见，惠能对佛法的领悟不仅与他特殊的人生经历、聪颖的根机悟性相关涉，更与他生活在佛教气氛浓烈的时代环境中是密不可分的。

惠能在黄梅弘忍处八个多月的踏碓劳作，虽系石著腰而损伤腰脚，却不以为意地忘身为道，这一寓宗教修持于日常劳作之中的作法，也影响到往后禅宗的门风和特色。与上座神秀偈颂的差异，表现出对本性领会的程度有别，由此惠能得到弘忍的付法传衣。领受师命而南归隐遁。虽混迹于俗人之间，却始终惦念弘法传教之事。后来到了广州，恰逢曾参礼弘忍大师的著名律师和涅槃学者印宗法师在法性寺讲《涅槃经》，遂引发风幡之论以及惠能与印宗法师谈佛性事。敦煌本《坛经》未述及此事，宗宝本《坛经》这样记载的："时有风吹幡动，一僧曰风动，一僧曰幡动，议论不已。慧能进曰：'不是风动，不是幡动，仁者心动。'一众骇然。印宗延至上席，征诘奥义，见慧能言简理当，不由文字。宗云：'行者定非常人，久闻黄梅衣法南来，莫是行者否?'慧能曰：'不敢。'……宗复问曰：'黄梅付嘱，如何指授?'慧能曰：'指授即无，惟论见性，不论禅定、解脱。'宗曰：'何不论禅定解脱?'慧能曰：'为是二法，不是佛法，佛法是不二之法。'宗又问：'如何是佛法不二之法?'慧能曰：'法师讲《涅槃经》，明佛性是佛法不二之法，如高贵德王菩萨白佛言：犯四重禁，作五逆罪，及一阐提等，当断善根佛性否？佛言：善根有二，一者常，二者无常，佛性非常非无常，是故不断，名为不二；一者善，二者不善，佛性非善非不善，是名不二；蕴之与界，凡夫见二，智者了达，其性无二，无二之性，即是佛性。'"（《六祖大师法宝坛经·行由品第一》，以下引用该版本恕仅标以宗宝本及品目）

---

① 《曹溪大师传》，转引自杨曾文校写的《敦煌新本六祖坛经》，上海：上海古籍出版社 1993 年版，第 112－113 页。

惠能的仁者心动之禅语及不二佛性的见解，令在场众人无不惊叹，也让印宗法师钦佩不已。于是，印宗法师亲自为惠能剃发，并请律师为之授具足戒。因缘成熟而出家受戒以后，惠能就在法性寺为众人开讲道信、弘忍东山法门的禅法。其后不久，惠能离开法性寺而回到曹溪。在当地僧俗的支持和帮助下，扩建寺院，广收门徒，大力弘传直指人心、见性成佛的顿教法门，在岭南及周边地区产生了相当大的影响。时任韶州刺史的韦璩因慕惠能之名而邀请他到韶州城内的大梵寺为僧尼道俗说法，因此便有经过门人法海等记录整理此次传禅说法而集成的《坛经》一书。此书不仅是关涉惠能行历及思想的宝贵资料，也是中国禅宗的最主要经典。

谈及《坛经》和惠能，必然要涉及到佛教在中国的演进、发展的历程。众所周知，佛教在两汉之际经西域传入中国。作为一种外来宗教文化的佛教，若要在具有深厚文化传统的中国扎下根来，获得人们的接纳和认同，并不是一件容易的事情。因为不同的民族，由于自然条件、生存环境和社会形态等诸多因素的差异，塑造了不同的民族心理和民族气质以及独特的人生理念、生活目标和价值诉求。佛教传入中国以后，为了在这块土地上立足和发展，在与中国古代的经济、政治和思想文化调适的过程中，一直在既要持守佛教的精神特质和内涵又要适应中土特殊环境需要的张力中寻求着生存和发展的空间，这被称之为佛教的中国化。佛教的中国化历程，实际上就是印度的佛教文化与中国的传统思想文化之间的交流过程，这一交流过程是在充满着冲突、碰撞、交融的互动互摄的复杂关系中展开的。

佛教的中国化表现在信仰观念、仪式规范、行为准则、组织制度等多方面，通过佛典的翻译、编撰、佛教经论的讲习以及创宗立派等途径和方式来实现的。下面侧重从理论的层面简要阐述佛教对中土儒、道思想的摄取和回应及其对禅宗的影响。

儒家学说自西汉被定为一尊以后，其后在中国古代社会一直居于主导地位。儒学主要是围绕着现实的人生和社会问题而展开的，强调通过修养心性而提升和完善自己的道德品质，以成就兼善天下的圣贤理想人格。儒学在中土的主流地位及其所具有的强烈的现实关怀和人文精神，对佛教产生了相当大的影响。对于儒学的纲常伦理和心性思想，佛教在调和妥协的姿态下，或进行比附融合，或加以吸收改造。如佛教徒常将五种基本戒律，即不杀生、不偷盗、不妄语、不邪淫和不饮酒，与儒学的“五常”即仁、义、礼、智、信等相比附，认为佛教五戒与儒家五常“异号而一体”。又将大乘佛教的慈悲观念比配儒家的仁爱思想，宣扬“为天牧民，当以仁道”（《六度集经·遮罗国王经》），提倡爱民尊老、孝事双亲等，这与印度佛教厌离世间以求解脱不甚吻合。还将佛教的出家修行与儒家的孝亲观加以调和，以孝亲思想阐释佛经，宣称儒佛皆尊奉孝道。中国佛教的这种比附在一定程度上修正了印度佛教过于重出世的品格，而将出世法与世间法、出世与入世融合沟通起来，不仅加速了佛教中国化的进程，也深刻地影响了中国佛教的理论特质和价值取向。惠能在《坛经》中就反复强调，“法无在世间，于世出世间；勿离世间上，外求出世间”（《南宗顿教最上大乘摩诃般若波罗蜜经六祖惠能大师于韶州大梵寺施法坛经》第三十六节，以下引用该版本恕仅标以敦煌本及节数），“佛法在世间，不离世间觉；离世觅菩提，恰如求兔角”（宗宝本《坛经·般若品第二》），主张即世间求解脱。中国佛教对儒学的摄取还体现在对儒家的人性、心性思想的融合吸收，这种吸收的突出表现即是心性倾向在隋唐佛教诸宗派的思想理论中明显加强了。佛教尤其是大乘佛教经论中谈心论性之处也不少，但其内涵多与实相、真如的诸法本体相关涉，往往较为抽象、虚玄，这对天台、华严的心性思想也有相当的影响。天台的“觉心”、“众生心”，华严的“灵知之心”，虽然仍具有真如、真心抽象本体的基本意蕴，但已一定程度上表现出具体心的倾向，以“觉心”释佛性、以“灵知之心”释“本觉”，这样就与儒家所言之心性更为相通了。至惠能禅宗更加凸显心性的具体化、现实化，围绕着“即心即佛”而展开心性的论述，“三世诸佛，十二部经，亦在人性中，本自具有”（敦煌本《坛经》第三十一节），“我心自有佛，自佛是真佛；自若无佛心，向何处求佛”（敦煌本《坛经》第五十二节），“使君心地但无不善，西方去此不遥；若怀不善之心，念佛往心难到”（宗宝本《坛经·疑问品第三》），“汝等自心是佛，更莫狐疑，外无一物而能建立，皆是本心生万种法，故经云：心生种种法生，心灭种种法灭”（宗宝本《坛经·付嘱品第十》）。将抽象的佛性与儒家思孟一派的性善说相融通，化成佛解脱于当下现实的人心、人性之中，消解出世与入世的张力，使其易于为中国人所接纳而盛行起来。

佛教的中国化历程也受到道家和道教思想的熏染和影响，这在佛教传播的早期，往往以道家、道教的名词术语、思想观念来理解和翻译佛教经典，如将阿罗汉描绘为能飞行变化、住动天地，将佛理解为蹈火不烧、履刃不伤，以清静无为释“安般守意”，以“无为”释“涅槃”，以“本无”、“自然”释“缘起性空”等。魏晋之际，佛教般若学更是借着玄学之风而得以流行，呈现出“六家七宗”的局面。惠能禅宗心性化的佛性理论既如上述吸收了儒家的心性学说，也融合了道家的人性自然论，视佛性乃人心人性的本然状态、本真状态、本来面目，强调在行住坐卧的一切时中，“内外不住，来去自由，能除执心，通达无碍”（敦煌本《坛经》第二十九节），这样才能自成佛道、自在解脱。总之，老庄道家的自然无为、自在逍遥、超越善恶是非的分别等思想对惠能禅宗及其以后的发展产生了相当大的影响。

二、《坛经》义理解析

惠能开创的禅宗不仅是佛教中国化的典型代表，也在中国佛教史和思想史上产生了广泛而深远的影响。惠能通过对传统佛教的繁琐名相和艰苦的修行方法等进行了一系列颇富创见性的革新，使佛教更能够适应中国社会的土壤和人们的精神需要。下面围绕着《坛经》，从即心即佛、顿悟见性、无念为宗和定慧等学等几个方面对惠能的禅学思想和禅法特色进行阐释和说明。

（一）即心即佛

佛教创立于印度特定的社会环境和文化背景之下，其直接起因却是释迦牟尼基于对生老病死的人生现象之关注和人的生存现状之深层思考。世间众生由于不能明了宇宙人生的真谛，陷溺于情感物欲所招致的无限痛苦之中而难以自拔，有鉴于此，释迦牟尼以其独特的视角围绕着人生痛苦的缘由以及如何从痛苦中解脱出来而展开自己的立说教化。可见，对人生问题的关注是佛教的根基所在。这种重视人生问题和人的解脱的基本精神，自释迦牟尼以后，无论是印度的部派佛教和大乘佛教，还是佛教在中土演进的中国化过程中，都或多或少地从思辨哲理方面被抽象化地发展了，甚至愈演愈烈，至隋唐中国佛教创宗立派之时，几乎达到顶峰。承袭印度传统较多的唯识宗和中国化特色较为明显的天台、华严诸宗，都从各自的立场出发，偏重于名相概念的分析论证和理论上的发挥，从而导致原始佛教基本精神的隐失难显。名相概念的繁琐论析和佛教基本精神的隐没所引发的直接后果不仅让文化水平有限的下层民众望而却步，也使缺失现实关怀精神的佛教在颇为注重现实人生问题的中土环境下难以产生相当的吸引力。惠能即心即佛思想的提出，既是继承和回归原始佛教的基本精神，也是对中土此前佛教演进理路的反省和纠偏。

即心即佛说是以一切众生悉有佛性和佛性平等为前提的。《坛经》记载，惠能辞别老母来到黄梅拜见五祖弘忍时，面对弘忍的责问，惠能以“人即有南北，佛性即无南北，獦獠身与和尚不同，佛性有何差别”（敦煌本《坛经》第三节）回答。佛性，是指众生成佛的可能性、因性，亦即众生成佛的内在根据。虽然一切众生皆有佛性，但并不意味着人人都能成佛解脱，惠能认为解脱的关键就在于能否觉悟清净的本心和本性，因为清净的心、性原本就是佛，“汝等自心是佛，更莫狐疑”（宗宝本《坊经·付嘱品第十》），“本性是佛，离性无别佛”（宗宝本《坛经·般若品第二》），“我心自有佛，自佛是真佛”

(敦煌本《坛经》第五十二节)。离开自心、自性寻求成佛解脱，只能是南辕北辙，越求越远。在《坛经》里，心、性、自心、自性、本心、本性、真如本性等范畴，虽然各有侧重，但从根本上说，在众生解脱的意义上，它们是相通的，主要指涉众生现实的当下之人心。以自心、自性释佛性，又将自心、自性指向众生当下的现实之心，从而把抽象的佛性落实在具体的人心、人性上，这既缩小了众生与佛的距离，也提升了众生成佛解脱的自信心和主动性。

众生皆有佛性的思想并不是惠能首先提出来的，在印度部派佛教尤其是大乘佛教的典籍中时有论及，对之论述也存在着较大的差异。中土经过慧远、梁武帝萧衍、僧叡等人的酝酿准备，至晋宋之际的竺道生，将般若实相与涅槃佛性融通起来，始倡一切众生悉有佛性，自此以后，众生皆有佛性说成为中土佛性思想演进的主流。隋唐时期的天台、华严或以诸法互具说凡圣一如，或以无尽缘起谈众生与佛本为一体，其共同之处即在于都从理上立论而非就人来说的。惠能在融摄会通上述诸说的基础上，以般若的离言扫相消解人们对真如佛性的迷执，提倡以般若之智从自我心性上观照本有的佛性，从而觉悟现实生活中的众生生命的的本来面目和本然状态。

众生现实的当下之心作为众生的解脱依持，既净也妄，既非净也非妄，含摄净妄又超越净妄。惠能在批驳北宗神秀主张的“看心看净”以申述自己对坐禅的看法时指出：“坐禅元不著心，亦不著净，亦不言不动。若言看心，心元是妄，妄如幻故，无所看也。若言看净，人性本净，为妄念故，盖覆真如，离妄念，本性净。不见自性本净，起心看净，却生净妄，妄无处所，故知看者却是妄也。净无形相，却立净相，言是功夫，作此见者，障自本性，却被净缚。”（敦煌本《坛经》第十八节）净妄是相即不离的，净即在妄之中，离妄无净，舍妄即归净。心本清净，起心即妄，净无形相，亦不可执著。因此，对虚幻不实万法的迷恋固然不足取，对本净心性的执著也是障道因缘，而观心看净，却将心、净作为可观可看的对待之物，这与惠能倡导的般若无所得思想显然相违背。般若无所得的意旨即在于通过破除执著，以超越二元对立的非有非无、即有即无的中道不二思维方式，领会万法之本然，还事物以本真面目。正是循着这一理路，惠能将既含摄日月星辰、大地山河、一切草木和善恶诸法又虚广空寂的自性、人性视为一体。这一做法的落点是突出现实的人的生活，关注人们的当下解脱。既然如此，若要觉悟自我本净的心性，就应在当下的活生生的现实生活中自然无碍、随缘自在地显现本性、呈露本心，还自己以活泼泼的现实的人的本真状态。可见，惠能所说的心、性，既不是抽象的，也不可将其执为实有的实体存在物，它是圆满具足的自我本心、本性念念无执著的任心自运的自然状态，不假思虑、不待修持，任心即真，起念即妄。据此来说，人的解脱就是心的解脱，心的解脱即是通过般若智慧观照自心自性本来是佛而在精神上获得超越，摆脱一切内外的束缚。不仅众生与佛原本无二无别，般若智慧与众生的本心本性也是相即不二的，“本性自有般若之智，自用智惠观照，不假文字”（敦煌本《坛经》第二十八节），“菩提般若之智，世人本自有之，只缘心迷，不能自悟”（宗宝本《坛经·般若品第二》）。因此，众生与佛的区别仅在于能否以般若之智识心见性，若能“识心见性，即悟大意”（敦煌本《坛经》第八节），“识心见性，自成佛道”（敦煌本《坛经》第三十节），就是说，成佛得解脱的切要处即在于识自本心，见自本性。

所谓“识心”，就是要了知自心本来清净，万法尽在自心，本心具足一切，非离心之外而别有佛，自心即是佛，因此，无须枉费辛苦地向东向西去觅求成佛作菩萨，只要还得本心，即可当下解脱。所谓“见性”，就是洞明自性本来是佛，了悟本性本具真如佛性，通过般若之智的观照而让真如本性自然地显现出来。由此可见，识心见性无须借助语言概念和分析推理的逻辑思维中介，而是直指心源、直契本性的直观和证悟，因此，“识”与“心”、“见”与“性”，并没有主客能所的分别，而是一体之圆融，是自心自性的自我观照和自然显发，并不意味着另有一个可“识”之“心”和可“见”之“性”。进一步地说，对于识心和见性也不能视作两回事，因为，明彻自心方可觉悟本性本来是佛，而洞见自性才能直契本心，明了本心本具佛性。从根本上说，识心见性既是修持的功夫，也是解脱的境界，两者统一于众生当下的现实生活之中，并有赖于心开悟解的顿悟法门而得以实现的。

（二）顿悟见性

如果说即心即佛学说主要解决众生有没有佛性，能否成佛解脱的根据问题，那么，接下来必须予以关注的问题就是众生怎样才能成佛，是经历累世修行还是不容次第即可顿至佛地，这就涉及成佛解脱的阶次问题。正是在即心即佛说的基础上，惠能提出顿悟见性的思想，强调直了见性、顿悟成佛，“自性自悟，顿悟顿修，亦无渐次，所以不立一切法，诸法寂灭，有何次第”（宗宝本《坛经·顿渐品第八》），“不悟即是佛是众生，一念若悟，即众生是佛，故知一切万法，尽在自身中，何不从于自心顿现真如本性”（敦煌本《坛经》第三十节）。

顿悟思想并非始自惠能。在《楞伽经》等传统佛教典籍中虽也涉及到顿悟的思想，然而，倡导历世渐修却是其主流。在中国佛教史上，主张渐修者虽不乏其人，但在魏晋之际，也有以般若实相而立顿悟义的学者。与晋宋之际的竺道生相比，道安、僧肇等多主张七地以前是渐修渐悟的过程，至七地才能道慧具足，结惑断尽，始得无生法忍，悟不二之理，但仍未功德圆满，还得进修八、九、十等三地，才能究竟证体，得大法身，这被后世称作“小顿悟”。在道生看来，既然还需要再进修三地，就表明七地以前未见法性理体，因此，仍属渐修而非顿悟。慧达《肇论疏》曾这样记述道生的顿悟说：“竺道生法师大顿悟云：夫称顿者，明理不可分，悟语照极。以不二之悟，符不分之理。理智恚释，谓之顿悟。”至理浑然一体而不可分割，故悟也不能为二，也应是一次性全体悟解。因此，道生认为十地之前无悟可言，必至十地时最后一念金刚道心方可言悟。道生的顿悟说被称作“大顿悟”。自竺道生倡导顿悟说以后，顿悟思想在中土佛教的修行理论中就一直占有相当重要的地位。

隋唐之际的各宗派对佛教学说多采取兼摄融通的做法，对顿渐思想也取同样的态度，不再像以前那样视作两端，而是通过判教手法把顿渐思想同时纳入自己的学说体系中，但往往视顿教高于渐教。天台宗虽主张顿渐相资为用，但依据众生利钝根机的差异而立的“化仪四教”，为钝根人而设的渐教和为利根人而设的顿教则有浅深之别、权实之异。在华严宗的判教体系中，虽也以顿教高于渐教而安排位次，但顿渐皆为方便施设，圆教才是究竟了义者。至惠能禅宗，则将顿悟视作本宗修行解脱的根本法门，且在顿悟的意蕴方面颇有自己的特色。

惠能顿悟说的立论基础是本觉的心性，“自色身中，邪见烦恼，愚痴迷妄，自有本觉性”（敦煌本《坛经》第二十一节）。本觉的心性本具菩提般若之智，众生由于执著法相外境而妄生颠倒，故不能自悟，因此，惠能强调：“识自心内善知识，即得解脱。若自心邪迷，妄念颠倒，外善知识，即有教授，救不可得。汝若不得自悟，当起般若观照，刹那间，妄念俱灭，即是自真正善知识，一悟即知佛也。自性心地，以智惠观照，内外明彻，识自本心。若识本心，即是解脱。”（敦煌本《坛经》第三十一节）就这段话涉及顿悟来说，主要包括以下三个方面：一是自性自悟与善知识之间的关系；二是迷与悟的差别仅在于一念之间；三是顿悟的内涵问题。

惠能立足于心性论基础上的悟就是还契本心、自识本性，因为心具万法而圆满具足，性本自净而能明了、照彻一切，因此，切要之处就在于自修自悟，自性自度，自觉其心，自净其性，这在惠能借对归依佛法僧三宝作出自己独特的解释时就明显地体现出来了。他说：“佛者，觉也；法者，正也；僧者，净也。自心归依觉，邪迷不生……自心归依正，念念无邪故，即无爱著……自心归依净，一切尘劳妄念，虽在自性，自性不染著……若言归佛，佛在何处？若不见佛，即无所归；既无所归，言却是妄。……经中只即言自归依佛，不言归依他佛，自性不归，无所依处。”（敦煌本《坛经》第二十三节）虽然如此，但世人往往执迷不悟，离开自己的本性去觅求心外之佛，因此，借助善知识的诱导和教化以帮助自己开悟就有其必要性，但这也仅仅是一种方便的因缘，“若一向执谓须他善知识望得解脱者，无有是处”（宗宝本《坛经·般若品第二》），真正的善知识就在自己的心中，关键在于自心觉悟与否。

觉悟与迷妄的差别并非殊同悬隔，而仅在于众生当下的每一念心，“前念迷即凡夫，后念悟即佛”（宗宝本《坛经·般若品第二》），“不悟即佛是众生，一念悟时，众生是佛”（宗宝本《坛经·般若品第二》），“迷来经累劫，悟则刹那间”（敦煌本《坛经》第三十六节）。既然迷悟的不同取决于众生的一念之间，惠能据此强调，“法无顿渐，人有利钝。迷即渐契，悟人顿修”（敦煌本《坛经》第十六节），“法即一种，见有迟疾。何名顿渐？法无顿渐，人有利钝，故名顿渐”（宗宝本《坛经·顿渐品第八》）。这就意味着，法无二致，人有利钝，因此，见性有迟有速有快有慢，才有渐修顿悟的假名施设，“本来正教，无有顿渐，人性自有利钝，迷人渐修，悟人顿契，自识本心，自见本性，即无差别，所以立顿渐之假名”（宗宝本《坛经·定慧品第四》）。可见，顿渐法门是因人的根机利钝不同所引发见道过程的迟速而设立的，从这个意义上说，顿渐皆是入道解脱之筌蹄。

惠能的顿悟说在内涵上也有自己的独特之处。由于将众生当下的现实之心作为修行解脱的依持，而当下的现实之心又是自心自性于一切法不取不舍，不离不染，随缘任运，通达无碍的自然显现，因此，就不存在悟与所悟的分际，这是惠能基于即心即佛基础上运用般若无所得和中道不二思想所必然含摄的，也决定了惠能的悟必定是不假修习、无须累劫苦修的直下顿了、明心见性。惠能也时有提及“顿修”的话，如“迷即渐契，悟人顿修”（敦煌本《坛经》第十六节），“自性顿修，亦无渐契”（敦煌本《坛经》第四十一节），“自性自悟，顿悟顿修，亦无渐次”（宗宝本《坛经·顿渐品第八》），“顿修”是为了破“渐次”，由于诸法寂灭，无一法可立，故“顿修”也就无“法”可修，实际上也就是修而无修、以不修为修。惠能之前的“小顿悟”和“大顿悟”都以悟理得意为旨趣，达摩系禅法主张的“与道冥符”① 同这种智理相契的顿悟说较为接近，其前提是有“道”可符，有“理”可悟。惠能是将修消融于悟之中，也不分能悟与所悟，因为能悟与所悟皆指涉自心自性，并把迷悟诉诸

① 《菩提达摩传》这样记载达摩的禅法：“如是安心，谓壁观也；如是发行，谓四法也；如是顺物，教护讥嫌；如是方便，教令不着。然则入道多途，要唯二种，谓理、行也。藉教悟宗，深信含生同一真性，客尘障故，令舍伪归真。凝住壁观，无自无他，凡圣等一，坚住不移，不随他教，与道冥符，寂然无为，名理入也。行入，四行、万行同摄。”（［唐］道宣：《续高僧传》卷十六《菩提达摩传》）。

众生当下现实一念之心的觉悟与否，而觉悟也就是还契本心，直了见性，就此来说，一念之顿悟与当下的识心见性实际上是无二无别的，顿悟即是自识本心，自见本性。由此可见，惠能的顿悟见性思想不仅简化了解脱的步骤和程式，也更突出其禅学思想的实践品格以及对生命之本然和生命主体自觉性的高扬，这既有儒学强调现实人生和反求诸己等思想影响的印痕，也透露出对道家注重自然任运和超越精神的吸收融摄。

（三）无念为宗

顿悟见性的实质就在于通过自我心性的内在观照，在当下行住坐卧的日常生活之中对于一切万法不取不舍，无执无著，自然显现本自具足一切的无念无相无住之心的本来面目，据此，惠能提出“无念为宗，无相为体，无住为本”。无念、无相和无住既是惠能禅学思想的指导观念，又是其宗教修行实践的总原则，同时也是顿悟法门所必然涵摄的精神解脱境界。

对于无念，惠能解释说，“无念者，于念而不念”（敦煌本《坛经》第十七节），“知见一切法，心不染著，是为无念”（宗宝本《坛经·般若品第二》），这就意味着无念并不是除却任何思虑活动，若念尽断绝，百物不思，人即与草木瓦石等无情之物无异，那样成佛解脱也就无从谈起。无念所无的是妄念而非无正念，妄念是由于攀缘外境、执著万法而动心起念，动心起念即是妄，据此，惠能指出，“于自念上离境，不于法上生念”（敦煌本《坛经》第十七节），“无念念即正，有念念成邪”（宗宝本《坛经·机缘品第七》）。所谓自念是指自性起念，“自性起念，虽即见闻觉知，不染万境，而常自在”（敦煌本《坛经》第十七节），这种不随境起、不依法生，念念以般若观照而常离法相的自念亦称正念。正念就是本具般若智慧的自心、自性在一切时中念念不住，相续不断，无有系缚的任心自运，因此，惠能说：“自性心地，以智惠观照，内外明彻，识自本心。若识本心，即是解脱，既得解脱，即是般若三昧。悟般若三昧。即是无念。何名无念？无念法者，见一切法，不著一切法，遍一切处，不著一切处，常净自性，使六贼从六门走出，于六尘中不离不染，来去自由，即是般若三昧，自在解脱，名无念行。”（敦煌本《坛经》第三十一节）可见，作为修行法的无念行所强调的是在观照自家心性本净的基础上，于行住坐卧的现实生活之中，当下心念摆脱一切内外束缚、无滞无碍地自然呈露和显现，由此，心灵得以超脱，精神获得升华，这是自在解脱的境界。

至于无相，惠能释之为“于相而离相”（敦煌本《坛经》第十七节），这是对般若学性空无相思想的运用。万法之相状假而非真，自性本空，当体无实性，故不可执著，因此《金刚经》强调“凡所有相，皆是虚妄”。在般若学绝言扫相的基础上，惠能又以非有非无、空有相即的中道思想进一步解释说："但离一切相，是无相；但能离相，性体清净。"（敦煌本《坛经》第十七节）破除邪见是为了开显正见，故《金刚经》指出，"若见诸相非相，则见如来"。在破除万法的相状假而非真、虚而不实之后，惠能以无相之实相来凸显无相之自心，"成一切相即心，离一切相即佛"（宗宝本《坛经·机缘品第七》），这与他以般若实相思想会通心性佛性学说，并将其最终落实到众生当下现实的人心和人性的思维理路和思想特色颇有关联，由此也使得惠能与其先驱者——前期禅宗五祖以《楞伽经》心性说融摄般若实相学说的禅学思想既有共通之处，也存在着一定的差异。① 既不能执著外相，也不可执著本空常净的心性，"内外不迷，即离两边。外迷著相，内迷著空，于相离相，于空离空，即是内外不迷"（敦煌本《坛经》第四十二节）。

何谓无住？"无住者，为人本性"（敦煌本《坛经》第十七节）。万法皆因缘而生起，缘起的万法皆生灭不已、迁流不息，故万法是无常无住的，因此，《金刚经》明确地指出，不应住色声香味触法而生清净之心，"应无所住而生其心"。据《坛经》载，五祖弘忍在黄梅为惠能说《金刚经》时，"至'应无所住而生其心'，慧能言下大悟，一切万法，不离自性"（宗宝本《坛经·行由品第一》）。前已指出，惠能禅学思想的特色是在融通般若实相与心性佛性的基调下，将解脱指向人们当下现实的心念，因此，人的自性、自心就体现在众生现实当下的念念相续不断、又于一切法上不住的心念之中。可见，惠能以"为人本性"解说"无住"，是在万法无常、般若性空实相的基础上，既突出当下心念的念念相续，无有断绝，又强调相续不绝的心念不可滞留于虚假的万法之上，不应执著妄相，据此，惠能说："念念不住，前念、今念、后念，念

① 《楞伽经》在中土共有三个译本，分别是：南朝宋求那跋陀罗于443年译出的四卷本《楞伽阿跋多罗宝经》，简称"宋译"；北魏菩提流支于513年译出的十卷本《入楞伽经》，简称"魏译"；唐实叉难陀于704年译出的七卷本《大乘入楞伽经》，简称"唐译"。自达摩、慧可至僧璨，其禅学思想的承继和演进，主要是以四卷本《楞伽经》为心要，递相传授，故也被称之为楞伽师。这些楞伽师的禅法特色主要以《楞伽经》的如来藏自性清净心为基点，同时也含摄着般若性空思想。四祖道信则在《楞伽》之外，较多地吸收了《文殊说般若经》等般若类经典，也兼采包括《法华经》、《华严经》、《金刚经》、《维摩经》等大量佛教经论，在思想上也淡化了《楞伽经》的真心论，这些都为惠能禅学思想的进一步展开奠定了基础。至五祖弘忍时，其禅法不仅更加突出《金刚经》等般若思想，也对《大乘起信论》的一心二门说加以摄取，并且其有关自性迷悟等思想对惠能产生了直接的影响。总体上说，从达摩至弘忍这种兼融空有、将心性说与般若思想相会通的思维理路对惠能产生了颇大的影响，就这一方面来说，他们存在着较多的相通之处；但对于他们或偏于从抽象的真心立论，或侧重从虚幻的妄心立论的做法，惠能则在吸收融会的基础上加以改造，具体地说，作为其禅学基础的心性既兼摄真心妄心又超越真心妄心，并将成佛解脱的根本依持直接诉诸众生无念无相无住的当下现实之人心，就此来说，他们又存在着一定的差异。

念相续，无有断绝，……念念时中，于一切法上无住，一念若住，念念即住，名系缚；于一切上，念念不住，即无缚也。此是以无住为本。”（敦煌本《坛经》第十七节）“于一切时中，念念自见，万法无滞。”（宗宝本《坛经·行由品第一》）“于念念中，自见本性清净，自修，自行，自成佛道。”（宗宝本《坛经·坐禅品第五》）

在无念、无相和无住三者之中，无念具有统摄性，统摄的基点即是于自心中起般若观照，在一切时中，前念今念后念，于一切法不取不舍，念念自净其心、自见本性，其实质即是以人心本具的般若智慧念念离相无住，任心自运，不仅外于相离相，且内于空离空，既不执相，亦不著空，无住无缚，内外明彻，通达无碍，从这一意义上说，离相无住的无念即为识心见性、顿悟成佛的解脱境界，因此，惠能说：“悟无念法者，万法尽通；悟无念法者，见诸佛境界，悟无念顿法者，至佛位地。”（敦煌本《坛经》第三十一节）

既然以无念涵括无相、无住，又将无念视为自性不染万境而任心起念，亦即通过自心的自我观照，在内外无著之中心念的自然流运，显现本自具足一切的无念无相无住之心的本然，自心之所以能够自我观照，是因为自心本具般若智慧，这就意味着自心本来就是觉悟的。尽管如此，众生却往往迷于外境万法而难以自觉其性、自悟其心，因此，便有智愚、凡圣、众生与佛的差别，据此，惠能通过对传统禅定观的批判，在道由心悟的意旨下提出定慧等学。

（四）定慧等学

禅，原是梵文 Dhyāna，音译为禅那的略称。华严宗五祖圭峰宗密在其《禅源诸诠集都序》中曾对禅作如下的阐释：“禅是天竺之语，具云禅那，中华翻为思维修，亦名静虑，皆定慧之通称也。……悟之名慧，修之名定，定慧通称为禅那。”[①] 静虑即静心思虑，《瑜伽师地论》卷三十三曰：“言静虑者，于一所缘，系念寂静，正审思虑，故名静虑。”即通过心注一境，使纷扰散乱的心绪意念平静下来，以佛教智慧如实地洞察宇宙人生的真相，从而获得身心的解脱，就此来说，禅包括定和慧两方面。虽然如此，人们却往往习惯于将禅与定连在一起合称为“禅定”，尤其在中国佛教中表现得尤为明显。禅定作为一种修行方法，其实在佛教没有创立以前就存在了。它渊源于古印度的吠陀时代，至《奥义书》时代，形成为较流行的瑜伽术。瑜伽，梵文为 Yoga，其义为“合一”、“相应”，意谓静坐调心，制御意念，精神专注，以达到神我冥合

---

① ［唐］宗密：《禅源诸诠集都序·卷一》，石峻、楼宇烈、方立天等编《中国佛教思想资料选编》第二卷第二册，北京：中华书局 1983 年版，第 422 页。

相应的境界，可见，瑜伽术实际上突出的是持心修养的功夫。据传释迦牟尼在未出家之前，亦曾从学于瑜伽师。随着佛教的创立和兴起，佛门对瑜伽术加以吸收并将其纳入佛法之中，由此而演化成为佛教的一种禅定修行方式。

但就印度佛教总体来说，不论是前期的小乘禅法，还是后期的大乘禅法，尽管也注重观悟宇宙人生真谛的智慧，但更突出禅定修习的功夫，胡适曾就印度禅与中国禅作对比时指出："禅实在能包括定慧两部分……印度禅是要专心，不受外界任何影响；中国禅是要运用智慧，从无办法中想出办法来，打破障碍，超脱一切。印度禅重在定，中国禅重在慧。"① 这一评说是中肯的，因为胡适这里所提及的中国禅，有其特定的内涵，即指由惠能实际创立的禅宗。在禅宗实际创立之前，包括前期禅宗五祖在内的中国佛教，由于或多或少地受印度佛教偏重于禅定倾向的影响，因此，在定与慧的关系上，不仅视禅定具有独立性和优先性，甚至往往导致过于强调坐禅这样的外在形式。早期禅宗祖师的面壁而坐、萧然静坐和坐禅守心等，就易于出现将定慧视为两方面，看作两截。承继前期禅宗五祖禅学思想中《楞伽经》成分较多的神秀就相当重视坐禅，主张"住心观净，长坐不卧"，惠能对此批评说："住心观净，是病非禅，常坐拘身，于理何益。"并作偈一首："生来坐不卧，死去卧不坐，一具臭骨头，何为立功课。"（宗宝本《坛经·顿渐品第八》）这种追求静坐不动、摄心求净，意味着仍然将定和心视作是可修、可观的，这与惠能以般若无所得思想倡导的修而无修，以不修为修，证而无证，以不证为证，不著内外，自性自定的坐禅观显然是有别的，因此，惠能指出："坐禅元不著心，亦不著净，亦不言不动。"（敦煌本《坛经》第十八节）"此法门中，何名坐禅？此法门中，一切无碍，外于一切境界上念不起为坐，见本性不乱为禅。何名为禅定？外离相曰禅，内不乱曰定。外若著相，内心即乱，外若离相，内性不乱。本性自净自定，只缘触境，触即乱。离相不乱即定，外离相即禅，内不乱即定，外禅内定，故名禅定。"（敦煌本《坛经》第十九节）

在惠能看来，本心本性原本就是自净自定的，只要于行住坐卧的一切时中，不于境上起念、不于法上生心，念念自悟其性、自净其心，即可当下解脱，直了成佛，没有必要拘泥于禅定的形式，这是无念无相无住思想在其禅定观上的贯彻，也体现了惠能将禅定与日常生活融为一体的修行特色。当然，惠能并不是一味地排斥坐禅入定，而是反对将禅定仅限于坐禅这一种形式，由此而生起执著之心。若能在行住坐卧的日常生活中，觉悟自心即佛，本性是佛，

① 胡适：《中国禅学的发展》，黄夏年主编《胡适集》，北京：中国社会科学出版社 1995 年版，第 235 – 240 页。

就可以纵横自在，来去自由，就此来说，行住坐卧皆是禅，这一思想对惠能以后禅宗的发展产生了相当深远的影响。

惠能对执著坐禅的否定，主张禅非坐卧，从而将禅修融于行往坐卧的日常生活中，其思想归趣即在于强调“道由心悟”（宗宝本《坛经·护法品第九》）。正是循着这一旨趣，惠能对定慧关系提出了别具一格的解说：“善知识！我此法门，以定惠为本。第一勿迷言定惠别，定惠体一不二，即定是惠体，即惠是定用。即惠之时定在惠，即定之时惠在定。善知识！此义即是定惠等。学道之人作意，莫言先定发惠，先惠发定，定惠各别。作此见者，法有二相，口说善，心不善，定惠不等；心口俱善，内外一种，定惠即等。”（敦煌本《坛经》第十三节）定慧体用一如，无二无别，即体即用，即用即体，有定就有慧，有慧即有定，二者是相即不离的。惠能还用灯光之喻加以说明：“定慧犹如何等，犹如灯光，有灯即光，无灯即暗，灯是光之体，光是灯之用，名虽有二，体本同一，此定慧法，亦复如是。”（宗宝本《坛经·定慧品第四》）

定慧之关系虽然是相即不二的，但就惠能禅学思想的意旨而言，将定融于不定之中的目的是为了凸显自心本具智慧的显发，从而于当下觉悟成佛。就此来说，惠能定慧等学的禅修特色是以慧摄定，将定慧皆统一于众生念念不断的当下自心的自然呈现。由于般若智慧是自性本有的，因此，无念之心的自然呈现即是智慧的自然显发，从这个意义上说，不仅定不可修、不可求，而应随缘自在，慧也同样如此，修之即妄，求之必失。惟有不假修习，任心自运，本觉的心性念念起般若观照，即可顿见真如本性，这就是“慧”，同时也即是“定”。

由此可知，由惠能所开创的禅宗虽以禅命宗，却并不以坐禅入定为要务，而是将修禅与日常生活结合起来，强调在现实的生活中若能无执无著，任心自运，时时皆为定，从而破除了传统佛教对禅定外在化、程式化的片面理解和追求，把成佛解脱落实在自心的觉悟上。正是循着这一理路，惠能也对传统佛教的诵经、持戒、出家等修持方式提出了一系列颇富新意的主张。

总而言之，较为集中地体现在《坛经》中的惠能禅学思想，表明了他对佛教传统有所继承，但并没有囿于佛教的传统，而是在对传统佛教抽象繁琐和程式化倾向进行反思性批判的基础上，会通空有，融摄华梵，将般若性空实相思想与涅槃佛性学说会通起来，将佛教的解脱追求与中土儒家的现实关怀和道家的自在超越精神圆融起来，围绕着现实生活中人的解脱的主题，从即心即佛的心性说、顿悟见性的修行观、无念为宗的思维观和定慧等学的方法论等多层面、多视角地对传统佛教及禅学思想进行了变革和创新，既遥契原始佛教关注现实之人解脱的精神归趣，又极大地推进了佛教中国化的演进历程，这不仅开创了佛教在中土传播的新阶段，使佛教更适应中国社会多方面的实际需要，也对中国古代的思想文化产生了巨大而深远的影响，同时也摧生着以现世人生为本位的人生佛教、人间佛教的问世，开启了中国佛教世俗化、生活化的近现代转向。

三、《坛经》价值之当代诠释

惠能将成佛解脱寓于众生当下现实的日常生活之中，凸显人的地位，肯定现实人生的合理性，突出人的自主意识和自信精神，高扬主体精神的价值。惠能禅宗的这一精神旨趣经其后学的继承和发展，至晚唐五代遂呈现出五家七宗的繁盛局面，从而在宗派众多的中国佛教中脱颖而出，成为中国佛教影响最大、流传最广的一个宗派，甚至远播海外，对世界其他地区的宗教和文化也产生了一定程度的积极的影响。

从学术思想的意义上说，《坛经》是佛教中国化的理论结晶，以《坛经》为代表的禅宗思想是佛教在中国演化发展的必然产物。禅宗思想在其以后的演进、传播过程中，逐渐渗透到中土哲学、伦理、宗教、政治思想、书法、绘画、文学、雕塑建筑等诸多文化形态之中。

以《坛经》为代表的禅宗思想，不仅在历史上受到了社会各阶层人士的喜好，即使在现代社会也赢获了一些人的青睐，甚至曾一度出现了“禅宗热”。禅宗思想之所以具有如此独特的魅力，很大程度上取决于以《坛经》为代表的禅宗典籍中蕴含着丰富而又别具特色的人生智慧，对现代人的生活具有一定的指导意义和参考价值。

肇端于西方世界的现代工业文明，在取得物质文明长足进步的同时，却引发了物欲横流、人性异化和自我迷失等诸种社会问题。为了把握生活的意义，领会生命的真谛，找回失落的自我，人们将眼光转向古代优秀的文明成果，转向古老的东方文明，希冀从包括禅宗在内的东方文明成果中找寻一种可能的出路。以《坛经》为代表的禅宗思想，向人们展示了一种在日常的行为活动中洞见人生究竟之途径，无须摒弃现实生活而刻意地离群索居，若能在当下的生活中自在无累，超然无滞，心灵即可获得解放，从一切名利、好恶等外在束缚的挤压和扭曲中自由地展现出来。这是对现实之人的地位和价值的充分肯定，对自由人性的高度赞扬。正是从这一意义上，我们可以说，以《坛经》为代表的禅宗经典为生活在现代社会的人们提供了可资借鉴的生活智慧，也使现代人能够更好地把握和理解生命的底蕴和意义，从而发现自我，寻回迷失的人性，让身心在宁静和谐之中得到安顿。

附：《坛经》正文

南宗顿教最上大乘摩诃般若波罗蜜经六祖惠能大师于韶州大梵寺施法坛经①

〔一〕惠能大师，于大梵寺讲堂中，升高座，说摩诃般若波罗蜜法，授无相戒。其时座下僧尼、道俗一万余人，韶州刺史韦璩（qú）及诸官僚三十余人，儒士三十余人，同请大师说摩诃般若波罗蜜法。刺史遂令门人法海集记，流行后代，与学道者承此宗旨，递相传授，有所依约，以为禀承，说此《坛经》。

〔二〕能大师言："善知识！净心念摩诃般若波罗蜜法。"大师不语，自身净心，良久乃言："善知识，净听，惠能慈父，本贯范阳，左降迁流岭南，作新州百姓。惠能幼小，父又早亡，老母孤遗，移来南海，艰辛贫乏，于市卖柴。忽有一客买柴，遂令惠能送至于官店，客将柴去，惠能得钱，却向门前，忽见一客读《金刚经》，惠能一闻，心明便悟，乃问客曰：'从何处来持此经典？'客答曰：'我于蕲（qí）州黄梅县东冯墓山，礼拜五祖弘忍和尚，见今在彼，门人有千余众。我于彼听见大师劝道俗，但持《金刚经》一卷，即得见性，直了成佛。'惠能闻说，宿业有缘，便即辞亲，往黄梅冯墓山，礼拜五祖弘忍和尚。"

〔三〕弘忍和尚问惠能曰："汝何方人？来此山礼拜吾，汝今向吾边复求何物？"惠能答曰："弟子是岭南人，新州百姓，今故远来礼拜和尚，不求余物，唯求作佛。"大师遂责惠能曰："汝是岭南人，又是獦獠（gé lǎo）（案：獦獠是当时对岭南土著人的侮称），若为堪作佛？"惠能答曰："人即有南北，佛性即无南北，獦獠身与和尚不同，佛性有何差别！"大师欲更共语，见左右在傍边，大师更不言，遂发遣惠能令随众作务。时有一行者，遂遣惠能于碓（duì）房，踏碓八个余月。

〔四〕五祖忽于一日唤门人尽来，门人集讫，五祖曰："吾向汝说，世人生死事大，汝等门人，终日供养，只求福田，不求出离生死苦海。汝等自性若迷，福何可救？汝等总且归房自看，有智惠者，自取本性般若之知，各作一偈呈吾，吾看汝偈，若悟大意者，付汝衣法，禀为六代。火急急！"

〔五〕门人得处分，却来各至自房，递相谓言：我等不须澄心用意作偈，将呈和尚。神秀上座是教授师，秀上座得法后，自可依止，偈不用作。诸人息心，尽不敢呈偈。时大师堂前有三间房廊，于此廊下供养，欲画《楞伽》变

① 参照郭朋《坛经校释》，北京：中华书局1983年版；石峻、楼宇烈、方立天等编《中国佛教思想资料选编》第二卷第四册，北京：中华书局1983年版。

相，并画五祖大师传授衣法，流行后代，为记。画人卢珍看壁了，明日下手。

〔六〕上座神秀思惟：诸人不呈心偈，缘我为教授师，我若不呈心偈，五祖如何见得我心中见解深浅。我将心偈上五祖呈意，求法即善，觅祖不善，却同凡心夺其圣位。若不呈心偈，终不得法。良久思惟，甚难，甚难。夜至三更，不令人见，遂向南廊下中间壁上题作呈心偈，欲求于法。若五祖见偈，言此偈语，若访觅我，我宿业障重，不合得法，圣意难测，我心自息。秀上座三更于南廊下中间壁上，秉烛题作偈，人尽不知。偈曰：

身是菩提树，心如明镜台，时时勤拂拭，莫使有尘埃。

〔七〕神秀上座，题此偈毕，归卧房，并无人见。五祖平旦，遂唤卢供奉来南廊下，画《楞伽》变相。五祖忽见此偈，请记，乃谓供奉曰："弘忍与供奉钱三十千，深劳远来，不画变相也。《金刚经》云：'凡所有相，皆是虚妄。'不如留此偈，令迷人诵。依此修行，不堕三恶道；依法修行人，有大利益。"

大师遂唤门人尽来，焚香偈前，令众人见，皆生敬心。"汝等尽诵此偈者，方得见性；依此修行，即不堕落。"门人尽诵，皆生敬心，唤言善哉！

五祖遂唤秀上座于堂内，问："是汝作偈否？若是汝作，应得我法。"秀上座言："罪过！实是秀作。不敢求祖，愿和尚慈悲，看弟子有小智惠、识大意否？"五祖曰："汝作此偈，见即未到，只到门前，尚未得入。凡夫依此偈修行，即不堕落；作此见解，若觅无上菩提，即未可得。须入得门，见自本性。汝且去，一两日来思惟，更作一偈来呈吾，若入得门，见自本性，当付汝衣法。"秀上座去数日，作不得。

〔八〕有一童，于碓房边过，唱诵此偈，惠能一闻，知未见性，即识大意。能问童子："适来诵者，是何言偈？"童子答能曰："你不知大师言，生死事大，欲传于法，令门人等各作一偈来呈看，悟大意即付衣法，禀为六代祖。有一上座名神秀，忽于南廊下书无相偈一首，五祖令诸门人尽诵，悟此偈者，即见自性；依此修行，即得出离。"惠能答曰："我在此踏碓八个余月，未至堂前，望上人引惠能至南廊下，见此偈礼拜，亦愿诵取，结来生缘，愿生佛地。"童子引能至南廊下，能即礼拜此偈。为不识字，请一人读，惠能闻已，即识大意。惠能亦作一偈，又请得一解书人，于西间壁上题着，呈自本心。不识本心，学法无益，识心见性，即悟大意。惠能偈曰：

菩提本无树，明镜亦非台，佛性常清净，何处有尘埃！

又偈曰：

心是菩提树，身为明镜台，明镜本清净，何处染尘埃！

院内徒众，见能作此偈尽怪。惠能却入碓房。五祖忽见惠能偈，即善知识大意。恐众人知，五祖乃谓众人曰："此亦未得了。"

〔九〕五祖夜至三更，唤惠能堂内，说《金刚经》。惠能一闻，言下便悟。其夜受法，人尽不知，便传顿法及衣："汝为六代祖，衣将为信禀，代代相传；法以心传心，当令自悟。"五祖言："惠能！自古传法，气如悬丝，若住此间，有人害汝，汝即须速去。"

〔一〇〕能得衣法，三更发去。五祖自送能于九江驿，登时便悟。祖处分："汝去，努力将法向南，三年勿弘，此法难起，在后弘化，善诱迷人，若得心开，与吾无别。"辞违已了，便发向南。

〔一一〕两月中间，至大庾岭。不知向后有数百人来，欲拟头惠能夺于法，来至半路，尽总却回。唯有一僧，姓陈，名惠顺，先是三品将军，性行粗恶，直至岭上，来趁犯著。惠能即还衣法，又不肯取，言："我故远来求法，不要其衣。"能于岭上，便传法惠顺，惠顺得闻，言下心开，能使惠顺即却向北化人来。

〔一二〕惠能来依此地，与诸官僚、道俗，亦有累劫之因。教是先圣所传，不是惠能自知，愿闻先圣教者，各须净心，闻了愿自除迷，于先代悟。惠能大师唤言："善知识！菩提般若之知，世人本自有之，即缘心迷，不能自悟，须求大善知识示道见性。善知识！遇悟即成智。"

〔一三〕善知识！我此法门，以定惠为本。第一勿迷言定惠别，定惠体一不二，即定是惠体，即惠是定用。即惠之时定在惠，即定之时惠在定。善知识！此义即是定惠等。学道之人作意，莫言先定发惠，先惠发定，定惠各别。作此见者，法有二相，口说善，心不善，定惠不等；心口俱善，内外一种，定惠即等。自悟修行，不在口诤（zhēng），若诤先后，即是迷人。不断胜负，却生法我，不离四相。

〔一四〕一行三昧者，于一切时中，行、住、坐、卧，常行直心是。《净名经》云："直心是道场。""直心是净土。"莫心行谄曲，口说法直。口说一行三昧，不行直心，非佛弟子。但行直心，于一切法，无有执著，名一行三昧。迷人著法相，执一行三昧，直言坐不动，除妄不起心，即是一行三昧。若如是，此法同无情，却是障道因缘。道须通流，何以却滞？心不住法即通流，住即被缚。若坐不动是，维摩诘不合呵舍利弗宴坐林中。善知识！又见有人教人坐，看心看净，不动不起，从此置功，迷人不悟，便执成颠，即有数百般以如此教道者，故知大错。

〔一五〕善知识！定惠犹如何等？如灯光，有灯即有光，无灯即无光。灯是光之体，光是灯之用，名即有二，体无两般。此定惠法，亦复如是。

〔一六〕善知识！法无顿渐，人有利钝。迷即渐契，悟人顿修，自识本心，自见本性，悟即元无差别，不悟即长劫轮回。

〔一七〕善知识！我此法门，从上已来，顿渐皆立无念为宗，无相为体，无住为本。何名无相？无相者，于相而离相；无念者，于念而不念；无住者，为人本性。念念不住，前念、今念、后念，念念相续，无有断绝，若一念断绝，法身即离色身。念念时中，于一切法上无住，一念若住，念念即住，名系缚；于一切上，念念不住，即无缚也。此是以无住为本。善知识！但离一切相，是无相；但能离相，性体清净。此是以无相为体。于一切境上不染，名为无念；于自念上离境，不于法上生念。若百物不思，念尽除却，一念断即死，别处受生。学道者用心，莫不思法意。自错尚可，更劝他人迷，不自见迷，又谤经法。是以立无念为宗。即缘迷人于境上有念，念上便起邪见，一切尘劳妄念，从此而生。故此教门，立无念为宗。世人离见，不起于念，若无有念，无念亦不立。无者无何事，念者念何物？无者离二相诸尘劳，念者念真如本性，真如是念之体，念是真如之用。自性起念，虽即见闻觉知，不染万境，而常自在。《维摩经》云："外能善分别诸法相，内于第一义而不动。"

〔一八〕善知识，此法门中，坐禅元不著心，亦不著净，亦不言不动。若言看心，心元是妄，妄如幻故，无所看也。若言看净，人性本净，为妄念故，盖覆真如，离妄念，本性净。不见自性本净，起心看净，却生净妄，妄无处所，故知看者却是妄也。净无形相，却立净相，言是功夫，作此见者，障自本性，却被净缚。若修不动者，不见一切人过患，是性不动。迷人自身不动，开口即说人是非，与道违背。看心看净，却是障道因缘。

〔一九〕今既如是，此法门中，何名坐禅？此法门中，一切无碍，外于一切境界上念不起为坐，见本性不乱为禅。何名为禅定？外离相曰禅，内不乱曰定。外若著相，内心即乱，外若离相，内性不乱。本性自净自定，只缘触境，触即乱。离相不乱即定，外离相即禅，内不乱即定，外禅内定，故名禅定。《维摩经》云："即时豁然，还得本心。"《菩萨戒经》云："本元自性清净。"善知识！见自性自净，自修自作自性法身，自行佛行，自作自成佛道。

〔二〇〕善知识！总须自体，与授无相戒，一时逐惠能口道，令善知识见自三身佛："于自色身归依清净法身佛，于自色身归依千百亿化身佛，于自色身归依当来圆满报身佛。"色身者是舍宅，不可言归，向者三身在自法性，世人尽有，为迷不见，外觅三身如来，不见自色身中三身佛。善知识！听汝善知识说：今善知识于自色身，见自法性有三身佛，此三身佛，从性上生。何名清净法身佛？善知识！世人性本自净，万法在自性。思量一切恶事，即行于恶；思量一切善事，便修于善行。如是一切法，尽在自性。自性常清净，日月常明，只为云覆盖，上明下暗，不能了见日月星辰，忽遇惠风吹散卷尽云雾，万象森罗，一时皆现。世人性净，犹如青天，惠如日，智如月，智惠常明。于外著境，妄念浮云盖覆，自性不能明。故遇善知识开真法，吹却迷妄，内外明彻，于自性中，万法皆见。一切法自在性，名为清净法身。自归依者，除不善行，是名归依。何名千百亿化身？不思量，性即空寂，思量即是自化。思量恶法化为地狱，思量善法化为天堂，毒害化为畜生，慈悲化为菩萨，智惠化为上界，愚痴化为下方。自性变化甚多，迷人自不知见。一念善智惠即生，此名自性化身。何名圆满报身？一灯能除千年暗，一智惠能灭万年愚，莫思向前，常思于后。常后念善，名为报身。一念恶报却千年善亡，一念善报却千年恶灭，无常已来后念善，名为报身。从法身思量，即是化身。念念善即是报身。自悟自修，即名归依也。皮肉是色身，色身是舍宅，不言归依也。但悟三身，即识大意。

〔二一〕今既自归依三身佛已，与善知识，发四弘大愿。善知识！一时逐惠能道："众生无边誓愿度，烦恼无边誓愿断，法门无边誓愿学，无上佛道誓愿成。"善知识！"众生无边誓愿度"，不是惠能度，善知识！心中众生，各于自身自性自度。何名自性自度？自色身中，邪见烦恼，愚痴迷妄，自有本觉性，将正见度。既悟正见，般若之智，除却愚痴迷妄众生，各各自度。邪来正度，迷来悟度，愚来智度，恶来善度，烦恼来菩提度，如是度者，是名真度。"烦恼无边誓愿断"，自心除虚妄。"法门无边誓愿学"，学无上正法。"无上佛道誓愿成"，常下心行，恭敬一切，远离迷执，觉知生般若，除却迷妄，即自悟佛道成，行誓愿力。

〔二二〕今既发四弘誓愿，与善知识说无相忏悔，灭三世罪障。大师言："善知识！前念、后念及今念，念念不被愚迷染，从前恶行，一时自性若除，即是忏悔。前念、后念及今念，念念不被愚痴染，除却从前谄诳心永断，名为自性忏。前念、后念及今念，念念不被疽（jū）疾染，除却从前嫉妒心，自性若除即是忏。"善知识！何名忏悔？忏者终身不为，悔者知于前非恶业，恒不离心。诸佛前口说无益，我此法门中，永断不作，名为忏悔。

〔二三〕今既忏悔已，与善知识，授无相三归依戒。大师言："善知识！归依觉，两足尊；归依正，离欲尊；归依净，众中尊。从今已后，称佛为师，更不归依邪迷外道。愿自三宝，慈悲证明。善知识！惠能劝善知识归依三宝。佛者，觉也；法者，正也；僧者，净也。自心归依觉，邪迷不生，少欲知足，离财离色，名两足尊。自心归依正，念念无邪故，即无爱著，以无爱著，名离欲尊。自心归依净，一切尘劳妄念，虽在自性，自性不染著，名众中尊。凡夫不解，从日至日，受三归依戒。若言归佛，佛在何处？若不见佛，即无所归；既无所归，言却是妄。善知识，各自观察，莫错用意。经中只即言自归依佛，不言归依他佛，自性不归，无所依处。”

〔二四〕今既自归依三宝，总各各至心，与善知识说摩诃般若波罗蜜法。善知识，虽念不解，惠能与说，各各听。“摩诃般若波罗蜜”者，唐言“大智惠彼岸到”，此法须行，不在口念。口念不行，如幻如化；修行者，法身与佛等也。何名“摩诃”？“摩诃”者，是“大”。心量广大，犹如虚空，若空心坐，即落无记空。虚空能含日月星辰、大地山河，一切草木、恶人善人、恶法善法、天堂地狱，尽在空中；世人性空，亦复如是。

〔二五〕性含万法是大，万法尽是自性。见一切人及非人，恶之与善，恶法善法，尽皆不舍，不可染著，由如虚空，名之为大，此是摩诃。迷人口念，智者心行。又有迷人，空心不思，名之为大，此亦不是。心量大，不行是少，莫口空说，不修此行，非我弟子。

〔二六〕何名般若？般若是智惠，一切时中，念念不愚，常行智惠，即名般若行。一念愚即般若绝，一念智即般若生。世人心中常愚，自言我修般若。般若无形相，智惠性即是。何名波罗蜜？此是西国梵音，唐言彼岸到。解义离生灭，著境生灭起，如水有波浪，即是为此岸；离境无生灭，如水承长流，故即名到彼岸，故名波罗蜜。迷人口念，智者心行，当念时有妄，有妄即非真有；念念若行，是名真有。悟此法者，悟般若法，修般若行；不修即凡，一念修行，自身等佛。善知识！即烦恼是菩提。前念迷即凡，后念悟即佛。善知识！摩诃般若波罗蜜，最尊、最上、第一，无住、无去、无来，三世诸佛从中出，将大智惠到彼岸，打破五阴烦恼尘劳，最尊、最上、第一。赞最上最上乘法，修行定成佛。无去、无住、无来往，是定惠等，不染一切法，三世诸佛从中变三毒为戒定惠。

〔二七〕善知识！我此法门，从一般若生八万四千智惠，何以故？为世有八万四千尘劳，若无尘劳，般若常在，不离自性。悟此法者，即是无念、无忆、无著，莫起诳妄，即是真如性。用智惠观照，于一切法不取不舍，即见性成佛道。

〔二八〕善知识！若欲入甚深法界、入般若三昧者，直修般若波罗蜜行，但持《金刚般若波罗蜜经》一卷，即得见性，入般若三昧。当知此人功德无量，经中分明赞叹，不能具说。此是最上乘法，为大智上根人说；少根智人，若闻此法，心不生信。何以故？譬如大龙，若下大雨，雨于阎浮提，城邑聚落，悉皆漂流，如漂草叶；若下大雨，雨于大海，不增不减。若大乘者，闻说《金刚经》，心开悟解。故知本性自有般若之智，自用智惠观照，不假文字。譬如其雨水，不从天有，元是龙王于江海中，将身引此水，令一切众生、一切草木、一切有情无情，悉皆蒙润。诸水众流，却入大海，海纳众水，合为一体；众生本性般若之智，亦复如是。

〔二九〕少根之人，闻此顿教，犹如大地草木根性自小者，若被大雨一沃，悉皆自倒，不能增长。少根之人，亦复如是。有般若之智之，与大智之人，亦无差别，因何闻法即不悟？缘邪见障重，烦恼根深。犹如大云，盖覆于日，不得风吹，日无能现。般若之智，亦无大小，为一切众生，自有迷心，外修觅佛，未悟本性，即是小根人。闻其顿教，不假外修，但于自心，令自本性常起正见，烦恼尘劳众生，当时尽悟。犹如大海，纳于众流，小水大水，合为一体，即是见性。内外不住，来去自由，能除执心，通达无碍，能修此行，即与《般若波罗蜜经》本无差别。

〔三〇〕一切经书，及诸文字，小大二乘，十二部经，皆因人置，因智惠性故，故然能建立。若无世人，一切万法，本元不有。故知万法，本因人兴；一切经书，因人说有。缘在人中有愚有智，愚为小人，智为大人。迷人问于智者，智人与愚人说法，令彼愚者悟解心解；迷人若悟解心开，与大智人无别。故知不悟，即是佛是众生，一念若悟，即众生是佛。故知一切万法，尽在自身中，何不从于自心顿现真如本性。《菩萨戒经》云："我本元自性清净。"识心见性，自成佛道。《维摩经》云："即时豁然，还得本心。"

〔三一〕善知识！我于忍和尚处，一闻言下大悟，顿见真如本性。是故将此教法流行后代，令学道者顿悟菩提，令自本性顿悟。若不能自悟者，须觅大善知识示道见性。何名大善知识？解最上乘法，直示正路，是大善知识，是大因缘，所谓化道，令得见性。一切善法，皆因大善知识能发起故。三世诸佛，十二部经，亦在人性中，本自具有。不能自悟，须得善知识示道见性；若自悟者，不假外善知识。若取外求善知识，望得解脱，无有是处。识自心内善知识，即得解脱。若自心邪迷，妄念颠倒，外善知识即有教授，救不可得。汝若不得自悟，当起般若观照，刹那间，妄念俱灭，即是自真正善知识，一悟即知佛也。自性心地，以智惠观照，内外明彻，识自本心。若识本心，即是解脱，既得解脱，即是般若三昧。悟般若三昧，即是无念。何名无念？无念法者，见一切法，不著一切法，遍一切处，不著一切处，常净自性，使六贼从六门走出，于六尘中不离不染，来去自由，即是般若三昧，自在解脱，名无念行。若百物不思，当令念绝，即是法缚，即名边见。悟无念法者，万法尽通；悟无念法者，见诸佛境界；悟无念顿法者，至佛位地。

〔三二〕善知识！后代得吾法者，常见吾法身不离汝左右。善知识！将此顿教法门，于同见同行，发愿受持，如事佛，故终身受持而不退者，欲入圣位；然须传受将从上已来默然而付于法，发大誓愿，不退菩提，即须分付。若不同见解，无有志愿，在在处处，忽妄宣传，损彼前人，究竟无益。若遇人不解，谤此法门，百劫万劫千生，断佛种性。

〔三三〕大师言："善知识！听吾说《无相颂》，令汝迷者罪灭，亦名《灭罪颂》。颂曰：

愚人修福不修道，谓言修福而是道；
布施供养福无边，心中三恶元来造。
若将修福欲灭罪，后世得福罪元在；
若解向中除罪缘，各自性中真忏悔。
若悟大乘真忏悔，除邪行正即无罪；
学道之人能自观，即与悟人同一类。
大师令传此顿教，愿学之人同一体；
若欲当来觅本身，三毒恶缘心中洗。
努力修道莫悠悠，忽然虚度一世休；
若遇大乘顿教法，虔诚合掌至心求。"

大师说法了，韦使君、官僚、僧众、道俗，赞言无尽，昔所未闻。

〔三四〕使君礼拜，白言："和尚说法，实不思议，弟子今有少疑，欲问和尚，望意和尚大慈大悲，为弟子说。"大师言："有疑即问，何须再三。"使君问："法可不是西国第一祖达磨（亦称"达摩"）祖师宗旨乎？"大师言："是。"使君问："弟子见说，达磨大师化梁武帝，帝问达磨：'朕一生已来，造寺、布施、供养，有功德否？'达磨答言：'并无功德。'武帝惆怅，遂遣达磨出境。未审此言，请和尚说。"六祖言："实无功德，使君勿疑达磨大师言。武帝著邪道，不识正法。"使君问："何以无功德？"和尚言："造寺、布施、供养，只是修福，不可将福以为功德。功德在法身，非在于福田。自法性有功德，平直是德。内见佛性，外行恭敬。若轻一切人，吾我不断，即自无功德。自性虚妄，法身无功德。念念德行，平等直心，德即不轻。常行于敬，自修身是功，自修心是德。功德自心作，福与功德别。武帝不识正理，非祖大师有过。"

〔三五〕使君礼拜，又问："弟子见僧俗，常念阿弥陀佛，愿往生西方，愿和尚说，得生彼否？望为破疑。"大师言："使君听，惠能与说。世尊在舍卫国，说西方引化，经文分明，去此不远。只为下根说远，说近只缘上智。人有两种，法无不一。迷悟有殊，见有迟疾。迷人念佛生彼，悟者自净其心。所以佛言：'随其心净，则佛土净。'使君！东方人但净心无罪，西方人心不净有愆（qiān）。迷人愿生东方、西方者，所在处，并皆一种。心但无不净，西方去此不远；心起不净之心，念佛往生难到。除十恶，即行十万；无八邪，即过八千。但行直心，到如弹指。使君！但行十善，何须更愿往生；不断十恶之心，何佛即来迎请。若悟无生顿法，见西方只在刹那；不悟顿教大乘，念佛往生路遥，如何得达？”六祖言：“惠能与使君移西方刹那间，目前便见，使君愿见否？”使君礼拜，曰：“若此得见，何须往生，愿和尚慈悲，为现西方，大善！”大师言：“唐见西方无疑。”即散。大众愕然，莫知何是。大师曰：“大众作意听，世人自色身是城，眼、耳、鼻、舌、身即是城门，外有五门，内有意门。心即是地，性即是王，性在王在，性去王无。性在身心存，性去身心坏。佛是自性作，莫向身外求。自性迷佛即众生，自性悟众生即是佛。慈悲即是观音，喜舍名为势至，能净是释迦，平直是弥勒。人我是须弥，邪心是大海，烦恼是波浪，毒心是恶龙，尘劳是鱼鳖，虚妄即是神鬼，三毒即是地狱，愚痴即是畜生，十善是天堂。无人我须弥自倒，除邪心海水竭，烦恼无波浪灭，毒害除鱼龙绝。自心地上觉性如来，放大智惠光明，照耀六门清净，照破六欲诸天下。三毒若除，地狱一时消灭，内外明彻，不异西方。不作此修，如何到彼？”座下闻说，赞声彻天，应是迷人了然便见。使君礼拜赞言：“善哉！善哉！普愿法界众生，闻者一时悟解。”

〔三六〕大师言：“善知识！若欲修行，在家亦得，不由在寺。在寺不修，如西方心恶之人；在家若修，如东方人修善。但愿自家修清净，即是西方。”使君问：“和尚！在家如何修，愿为指授。”大师言：“善知识！惠能与道俗作《无相颂》，尽诵取，依此修行，常与惠能一处无别。颂曰：

说通及心通，如日处虚空；惟传顿教法，出世破邪宗。
教即无顿渐，迷悟有迟疾；若学顿教法，愚人不可悉。
说即须万般，合离还归一；烦恼暗宅中，常须生惠日。
邪来因烦恼，正来烦恼除；邪正悉不用，清净至无余。
菩提本清净，起心即是妄；净性在妄中，但正除三障。
世间若修道，一切尽不妨；常见自己过，与道即相当。
色类自有道，离道别觅道；觅道不见道，到头还自恼。
若欲见真道，行正即是道；自若无正心，暗行不见道。
若真修道人，不见世间过；若见世间非，自非却是左。
他非我无罪，我非自有罪；但自去非心，打破烦恼碎。
若欲化愚人，是须有方便；勿令彼有疑，即是菩提现。
法元在世间，于世出世间；勿离世间上，外求出世间。
邪见是世间，正见出世间；邪正悉打却，菩提性宛然。
此但是顿教，亦名为大乘；迷来经累劫，悟则刹那间。”

〔三七〕大师言：“善知识！汝等尽诵取此偈，依偈修行，去惠能千里，常在能边；此不修，对面千里。各各自修，法不相待。众人且散，惠能归曹溪山（有时亦作“漕溪山”），众生若有大疑，来彼山问，为汝破疑，同见佛世。”合座官僚、道俗，礼拜和尚，无不嗟叹：“善哉大悟，昔所未闻，岭南有福，生佛在此，谁能得智？”一时尽散。

〔三八〕大师住曹溪山，韶、广二州行化四十余年。若论门人，僧之与俗三、五千人说不尽。若论宗旨，传授《坛经》，以此为依约；若不得《坛经》，即无禀受。须知去处、年、月、日、姓名，递相付嘱。无《坛经》禀承，非南宗弟子也。未得禀承者，虽说顿教法，未知根本，终不免诤。但得法者，只劝修行，诤是胜负之心，与道违背。

〔三九〕世人尽传南能北秀，未知根本事由。且秀禅师，于南荆府当阳县玉泉寺住持修行；惠能大师，于韶州城东三十五里曹溪山住。法即一宗，人有南北，因此便立南北。何以渐顿？法即一种，见有迟疾，见迟即渐，见疾即顿。法无渐顿，人有利钝，故名渐顿。

〔四〇〕神秀师常见人说惠能法疾直指路，秀师唤门人志诚曰：“汝聪明多智，汝与吾至曹溪山，到惠能所，礼拜但听，莫言吾使汝来。所听得意旨，记取，却来与吾说，看惠能见解与吾谁疾迟。汝第一早来，勿令吾怪。”志诚奉使欢喜，遂半月中间，即至曹溪山，见惠能和尚，礼拜即听，不言来处。志诚闻法，言下便悟，即契本心。起立，即礼拜，自言：“和尚！弟子从玉泉寺来，秀师处，不得契悟，闻和尚说，便契本心。和尚慈悲，愿当教示。”惠能大师曰：“汝从彼来，应是细作。”志诚曰：“未说时即是，说了即不是。”六祖言：“烦恼即是菩提，亦复如是。”

〔四一〕大师谓志诚曰：“吾闻汝禅师教人，唯传戒定惠，汝和尚教人戒定惠如何？当为吾说。”志诚曰：“秀和尚言戒定惠，诸恶莫作名为戒，诸善奉行名为惠，自净其意名为定，此即名为戒定惠。彼作是说，不知和尚所见如何？”惠能答曰：“此说不可思议，惠能所见又别。”志诚问：“何以别？”惠能答曰：“见有迟疾。”志诚请和尚说所见戒定惠。大师言：“汝听吾说，看吾所见处：心地无非自性戒，心地无乱自性定，心地无痴自性惠。”惠能大师言：“汝师戒定惠，劝小根智人；吾戒定惠，劝上人。得悟自性，亦不立戒定惠。”志诚言：“请大师说，不立如何？”大师言：“自性无非、无乱、无痴，念念般若观照，常离法相，有何可立？自性顿修，亦无渐契，所以不立。”志诚礼拜，便不离曹溪山，即为门人，不离大师左右。

〔四二〕又有一僧名法达，常诵《法华经》七年，心迷不知正法之处：“经上有疑，大师智惠广大，愿为决疑。”大师言：“法达！法即甚达，汝心不达；经上无疑，汝心自邪，而求正法。吾心正定，即是持经。吾一生已来，不识文字，汝将《法华经》来，对吾读一遍，吾闻即知。”法达取经到，对大师读一遍，六祖闻已，即识佛意，便与法达说《法华经》。六祖言："法达！《法华经》无多语，七卷尽是譬喻因缘。如来广说三乘，只为世人根钝，经文分明，无有余乘，唯一佛乘。"大师言："法达！汝听一佛乘，莫求二佛乘，迷却汝性。经中何处是一佛乘？与汝说。经云：'诸佛世尊，唯以一大事因缘故，出现于世。'此法如何解，此法如何修？汝听吾说：人心不思本源空寂，离却邪见，即一大事因缘。内外不迷，即离两边。外迷著相，内迷著空，于相离相，于空离空，即是内外不迷。悟此法，一念心开，出现于世。心开何物？开佛知见。佛犹如觉也，分为四门：开觉知见，示觉知见，悟觉知见，入觉知见；开、示、悟、入，从一处入。即觉知见，见自本性，即得出世。"大师言："法达！吾常愿一切世人，心地常自开佛知见，莫开众生知见。世人心邪，愚迷造恶，自开众生知见；世人心正，起智惠观照，自开佛知见。莫开众生知见，开佛知见即出世。"大师言："法达！此是《法华经》一乘法。向下分三，为迷人故。汝但依一佛乘。"大师言："法达！心行转《法华》，不行《法华》转；心正转《法华》，心邪《法华》转。开佛知见转《法华》，开众生知见被《法华》转。"大师言："努力依法修行，即是转经。"法达一闻，言下大悟，涕泪悲泣，白言："和尚！实未曾转《法华》，七年被《法华》转；已后转《法华》，念念修行佛行。"大师言："即佛行是佛。"其时听人，无不悟者。

〔四三〕时有一僧名智常，来曹溪山，礼拜和尚，问四乘法义。智常问和尚曰："佛说三乘，又言最上乘，弟子不解，望为教示。"惠能大师曰："汝向身心见，莫著外法相，元无四乘法，人心不唯四等，法有四乘：见闻读诵是小乘，悟法解义是中乘，依法修行是大乘，万法尽通、万行俱备、一切无杂、但离法相、作无所得，是最上乘。最上乘是最上行义，不在口诤。汝须自修，莫问吾也。"

〔四四〕又有一僧名神会，南阳人也。至曹溪山礼拜，问言："和尚坐禅，见亦不见？"大师起把，打神会三下，却问神会："吾打汝，痛不痛？"神会答曰："亦痛亦不痛。"六祖言曰："吾亦见亦不见。"神会又问大师："何以亦见亦不见？"大师言："吾亦见者，常见自过患，故云亦见；亦不见者，不见天、地、人过罪。所以亦见亦不见也。汝亦痛亦不痛如何？"神会答曰："若不痛，即同无情木石；若痛，即同凡夫，即起于恨。"大师言："神会向前，见不见是两边，痛不痛是生灭。汝自性且不见，敢来弄人。"神会礼拜，更不敢言。大师又言："汝心迷不见，问善知识觅路；汝心悟自见，依法修行。汝自迷不见自心，却来问惠能见否？吾不自知，代汝迷不得；汝若自见，代得吾迷，何不自修，问吾见否。"神会作礼，便为门人，不离曹溪山中，常在左右。

〔四五〕大师遂唤门人法海、志诚、法达、智常、志通、志彻、志道、法珍、法如、神会，大师言：“汝等十弟子近前，汝等不同余人，吾灭度后，汝各为一方头，吾教汝说法，不失本宗。举三科法门，动用三十六对，出没即离两边，说一切法，莫离于性相。若有人问法，出语尽双，皆取对法，来去相因，究竟二法尽除，更无去处。三科法门者，荫、界、入。荫，是五荫；界，是十八界；入，是十二入。何名五荫？色荫、受荫、想荫、行荫、识荫是。何名十八界？六尘，六门，六识。何名十二入？外六尘，中六门。何名六尘？色、声、香、味、触、法是。何名六门？眼、耳、鼻、舌、身、意是。法性起六识：眼识，耳识，鼻识，舌识，身识，意识。六门、六尘。自性含万法，名为藏识。思量即转识。生六识，出六门，见六尘，是三六十八。由自性邪，起十八邪；若自性正，起十八正。若恶用即众生，善用即佛。用由何等？由自性。”

〔四六〕对，外境无情对有五：天与地对，日与月对，暗与明对，阴与阳对，水与火对。语言法相对有十二对：有为、无为对，有色、无色对，有相、无相对，有漏、无漏对，色与空对，动与静对，清与浊对，凡与圣对，僧与俗对，老与少对，大与小对，长与短对，高与下对。

自性起用对有十九对：邪与正对，痴与惠对，愚与智对，乱与定对，戒与非对，直与曲对，实与虚对，险与平对，烦恼与菩提对，慈与害对，喜与瞋（chēn）对，舍与悭（qiān）对，进与退对，生与灭对，常与无常对，法身与色身对，化身与报身对，体与用对，性与相对，有情、无亲对。

言语与法相有十二对，内外境有无五对，三身有三对，都合成三十六对法也。此三十六对法，解用通一切经，出入即离两边。如何自性起用三十六对？共人言语，出外于相离相，入内于空离空。著空，即惟长无明；著相，即惟长邪见。谤法：直言“不用文字”。既言“不用文字”，人不合言语；言语即是文字！自性上说空，正语言本性，不空迷自惑，语言除故。暗不自暗，以明故暗；暗不自暗，以明变暗，以暗现明，来去相因。三十六对，亦复如是。

〔四七〕大师言：“十弟子！已后传法，递相教授一卷《坛经》，不失本宗。不禀授《坛经》，非我宗旨。如今得了，递代流行。得遇《坛经》者，如见吾亲授。”十僧得教授已，写为《坛经》，递代流行，得者必当见性。

〔四八〕大师先天二年八月三日灭度。七月八日，唤门人告别。大师先天元年于新州国恩寺造塔，至先天二年七月告别。大师言：“汝众近前，吾至八月，欲离世间，汝等有疑早问，为汝破疑，当令迷尽，使汝安乐。吾若去后，无人教汝。”法海等众僧闻已，涕泪悲泣，唯有神会不动，亦不悲泣。六祖言：“神会小僧，却得善不善等，毁誉不动。余者不得，数年山中，更修何道？汝今悲泣，更有阿谁忧吾不知去处在？若不知去处，终不别汝。汝等悲泣，即不知吾去处；若知去处，即不悲泣。性本无生无灭，无去无来。汝等尽坐，吾与汝一偈——《真假动静偈》，汝等尽诵取。见此偈意，与吾意同；依此修行，不失宗旨。”僧众礼拜，请大师留偈，敬心受持。偈曰：

一切无有真，不以见于真；若见于真者，是见尽非真。
若能自有真，离假即心真；自心不离假，无真何处真。
有情即解动，无情即不动；若修不动行，同无情不动。
若见真不动，动上有不动；不动是不动，无情无佛种。
能善分别相，第一义不动；若悟作此见，则是真如用。
报诸学道者，努力须用意；莫于大乘门，却执生死智。
前头人相应，即共论佛义；若实不相应，合掌令欢喜。
此教本无诤，无诤失道意；执迷诤法门，自性入生死。

〔四九〕众僧既闻，识大师意，更不敢诤，依法修行。一时礼拜，即知大师不永住世。上座法海向前言：“大师！大师去后，衣法当付何人？”大师言：“法即付了，汝不须问。吾灭后二十余年，邪法撩乱，惑我宗旨。有人出来，不惜身命，定佛教是非，竖立宗旨，即是吾正法。衣不合传。汝不信，吾与诵先代五祖《传衣付法颂》。若据第一祖达磨颂意，即不合传衣，听吾与汝颂。颂曰：

第一祖达磨和尚颂曰：

吾本来唐国，传教救迷情，一花开五叶，结果自然成。

第二祖惠可和尚颂曰：

本来缘有地，从地种花生，当本元无地，花从何处生？

第三祖僧璨和尚颂曰：

花种虽因地，地上种花生，花种无生性，于地亦无生。

第四祖道信和尚颂曰：

花种有生性，因地种花生，先缘不和合，一切尽无生。

第五祖弘忍和尚颂曰：

有情来下种，无情花即生，无情又无种，心地亦无生。

第六祖惠能和尚颂曰：

心地含情种，法雨即花生，自悟花情种，菩提果自成。”

〔五〇〕能大师言：“汝等听吾作二颂，取达磨和尚颂意。汝迷人依此颂修行，必当见性。第一颂曰：

心地邪花放，五叶逐根随，共造无明业，见被业风吹。

第二颂曰：

心地正花放，五叶逐根随，共修般若惠，当来佛菩提。”

六祖说偈已了，放众人散。门人出外思惟，即知大师不久住世。

〔五一〕六祖后至八月三日，食后，大师言："汝等著位坐，吾今共汝等别。"法海问言："此顿教法传授，从上已来，至今几代？"六祖言："初传授七佛，释迦牟尼佛第七，大迦叶第八，阿难第九，末田地第十，商那和修第十一，优婆掬（jū）多第十二，提多迦第十三，佛陁（tuó）难提第十四，佛陁蜜多第十五，胁比丘第十六，富那奢第十七，马鸣第十八，毗罗尊者第十九，龙树第二十，迦那提婆第二十一，罗睺（hóu）罗第二十二，僧伽那提第二十三，僧伽耶舍第二十四，鸠摩罗驮第二十五，闍（shé）耶多第二十六，婆须盘多第二十七，摩拏（ná）罗第二十八，鹤勒那第二十九，师子比丘第三十，舍那婆斯第三十一，优婆崛多第三十二，僧伽罗第三十三，须婆蜜多第三十四，南天竺国王子第三子菩提达摩第三十五，唐国僧惠可第三十六，僧璨第三十七，道信第三十八，弘忍第三十九，惠能自身当今受法第四十。"大师言："今日已后，递相传授，须有依约，莫失宗旨。"

〔五二〕法海又白："大师今去，留付何法？令后代人如何见佛？"六祖言："汝听！后代迷人，但识众生，即能见佛；若不识众生，觅佛万劫不得见也。吾今教汝识众生见佛，更留《见真佛解脱颂》，迷即不见佛，悟者即见法。"法海愿闻，代代流传，世世不绝。六祖言："汝听！吾与汝说。后代世人，若欲觅佛，但识佛心众生，即能识佛，即缘有众生，离众生无佛心。

迷即佛众生，悟即众生佛；愚痴佛众生，智惠众生佛。
心险佛众生，平等众生佛；一生心若险，佛在众生中。
一念吾若平，即众生自佛；我心自有佛，自佛是真佛。
自若无佛心，向何处求佛。"

〔五三〕大师言："汝等门人好住，吾留一颂，名《自性真佛解脱颂》。后代迷人识此颂意，即见自心自性真佛。与汝此颂，吾共汝别。颂曰：

真如净性是真佛，邪见三毒是真魔；
邪见之人魔在舍，正见之人佛则过。
性中邪见三毒生，即是魔王来住舍；
正见忽除三毒心，魔变成佛真无假。
化身报身及法身，三身元本是一身；
若向身中觅自见，即是成佛菩提因。
本从化身生净性，净性常在化身中；
性使化身行正道，当来圆满真无穷。
淫性本是清净因，除淫即无净性身；
性中但自离五欲，见性刹那即是真。

今生若悟顿教门，悟即眼前见世尊；
若欲修行云觅佛，不知何处欲求真。
若能心中自见真，有真即是成佛因；
自不求真外觅佛，去觅总是大痴人。
顿教法者是西流，救度世人须自修；
今报世间学道者，不于此见大悠悠。”

大师说偈已了，遂告门人曰：“汝等好住，今共汝别。吾去已后，莫作世情悲泣，而受人吊问钱帛，著孝衣，即非正法，非我弟子。如吾在日一种，一时端坐，但无动无静，无生无灭，无去无来，无是无非，无住无往，坦然寂静，即是大道。吾去已后，但依修行，共吾在日一种；吾若在世，汝违吾教，吾住无益。”大师言此语已，夜至三更，奄然迁化。大师春秋七十有六。

〔五四〕大师灭度，诸日寺内异香氲氲（yūn），经数日不散。山崩地动，林木变白，日月无光，风云失色。八月三日灭度，至十一月，迎和尚神座于曹溪山葬。在龙龛之内，白光出现，直上冲天，二日始散。韶州刺史韦璩立碑，至今供养。

〔五五〕此《坛经》，法海上座集。上座无常，付同学道漈（jì）；道漈无常，付门人悟真。悟真在岭南曹溪山法兴寺，见今传授此法。

〔五六〕如付此法，须得上根知。心信佛法，立大悲，持此经，以为依承，于今不绝。

〔五七〕和尚本是韶州曲江县人也。如来入涅槃，法教流东土，共传无住，即我心无住。此真菩萨，说直示，行实喻，唯教大智人，是旨依。凡度誓，修修行行，遭难不退，遇苦能忍，福德深厚，方授此法。如根性不堪材量，不得须求此法；达立不得者，不得妄付《坛经》。告诸同道者，令识蜜意。

后　　记

本书以中华国学“义理”经典——儒家的《大学》、《论语》、《孟子》、《中庸》，道家的《老子》、《庄子》，佛家的《坛经》等经典文本为主要内容，以深入浅出的“导读”形式，坚持理论与实践相结合、传统与现代相融通、学术性与可读性相统一的原则，对中华国学义理经典的精髓和要义进行发掘，对其蕴含的深刻义理进行解析，并对其影响与价值进行现代诠释。本书在每篇“导读”的后面都附有以权威版本为底本的经典文本的“正文”，有助于广大读者借助于《导读》，学习经典、感悟经典的永久魅力。

本书既可以作为高等院校的本科生和研究生学习、研究中国传统文化，特别是中华国学义理经典的教材，也可以作为国学爱好者、研究者的参考书。

本书是集体合作的成果，由郭淑新教授主编。各篇的执笔者是：郭淑新教授（第一篇、第二篇）；戴兆国教授（第三篇、第四篇）；丁怀超教授（第五篇、第六篇）；郭应传副教授（第七篇）。

本书是安徽省省级精品课程和安徽师范大学校级精品课程《中国哲学史》建设的阶段性成果。该书的编写和出版得到了香港冯燊均国学基金会、安徽师范大学教材编写和出版基金、安徽省省级重点学科——安徽师范大学马克思主义哲学学科建设基金、安徽省高校人文社科重点研究基地——安徽师范大学马克思主义研究中心研究基金的资助，在此表示衷心的感谢！

该书的编写和出版，得到了安徽师范大学教务处、安徽师范大学出版社各位领导和老师的大力支持，责任编辑吴顺安老师为此付出了大量心血，在此一并致谢！

由于编者学识和水平有限，加之编写时间仓促，疏漏和错讹之处一定不少，敬请专家和读者不吝指正，以便进一步修改。

编　者

2016 年 3 月